Nicola Schmidt

artgerecht
Das andere Schulkinder-Buch

Nicola Schmidt

artgerecht
Das andere Schulkinder-Buch

Selbstständigkeit fördern
Gut durch den Schulalltag kommen
Die spannenden Jahre
zwischen 6 und 12

Illustriert von Claudia Meitert

KÖSEL

MIX
Papier | Fördert gute Waldnutzung
FSC® C010328

Penguin Random House Verlagsgruppe FSC® N001967

2. Auflage 2024

Redaktion: Ralf Lay
Umschlag: FAVORITBUERO, München
Umschlagmotiv: Monkey Business Images/Shutterstock.com
Foto Nicola Schmidt: Diptica.com
Illustrationen: Claudia Meitert
Satz: Nadine Clemens, München
Druck und Bindung: Alföldi Nyomda Zrt., Debrecen
Printed in Hungary
ISBN 978-3-466-31173-6
www.koesel.de

Inhalt

Artgerecht?! 9

Kleine Jäger und Sammler in der Schule • Perfekte kleine Wildniskinder

Artgerecht Schulkind sein 17

So geht's: Schulkinder verstehen in drei Schritten 19

Schritt 1: Ein Gehirn wie ein Kinderzimmer • Schritt 2: Hormone als Unruhestifter • Schritt 3: Vorbereitet sein auf den Sturm

Umgang im Alltag: Wie wir unsere Kinder erreichen 30

Hätten Sie's gewusst? 33

Falsche Erwartungen 36

Das sagt die Wissenschaft 38

FAQ 40

Artgerecht lernen 43

So geht's: Wie wir die richtigen Entscheidungen treffen 45

Der passende Zeitpunkt zur Einschulung • Wie finde ich eine geeignete Schule für mein Kind?

Den Schulstart begleiten 50

Auf die Sozialkompetenz des Kindes vertrauen • Beispiel Hausaufgaben

So lernt sich's gut 53

Wie Kinder lesen lernen • Lesen lernen mit Hund • Hilfe, mein Kind liest nur Comics! • Wie Kinder rechnen lernen • Wie Kinder schreiben lernen

Wie mein Kind Misserfolge besser verkraftet 60

Interview mit Herbert-Renz Polster: »Schulkinder wachsen durch Erfahrungen« 62

Interview mit Bettina Schwarz: »Ihr Kind ist nicht faul!« 65

Hätten Sie's gewusst? 68

Falsche Erwartungen 70

Das sagt die Wissenschaft 72

FAQ 77

Artgerecht Freunde finden 79

So geht's: Heißen wir die Freunde unserer Kinder willkommen! 82

Warum Freunde wichtig sind • Was Freunde unseren Kindern geben können • Wie unsere Kinder Freunde finden • »Mit dir spiel ich nicht mehr!« – Konflikte lösen • Mit ungesunden Freundschaften umgehen

So finden schüchterne Kinder Freunde 92

Klären wir erst: schüchtern oder introvertiert? • Schüchterne Kinder unterstützen • Wenn Kinder keine Freunde finden

Mit Gruppendruck umgehen 97

Interview mit Nora Imlau: »Wenn Kinder schwer Freunde finden, ist das definitiv kein Elternversagen!« 100

Hätten Sie's gewusst? 103

Falsche Erwartungen 104

Das sagt die Wissenschaft 107

FAQ 108

Artgerecht Medien nutzen 111

So geht's: Medienkompetenz erwerben 113

Ein Ende finden lernen • Medien nutzen statt konsumieren • »Minecraft« als Schulfach

Wann Mediennutzung ungesund wird 122

»Sucht«verhalten • Kurzsichtig durch Smartphone und Tablet? • Influencer und soziale Medien • TikTok, YouTube & Co.

Spannend und klischeefrei lesen 127

Interview mit Leonie Lutz: »Regeln sind Schutz« 130

Hätten Sie's gewusst? 132

Falsche Erwartungen 134

Das sagt die Wissenschaft 135

FAQ 138

Artgerecht essen und schlafen 141

So geht's: Essen für Schulkinder 143

Das Brotdosen-Dilemma • Essen, um mich besser zu fühlen

Body Positivity – den eigenen Körper lieben 146

Ist mein Kind übergewichtig? • Was können wir tun? • Mädchen vor sexualisierten Körperbildern schützen

So geht's: Schlafen für Schulkinder 152

Gesunde Schlafhygiene für Schulkinder • Abendrituale für Schulkinder • Wie wir Albträume in den Griff kriegen • Trockene Nächte

Interview mit Jenny Böhme: »Fertigprodukte sind nicht schlecht« 162
Hätten Sie's gewusst? 164
Falsche Erwartungen 165
Das sagt die Wissenschaft 166
FAQ 168

Artgerecht denken lernen 171
So geht's: Wie Kinder denken lernen 173
Zuhören lernen • Ist das ein guter Moment? • Einen Plan machen • Mit Enttäuschungen umgehen lernen • Denkruhe für Kinder
Schulkinder und Naturverbindung 186
Unlearn Ungleichheit 189
Schulkinder und die Klimakrise 192
Wie wir mit Kindern übers Klima reden • Klimaglück für morgen
Kleine Aktivisten und Zivilcourage 198
Armut und Chancenungleichheit • News, Fake News oder besser Good News? • Diversität sichtbar machen
Was Kinder können sollten 202
Nicht unterschätzen! • Wie wir mit Kindern sprechen
Hätten Sie's gewusst? 206
Falsche Erwartungen 207
Das sagt die Wissenschaft 208
FAQ 210

Artgerecht mit Geld umgehen 213
So geht's: Wie Kinder lernen, für sich zu sorgen 214
Unsere Glaubenssätze prüfen • Finanzen sinnvoll planen • Verbindlichkeit oder Vermögen?
Interview mit Claudia Müller & Isabell Sorg: »Räumt eure Glaubenssätze auf!« 222
Hätten Sie's gewusst? 225
Taschengeldempfehlung des Bundes für Schulkinder
Falsche Erwartungen 227

Das sagt die Wissenschaft 229
FAQ 229

Artgerecht Familie sein 231

So geht's: Gemeinsam leben, spielen, lachen 233
Gemeinsam lachen • Gemeinsam spielen

Gemeinsam leben – Kinder helfen im Haushalt 236
Haushalt als Selbstwirksamkeitstraining • Aufräumen will gelernt sein • Ordnung und Platz für Schulkinder • Wenn die Kinder keine Lust zu alldem haben

Hätten Sie's gewusst? 248
Falsche Erwartungen 248
Das sagt die Wissenschaft 250
FAQ 254

Artgerecht groß werden 257

So geht's: Erste Schritte in die Pubertät 259
Zahnspange ohne Stress • Körperpflege für Anfänger • Pickel • Überall Haare! • Die erste Menstruation

Sexualität, Liebe und Identität 268
Was Eltern über LGBTQIA+ wissen sollten • Bienchen, Blümchen und Sexualität

Missbrauchsprävention 273
Mein Körper ist mein Körper • Übergriffen vorbeugen • Wie erkenne ich Missbrauch? • Noch »Doktorspiele« oder schon sexueller Übergriff?

Interview mit Mareike Brede: »Aufklärung findet im Alltag statt« 285
Hätten Sie's gewusst? 289
Falsche Erwartungen 291
Das sagt die Wissenschaft 292
FAQ 295

Nachwort 297
Danksagung 298
Anmerkungen 300
Register 313

Artgerecht?!

Es kam der Tag, an dem ich zum ersten Mal ein Schulbrot in den neuen Ranzen packte, die ordnungsgemäß eingekauften Stifte und Hefte fein säuberlich sortierte und dachte: »Geschafft! Jetzt wird es cool!« Ich glaubte tatsächlich, ich könnte mich nun wieder mehr anderen Dingen widmen, da doch das große Kind jetzt in die Schule ging …

Irgendwie hatte ich erwartet, dass die Schule einen großen Teil der Erziehung und Bildung meiner Kinder übernehmen würde und ich nur noch als Begleitperson dabei sein müsste, die hin und wieder ein nettes Wort mit hinreißenden Lehrern wechseln, ihrem schlauen, gestillt-getragen-entspannten, bindungsorientiert mit viel Wildnis aufgewachsenen Kind stolz beim Rechnen zusehen und alle paar Wochen mal ein besonders gelungenes Lunchpaket als Foto auf Instagram stellen würde.

Weit gefehlt.

Als mein erstes Kind in die Schule ging, stellte ich fest, dass es einiges gab, womit ich nicht gerechnet hatte:

- Die Kinder sind plötzlich nicht mehr, sondern weniger betreut als zur Kindergartenzeit.
- Die Betreuungsoptionen wurden nicht besser, sondern in der Qualität deutlich schlechter.
- Die anfängliche Begeisterung fürs Lernen verflog erstaunlich schnell und machte einem täglichen Kampf mit Hausaufgaben Platz.
- Was mein Kind von mir brauchte, war zwar weniger körperlich anstrengend, dafür aber sozial komplexer.
- Schule bringt für manche von uns auch eigene Erinnerungen hoch – und die sind nicht für alle angenehm.
- Vieles, was jetzt passierte, war überhaupt nicht artgerecht, und wir mussten einen Weg durch Stundenpläne, Schulpflichten und Tagesabläufe für uns finden.
- Mein Kind wurde in den ersten Monaten nicht selbstständiger, sondern bedürftiger als vorher.
- Ich musste zwar weniger Plätzchen backen, aber es wurde weiterhin viel Engagement verlangt; und ich musste nach wie vor ständig an besondere

Anlässe, Bastelzeug et cetera denken, der Mental Load verstärkte sich eher noch im Vergleich zur Kindergartenzeit.

- Das Schulsystem in Deutschland ist bestenfalls gutwillig, schlimmstenfalls rückständig.
- Der Körper meines Kindes veränderte sich, und es kamen nicht nur neue Gerüche dazu.
- Mein Kind hatte einen viel größeren Radius – was Themen wie Geld, Sicherheit und Umgang mit Freunden und Medien mit sich brachte.
- Es gab für das jetzt doch ziemlich große Kind plötzlich Regeln wie »Erst Frühstück, dann Tablet – nicht umgekehrt«.

Es ist also Zeit für ein Schulkinder-Buch, das uns hilft, uns, unsere Kinder und manchmal auch die Umwelt möglichst artgerecht durch diesen neuen Lebensabschnitt zu lotsen.

Besonders geholfen hat mir in den jetzt folgenden Jahren das Konzept der britischen Autorin Sarah Ockwell-Smith, die unsere Arbeit als Eltern in »Big Parenting« und »Small Parenting« aufteilt: »Das Leben ist jetzt eine seltsame Dichotomie von großer Elternschaft (mein Begriff für die Erziehung reiferer, körperlich größerer Kinder mit komplexeren Problemen und emotionalen Bedürfnissen) und kleiner Elternschaft (Erziehung kleiner Kinder mit körperlich anstrengenden, aber relativ einfachen Bedürfnissen). Dies ist die Welt des Dazwischen. Die Brücke zwischen zwei Welten. Noch kein vollständiger Teenager, aber auch kein Kind mehr. Die Jahre dazwischen sind bittersüß: der Verlust der frühen Kindheit und doch die Verheißung einer so hellen und offenen Zukunft. Sie trauern um ihre Babytage und genießen gleichzeitig den Nervenkitzel der nahenden Unabhängigkeit. Diese Zeit kann verwirrend sein, nicht nur für Ihr Kind, sondern auch für Sie.«[1]

Danke, Sarah. Das zu erkennen, war so entlastend. Es erklärte auch, warum mein Schulkind manchmal nicht weniger, sondern mehr Care-Arbeit brauchte als mein Kindergartenkind – und vor allem komplexere.

Aber es ist wichtig, diese Zeit zu investieren; denn Sarah fährt fort: »All das Hin und Her ist charakteristisch für diese Phase: kleine Elternschaft, die sich mit großer Elternschaft vermischt, Abhängigkeit und Unabhängigkeit, Festhalten und Loslassen. Ihre Offenheit und Unterstützung in diesen Jahren sind der

Schlüssel zum Aufbau der Beziehung, die Sie in Zukunft zu Ihrem Kind haben werden.«

Da ist er wieder, der Schmidt'sche Eltern-Energie-Erhaltungssatz:[2] Die Energie, die wir jetzt in die Kinder investieren, sparen wir später doppelt und dreifach wieder ein. Denn es sind die letzten Jahre, in denen wir ein Kind erziehen können. Der dänische Familientherapeut Jesper Juul (1948–2019) sagt in seinem Buch *Pubertät,*[3] dass wir unsere Kinder erziehen können, bis sie zehn Jahre alt sind. Danach können wir nur noch Orientierung geben, da sein und auf die Grundlagen vertrauen, die wir bis dahin gelegt haben. Wenn Sie dieses Buch nach dem Kleinkindbuch lesen, ist Ihr Kind wahrscheinlich etwas über sechs Jahre alt, und wir haben noch circa vier, fünf Jahre, um die richtigen Weichen zu stellen. Wir beginnen in diesem Buch mit Vorschule und den ersten Schuljahren und schauen bis zum Alter von zwölf Jahren, wenn die Pubertät in der Regel voll eingesetzt hat. In dieser Zeit »dazwischen« sind wir Eltern Vorbilder und Begleiter, aber sie wird viel zu oft vernachlässigt. Wir lesen erst wieder Bücher über Kinder, wenn wir in der Pubertät vor vielen Fragezeichen stehen. Dabei können wir lange vorher schon vieles richtig machen!

Fangen wir also an.

Kleine Jäger und Sammler in der Schule

Das Konzept »Schule« ist entwicklungsgeschichtlich gesehen ziemlich neu. Wenn wir verstehen, was artgerecht für Kinder im Schulkindalter ist, können wir viele ihrer Verhaltensweisen eher verstehen und sie besser auf ihrem Weg unterstützen. Das heißt:

- Sie werden besser lernen,
- sich besser mit ihren Freunden zurechtfinden,
- besser durch die Schule kommen,
- und wir können sogar jetzt schon in die Wege leiten, dass sie zum Beispiel als alte Menschen besser für sich sorgen.

Auch für unsere Schulkinder sollten wir deshalb einen Blick in die Stammesgeschichte der Menschheit werfen, um zu verstehen, wie Kinder jahrtausendelang gelebt und gelernt haben.

Gleich zurück zu den Prinzipien des Pleistozäns zu gehen – ist das nicht ein wenig extrem? Ja, definitiv, gleichzeitig hilft es sehr. Denn es zeigt uns, woher wir als Menschen kommen und was uns geprägt hat, da wir etwa 95 Prozent unserer Evolutionsgeschichte als Jäger und Sammler in der Natur lebten.

Zwei Forscher der Universität Cambridge, Nikhil Chaudhary und Annie Swanepoel, haben auf Grundlage der eigenen Beobachtungen des Bayaka-Volkes im Kongo und der umfangreichen Forschungen von Anthropologen, die andere Jäger-und-Sammler-Gesellschaften untersucht haben, deren Leben mit unserem Grundschulalter verglichen und kommen zu dem Ergebnis: »Eine stärkere Berücksichtigung der Kindheit von Jägern und Sammlern kann wirtschaftlich entwickelten Ländern helfen, Bildung und Wohlbefinden zu verbessern.«[4]

Ich will daher kurz umreißen, wie unsere Kinder im Schulalter (sie sind ja nicht alle Schulkinder) den größten Teil der Menschheitsgeschichte verbracht haben, und zwar von circa 2,1 Millionen Jahren vor Christus bis vor etwa zwölf- bis achttausend Jahren. Gleichzeitig habe ich dieses Buch vollgepackt mit Tipps für unsere Zeit. Denn Schule, Medien, Freunde, Lernen, Schlafen, Essen und letztlich auch Leben finden im Jetzt statt. All das ist leichter, wenn wir wissen, wie es ursprünglich mal gedacht war. Und »ursprünglich« meint eben nicht »vor hundert Jahren«, ursprünglich im Sinne von artgerecht ist das, wofür der Homo sapiens biologisch angelegt ist.

Bei Völkern, die ihre Nahrung und alles, was sie brauchen, direkt aus wilden Ressourcen gewinnen, sind Kinder freier, autonomer und gleichzeitig besser eingebettet in ein deutlich weniger gestresstes Betreuungsnetzwerk.[5] Viel Arbeit, die heute wir als Eltern machen, erledigen dort andere Menschen.

Also schauen wir einmal kurz, wofür unsere Kinder *ursprünglich* gemacht waren – wie immer lösen sich schon dadurch viele Probleme, die wir heute sehen, von selbst.

Perfekte kleine Wildniskinder

Ich bin mir bewusst, dass Kinder, die in Jäger-und-Sammler-Gesellschaften aufwachsen, in einer ganz anderen Umgebung und unter ganz anderen Umständen leben als unsere Kinder in Industrieländern. Und sie sind mit vielen Schwierigkeiten konfrontiert, die es in Industrieländern nicht gibt – wir dürfen diese Kindheiten also nicht idealisieren. Jäger und Sammler sind auch keine »lebenden Fossilien«, sondern moderne Bevölkerungen mit einer einzigartigen Kultur und Geschichte. Dennoch sind sich alle Forschenden einig, dass sie näher an dem Leben sind, für das wir ursprünglich ausgerüstet waren, als wir Menschen in den Industrienationen.

Einige Autoren weisen darauf hin, dass in Jäger-und-Sammler-Gesellschaften nur selten unterrichtet wird und dass Kinder ab dem Kleinkindalter hier hauptsächlich durch Beobachtung und Nachahmung lernen. Ab etwa zwei Jahren verbringen sie große Teile des Tages in altersgemischten Spielgruppen von Kindern bis zu sechzehn Jahren, ohne die Aufsicht von Erwachsenen. Dort lernen sie voneinander und durch aktives Spielen und Erkunden. Viele Autoren sagen, dass hier Lernen und Spielen zwei Seiten derselben Medaille sind, während wir Unterricht und Spiel in der Schule deutlich aufteilen. Die Kinder auf Madagaskar »spielen« zum Beispiel die Jagd auf Kleinsäuger und Reptilien, lernen so, tatsächlich Beute zu machen, und tragen auf diese Weise früh spielerisch zum Lebensunterhalt der Familie bei. Die beobachteten Kinder verbringen die meiste Zeit ohne Erwachsene und spielen frei in altersübergreifenden Gruppen. Lernen geschieht nebenbei, indem Kinder mit besser »ausgebildeten« Gleichaltrigen an sinnvollen, überlebenswichtigen Aufgaben zusammenarbeiten. Erst in den letzten paar Hundert Jahren (und das auch noch nicht überall) ist formale Bildung in die Kindheit eingezogen.[6]

Natürlich ist das, was die Kinder in diesen Gesellschaften lernen, nicht das, was Kinder in Industrieländern können müssen – wir jagen unser Essen nicht mehr selbst. »Aber Kinder verfügen möglicherweise über bestimmte psychologische Lernanpassungen, die in einigen Aspekten ihrer Schulbildung praktisch nutzbar gemacht werden können«, schreiben die Cambridge-Forscher. »Wenn Peer-Learning und aktives Lernen integriert werden können, steigert sich nachweislich die Motivation und die Leistung und verringert den Stress.«[7] Dies könnte unter anderem Kindern mit dem sogenannten Aufmerksamkeitsdefizit-Hyperaktivitätssyndrom (ADHS) helfen, da körperliche Aktivitäten die Leistung dieser Schüler nachweislich verbessern.

Es ist nicht mein größtes Talent, meinen Kindern gutes Benehmen beizubringen – und ursprünglich war das auch nicht meine Aufgabe, denn das machen ältere Kinder und Großeltern viel besser. Auf diese Menschen hören sie, während sie bei mir eher in den Widerstand gehen. Das deckt sich mit der Erforschung, wie Kinder soziale Normen lernen. Eine Analyse von 77 Veröffentlichungen zeigte, dass die »Weitergabe von Kind zu Kind ein wichtiger Weg ist, wie Kinder kulturelle Normen lernen, und dass Nichteinmischung ein Weg sein könnte, Autonomie zu lehren«.[8] Daran sehen wir, wie unsere Konflikte mit Kindern im Grundschulalter zu den Themen »Hausaufgaben« und »Gutes Benehmen« auch daraus resultieren, dass sie sich jetzt eigentlich nach außen orientieren und nicht von uns lernen würden.

Eine andere Forschergruppe wertete 58 Veröffentlichungen aus und stellt fest, dass es bei Jäger-und-Sammler-Kulturen zwar Unterricht gibt, aber sehr viel später: »Gegen Ende der mittleren Kindheit sind die meisten Kinder geübte Nahrungssammler. Doch erst im Jugendalter beginnen Erwachsene (nicht unbedingt die Eltern), den Kindern direkt komplexe Fertigkeiten wie das Jagen und die Herstellung vielseitiger Werkzeuge beizubringen« – sprich: Kinder in unserem Grundschulalter lernen durch Spielen, und alle anderen lernen von anderen Dorfmitgliedern besser als von uns Eltern.[9]

Ich bin noch aufgewachsen mit dem Satz »Messer, Gabel, Schere, Licht sind für kleine Kinder nicht«. Im Kontrast dazu beginnen Bayaka-Kinder, mit Macheten zu experimentieren, sobald sie laufen können, und beherrschen sie bereits im Grundschulalter (in dem Video »Baby Eteni« kann man sehen, wie Bayaka-Kinder, ein Baby und ein großes Geschwister, damit umgehen).[10] Kinder klettern mithilfe von Lianengurten auf kleine Bäume und lernen auf diese Weise die Techniken der Erwachsenen, die auf hohen Bäumen Honig sammeln. Erwachsene sind in Reichweite, aber es gibt weder formellen Unterricht noch ständige Überwachung durch sie, sondern die Kindergruppe organisiert sich bei den meisten Völkern selbst.

Wir sehen: Das, was wir jahrtausendelang erlebt und wie wir gelernt haben, steht in großem Gegensatz zu unserem heutigen Leben in Häusern, Städten, zu

Klassenzimmern in Grundschulen, zu von erwachsenen Lehrern geleiteten Gruppen, zu Zeitplänen, Medien und Musikunterricht, Autositzen und Anschnallgurten, Arztterminen und der Anforderung, »endlich mal still zu sitzen«.

Das sieht man besonders gut, wenn diese beiden Welten aufeinandertreffen: Sobald man Kinder von heute noch als Jäger und Sammler lebenden Gruppen ins formale Bildungssystem steckt, wird es kompliziert.

Eine Studie, die die vorhandene Literatur dazu auswertete, stellte 2022 fest, dass »Jäger-und-Sammler-Kindern oft eine weitreichende persönliche Autonomie zugestanden wird, was im Widerspruch zur autoritären Kultur der Schule steht«.[11] Ihre Eltern gehen oft davon aus, dass man das Verhalten von Kindern nicht aktiv steuern sollte, manchmal, weil sie davon ausgehen, es würde das Kind »verderben«, oder weil aus ihrer Sicht eine höhere Macht dafür zuständig sei und nicht die Eltern. Dies steht im Gegensatz zu unserer Norm, in der Kinder ständig durch Erwachsene beaufsichtigt, belehrt und reglementiert werden.

Kinder aus diesen Kulturen spielen am liebsten mit größeren Kindern, machen gern »ihr Ding«, und lernen nach Ansicht ihrer Eltern in der Schule nichts von dem, was sie im Leben wirklich brauchen – das habe ich auch von Eltern in Deutschland schon gehört.

Was können wir tun? Wenn wir besser verstehen, welche Bedürfnisse unsere Kinder haben und wie sie sich entwickeln, woher sie kommen und was sie brauchen, können wir sie besser begleiten. Dann wird plötzlich klar, warum sie keine Hausaufgaben mit uns machen wollen, was hinter ihren für uns unverständlichen Empfindlichkeiten und irrationalen Entscheidungen steckt, warum Schule für viele schwierig ist und wie wir es leichter für sie machen können.

Auch für dieses Buch gilt: Es gibt keine Rezepte. Jedes Kind ist anders. Nur Sie kennen Ihr Kind und wissen, was es braucht. Dieses Buch wird Ihnen den Rücken stärken, damit Sie auch in schwierigen Momenten niemals den Druck der Schule oder von außen zwischen sich und Ihr Kind kommen lassen. Aber ich werde Ihnen nicht sagen können, wann es schlafen gehen soll, welches Instrument es spielen sollte und wie Sie es dazu kriegen, klaglos seine Hausaufgaben zu machen. Sie werden es herausfinden – gemeinsam mit Ihrem Kind.

Artgerecht Schulkind sein

Unsere grundlegende Natur ist rein, bewusst, fröhlich, friedlich, strahlend, liebend und weise (…) – mag sie auch gegenwärtig unter Stress und Sorge, Wut und unerfüllten Sehnsüchten verborgen liegen, so existiert sie doch weiterhin.[12]

RICK HANSON

Seien wir ehrlich: Wir haben eine globale Klimakrise zu bewältigen, und das Letzte, was wir wollen, sind brave, gut funktionierende Kinder, die klaglos tun, was man ihnen sagt. Wir wollen auch keine Kinder für eine Welt erziehen, die denkt, wir würden es mit noch mehr Wachstum oder mehr Technik oder vielleicht der Besiedelung des Mars doch noch irgendwie schaffen, die Belastung des Planeten ungestraft zu ignorieren.

Stattdessen wollen wir Kinder erziehen, die Mut und Hoffnung in sich tragen, die wissen, dass sie in sich gut sind – oder wie im Zitat von Rick Hanson: »fröhlich, friedlich, strahlend, liebend und weise«. Wir brauchen Menschen, die sich selbst und anderen vertrauen, die es wagen, um die Ecke zu denken, und die genug in sich tragen, um es nicht im Außen kompensieren zu müssen.

Unsere Kinder müssen in Gruppen Konflikte bewältigen und Entscheidungen treffen, gemeinsam mit anderen Projekte durchziehen können und spüren, dass sie Teil eines globalen Ganzen sind. Wir brauchen Kinder, die sich in der Natur zu Hause fühlen und *mit* ihr statt gegen sie arbeiten, die nicht in Knappheit aufwachsen, sondern in einem Gefühl der Sicherheit, Fülle und Gemeinsamkeit, auch wenn die Zeiten schwierig sind.

Das alles geht besser, wenn wir wissen, was unsere Kinder in diesen Jahren durchmachen – dann können wir es mit ihnen zusammen tun. Wenn unser Grundschulkind »Ist mir alles egal!« durch die Zimmer brüllt, müssen wir erst einmal verstehen, was in dem kleinen Gehirn gerade vor sich geht.

Was ich gern vorher gewusst hätte …

LEA Dass Schulkinder noch genauso viel von uns brauchen wie Kleinkinder, nur völlig anders.

GABIRELLA86 Mich hätte als Mutter interessiert, wie es mit der Hirnentwicklung von Grundschulkindern aussieht. Ab wann kann mensch was verlangen, das Kinder können. Bsp.: Ab wann kann ein Kind seine Hausaufgaben selber organisieren über eine Woche gesehen?

ANNEGRET Dass sich Schulkinder so unterschiedlich entwickeln – was ein Kind kann, muss das andere noch längst nicht können.

So geht's: Schulkinder verstehen in drei Schritten

Wie ich mir ein Schulkind vorgestellt hatte, habe ich schon andeutungsweise erwähnt: Sie seien verständig und selbstständig, freuten sich aufs Lernen, machten ihre Hausaufgaben, seien in der Schule gut betreut und nachmittags mit ihren Freunden unterwegs. Sie spielten viel an der frischen Luft und würden mit Hingabe ihren Großeltern im Garten helfen.

Ich war nicht darauf vorbereitet, dass sie unempathisch und egoistisch sein würden, dass sie jetzt schon launisch, frech und gleichzeitig unendlich hilfsbedürftig wären. Was geht da vor sich?

Schritt 1: Ein Gehirn wie ein Kinderzimmer

Wie und wann das menschliche Gehirn sich entwickelt, wirkt direkt auf das Verhalten unserer Kinder. Immer wenn ein Bereich gerade »umgebaut« wird, steht er nicht zur Verfügung, und wir denken »Was ist denn jetzt schon wieder los? Gestern ging es doch noch!«.

Wenn wir wissen, welche Bereiche sich gerade verändern, können wir mit uns selbst und unseren Kindern viel nachsichtiger sein – und an den richtigen Stellen die richtigen Weichen stellen. Mit der adäquaten Begleitung entwickeln sich kleine Homo-sapiens-Gehirne ganz hervorragend – wir müssen nur wissen, was sie brauchen.

Ein Schulkind wirkt eigentlich schon in vielen Momenten wie ein ausgewachsener, kleiner Mensch: Es kann reden, laufen, klettern, verstehen, helfen, sich zurücknehmen. Aber der Schein trügt.

In seinen ersten fünf bis sieben Lebensjahren hat unser Kind eine Menge gelernt, und sein Gehirn hat etwa 90 Prozent seiner endgültigen Größe erreicht. Während das Gehirn eines Kleinkinds bereits sehr früh altruistisches, also soziales und rücksichtsvolles Verhalten ermöglicht, dauert es doch noch bis ins sechste Lebensjahr und weit darüber hinaus, bis unsere Kinder so etwas wie Impulskontrolle, moralisches Handeln und analytisches Denken beherrschen. Mit sechs bis zehn Jahren sollten unsere Kinder in der Lage sein, sich in andere hineinzudenken, ihre Absichten zu verstehen und Konflikte ohne körperliche

Aggression zu lösen. Wenn es hin und wieder noch passiert, ist das kein Drama, aber bis zum sechzehnten Lebensjahr müssen wir Streit ohne Handgreiflichkeiten lösen können.

Wie funktioniert diese Entwicklung? Wenn wir in das Gehirn unseres Kindes schauen, sehen wir, dass da viele Informationen herumliegen. Manche davon sind nützlich, viele unnütz, aber vor allem liegt alles kreuz und quer; und oft findet es nicht, was es gerade braucht (wie manchmal in seinem Kinderzimmer).

Die Gehirne unserer Babys sind bei der Geburt zwar mit einer Menge Nervenzellen ausgestattet, aber sie sind noch wenig vernetzt. Erst die extrem schnelle Vernetzung der ersten zwei bis drei Lebensjahre führt dazu, dass das Kind lernt, was es in der Kultur und Klimazone lernen muss, in die es hineingeboren wurde. Anfangs vernetzt sich einfach alles und immer und ständig – man weiß ja nie, ob man diese Verknüpfung nicht doch noch mal braucht. Es ist, als würde jemand alles, womit man eventuell spielen könnte, in ein Zimmer werfen und denken: »Vielleicht benötigen wir das irgendwann mal.« Und genau so sieht es dann auch aus: voll, aber unübersichtlich. Der Höhepunkt dieser Entwicklung liegt bei etwa drei Jahren, wenn Kleinkinder dreimal so viele Verknüpfungen (Synapsen) pro Gehirnzelle (Neuron) haben wie Erwachsene. Warum können sie trotzdem nicht Auto fahren und rasten im Supermarkt an der Quengelware aus? Weil noch Chaos herrscht – so ein Gehirn kann vieles lernen, ist aber noch nicht »reif«.

Diese schnelle erste Vernetzung von sonst noch unbenutzten Nervenzellen ist eine praktische Idee der Evolution, da unsere Kinder sich so an fast alles anpassen können, was »draußen« auf sie wartet. Sie bauen ihr Gehirn einfach entsprechend um und sind sehr flexibel. Leider ist ein so hochvernetztes Gehirn aber auch sehr, sehr ineffizient – weil man in dem vollgestopften Zimmer einfach nichts findet.

Darum wird jetzt im späten Kleinkind- und Schulalter aufgeräumt: Was das Kind wirklich braucht, wird ordentlich verstaut, sodass man es auch wiederfindet; der Rest fliegt weg. Zwischen drei und acht Jahren verringert sich die Anzahl der Verbindungen das erste Mal etwa um die Hälfte. Hier lernen die Kinder Empathie, die erste Kontrolle ihrer Impulse, aber auch Motorik und Feinmotorik, Sprechen und so weiter.

Überflüssige Verknüpfungen wieder abzubauen, heißt »Synapseneliminierung«; zusammen mit der Synaptogenese (dem Aufbau neuer Synapsen) wird so die Grundlage für die lebenslange Plastizität, sprich Lernfähigkeit, und Reife des Gehirns geschaffen. Manchmal sage ich fragenden Eltern, dass sie bestimmte Verhaltensweisen nicht verstärken oder belohnen sollen, denn dann verschwinden sie nicht, weil das Gehirn denkt: »Ah, das wird belohnt, das ist wichtig, die Verknüpfung behalte ich!«

Wenn unsere Kinder in diesen Jahren die richtigen Impulse bekommen, entwickeln sie ein effektives soziales Gehirn, das irgendwann auch in stressigen Situationen die angemessenen Entscheidungen trifft.

Der zweite Schub der Synapseneliminierung und Synaptogenese findet in der Adoleszenz statt, besonders stark kurz vor der Pubertät – also in genau dem Zeitraum, um den es in diesem Buch geht. Er ist nicht ganz so stark wie der erste, und wie gesagt vernetzt und optimiert sich das Gehirn eines Kindes auch weiter bis ins 21. Lebensjahr und – etwas langsamer – noch ein Leben lang. Man kann dennoch sagen, dass wir im Schulkindalter wichtige Grundlagen dafür legen, wie unser Kind sein Leben führen wird. Denn im zweiten Schub reift vor allem der Gehirnteil aus, der für die Persönlichkeit unseres Kindes zuständig ist. Wir legen im Schulkindalter damit die »Arbeitsmodelle« an, mit denen es in Zukunft an intellektuelle Probleme, soziale Beziehungen und Konflikte herangehen wird.

Aber das volle Zimmer muss nicht nur »ausgemistet«, sondern auch sortiert werden, sodass man schnell an die Dinge herankommt. Im Gehirn ist es die Myelinisierung der Nervenverbindungen, die dafür sorgt, dass Impulse nicht nur ihren Weg finden, sondern dies auch möglichst schnell. Stellen wir uns die Synapsenverbindungen wie kleine Drähte zwischen den Gehirnzellen vor, dann wäre die Myelinisierung die Isolationsschicht um die Drähte. In diesem Fall besteht sie aus Fetten, die besonders gut von der Muttermilch geliefert werden, möglicherweise neben bestimmten Zuckermolekülen ein Grund für den leicht höheren IQ von Stillkindern. Je besser die Nervenverbindungen myelinisiert, also quasi »geschmiert« sind, desto schneller können sie Impulse weiterleiten – desto schneller findet das Gehirn also, was es sucht, und kann unmittelbarer reagieren.

Eine gute Myelinisierung hat direkte Auswirkungen auf die Motorik und das Denken unserer Kinder. Jedes Mal, wenn sie Grundlegendes lernen, zum Beispiel zu sprechen oder zu laufen, sind die dafür zuständigen Bereiche im Gehirn entsprechend myelinisiert worden. Der letzte Teil des Gehirns, der mit dieser Schicht gut versorgt wird, ist während der Schulkindzeit der Frontallappen, also der Bereich, in dem das rationale und moralische Denken, Analysieren und Planen verortet wird – und die Persönlichkeit.

Daran liegt es, dass unsere Kinder, die schon so schön laufen, sprechen, den Tisch decken und zur Toilette gehen können, oft einfach »nicht nachdenken« oder Dinge »nicht zu Ende denken«.

Mit sechs bis zwölf Jahren lernen unsere Kinder erst noch zu analysieren, moralisch zu denken, vernünftig zu sein und strategisch zu handeln. Wir müssen ihnen noch eine ganze Weile bei gewissen Denkprozessen helfen, weil sie sie allein nicht bewältigen können. Wenn unsere Schulkinder mit einer gefährlichen Situation konfrontiert sind, kann es sein, dass sie eine falsche oder risikoreiche Entscheidung treffen, da die Gehirnbereiche für logisches und rationales Denken und Handeln noch nicht so gut arbeiten. Wir dürfen also nicht denken: »Ach, der ist so groß, das versteht er schon«, und uns dann wundern, wenn das Kind eine Entscheidung trifft, die für uns völlig absurd, weil nicht zu Ende gedacht ist.

Im Alltag dauern die Denkprozesse auch manchmal ein bisschen länger, als es uns lieb wäre, besonders wenn sie den Frontallappen betreffen – wir merken das, wenn die Kinder morgens ihre Schuhe suchen und einen Nervenzusammenbruch kriegen. Dann hat der alte, emotionsorientierte Gehirnteil übernommen, weil der neue, der logische, ruhige Teil gerade nicht zur Verfügung steht. Statt konzentriert zu suchen, wird unser Kind von dem Gefühl überwältigt, seine Schuhe nicht zu finden, und macht gar nichts mehr. Jetzt ist es an uns, ihm mit unserem Erwachsenen-Gehirn ruhig und liebevoll zu helfen. Es wird noch einige Jahre dauern, bis sein Gehirn wirklich ausgereift und effektiv ist und die Persönlichkeit klarer durchscheint. Und erst dann kann unser Kind auch unter Druck vernünftige Entscheidungen treffen.

Wir alle wissen, dass dieser Prozess noch ein Leben lang weitergeht. Das heißt nicht, wir sollten jede falsche Entscheidung unseres Schulkinds mit »Ach ja, das Gehirn, macht ja nichts, das wird schon« hinnehmen. Es heißt, wir sollten seinem Gehirn beibringen, dass dies die falsche Abzweigung war. Dann können wir mit ihm erarbeiten – in Ruhe, denn so schnell geht es ja nicht –, was die richtige gewesen wäre, und ihm ein Gefühl dafür geben, welches moralische oder vernünftige Verhalten wir in dieser Welt von ihm erwarten. So wird unser Schulkind mit unserer Hilfe sein Denken und seine Persönlichkeit langsam ausbilden.

Siege, aber triumphiere nicht

Ich war sehr erstaunt, wie überselbstbewusst und empathiefrei Schulkinder sein können, wenn sie in einem Spiel gewinnen: Egal, wie traurig das andere Kind ist, manche Kinder triumphieren deutlich, lautstark und herzlos – bis zu dem Punkt, an dem das andere Kind nicht mehr weiterspielen will. Wenn man weiß, dass ihr Gehirn gerade das Empathie- und Strategie-Modul nicht gut benutzen kann, ist das zwar verständlich, aber für mich war es dennoch schwer auszuhalten.

Um nicht jedes Mal einen – sinnlosen – Mitgefühlsvortrag zu halten, habe ich mich auf eine Formel beschränkt: »Siege, aber triumphiere nicht.« So wusste mein Grundschulkind, was ich meine, ich biss mir für den Rest des Vortrags auf die Lippen, und irgendwann zeitigte die freundliche Wiederholung auch Effekte.

Schritt 2: Hormone als Unruhestifter

Im unserem unordentlichen Kinderzimmergehirn haben wir noch mehr Unruhestifter: Zunehmend flitzen dort auch Hormone und Neurotransmitter quer durch den Raum, die in diesen Jahren im Körper unserer Kinder eine immer größere Rolle spielen. Diese körpereigenen Botenstoffe motivieren uns, zu wachsen und zu lernen, Neues auszuprobieren, auf Gefahren zu reagieren, neugierig zu sein oder uns auszuruhen. Aber gleichzeitig sind auch sie in unserem Grundschulkind noch lange nicht in Balance – wie Windböen fegen sie ohne Vorwarnung durch die eben so schön sortierten Papiere und verursachen neues Chaos. Die Hormone beschäftigen unser Schulkind, schon lange bevor die Pubertät voll einsetzt. Denn ihr Gehirn ist in einem großen Um- und Ausbauprozess, wie wir gesehen haben. Schauen wir mal, womit wir es zu tun haben.

Dopamin ist kurz gesagt das »Belohnungshormon«, und wir begegnen ihm beispielsweise jedes Mal, wenn wir unserem Kind einen Bildschirm wieder wegnehmen wollen und es dabei ausflippt. Die meisten Computerspiele triggern das Belohnungszentrum im Gehirn und halten die Kinder so an den Maschinen.

Dopamin beeinflusst also die Wahrnehmung von Freude, Belohnung, aber auch Schmerz. Wenn das Kind viel davon im Blut hat, fühlt es sich glücklich. In der frühen Adoleszenz nimmt man an, dass die Konzentration des Hormons stärker schwankt, was zu Stimmungs-Hochs und -Tiefs führen kann. Außerdem zeichnet es mit dafür verantwortlich, dass unsere Schulkinder und später unsere Adoleszenten nach neuen, aufregenden Erfahrungen suchen – was zu Mutproben und zum massiven Konsum von digitalen Erfahrungen mit Dopamineffekt führen kann, gegen die das unreife Gehirn des Kindes kaum ankommt (und wir kennen viele Erwachsenengehirne, denen es genauso geht).

Gleichaltrige sind viel bessere Spielkameraden auf dieser Suche als wir, da sie mit unseren Kindern brüllend in jeden Teich springen, während Erwachsene erst mal checken, wie kalt und tief das Wasser ist. Daher spielen Gleichaltrige auch eine immer größere Rolle, je mehr die Kinder ins Teenageralter kommen.

Serotonin nenne ich gerne das »Gute-Laune-Hormon«, denn es stabilisiert unsere Stimmung. Es macht uns nicht glücklich wie Endorphin, sondern reguliert eher unsere innere Balance, unseren Schlaf-wach-Rhythmus und unseren Appetit. Das ist einer der Gründe dafür, dass Menschen, die zu wenig schlafen, mehr essen, als sie brauchen. Da schon am Anfang der Pubertät die Serotonin-Level stark schwanken, sind unsere Kinder bereits im Grundschulalter manchmal aus der Balance und treffen eigenartige Entscheidungen. »Himmelhoch jauchzend – zu Tode betrübt«, sagt man im Volksmund, und so ist es auch hier: Sie können von einem Moment auf den anderen traurig, in sich gekehrt oder schlecht gelaunt und kratzbürstig nach außen sein, ohne dass es einen erkennbaren Grund dafür gäbe oder sie selbst sagen könnten, was sie betrübt. Sie sind plötzlich hundemüde oder gar nicht mehr müde, was uns aber unerklärlich bleibt. Weder wir noch die Kinder können etwas dafür.

Wir können ihnen helfen, wenn wir ihnen sanft Methoden anbieten, wie man mit schlechten Gefühlen umgehen kann: sich bewegen, an die frische Luft gehen, schreiben, lesen, mit jemandem kuscheln. Nicht immer sind die Strategien, die unsere Kinder aus sich heraus entwickeln, die schlauesten, zum Beispiel wenn sie sich in ein abgedunkeltes Zimmer zurückziehen und nichts tun – was den Hormonstatus aufrechterhält. Im Moment können wir nichts machen, wir werden nur Widerstand ernten, aber wenn es unserem Schulkind wieder besser geht, sollten wir gemeinsam einen Plan entwickeln, wie wir diesen Gefühlen das nächste Mal begegnen wollen.

Melatonin ist ein guter Freund – es reguliert den Schlafrhythmus und hilft uns einzuschlafen. Leider sinken die Level zum Ende des Grundschulalters, und der Rhythmus verschiebt sich, sodass unsere Schulkinder und Teenager zunehmend später müde werden und morgens nicht aus den Federn kommen. Sie simulieren nicht – es ist nachgewiesen, dass zum Beispiel ein späterer Schulstart für diese Kinder viele Vorteile hätte (mehr dazu im Kapitel »Artgerecht essen und schlafen«).

Das »Kuschelhormon« Oxytocin hat viele, viele Funktionen und wird oft etwas einseitig als »Bindungshormon« vorgestellt. Für unsere Zwecke hier reicht es tatsächlich, wenn wir uns bewusst machen, dass auch unsere Schulkinder noch Nähe, Sicherheit und Geborgenheit brauchen – wie wir alle übrigens das ganze Leben lang. Auch sie bauen ihren Stress in unseren Armen ab, aber da sie deutlich weniger getragen und oft auch weniger gedrückt werden, fällt oft erst spät auf, wenn sie eigentlich mal wieder eine Kuschel-und-Lese-Runde auf dem Sofa bräuchten. Sie wirken ja schon so groß!

Adrenalin und seine Kollegen sind für die Stressreaktion im Körper zuständig. Wenn ein Kind in einer aufregenden Situation, zum Beispiel in der Schule, ist, schüttet es Stresshormone aus, auch wenn es sich nicht bedroht oder unwohl fühlt. Es ist einfach alles neu und aufregend. Es kann bis zu einem Jahr dauern, bis Kinder in der Schule so weit angekommen sind, dass sie weniger aufgedreht nach Hause kommen. Das Problem: Kopf – und oft auch Körper – sind eigentlich müde, aber die Aufregung sitzt immer noch in den Knochen. Das Ergebnis können fehlgeleitete Stressabbaustrategien sein, etwa indem sie Geschwister ärgern oder mit den Eltern oder Freunden streiten.

Wir müssen also damit rechnen, dass unsere Kinder Entscheidungen treffen, die wir anders treffen würden, und Präferenzen haben, die wir nicht teilen. Wir dürfen uns gleichzeitig darauf einstellen, dass sie ständig hin- und herpendeln zwischen »Ich weiß das doch alles! Lass mich!« und »Hilf mir!«. Sie können viele unserer Sorgen weder rational verstehen, noch haben sie ausreichend Empathie, um einfach nur aus Mitgefühl darauf zu achten, dass sie anrufen, wenn sie später kommen. Dafür ist ihr Spaß am Herumstreunen mit den Freunden (und ihr Dopamin-Ausstoß dabei) so groß, dass sie gar nicht an uns denken, bis es dunkel wird.

Sie entwickeln zwar zunehmend logisches Denken und die Fähigkeit, kluge Entscheidungen zu treffen, aber sie können beides nicht immer abrufen; und die Hormone tun ihr Übriges, um Unruhe ins System zu bringen. Stattdessen nutzen sie oft noch den Teil ihres Gehirns, der eigentlich für Gefühle zuständig ist, und schütten Stresshormone aus, statt die Entscheidung an die rationalen Gehirnzentren zu verlagern. Das kann dazu führen, dass ein Schulkind, das seine Sportsachen nicht findet – oder schlimmer noch: sein Lieblings-T-Shirt –, einen tränenreichen Zusammenbruch hat. Für das Kind bricht die Welt zusammen, wenn es dieses T-Shirt jetzt nicht findet. Es kann Ursache und Wirkung noch nicht relativieren oder Alternativen finden. Es denkt auch nicht daran, dass es noch ärgerlicher ist, zu spät zu kommen, als das falsche T-Shirt zu tragen – das Gehirn gerät in massiven Stress, die Hormone tanzen durchs Blut, und wir beruhigen ein siebenjähriges Kind, als wäre es erst drei. Das ist nicht immer leicht, wenn wir selbst pünktlich auf der Arbeit sein müssen, und Verständnis unter Stress zu haben, ist auch nicht unsere Stärke.[13]

Es fällt unseren Kindern oft noch schwer, sich »abzuregen«, zu bedenken, dass man mit Ruhe besser sucht, und sie brauchen uns, damit wir sie beruhigen und mit ihnen zusammen überlegen, wo sie ihre Sachen gestern hingelegt haben. Je öfter wir solche Prozesse üben, vielleicht sogar mit gezielten Techniken wie »Erst

Wider den Stress – Dinge finden per Trackback

Wenn wir zu Hause etwas nicht finden, wenden wir eine Methode an, die wir als »Trackback« von Wildnispädagogen gelernt haben. Es geht so: Verlieren wir draußen die Orientierung, dann überlegen wir, was der letzte Punkt war, an den wir uns erinnern: »Haben wir nicht dort vorn die Blüte bewundert?«, »War da nicht der Baumstumpf, auf dem wir Rast gemacht haben?«, »War dann dort weiter hinten der Brombeerstrauch mit der Raupe drauf?« – so finden wir den Weg zurück.

Wenn also eines meiner Kinder kurz vor der Abfahrt gestresst ruft: »Ich finde mein Buch nicht!«, ruft sofort jemand anders: »Trackback!«, und wir überlegen gemeinsam: »Wo hast du es zuletzt gesehen?«, »Wo bist du dann damit hingegangen?«, »Was war der nächste Schritt?« … Das hat gleich mehrere Vorteile: Es schult die Erinnerung, es schaltet den rationalen Teil des Gehirns an und damit den Stress ab, und es ermöglicht uns, gemeinsam zu suchen.

mal atmen«, »Mach einen Trackback – wo hast du es zuletzt gesehen?«, desto eher lernen sie, damit umzugehen.

Es wird noch eine Weile so bleiben, dass die Hormonumstellungen und Gehirnprozesse das Handling unserer Kinder nicht wirklich leichter werden lassen. Sie essen und schlafen jetzt selbstständig, aber sie brauchen uns als sicheren Hafen im Alltag. Deshalb ist der dritte Schritt, um unsere Kinder gut durch diese Zeit zu bringen, der wichtigste.

Schritt 3: Vorbereitet sein auf den Sturm

Sarah Ockwell-Smith schreibt zusammenfassend, wir dürften jetzt damit rechnen, dass unsere Schulkinder häufiger den Nervenkitzel suchten, mehr Risiken eingingen, diesen Kick eher bei Gleichaltrigen als in der Familie suchten, über ein geringeres Maß an rationalem und logischem Denken verfügten, weniger Impulskontrolle, dafür mehr Stimmungsschwankungen hätten, ihre Emotionen schlechter regulieren könnten, die Absichten anderer falsch interpretierten und über ein geringeres Maß an Empathie verfügten.[14]

Unser Alltag ist weiterhin unruhig oder unruhiger, und unsere Kinder haben Phasen, in denen wir uns Gedanken darüber machen, ob unsere Erziehung schiefgelaufen ist. Besonders als bedürfnisorientiert erziehende Mutter habe ich mich manchmal gefragt, ob ich nicht doch Fehler gemacht habe, wenn meine Schulkinder alles andere als nett zu mir und anderen, unbeherrscht oder unausgeglichen waren und so gar nicht das tun wollten, was ich für richtig hielt. Es war schwer auszuhalten, weil ich immer dachte: »Du bist alt genug, um das zu verstehen – warum verhältst du dich so?«

Die Antwort ist immer: »Weil mein Gehirn nicht reif ist, weil meine Bedürf-

Dreimal am Tag da sein

Der Alltag mit Schulkind ist oft stressig und voller Termine. Aber es gibt drei Gelegenheiten, zu denen wir ganz und gar für unser Schulkind da sein können – und so seine wichtigen Themen erfahren. Morgens, wenn es aufwacht, können wir statt einem durch die Tür gerufenen »Aufstehen! Frühstück!« zu ihm hingehen, es liebevoll wach kuscheln, uns vielleicht noch drei Minuten dazulegen, es noch einmal in den Arm nehmen und ihm sagen: »Wie schön, dass du aufgewacht bist. Guten Morgen, mein Kind!«

Wenn es aus der Schule oder der Nachmittagsbetreuung kommt, wenn wir es abholen oder es zur Tür eintritt, dann können wir uns ihm direkt zuwenden und all die spannenden Geschichten hören, die aus unserem Kind heraussprudeln. Je weniger wir sie kommentieren, desto mehr wird es uns übrigens erzählen. Es reicht, wenn wir sagen: »Ach? Ja?«, »Und dann?«, »Ach so! Hmm« – echtes Interesse und ungeteilte Aufmerksamkeit. Wenn es nichts erzählt, können wir offene Fragen stellen: »Wie war es heute? Ist etwas Lustiges passiert? Hat dich heute etwas geärgert?«, »Wenn du heute jemanden hättest auf den Mond schießen können, wer wäre das gewesen?«, »Wussten die Lehrer heute etwas, was du noch nicht wusstest?«, »Was war dein Lieblingswort heute? Wie fandest du das?« … Und

nisse nicht erfüllt sind und ich es nicht richtig mitteilen kann, weil ich gerade selbst nicht weiß, was ich brauche, und weil in mir die Hormone tanzen und noch mehr Unruhe stiften.«

Es ist also unsere Aufgabe, den Kindern einerseits ihr Bedürfnis nach Authentizität und Integrität, nach Selbstbestimmung und Selbstwirksamkeit zu ermöglichen, indem wir sie eigene Entscheidungen treffen lassen, und andererseits dafür zu sorgen, dass sie sich als Mitglieder einer Familie, eines Teams, einer Gemeinschaft erleben und verhalten.

Früher war das die Aufgabe eines ganzen Stammes – heute machen wir diesen Job oft allein oder zu zweit, unterstützt von Schule und Nachmittagsbetreuung. Es ist kein Wunder, dass uns das so schwer fällt.

dann hören wir aufmerksam zu, fragen freundlich nach: »Ach, Timo hat den Tisch bemalt?«, aber ohne die Wertung »Das darf man doch nicht!«, sondern einfach nur als Statement – unser Kind wird uns schon erklären, wie die Geschichte ausgeht, wenn wir es lassen.

Die dritte Gelegenheit, die wir mit unserem Kind verbringen sollten, ist der Abend kurz vor dem Schlafengehen. Wenn die Kinder so groß sind, ist auch die Versuchung groß, im Badezimmer schnell einen Kuss zu geben und es dann »ins Bett zu schicken« – aber so verpassen wir einen zauberhaften Moment des Tages. Denn abends, wenn wir noch beieinanderliegen oder -sitzen, fallen vielen Kindern all die wichtigen Dinge in ihrer Welt ein: »Julia mag mich gar nicht mehr«, »Ich vermisse Oma«, »Wann kriegen wir einen Hund?«, und auch »Papa! Oje! Ich hab morgen einen Test!« – besser jetzt als morgen früh! Jetzt können wir in aller Ruhe eine Entschuldigung schreiben oder uns überlegen, wie wir mit der Situation umgehen.

Wenn wir diese drei Momente des Tages nutzen, um uns mit unserem Kind zu verbinden, schaffen wir den Alltag viel besser als Team. Am besten lassen wir es zu einer Routine werden, über die wir nicht nachdenken müssen.

Wir werden unser Kind also daran erinnern, dass es vielleicht logisch klingt, nicht länger auf jemanden zu warten, wenn er zu spät kommt, aber dass es wenig wertschätzend ist und denjenigen verletzen könnte. Wir leben damit, dass wir Antworten kriegen wie: »Warum? Er weiß doch, dass wir pünktlich ins Schwimmbad gehen! Ich will jetzt rein!« Wir erinnern unser Kind daran, dass es tausend Gründe geben kann, warum jemand zu spät kommt, dass es uns auch schon passiert ist und dass wir deshalb auf unsere Freunde warten. Denn wir alle wollen wertgeschätzt werden und vertrauen können, auch wenn wir mal Fehler machen. Wir wollen Teil einer Gemeinschaft sein, und das heißt auch, aufeinander zu achten. Lernt unser Kind das im Innenverhältnis mit uns, dann wird es auch – in seinem Tempo – lernen, dies nach außen zu tragen.

Umgang im Alltag: Wie wir unsere Kinder erreichen

Wenn Babys abends weinen und wir unseren Kleinkindern mit viel Überredung die Zähne putzen müssen, haben die meisten von uns dafür noch Verständnis und Kraft. Macht uns aber ein Schulkind jeden Abend im Bad eine Szene, fällt es schwer, das zu verstehen: Was soll das? Warum kooperiert das Kind nicht einfach und geht friedlich ins Bett?

»Häufig sehen wir Eltern nur die Strategien unserer Kinder und werden sauer«, schreiben die Bloggerinnen und Autorinnen Danielle Graf und Katja Seide in ihrem Buch *Das gewünschteste Wunschkind aller Zeiten treibt mich in den Wahnsinn* für das Alter von fünf bis zehn Jahren. »Dann werden Erklärungen wie ›Er will nur testen, wer der Herr im Haus ist‹, ›Sie möchte ihre Grenzen aufgezeigt bekommen‹ oder ›Er will seinen Willen durchdrücken‹ bemüht, um das Verhalten der Kleinen zu interpretieren«[15] – ein tragischer Fehlschluss. Auch bei Schulkindern steckt hinter jedem Verhalten ein Bedürfnis oder ein Wunsch. Wir ärgern uns darüber, dass unser Kind diese Bedürfnisse nicht anders äußern kann. Und weil es schon so verständig wirkt, schauen wir oft nicht mehr hinter das Verhalten. Warum sagt das Kind nicht einfach, was es will?

Weil es in diesem Alter und nach einem langen Schultag schwer ist, reflektiert zu sagen: »Ich kann nicht mehr kooperieren, ich muss meinen Stress abbauen und weiß nicht, wie.« Oder auch: »Ich weiß, ich bin schon groß, aber derzeit ist alles so aufregend, ich will nicht allein schlafen müssen.« Oder: »Ich will meine Integrität wahren und geliebt werden, wie ich bin, auch wenn ich mich gerade selbst nicht verstehe und unausstehlich bin.«

Schulkinder sind Kinder

Vorpubertäre Kinder sind keine kleinen Erwachsenen. Und um dem vorzugreifen: Teenager auch nicht. Sie sind Kinder. Sie sind in der Entwicklung, sie sind verletzlich und manchmal auch echt verpeilt. Sie müssen teilweise koreguliert werden wie Dreijährige – es wird nicht besser, wenn wir dafür mit ihnen schimpfen, sie auslachen oder beschämen.

Manchmal haben sie nur zehn Sekunden nach unserem Gespräch schon vergessen, worum wir sie gebeten haben. Sie wollen Hausaufgaben machen, aber YouTube ist unwiderstehlich. Drei Freunde wollen rausgehen, aber bis alle angezogen sind, haben sie keine Lust mehr. Das ist anstrengend, aber es ist vor allem anstrengend, wenn wir erwarten, dass sie es besser können. Wenn wir damit leben, dass sie einfach hin und wieder noch ganz schön viel Begleitung brauchen, wird es leichter.

Und gleichzeitig dürfen wir auch an bestimmten Stellen loslassen, sie die Erfahrung machen lassen, was passiert, wenn sie unsere Hinweise nicht beachten. Wir bitten dreimal, dass sie ihren halb gegessenen Pudding wegräumen. Und dann lassen wir sie selbst erfahren, was geschieht, wenn unsere Katzen über den Pudding herfallen – und ja, dann putzen die Kinder die Küche, nicht ich.

Eltern von Schulkindern sagen mir häufig: »Ich bin so genervt – sie weiß genau, dass sie … und sie macht es trotzdem!« Sie ärgern sich darüber, dass die Kinder nicht ihre Sachen wegräumen, nicht mit dem Hund rausgehen, nicht ihre Hausaufgaben machen oder nicht vom Tablet wegkommen. Da wir erwarten, dass ein »so großes Kind« es besser wissen müsste, sind wir genervt und fangen an, zu meckern, zu nörgeln oder gar zu schimpfen.

Aber so erreichen wir Schulkinder nicht. Wir wissen, dass Schimpfen immer weniger funktioniert, je älter sie werden. »Er schaltet einfach auf Durchzug, wir erreichen ihn nicht einmal mehr mit Strafen«, erklärten mir Eltern eines siebenjährigen Jungen, die einen meiner Vorträge besuchten.

Was aber sollen wir stattdessen machen? Hier ein paar Tipps dazu:

- **Ja-Kommunikation:** Statt unserem Kind ständig »Nein« zu sagen, kommunizieren wir erst Verständnis und dann Anforderung: »Ich verstehe, dass du keine Lust zum Aufräumen hast und ich will dich nicht jeden Tag immer wieder an deinen Ranzen erinnern. Was brauchst du, damit er einen Platz bekommt?«
- **Authentizität:** Statt zu nörgeln: »Jeden Abend dieses Theater!«, sagen wir, wie wir uns fühlen und was unser Bedürfnis ist: »Es macht mich traurig, wenn wir uns jeden Abend streiten; ich wünsche mir, dass wir einen friedlichen Abend haben. Lass uns überlegen, wie wir Druck anders abbauen können, als uns zu streiten.«
- **Bedürfnisse:** Wir sagen oft, was wir wollen, aber nicht, was wir wirklich brauchen: »Ich wünsche mir freundliche Tischgespräche«, pflegt die Großmutter meiner Kinder zu sagen, wenn sie sich abends am Tisch streiten. »Ich brauche jetzt Ruhe, um zu kochen« ist besser als »Ihr seid zu laut!«.
- **Direkte Kommunikation:** Kinder bekommen zu oft zu hören, was sie tun »könnten«, und zu wenig, was sie tun sollen. »Ich möchte/will, dass du dir jetzt die Zähne putzt« ist besser als »Ich denke, es wäre jetzt langsam Zeit …«
- **Klare Formulierungen:** Wir stellen auch bei Schulkindern keine Fragen, wenn »Nein« keine Option ist: »Wir gehen jetzt« und »Bitte schnall dich an« statt Fragen, die eigentlich keine sind wie »Gehen wir jetzt?« oder »Kannst du dich bitte anschnallen?« oder sehr beliebt: »Wir gehen jetzt Zähne putzen, okay?«
- **Kontakt:** In all meinen Büchern geht es darum, mit meinem Kind in Kontakt

zu bleiben, das heißt konkret: Ich schaue mein Kind an, ich komme auf seine Augenhöhe, ich nehme mir einen Moment Zeit, ich frage mich: »Wie geht es diesem kleinen Menschen jetzt? Was braucht er?«, und ich fühle meine Liebe zu diesem Kind, auch wenn es gerade unausstehlich ist. In diesem Zustand finden wir in der Regel bessere Lösungen, als wenn ich mich dem Stress des »*Warum* ist das Kind so?!« hingebe.

- Widerworte und Sprüche: Wir springen weder auf Schimpfwörter aus der Schule noch auf freche Sprüche an – die Kinder provozieren uns als soziales Experiment, und es ist ihre Aufgabe, uns in diesem Alter infrage zu stellen. Wir bleiben also ruhig und stellen klar, was uns wichtig ist: »›Hurensohn‹ ist kein Wort für jemanden aus der Familie. Wenn du dich über deinen Bruder ärgerst, sag ihm, was du möchtest. Solche Worte können einen Menschen beleidigen oder verletzen.« Oder: »Ich werde dich nicht mit Gewalt zwingen, dir die Zähne zu putzen, es sind deine Zähne. Gleichzeitig ist mir deine Gesundheit wichtig. Was brauchst du? Was ist gerade los bei dir?«
- Zusammengehörigkeit: Alle Menschen haben ein starkes Bedürfnis nach gelingenden Beziehungen, danach, zu einer Familie zu gehören. Gleichzeitig wollen wir alle auch autonom sein und unsere Selbstbestimmung verteidigen. Schauen wir immer mit unseren Schulkindern, wie wir das miteinander statt gegeneinander erreichen können, wie wir als Familie gut vorankommen. Manchmal müssen wir die kleinen Persönlichkeiten daran erinnern, dass sie Teil einer Gemeinschaft sind und alle Menschen nur begrenzt tun können, was sie wollen, damit das Team gut zusammenspielt.

Hätten Sie's gewusst?

In Deutschland besuchten im Jahr 2022/23 mehr als 8,5 Millionen Kinder und Jugendliche eine allgemeinbildende Schule.[17]

Es gibt in der Bundesrepublik Deutschland kein einheitliches Schulgesetz, die Bundesländer entscheiden über die Schulpolitik und darüber, wie die allgemeine Schulpflicht konkret ausgestaltet wird.

Die Zahl der Lehramtsabsolventinnen und -absolventen ist binnen zehn Jah-

Wie wir neurodivergente Kinder begleiten

Unter dem Begriff »Neurodiversität« oder »neurologische Diversität« versteht man ein Konzept, nach dem neurobiologische Unterschiede als eine menschliche Disposition unter anderen angesehen und respektiert werden. Es versteht zum Beispiel Autismus, eine Aufmerksamkeitsdefizit-Hyperaktivitätsstörung (ADHS), Dyskalkulie, Legasthenie oder Hochbegabung nicht als Krankheiten, sondern als natürliche Vielfalt in der Neurologie von Menschen.

Arbeitet ein Gehirn so, wie wir es typischerweise von ihm erwarten, bezeichnen wir das als »neurotypisch«. Im Gegensatz dazu spricht man von »neurodivergent«, wenn die Arbeitsweise eines Gehirns von der erwarteten Norm abweicht.

Eigene neurodivergente Kinder oder Freunde unserer Kinder brauchen eine andere Begleitung für ihr Spielen, Wachsen und Lernen. Auf Folgendes können wir achten:

- Verständnis für die individuelle Neurodivergenz: Neurodivergente Kinder haben eine Vielfalt von Gehirnkonfigurationen und ganz unterschiedliche Entwicklungsprofile. Sie denken anders als »neurotypische« Kinder und nehmen die Welt anders wahr. Was für andere Kinder Alltag oder Spaß ist, kann für sie Stress bedeuten.
- Akzeptanz und Wertschätzung: Wie alle anderen Kinder – und Menschen überhaupt – brauchen auch neurodivergente Kinder Eltern, die sie bedingungslos akzeptieren und ihre Stärken und Talente wertschätzen. Auf diese Weise können wir ihnen helfen, ein positives Selbstbild zu entwickeln.
- Diagnose und Intervention: Wenn wir den Eindruck haben, dass unser Kind unter seiner Neurodivergenz leidet, sollten wir professionelle Hilfe suchen.[16] Ist das Kind stabil und haben wir für uns gute Strategien gefunden, können wir erst einmal beobachten und abwarten.
- Individuelle Bedürfnisse: Neurodivergente Menschen brauchen manchmal andere Umgebungen als neurotypische Menschen – sie gehen anders mit Reizen, Eindrücken, Lautstärke, sozialen Situationen und auch

dem Lernen um. Wir versuchen im Sinne einer »Ja«-Umgebung – in der es sich ausprobieren kann und nicht ständig ein »Nein« zu hören bekommt –, unserem Kind so weit entgegenzukommen, wie es das für seine Entwicklung braucht.

- Struktur und Routine: Viele sagen, dass besonders neurodivergente Kinder von Ruhe, Struktur und einem vorhersehbaren Alltag profitieren. Wenn sie sich sicher und organisiert fühlen, ist es für sie leichter, sich zu entspannen und zu lernen.
- Stressreduktion: Neurodivergente Kinder können Schwierigkeiten bei der Selbstregulation haben. Es ist unsere Aufgabe, ihnen Strategien beizubringen, wie sie mit Stress, Frustration oder Überforderung umgehen und ihre Emotionen regulieren.
- »Dorf« und Gemeinschaft: Eltern können sich mit anderen Eltern von neurodivergenten Kindern vernetzen – allerdings sind sie oft selbst neurodivergent und müssen schauen, wie das mit ihren eigenen Bedürfnissen zusammenpasst. Dennoch gilt: Der Austausch mit anderen Eltern kann hilfreich sein, um Informationen, Ressourcen und emotionale Unterstützung zu erhalten.

Am Ende gilt immer, dass wir die Balance zwischen den Bedürfnissen des Kindes und unseren eigenen Bedürfnissen sowie den Anforderungen unserer Umwelt halten. Wenn wir unsere Kinder ins Herz schließen und sie sich wertgeschätzt, sicher und geborgen fühlen, werden sie sich auf ihrem Weg entfalten können.

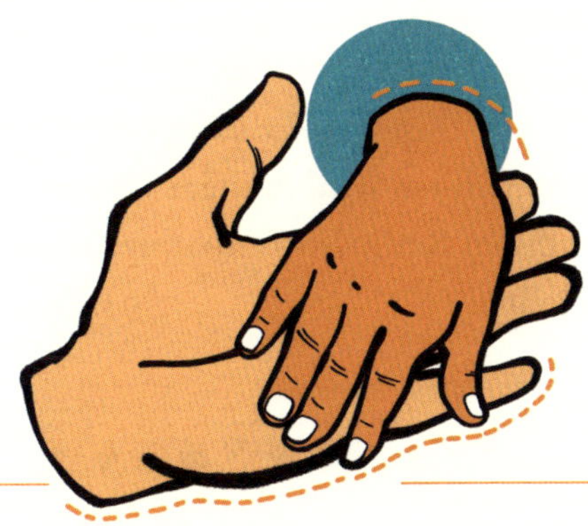

ren um 10,5 Prozent gesunken (2012 bis 2022), dieser Lehrkräftemangel führt dazu, dass immer mehr Kinder von Menschen ohne anerkannte Lehramtsprüfung unterrichtet werden. Jede zwölfte Lehrkraft an allgemeinbildenden Schulen in Deutschland war im Schuljahr 2021/22 Quer- oder Seiteneinsteiger/in.[18]

- Das Recht eines jeden, private Schulen zu gründen oder die Kinder auf eine solche Schule schicken zu dürfen, war schon Gegenstand der Weimarer Verfassung und ist im Grundgesetz der Bundesrepublik Deutschland festgeschrieben.[19]
- Gerichte haben sich bereits häufiger mit der Frage befasst, wie teuer eine Privatschule sein darf. Das Grundgesetz solle verhindern, dass private Ersatzschulen »Standes- oder Plutokratenschulen« würden, hieß es in einem Urteil des Bundesverfassungsgerichts von 1987. Einem Ersatzschulträger müssen die zuständigen Behörden demnach die Genehmigung versagen, wenn er ein einkommensunabhängiges Schulgeld erhebt, das diese Vorgaben nicht erfüllt.[20]

Falsche Erwartungen

Eine Klasse ist wie eine große Familie

Auch Teams in Schulen und neue Klassen müssen sich erst finden – mit Gremien, Informationswegen und Terminen. Insofern rechnen wir damit, dass auch hier am Anfang noch einiges durcheinandergeht, bis alle wissen, wie es läuft, und wir Kontakt zu allen wichtigen Personen hergestellt haben. Vor Ort zu sein, hilft auch hier, zum Beispiel zu Sommerfesten, Elternabenden und Gremiensitzungen.

Schulkinder streiten ja nicht mehr wie im Kindergarten!

Nein, manchmal wird es sogar schlimmer. Die Persönlichkeitsentwicklung lässt nicht immer Raum für Empathie, daher ist es wichtig, die Kinder hier weiterhin zu begleiten.

Schulkind sein – jedes Kind ist anders

Auch zwischen sechs und zwölf Jahren entwickelt sich jedes Kind anders – manche sind ausgeglichen, und ihr präfrontaler Cortex ist gut ansprechbar, andere sind aufbrausend und leicht aus der Balance zu bringen. Gerade in diesem Alter müssen wir achtgeben, dass wir unsere Kinder nicht bewerten. Wir neigen schnell dazu, sie zu überfordern und dann »streng« zu sein, wenn sie nicht in unserem Sinne »funktionieren«.

Aus meiner Arbeit mit Eltern weiß ich, dass wir viel von ihnen verlangen und uns viel für sie wünschen: Wir wollen, dass sie emphatisch sind und Durchhaltevermögen zeigen, sie sollen eigenverantwortlich und zuverlässig sein, moralisch handeln, sich aber auch durchsetzen können, ein gutes Sozialverhalten und stabiles Selbstwertgefühl entwickeln. All das soll werden, während die Zähne wackeln und die Welt sich bei den meisten mit dem Schulbesuch neu erfindet. Seien wir nachsichtig – mit ihnen und mit uns.

Wir dürfen und sollten Werkzeuge, die wir schon bei unseren Kleinkindern angewendet haben, hier weiter nutzen. Wenn ein Kind sich schlecht verhält, seine Schulsachen in die Ecke feuert, beim Spielen Streit mit seinen Freunden beginnt und sich mit seinen Geschwistern nicht einigen kann, dann fragen wir uns auch hier: »Wie geht es diesem Kind gerade? Was ist das Bedürfnis hinter dem Verhalten?« Und dann werden wir sehen, dass auch unsere vermeintlich großen Kinder nur zeigen: »Ich weiß nicht, wie ich das bewältigen soll – kannst du mir helfen?« Daher sind Rückschläge und Hindernisse im Leben unseres Kindes keine Dramen, die wir um jeden Preis vermeiden müssen, sondern Trainingszentren für ein reifendes Gehirn.

Gerade jetzt sollten wir viel daran denken, dass jedes Kind seinen eigenen Weg in Richtung Erwachsensein geht, jedes dieser kleinen Gehirne wächst in seinem Tempo und hat seine eigenen Aufgaben zu bewältigen.

Ab jetzt kann ich zuverlässiger arbeiten und Termine wahrnehmen

Es bleibt dabei: Wenn das Kind sich wehtut, krank wird, sich nicht gut fühlt und abgeholt werden muss, dann sind wir Eltern gefragt. Und das passiert natürlich in der Schule noch genauso wie im Kindergarten.

Das sind ja noch keine Teenager!

Kinder im Alter zwischen sechs und zwölf Jahren können dennoch launisch, morgens müde, nicht erreichbar und sehr, sehr vergesslich sein. Dazu unempathisch, besserwisserisch und ein bisschen tollkühn. Richten wir uns darauf ein, dass unser Kind hin und wieder rasante Wechsel zwischen verschiedenen Entwicklungsebenen durchmacht.

Die Schule ist viel organisierter, die haben mehr Personal als der Kindergarten

Grundschulen sind ebenfalls oft knapp mit Personal, und nicht immer weiß die rechte Hand, was die linke in der großen Organisation tut. Es hilft, wenn wir versuchen, die Informationswege zu verstehen (»Wen muss ich informieren?«, »An welchem schwarzen Brett steht alles zum Sommerfest?«), und mithelfen, dass alles reibungslos läuft.

Das sagt die Wissenschaft

Während der Corona-Pandemie haben sich vor allem die Mütter um Kinder im Grundschulalter gekümmert.[21] Dementsprechend stieg ihre Belastung deutlich an.

Wenn man Kinder fragt, wie sie sich einen perfekten Grundschullehrer wünschen, dann antworten sie vor allem mit Persönlichkeitsmerkmalen – ob es männliche oder weibliche Lehrer sind und wie sie Lehrstoff vermitteln, ist für die Kinder zweitrangig.[22]

Ausländische und deutsche Studien zeigen, »dass der Besuch einer inklusiven Schule für Kinder mit sonderpädagogischem Förderbedarf förderlicher ist als

Zehn Tipps

1. Muss es die selbst gebastelte Schultüte sein? Manchmal ist die gekaufte schöner und cooler – wir sollten das mit unseren Kindern absprechen, damit es keine Enttäuschung gibt.
2. Wenn wir selbst basteln wollen, sind genähte Schultüten, aus denen man später ein Kissen machen kann, eine schöne Alternative.
3. Wenn es die Entfernung erlaubt, sollten Kinder nach einer Eingewöhnungszeit selbstständig zur Schule gehen und so eigene Erfahrungen als sichere Verkehrsteilnehmerinnen und Verkehrsteilnehmer machen.
4. Der kürzeste Schulweg ist nicht immer der sicherste – suchen wir einen Weg mit wenig Kreuzungen, Fahrbahnüberquerungen und unübersichtlichen Stellen.
5. Mit dem Rad sollten Kinder im Allgemeinen erst nach der Fahrradprüfung in der vierten Klasse zur Schule fahren.
6. Manche Schulen organisieren sogenannte »Laufbusse«, in denen Kinder in Gruppen zur Schule gehen und aufeinander warten – einfach mal nachfragen!
7. Leben wir damit, dass der teure, neue Schulranzen schon nach kurzer Zeit recht benutzt aussehen kann – das ist der Gang der Dinge.
8. Kinder, die bei Pausenbroten selbst mitentscheiden oder selbst mithelfen, essen sie lieber auf.
9. Nicht enttäuscht sein, wenn das Brot zurückkommt, sondern lieber ins Gespräch gehen (»Was war nicht so gut?«, »Was ändern wir morgen?«). So vermeiden wir, dass es weggeworfen oder verschenkt wird, ohne dass wir davon erfahren.
10. Das richtige Getränk für die Schule ist Wasser oder ungesüßter Tee.

der einer Förderschule. Dies gilt insbesondere für die Förderschwerpunkte ›Lernen‹, ›Emotionale und soziale Entwicklung‹ sowie ›Sprache‹.« In Umfragen bewerten Eltern, deren Kinder mit oder ohne sonderpädagogischem Förderbedarf eine inklusive Schule besuchen, »den sozialen Zusammenhalt, die Möglichkeiten der Kinder, im eigenen Tempo zu lernen, das Engagement der Eltern, die Klassengrößen und das Ausmaß von Unterrichtsausfall und Vertretungsunterricht an ›ihrer‹ Schule positiver als Eltern mit Kindern an nicht inklusiven Schulen.« Auch inklusiv arbeitende Lehrkräfte bekommen deutlich positivere Rückmeldungen von den Eltern als solche, die an nicht inklusiven Regelschulen unterrichten.[23]

FAQ

Soll ich Vorschulhefte kaufen und mit dem Kind üben?

Nur wenn ihr Spaß dran habt. Manche Kinder sind ganz heiß auf Vorschulinhalte und sollen sie auch bekommen. Aber wenn sie die Lust verlieren, lassen wir sie sofort damit in Ruhe. Vermeiden wir auf jeden Fall Sätze wie diesen: »Später in der Schule kannst du dir auch nicht aussuchen, ob du was zu Ende machen willst oder nicht. Du kannst nicht einfach anfangen und dann in der Mitte aufhören.« Doch, kann ich. Ein Kind lernt nur, wenn es Freude daran hat, motiviert ist und bereit dazu. Mit Druck erschaffen wir eine Drohkulisse vom späteren Schulalltag, die die Kinder im besten Fall abstößt und im schlimmsten Falle ängstigt.

Was ist besser: Ranzen oder Trolley?

In den letzten Jahren sind Schulranzen-Trolleys sehr beliebt geworden. Die Kinder können sie wie einen Koffer hinter sich herziehen. Das ist so lange eine praktische Lösung, wie das Kind keinen langen Schulweg mit vielen Treppen und Stufen (zum Beispiel Bürgersteig, Einstieg in Bus und Bahn) zu bewältigen hat und es auch in der Schule nicht ständig über Treppen gehen muss. Sonst führt der Trolley, den das Kind mit einer Hand trägt, zu einer einseitigen Belastung. Gerade für Schulanfänger ist daher oft ein klassischer Ranzen besser geeignet. Alternativ gibt es auch Rucksack-Trolleys, den die Kinder wahlweise auf dem Rücken tragen oder hinter sich herziehen können.

Warum ist mein Kind plötzlich so anhänglich, quengelig, gereizt, kindisch?

»Die Kinder wachsen über sich hinaus«, hört man oft zum Schulanfang. Das kann so sein, muss aber nicht. Manche Kinder machen auch einen »Sprung nach hinten« und gehen wieder mit drei Kuscheltieren ins Bett. Wir bleiben ruhig; denn solche Entwicklungen und auch das Sich-zurück-entwickeln gehören zum Wachsen dazu.

Wie finde ich eine Schule, die individuell auf mein Kind eingeht?

In jeder Schule gibt es Lehrpläne, die ausgefüllt werden müssen, auch wenn Lehrende versuchen, individuell auf Kinder einzugehen. Manchmal bleibt ihnen keine Zeit, das Kind in seiner Ganzheit wahrzunehmen oder an seinen Bedürfnissen und seinem Entwicklungsstand ausgerichtet zu arbeiten. Am Ende kommt es nicht nur auf die Schulform an, sondern auf die Ressourcen, die jetzt gerade verfügbar sind.

Was tue ich, wenn mein Kind aus meiner Sicht noch nicht schulreif ist?

Manchmal sind unsere Sechsjährigen einfach noch »klein« – oder so mit ihrer Entwicklung beschäftigt, dass mir Eltern sagen: »Ich würde ihn/sie gern noch ein Jahr spielen lassen.« Doch Kinder zurückzustellen, kann schwierig werden, gerade wo Grundschulkinder »knapp« sind, müssen auch mal »Klassen voll gemacht« werden. Oder die Schule erkennt dann eher sonderpädagogischen Förderbedarf, statt das Kind noch ein Jahr zu Hause zu lassen. Wir sollten uns also gut beraten und mit der Schule zusammen überlegen, was für alle ein guter Weg ist.

Mein Kind scheint mir neurodivergent zu sein – soll ich das vorher abklären lassen?

Die Frage ist immer: Was bringt mir die Diagnose? Was würde ich damit machen? Kann die Schule darauf eingehen, oder riskiere ich damit, dass das Kind in eine Schublade gesteckt wird? Hat das Kind etwas, worauf die Schule eingehen kann, oder ist mein Kind stabil und kann sich gut einfügen? Diese Fragen können wir nur selbst beantworten. In jedem Fall sollten wir Kontakt zu den Lehrkräften halten, wenn es doch ein Thema wird.

ABC
Mm
Mm
Nn
Nn
1+2=3
Eis
Löwe

Artgerecht lernen

Der Mensch soll lernen,
nur die Ochsen büffeln.
ERICH KÄSTNER

Der erste Schultag ist ein Schritt in ein neues Leben, die Zeit von Kindergarten oder Kita ist vorbei. Für viele Eltern ist es auch ein Gefühl von Kontrollverlust: Wie wird es meinem Kind in der Schule gehen? Wird es auf nette Lehrkräfte treffen? Wird es in der Klassengruppe akzeptiert werden? Wird es mitkommen, sich langweilen oder hinterherhinken? Wir sind plötzlich in einer Situation, in der das, was jetzt passiert, einen entscheidenden Einfluss auf den Bildungsweg und die Sozialisierung unserer Kinder hat, wir aber noch weniger als in einem Kindergarten eingreifen, auf individuelle Betreuung bauen oder dabei sein können. Das auszuhalten und zu vertrauen, ist ab jetzt unser Job.

Wir müssen uns dafür auch mit unserer eigenen Schulzeit auseinandersetzen – egal, ob wir sie als positiv oder negativ empfunden haben –, und ich habe ein paar Tipps zusammengestellt, wie wir das am besten machen.

Außerdem sind zuvor plötzlich viele Entscheidungen zu treffen, auf die uns niemand vorbereitet: Wann wird das Kind eingeschult? In welche Schule geht es? Wie gestalte ich den Übergang? Wie immer hilft es uns Eltern, wenn wir – dem afrikanischen Sprichwort gemäß – ein »Dorf« haben, das uns beisteht. Das heißt zum einen für gemeinsam erziehende Eltern, dass nicht einer allein die mentale Last dieser Entscheidungen trägt, sondern sich beide mit der Schulwahl, den Schulkonzepten und Terminen beschäftigen. Und zum anderen, dass der Kindergarten ein guter Partner bei diesem Übergang sein kann und sollte. Auch andere Eltern, die schon Erfahrungen haben, sind eine wichtige Quelle für Informationen. Je besser wir wissen, was wir wollen, desto besser können wir allen Beteiligten mitteilen, was wir brauchen.

Was ich gern vorher gewusst hätte …

PETRA Dass jedes Kind unterschiedlich lernt – sein Tempo, seine Wege, seine Themen. Schule ist da leider viel zu unflexibel.

SABINE Dass Kinder mit den Fingern zählen dürfen. Wurde an unserer Grundschule verboten. Und das in der ersten Klasse.

GLUECKSDRACHIN Dass der Schulstress zunächst sehr subtil bei uns ankommt. Nicht so offensichtlich, wie ich es gedacht hätte.

TANJA CORBO Dass es nicht nur Schwarz oder Weiß gibt und das Schulsystem auch mal sehr gut passen kann. Sogar zu Kindern, deren Mütter es verteufeln.

So geht's: Wie wir die richtigen Entscheidungen treffen

Mögen deine Entscheidungen von deinen Hoffnungen geleitet sein, nicht von deiner Furcht.

UNBEKANNT

Wie wir im Kapitel über die Gehirnentwicklung gesehen haben, ist das sechste Lebensjahr eine Zeit großer Umbrüche in der Persönlichkeit unserer Kinder. Es kann daher einen signifikanten Unterschied machen, ob ein Kind ganz knapp in das vorgegebene Schema passt und damit sehr früh eingeschult wird oder spät.

Manche Kinder sind hier gerade in einer sehr impulsiven Phase, noch nähebedürftig oder haben Mühe, sich zu regulieren oder in andere einzufühlen.

Die Schule mit ihren Regeln, festen Abläufen, neuen Menschen und wenig Bewegungsfreiraum stellt sie vor Herausforderungen, für die sie eigentlich gar keine Kapazitäten haben – sie sind damit beschäftigt zu wachsen.

Andere langweilen sich zu Hause und im Kindergarten, ärgern sich täglich über die »undisziplinierten« anderen Kinder, die bei Spielen die Regeln nicht beachten und »total kindisch« sind, und müssen dennoch warten. Verständlich also, dass wir uns als Eltern fragen, wann der beste Zeitpunkt ist.

Der passende Zeitpunkt zur Einschulung

Manche Eltern fürchten, dass sich ihr Kind ein weiteres Jahr im Kindergarten langweilt. Andere machen sich Sorgen, ob es bereits »schulreif« ist. Die offiziellen Vorgaben sind in Deutschland relativ klar: Der Stichtag für die Einschulung liegt aktuell zwischen dem 30. Juni und dem 30. September. Kinder, die hier ihren sechsten Geburtstag feiern, werden eingeschult. Wann ist mein Kind schulpflichtig und muss eingeschult werden (»Muss-Kind«)? Und wie sieht es mit einer früheren Einschulung aus (»Kann-Kind«)? Diese Regelungen sind nach Bundesland unterschiedlich und können zum Beispiel auf der Website Bildungsserver.de eingesehen werden (Suchbegriff: »Einschulungsalter«).

Wenn wir die Wahl haben – umso schöner. Wenn wir in einem Bundesland wohnen, in dem die Einschulung nicht verhandelbar ist (oder nur in extremen Ausnahmefällen), ist die Schullaufbahn unseres Kindes dann jetzt schon in den Sand gesetzt? Nein, natürlich nicht. Es gibt noch mehr Faktoren als nur das Alter, die entscheiden, wie gut der Übergang gelingt: die Beziehung zur Lehrperson, der Erstunterricht und wie gut er an die Entwicklung der Kinder angepasst ist. Das sollte uns motivieren, in Kontakt mit den Lehrern zu bleiben und ihre gute Beziehung zu unserem Kind zu fördern, wann und wo immer das möglich ist.

Wir Eltern wollen unsere Kinder früh in die »richtigen Startlöcher« stellen. In ihrem Buch *Hallo Schulanfang!* beschreibt die Lehrerin und Autorin Saskia Niechzial das sehr treffend: »Bisher war die Bewegungsfreude des eigenen Kindes ein energiegeladener Wesenszug voll sportlichem Potenzial? Mit Blick auf die Einschulung wird daraus schnell die Sorge um motorische Unruhe und die fehlende Fähigkeit, längere Zeit still zu sitzen.«[24] Muss vor dem Schulanfang noch das Seepferdchen gemacht werden und doch noch ein Urlaub mit spielerischem Sprachaustausch im Frühling, noch schnell ein Instrument angefangen, um im Schulorchester mitspielen zu können, und doch noch ein bisschen mehr gebastelt werden? Lernen die Kinder Weihnachten eigentlich genug Gedichte auswendig, oder lassen wir sie zu viel vor dem Tablet sitzen?

Räumen wir gleich mit einem Missverständnis auf: Es gibt nicht den einen festen Entwicklungsstand, den alle »gesunden« Kinder mit »engagierten« Eltern automatisch erreichen, wenn sie sechs Jahre alt sind, und der sie schulreif macht. »Inklusion heißt, ernst zu nehmen, dass jedes Kind besonders ist«, sagte mir der deutsche Grundschulexperte Hans Brügelmann, ehemaliger Professor für Grundschulpädagogik und Fachreferent für Qualität in Grundschulen, in einem Interview im Juni 2023.

Er weist darauf hin, dass Kinder nach aktuellen Lernstandserhebungen zum

Schulanfang bis zu drei Entwicklungsjahre auseinander sein können – drei Jahre! Das hat mit ihren individuellen Voraussetzungen und ihrer Entwicklung zu tun, aber auch ganz faktischen Zwängen wie der Wohnsituation, der Geschwisteranzahl, dem Bildungsgrad der Eltern, dem Erziehungsstil, damit, wie viele Bücher, wie viel Zeit und wie viel Geld zur Verfügung stehen, welche Ressourcen die Eltern für kulturelle Aktivitäten haben (Theater? Oper? Konzerte? Radio hören?) und wie gut der Kindergarten das Kind vorbereitet oder sogar mit der Schule kooperiert hat.

Ein paar Tipps hierzu:

- Keine künstliche Selbstständigkeit: »Das Leben ist kein Ponyhof!« – manche Eltern hören, man müsse die Kinder spätestens jetzt auf den Ernst des Lebens vorbereiten und dürfe sie nicht »verhätscheln«. Wie so oft gibt es für diese Auffassung keine Belege. Kinder, die nun viel Nähe bekommen, sich ausweinen dürfen, unterstützt werden, ohne dass wir ihnen alles abnehmen, und uns als sicheren Hafen erleben, kommen besser durch diese Zeit.
- Sichere Begleitung: Unsichere Kinder bringen wir zur Schule, zur Not bis an die Klassentür, übergeben sie ihren Klassenlehrern. Wir sind pünktlich oder sogar früh da, damit sie in Ruhe ankommen können.
- Hegen und Pflegen in der Übergangsphase: Die Kinder brauchen Unterstützung dabei, an die vielen kleinen Herausforderungen des Schulalltags zu denken. Haben sie ihr Essen dabei? Ihre Hausaufgaben gemacht? Den Turnbeutel mitgenommen, die drei Euro für das Puppentheater, die Bastelschere?
- Full-Service-Parenting: Es kann sein, dass unsere Kinder jetzt wieder Hilfe an Stellen brauchen, die sie vorher selbst bewältigen konnten. Viele Eltern streiten sich allmorgendlich mit ihrem müden Schulkind, statt es einfach liebevoll an die Hand zu nehmen und anzuziehen. Sie ärgern sich jeden Abend über die nicht ausgepackte Brotdose, statt sie einfach aus dem Ranzen zu holen als Teil ihrer Routine, bis das Kind seine eigene neue Routine entwickelt hat.
- Routinen etablieren: Damit unser Kind Stück für Stück in der Selbstständigkeit ankommt, etablieren wir Routinen, hängen Merkzettel auf, üben und üben immer wieder, sodass wir ihm Schritt für Schritt seinen Teil am Schulalltag übergeben können.

Übergänge gestalten

Manche Kindergärten kooperieren gezielt mit den Grundschulen in ihrem Umfeld, um herauszufinden, was die Kinder beim Übertritt in die Schule erwartet, und sie entsprechend vorzubereiten. Ein direkter Draht zwischen Kindergartenleitung und Schuldirektion (und, wenn es ihn noch gibt, einem lokalen Schreibwarenhandel, der entsprechende Schuleingangspakete bereitstellen kann) hilft allen, den Überblick zu behalten.

Ein guter Kindergarten kann die Kinder auch auf die Schuleingangsuntersuchung vorbereiten, sodass sie die Aufgaben bereits kennen und in einer fremden Umgebung mit einem fremden Menschen besser bewältigen können. Auf diese Weise können wir auch Gerüchten vorbeugen, die sonst schon mal unter den Kindern kursieren: »Da wird entschieden, ob du in die Schule darfst« – was den Druck für die Kinder nur enorm erhöht. Und auch wir dürfen uns entspannen, denn hier wird weder unsere Erziehungsleistung bewertet noch festgelegt, welche Schullaufbahn unser Kind einschlagen wird. Es ist eine Momentaufnahme, mehr nicht.

Nicht zuletzt müssen wir uns fragen: Wer wird hier an was angepasst? Inwieweit muss sich unser Kind an die Anforderungen der Schule anpassen, und wo kann die Schule unserem zum Beispiel bewegungsfreudigen Kind durch bewegtes Lernen und Ruhepausen entgegenkommen? Und damit sind wir bei der nächste Frage: Was ist die richtige Schulform?

Wie finde ich eine geeignete Schule für mein Kind?

Die gute Nachricht: Die richtige Schule für unsere Kinder ist die Schule, in der sie von Menschen begleitet werden, die wohlwollend auf sie schauen und mit denen sie ihre Entwicklungsaufgaben bewältigen können. Das kann eine Regelschule sein, eine alternative Schulform, eine Schule mit sonderpädagogischem Förderschwerpunkt, eine öffentliche oder private Schule. Hans Brügelmann arbeitet seit Jahren in Gremien zur Reform der Grundschule und sagte mir im

Interview dazu: »Schule ist nicht nur ein Ort des fachlichen Lernens, es ist ein Ort der Persönlichkeitsentwicklung. Wenn ich eine Schule aussuche, steht im Vordergrund: Werden Kinder ernst genommen, werden sie beteiligt, ist die Schule so, dass sie gemeinsam gemacht wird, gibt es Klassenrat und Schülerparlament, in denen Kinder Demokratie lernen?« Eine schöne Vorstellung.

Oft haben wir Eltern aber gar keine Wahl. Auch und besonders dann lohnt es sich, die Schule, in die unser Kind gehen wird, gut kennenzulernen. Wir gehen zu vorbereitenden Elternabenden, Tagen der offenen Tür, Sommerfesten und Info-Veranstaltungen. Wir sprechen mit anderen Eltern, die ihre Kinder schon hier auf der Schule haben, und mit Lehrpersonen. So bekommen wir ein Gefühl dafür, wo unser Kind hingehen wird, wie der Laden »tickt« und wie wir uns hier einbringen können. Denn ohne das geht es nicht.

Und nicht zuletzt sollten wir uns mit den Eltern der Freunde unserer Kinder kurzschließen. Wie im Freundeskapitel beschrieben wird, helfen Freunde uns, an unbekannten Orten besser anzukommen. Das gilt auch für die Schule. Manchmal können Kinder vor der Einschulung angeben, mit wem sie gern in eine Klasse gehen möchten (oder mit wem auf keinen Fall), und wir sollten das der Schule unbedingt mitteilen.

Wenn wir die Wahl zwischen zwei Grundschulen haben, können wir auch gleich einen Schritt weitergehen und bei den weiterführenden Schulen fragen, wie sie diese einschätzen. Wie gut können die Kinder, die von diesen Schulen zu ihnen kommen, in der Regel lesen, rechnen und schreiben? Auch Eltern, die ihre Kinder bereits auf der Schule hatten oder haben, sind dafür eine wichtige Quelle. Allerdings werden wir hier sehr unterschiedliche Informationen bekommen, denn am Ende gilt nach wie vor stets das Ergebnis der Hattie-Studie: Auf die Lehrperson kommt es an.[25] Wie gut ein Kind in der Schule ist, hängt immer von mehreren Faktoren ab. Aber der Hauptfaktor ist nicht das Kind und auch nicht, wie viel Goethe in der Familie gelesen wird. Der Hauptfaktor ist der Mensch, mit dem es jeden Tag zu tun hat.

In welche Schule auch immer mein Kind geht, es wird umso besser sein, wenn wir uns einbringen. Jetzt kommen genau die Empfehlungen, die niemand hören will: Wir lassen uns zum Elternsprecher wählen, wir nehmen an Sitzungen teil, wir können Vertrauen zu den Lehrenden aufbauen und Kontakte knüpfen. Wir können die Menschen, mit denen die Kinder täglich zu tun haben, einfach mal ohne Agenda auf ein Treffen einladen, um einander kennenzulernen. Eine informelle Beziehung ist oft tragfähiger für neue Ideen als Streit in Gremien. Brügelmann sagt: »Generell ist in Deutschland die Möglichkeit, gute Schule zu machen, gar nicht schlecht.«

Es gibt verschiedene Initiativen, die sich um eine gute Grundschulbildung bemühen, darunter »Blick über den Zaun«, »Schule im Aufbruch« und »Grundschulverband«.[26] Die Überzeugung von »Blick über den Zaun« lautet, gute Schulen entstünden nicht von selbst und kämen nicht »von oben«. Verantwortlich für eine Schule seien diejenigen, die sie gestalten. Im »Grundschulverband« zum Beispiel arbeiten nicht nur Lehrer mit, sondern Eltern sind explizit willkommen. Auch ein Förderverein kann eine Schule verbessern oder sachkundige Bürger und Bürgerinnen, die in der Gemeindeverwaltung beratend zur Seite stehen, wenn es um die Förderung der Schulen geht.

Den Schulstart begleiten

Auf die Sozialkompetenz des Kindes vertrauen

Saskia Niechzial schreibt: »… das wird eine eurer zentralen Aufgaben beim Schulstart eures Kindes sein – das Loslassen.«[27] Und sie versichert uns, dass wir darin Übung haben: »Erinnert euch zurück – vermutlich habt ihr und euer Kind schon viele dieser Momente geschafft. Das erste Mal allein aufs Klettergerüst, die erste Nacht im eigenen Bett, der erste Tag im Kindergarten, die erste Übernachtung bei den Großeltern, die erste Kindergeburtstagseinladung ohne eure Begleitung. Wie auch immer diese Augenblicke bei euch genau ausgesehen haben – ihr wisst eigentlich schon, wie sich das anfühlt.«[28] Hm. Eigentlich hat sie recht. Für alle, die jetzt immer noch ein mulmiges Gefühl haben, hat sie ein paar Tipps auf Lager.

Sie empfiehlt, dass wir Frieden mit unseren eigenen schulischen Erfahrungen schließen. Waren sie gut und sind wir immer problemlos durchgekommen? Schön, aber lasst uns nicht diesen Anspruch an unser Kind stellen, vielleicht braucht es ein wenig länger, um in der Schule anzukommen. War es eine schwierige Zeit, und sehen wir extrem skeptisch auf die Mitschüler und Lehrpersonen, denen mein Kind begegnet? Dann sollten wir uns mit unserer eigenen Geschichte auseinandersetzen, um nicht eine selbst erfüllende Prophezeiung zu erschaffen.

Wenn wir unvoreingenommen auf die Schule zugehen, können wir besser kooperieren, klarer sehen und unserem Kind besser zur Seite stehen. Das alles können wir aber nicht, wenn in uns immer wieder alte, unangenehme Gefühle berührt werden und aus den Untiefen der Erinnerung Alarmsignale schicken: »Pass auf! Das kann schiefgehen!« Denn unsere Kinder spüren unsere Unruhe und unsere Sorgen, was dazu führt, dass wir sie mehr schwächen als stärken. Saskia Niechzial geht sogar so weit, dass sie Eltern mit traumatischen Schulerfahrungen (zum Beispiel Mobbing) eine therapeutische Aufarbeitung als Schulvorbereitung der Kinder empfiehlt – radikal, aber konsequent. Und wir können diese Dinge auch offen in einem Gespräch mit den Lehrkräften ansprechen und einfach mitteilen, dass wir selbst schlechte Erfahrungen hatten und deshalb besorgt sind, wie es unserem Kind ergehen wird.

In jedem Fall sollten wir uns mit unseren eigenen Vorstellungen von Leistung und Erfolg auseinandersetzen – und vor allem mit unserem Zeitplan. Denn das Leben eines Menschen wird nicht in den ersten zwei Schuljahren entschieden. Es gibt Dinge, die dürfen wir in aller Ruhe lernen, jeder von uns im eigenen Tempo.

Machen wir uns bewusst: Mein Kind ist nicht ich. Mein Kind hat völlig andere Voraussetzungen. Es ist vielleicht im Gegensatz zu mir sicher gebunden oder weniger extravertiert und eher ruhiger – und all das wird sich auf seine Schulzeit auswirken. Es kann sein, dass es dieselbe Erfahrung wie ich macht, von anderen ausgegrenzt zu werden, oder eben nicht. Es kann ganz anders damit umgehen. Ich kann nicht meine Erfahrungen als Schablone auf dieses Kind legen, es wird seinen eigenen Weg finden.

Der Schritt in die Schule heißt auch, dass wir unserem Kind mehr und mehr den Freiraum lassen, an altersgerechten Herausforderungen zu wachsen. Wir können den Schulstart nicht so kontrollieren, dass er problemlos verläuft. Dafür gibt es schlicht zu viele Unbekannte in der Gleichung. Wir können nur in einen Prozess eintreten, in dem wir mit unserem Kind gemeinsam herausfinden, wie wir Probleme Schritt für Schritt angehen können – und dürfen dabei auch auf die Sozialkompetenz vertrauen, die unser Kind bis hierhin schon erlernt hat.

Leben ist ein Lernprozess. Wenn die Schule noch nicht so ist, wie wir sie brauchen, dann geht der Prozess weiter – das ist alles.

Beispiel Hausaufgaben

Ich gehe mit der aktuellen Forschung davon aus, dass zum Beispiel Hausaufgaben wenig bis gar nichts bringen, besonders wenn wir Eltern sie begleiten. »Aber was tun wir stattdessen?«, fragen meine Leserinnen und Leser natürlich zu Recht.

Als ersten Schritt lassen wir die Hausaufgaben nie, niemals zwischen uns und unsere Kinder kommen. Wir streiten nicht mit ihnen darüber, dass sie etwas nicht machen wollen, was nachweislich wenig Zweck erfüllt und in ihren freien Nachmittag eingreift, obwohl die Schulpflicht hier längst vorbei ist. Wir klären erst einmal, was überhaupt verlangt wurde – müssen die Kinder wirklich die ganze Seite bearbeiten? Wir bringen unseren Kindern bei, wie man »effektiv« Hausaufgaben macht: Leg deinen Aufsatz nicht so an, dass du eine ganze Seite schreiben musst, sondern nur eine halbe. Mal den Buchstaben »N« nach, aber nicht hundertmal, zehnmal reicht auch. Schreib dein »L«, so oft du kannst und Lust hast, den Rest übernehme ich, und du knetest dafür den Pizzateig (was für die Motorik ebenfalls wunderbar ist) und so weiter.

Wenn wir darüber hinaus konsequent freundliche Entschuldigungen schreiben, können wir alsbald das Gespräch mit den Lehrenden suchen: »Welchen Zweck erfüllen die Hausaufgaben? Wie kann dieser Zweck anders erfüllt werden, wenn es für mein Kind nachmittags zu viel ist? Mein Kind arbeitet besonders langsam, kann es andere oder weniger Aufgaben bekommen?«

Meine Erfahrung zeigt, dass wir oft strenger mit den Hausaufgaben sind, als wir müssen, weil die Lehrkraft zum Beispiel gar nicht gesagt hat: »Das ganze Blatt mit den Matheaufgaben machen«, sondern: »Bitte macht eine halbe Stunde Mathe auf dem Blatt, so weit ihr kommt, gern auch das ganze« – aber wie das beim »Stille-Post«-Spiel halt so ist, kommt bei uns nur ein Teil davon an.

Es lohnt sich also, mit der Schule in Kontakt zu bleiben, auch mal nachmittags bei anderen Eltern anzurufen und abzufragen, was sie so an Infos von ihren Kindern bekommen haben, und im Zweifelsfall ehrlich zu informieren: »Bei uns führt diese Menge an Nachmittagsaufgaben regelmäßig zu Streit, bei dem das Kind nichts lernt. Was können wir anders machen?«

Nur wenn wir Eltern der Schule eine echte, ehrliche Rückmeldung geben (im Idealfall alle Eltern, nicht nur ein paar wenige), kann die Schule reagieren. Und nur dann kann wiederum die Lehrkraft mit der Fachleitung sprechen, dass das Pensum in diesem Fach in dieser Zeit so nicht zu schaffen ist. Die Fachleitung spricht mit dem Rektorat, und so gelangen diese Informationen vielleicht eines Tages bis zur Kultusministerkonferenz, wo man einsieht, dass wir mal ausmisten müssten. Aber nichts davon wird passieren, wenn wir Eltern kein echtes Feedback geben und unsere Kinder stattdessen jeden Nachmittag in ein System pressen, das so nicht mehr funktioniert.

So lernt sich's gut

Grundschulkinder müssen keine Lerntechniken beigebracht bekommen, sie dürfen erst mal die Basis des Lernens für sich entdecken. Das meiste davon gelingt ihnen auch ohne spezielle Förderung, obwohl es uns gar nicht bewusst ist:

- Visuelle Wahrnehmung: Was sehe ich? Kann ich Farben erkennen, Formen einordnen, Größen unterscheiden und sortieren? Geeignete Spiele dafür sind ganz früh der Holzsteckwürfel, später Memory-Spiele, das Bauen mit Legosteinen, Malen, Basteln oder Kneten, das Kritzeln in eigenen »Notizbüchern« und natürlich auch das Üben von Buchstaben.
- Auditive Wahrnehmung: Was höre ich? Kann ich aus Lärm das Wichtige herausfiltern? Kann ich zuordnen, woher ein Geräusch kommt? Verstehe ich eine Aufforderung, und kann ich sie umsetzen? Geeignet dafür ist jedes Gespräch, das wir mit dem Kind führen, aber auch jede Aufgabe, die wir ihm übertragen. Wir können im Wald »Reh-Ohren« spielen und die Handmuscheln so an die Ohren halten, dass wir mal die Geräusche vor uns oder hinter uns einfangen, und achtgeben, was wir hören. Wir können ein Lied im Kanon singen lernen und unsere Kinder ausprobieren lassen, wie verschiedene Materialien klingen, wenn wir mit ihnen umgehen: Wie klingt dieser Baum, wie klingt der Tisch, wie klingt der Stein, wie klingt das Wasser?
- Merkfähigkeit: Was habe ich gehört? Was weiß ich noch? Woran kann ich mich erinnern? Geeignet dafür sind alle Verse und Reime, die wir mit den

Kindern immer und immer wieder aufsagen, spielen oder singen, aber auch das Nacherzählen von Bilderbüchern oder dem Erlebten des Tages. Und wenn unser Kind eine Pferde- oder Hunderassen-, Nutzfahrzeuge- oder Dinosaurier-Phase hat und uns unaufhörlich von seinem Dino-Buch erzählen will, hören wir geduldig zu, denn auch dies trainiert das Gedächtnis.

- **Konzentration:** Kann ich mich auf etwas konzentrieren, auch wenn es keinen starken Reiz auf mein Gehirn ausübt (wie ein Film oder Computerspiel), ohne mich ablenken zu lassen? Der wichtigste Schritt hin zur Konzentration ist das, was wir »Flow« nennen: Viele Kinder spielen gedankenversunken vor sich hin und gehen vollkommen darin auf. Wir Eltern sollten dieses Spiel möglichst nicht unterbrechen – auch nicht, um ein Foto zu machen oder auf einen Schmetterling hinzuweisen. Schon ganz kleine Kinder brauchen diese Flow-Momente, um ihr Gehirn zu entspannen und ihren Konzentrations»muskel« zu stärken. Denn jedes Kind kann sich konzentrieren, die Konzentrations»muskeln« sind sozusagen nur unterschiedlich stark. Außerdem müssen wir Vorbild sein: Wenn wir alles ständig unterbrechen, fünf Dinge auf einmal machen, immer Musik läuft oder wir alle drei Minuten auf das Mobiltelefon schauen, lernen Kinder nicht von uns, wie man sich über längere Zeit einer Sache widmet.
- **Logisch denken und vorausplanen:** Warum hält mein Legoturm nicht? Was wäre jetzt ein guter Spielzug? Was mache ich heute Nachmittag, wenn meine Freundin keine Zeit hat? All diese Dinge lernen unsere Kinder, indem wir sie eigene Erfahrungen machen lassen. Dazu gehört auch, dass sie frustriert sein dürfen über ihre Legokonstruktion oder den falschen Zug im Spiel, dazu gehört, dass wir sie fragen, was ihre Alternative sein könnte, wenn Lea heute Nachmittag schon verabredet ist. Spielen in der Natur fördert diese Fähigkeit besonders, weil Sand- oder Erdburgen, Dämme, Hütten und Tunnel im Spielplatzsand eben nicht immer das tun, was wir uns wünschen, sondern direktes Feedback geben.

- Sprechverständnis: Kinder, denen viel vorgelesen wird, haben in der Regel bereits einen großen Wortschatz und ein gutes Verständnis für Wörter und ihre Teile. Besonders Lieder und Reime fördern das Verständnis dafür, dass Wörter verschiedene Teile haben, die gleich oder unterschiedlich sein können. Und noch etwas ist wichtig: Unsere Kinder lernen diese Fähigkeiten zuerst in der Muttersprache, können sie dann aber später auch auf andere Sprachen übertragen.

Wie Kinder lesen lernen

Jedes Kind, das lesen lernt, ist ein Wunder. Denn Lesen ist etwas, wofür unser Gehirn nie gemacht war. Anders als beim Sprechen oder Sehen gibt es keinen »Leseteil« des Gehirns.

Meine Großeltern erzählten gern, ich hätte auf der Autobahn lesen gelernt: »Plötzlich las das Kind vom Rücksitz aus die Ortsnamen der Ausfahrten vor!« Meine Tochter saß über einem Lexikon und fing plötzlich an, die Rubriken vorzulesen – aber nichts davon passierte »über Nacht«. Kinder haben in der Regel schon lange vorher mit Büchern, Schrift, Buchstaben und Vorlesen eine Grundlage, die das Lesevermögen stärkt.

Der Teil des Gehirns, der Buchstaben verarbeitet, ist zwar der visuelle Cortex, aber der ist für alle Bilder zuständig und hat sich vor über einer Million Jahren entwickelt, als Lesen und Schreiben noch kein Thema waren. Als wir vor fünftausend Jahren Schriften entwickelten, mussten wir diesen Gehirnteil mit anderen zusammenschalten – und das macht jeder anders.

Wahrscheinlich nutzen wir Schaltkreise im Gehirn, mit denen wir schon seit Jahrtausenden die Spuren von Beutetieren interpretiert haben – man spricht ja auch vom »Spuren*lesen*«. Wir verarbeiten die Bilder, sehen Muster und erstellen Zusammenhänge vielleicht so: »Diese Spuren sind von vier Kudus, sie sind tief eingegraben, also sind die Tiere schnell gerannt. Die Spuren führen kreuz und quer, aber ungefähr in eine Richtung, sie waren also möglicherweise auf der Flucht und sind wahrscheinlich in diese Richtung weitergelaufen. Ein Blick nach vorn zeigt, dass sie möglicherweise da im Tal Schutz gesucht haben …« Zeichen erzählen Geschichten und deuten auf die Zukunft hin.

Es gibt noch eine Gehirnfunktion, die uns beim Lesen hilft: Wir Menschen haben eine Vorliebe für Muster. Wir malen sie gern, wir sehen sie gern. Jeder kennt das: Wenn wir uns auf den Rücken legen und Wolken betrachten, erkennt unser Gehirn in ihnen vertraute Schemata (also feste Muster) für Gesichter oder Tiere (eine mühelose Vorübung zum Lesenlernen), die eigentlich gar nicht da sind. Und – wichtig! – jeder sieht etwas anderes. Man nennt dieses Phänomen »Pareidolie«.

Es gibt also nicht *den* idealen Leseschaltkreis im Gehirn, jedes Kind lernt daher auf seine eigene Weise lesen. Aber wir wissen, dass es ein paar Voraussetzungen für diese elementare Kulturtechnik gibt, die allen Kindern hilft, ihren persönlichen Weg zum Lesen zu finden.

Lesen lernen mit Hund

Eine Studie ergab, dass Vorschulkinder, die ein Haustier haben, selbstständiger sind, ein besseres Bild von sich selbst und ein höheres Selbstwertgefühl haben – alles Eigenschaften, die als wichtig für den schulischen Erfolg gelten. Darüber hinaus legen die Ergebnisse dieser Studie nahe, dass Haustiere wie ein Freund wirken – ein Freund, der die Kinder nicht bewertet und sie kompromisslos zum Beispiel beim Lesenlernen unterstützt.[29] Dies ist wenig verwunderlich, weiß man doch schon lange, dass Haustiere den Blutdruck senken und Stress reduzieren.[30] Darüber hinaus haben Studien an Kindern mit verzögerter Entwicklung gezeigt, dass sie sich in der Gegenwart von Tieren besser und länger konzentrieren können, sich weniger ablenken lassen und eine positivere Einstellung zur Schule haben.[31] Vor allem Hunde scheinen einen besonderen Effekt zu haben. Sie sind einfach da – sie trösten uns, hören uns wie gesagt zu, sind bei uns, ohne uns zu bewerten und ohne dass wir etwas leisten müssen – daher wirken sie auch noch beruhigender als Freunde.[32] Diese Bindung ohne Stress zwischen Mensch und Tier könnte dazu beitragen, geringes Selbstwertgefühl von Schülern, die Schwierigkeiten beim Lesen haben, zu bekämpfen und ihnen gleichzeitig die Unterstützung und das Vertrauen zu geben, das sie brauchen, um zu üben und sich zu verbessern. Es muss übrigens nicht das eigene Tier sein: In einer Studie haben Kinder einem Therapiehund Geschichten vorgelesen – mit positiven Ergebnissen.[33]

Hilfe, mein Kind liest nur Comics!

Wunderbar! Es spielt keine Rolle, was unsere Kinder lesen, es spielt in erster Linie eine Rolle, *dass* sie lesen. Sie trainieren ihren Lese»muskel«, und das ist gut. Hans Brügelmann sagte mir: »Ich würde nach allem suchen, was mein Kind inhaltlich interessiert«, und das kann auch sein, dass ich meinem kleinen Minecraft-Fan Bücher über Minecraft kaufe (die sind super, wir haben sie alle zu Hause), damit er oder sie überhaupt liest. Kinder brauchen eine Lektüre, die die Anstrengung des Lesens für sie lohnenswert macht. »Was ist drin für mich?«, fragt das Gehirn, bevor es sich an die Arbeit des Lesens macht.

Eliane Fischer von »Mint & Malve« empfiehlt: »Zudem hören Comics nicht bei ›Asterix‹ oder den ›Lustigen Taschenbüchern‹ auf. Es gibt tiefgründige Geschichten (oft als Graphic Novels), die so unterschiedliche Themen wie Antisemitismus, Freundschaft, queeres Leben, Umwelt oder Krebserkrankung aufgreifen.« Darüber hinaus gebe es »fantastische Sachbuch-Comics, in denen Kinder zu fast jedem Thema etwas lernen können, zum Beispiel über bekannte Persönlichkeiten, Feminismus oder die Klimakrise«.[34]

Sie weiß außerdem, wie man vom Comic zum Buch kommt: »Wenn mein Kind die Hörbücher von ›LasseMaja‹, ›Die drei ??? Kids‹, ›TKKG‹, ›Die Schule der magischen Tiere‹, ›Emmi & Einschwein‹ o. Ä. mag, besorge ich auch mal die Comics oder die Erstlesebücher davon und dann das ›normale‹ Buch dazu.« So werde das Interesse des Kindes geweckt, und der Einstieg falle leicht, weil das Kind »das ganze Setting und die Figuren« schon kenne.

Und hinterher lassen wir uns erzählen, was die Comic-Figuren heute erlebt haben, wie man in Minecraft einen Zaubertrank braut oder was die Witzeseite der Zeitung diesmal hergab. Das sorgt dafür, dass das individuelle Leseerlebnis mit dem gemeinsamen der Familie zusammenkommt, wenn zum Beispiel abends alle erzählen, was sie heute gelesen haben – auch wir Großen.

Wie Kinder rechnen lernen

Kein Mensch wird geboren und kann zählen – geschweige denn rechnen. Menschen sind biologisch wahrscheinlich nur mit einer einfachen mentalen Mengenwahrnehmung ausgestattet, die weiter verfeinert wird, wenn sie in ihrer Kultur Zahlenwörter lernen.

Es gibt Kulturen, die komplett ohne Zahlen auskommen – berühmt geworden sind die Pirahã (sprich: »Pidahán«), ein indigenes Volk im Amazonasgebiet. Ihre gleichnamige Sprache kennt nur drei Wörter für Mengen. Manche Forscher denken, dass sie Zahlen bedeuten: »einer« *(hói)*, »zwei« *(hoí)* und »viele« (*baagiso*, obwohl man auch von der Variante *aibaagi* berichtet).

Der amerikanische Linguist Daniel Everett, der viele Jahre mit den Pirahã zusammenlebte, denkt jedoch, dass es in der Sprache überhaupt keine Ziffern gibt und dass diese Wörter stattdessen »kleine Größe oder Menge«, »etwas größere Größe oder Menge« und »Ursache des Zusammenkommens« bedeuten.[35] Als er versuchte, ihnen das Zählen beizubringen, gab er nach acht Monaten auf: »Am Ende konnte nicht einer bis zehn zählen«, berichtet er.[36]

Die Pirahã kennen auch keine Wörter für »heute« und »gestern«, keine Farbwörter und keine Nebensätze – ihre Welt ist das Jetzt und das, was ist. Sie überlegen nicht, wie viele Fische sie zum Abendbrot brauchen. Zahlen, Zählen und Rechnen hängen offenbar davon ab, wie wir die Welt sehen, was wir für unser Überleben brauchen, wie wir uns organisieren. Diese Geschichte zeigt uns: Unsere Kinder lernen rechnen durch uns. Durch unser Leben, jeden Tag aufs Neue, sie müssen es üben.

Wir beginnen mit dem, was alle Menschen können: Mengen einschätzen. »In welchem Glas ist mehr?«, »Welcher Baum trägt mehr Äpfel, welcher weniger?«, »Welcher Eimer wird schwerer sein, weil mehr Sand drin ist?« – und so weiter. Anschließend fahren wir fort mit dem, was unsere Kultur entwickelt hat, nämlich Zählen, Zahlen und eventuell sogar schon das Erkennen von Zahlwörtern. Viele Kinder zählen mit Begeisterung alles und jedes, und das sollten wir immer unterstützen.

Geeignet ist dafür alles, was wir im Alltag sowieso tun: »Stell bitte vier Teller auf den Tisch«, »Jeder kriegt drei Mandarinen«, »Wir backen Pfannkuchen aus einem Becher Milch, einer Tasse Mehl, vier Eiern und zwei Teelöffeln Honig« sind Anweisungen, die Zahlen greifbar werden lassen. Wir können auch kleine Experimente machen: »Wie viele Eier passen in eine Tasse?« Oder: »Wie viele Socken waren in der Waschmaschine?«

Beim Spielen ergeben sich immer Möglichkeiten: »Was zeigen die Augen deiner beiden Würfel?«, »Wer hat gewonnen, komm, wir zählen mal nach!«, denn wie beim Lesen lernen die Kinder immer dann, wenn ihr Gehirn einen Sinn in seiner Anstrengung sieht – zum Beispiel, weil ich herausfinde, ob ich genauso viele Gummibärchen wie andere habe oder wer die meisten Punkte hat.

Zählen muss man üben, und das Zählen ist eine der wichtigsten Grundlagen für das Mathematikverständnis. Mit größeren Kindern können wir auch zum Beispiel Hydranten suchen (die Hinweisschilder haben präzise Meterangaben, wo sie zu finden sind, die sie dann ablaufen können) oder Domino spielen.

Finger sind erlaubt

Wichtig: Auch wenn sich viele Lehrer in der ersten, spätestens der zweiten Klasse dafür aussprechen, dass Kinder nicht mit den Fingern zählen sollen, ist nicht belegt, dass es die Kinder behindert. Dafür ist aber gut belegt, dass es ihnen hilft.[37] Kinder dürfen so viel mit den Fingern zählen, wie sie wollen, das erledigt sich bei den meisten von allein.[38]

Wie Kinder schreiben lernen

Schreiben ist vor allem eine Aufgabe der Feinmotorik. Die lernen Kinder tatsächlich nicht, indem sie stundenlang Schreibübungen machen, sondern durch den Alltag. Die beste Vorbereitung dafür ist alles, was ihre feinmotorischen Fähigkeiten stärkt: Teig kneten, etwas aus Knete formen, mit Matsch und Ton arbeiten, in Erde graben und Setzlinge setzen, mit zwei Fingern Perlen aus einer Schüssel picken und auf eine Schnur ziehen, Gurkenscheiben schneiden, ein volles Wasserglas bis zum Tisch balancieren. Sie können Plätzchen bestreichen und verzieren, Knoten knüpfen, Puzzeln, Stempeln und viel, viel barfuß laufen. Sie lernen, eine Schleife zu binden, Geschenke einzupacken und Münzen zu zählen, Beeren zu pflücken oder selbst gepflückte Wiesenblumen zu arrangieren. Sogar das Spielen mit Bällen kann die Feinmotorik verbessern.

Zu Hause und im Kindergarten malen unsere Kinder mit unterschiedlichen Materialien: mit Wachs- und Buntstiften, Pinseln oder Kreide. Jedes dieser Werkzeuge braucht einen anderen Griff und anderen Druck, was die Kinderhände optimal fördert. Dabei hilft es natürlich wie immer, wenn die Kinder nachmachen können, was wir tun: Wir schreiben unsere Einkaufszettel mit der Hand, schreiben Postkarten und Briefe, Tagebuch oder Einladungskarten. Das geht auch alles digital? Ich weiß. Aber es lohnt sich, eine Weile auf analog umzustellen, denn so aktivieren wir den Nachahmungstrieb der Kinder, der sie motiviert, diese Fertigkeit zu lernen. Ich erinnere mich daran, als Kind endlos Notizbücher »vollgeschrieben« zu haben, weil meine Mutter viel Tagebuch schrieb – und wie man sieht, tue ich das bis heute …

Wie mein Kind Misserfolge besser verkraftet

Wenn Kinder bei Misserfolgen schnell aufgeben, weinen, sich aufregen oder übermäßig frustriert sind, können mehrere Gründe dahinterstecken.

Das Kind hat möglicherweise hohe Selbstansprüche, Motivationsprobleme, es ist unsicher, hat eine negative Selbstsicht, bewältigt Stress durch Vermeidung, hat einen Hang zum Perfektionismus, eine geringe Frustrationstoleranz und überwältigende Gefühle bei Stress sowie ein »Fixed Mindset« – also die Idee, dass man etwas einfach »kann« oder »nicht kann«. Manchmal führt das dazu, dass es Herausforderungen erst gar nicht annehmen (will) und sich nicht mehr motivieren kann. Was können wir also tun?

Wir können dem Kind als Erstes erklären, dass das Gehirn wie ein Muskel funktioniert: Vorausgesetzt, wir werden nicht überfordert, beherrschen wir, was wir hinreichend geübt haben. Wenn wir etwas nicht hinbekommen, haben wir nicht genug geübt – so einfach ist das. Hat unser Kind hingegen gelernt, man sei entweder »gut« oder »schlecht«, man schaffe etwas auf Anhieb oder gar nicht, dann werden die unangenehmen Gefühle überwältigend. Verzweiflung, Wut, Trauer und Ohnmacht sind die Folge. Sobald solche Kinder auf eine Hürde stoßen, sagen sie: »Bringt doch eh nichts!«, und geben auf. Sie sind blockiert.

Apropos überfordert: Wichtig ist, dass wir die Latte für das Kind – und uns selbst – nicht zu hoch hängen. Es muss ja nicht gleich »Für Elise« auf dem Klavier sein, fangen wir doch mit »Alle meine Entchen« an.

Wir können mit unserem Kind wettbewerbsfreie Spiele spielen, Dinge tun, die einfach schön sind, weil man sie gemeinsam macht. Kommunikationsspiele wie »Erzählt euch mehr« von Simon & Jan lehren Kinder zum Beispiel, dass jeder eine andere Perspektive auf die Welt hat und es in vielem nicht die eine, richtige, perfekte Antwort gibt.

Wir können unsere eigene Kommunikation ändern: Statt »Gut gemacht!« sagen wir dem Kind, *was* es gut gemacht hat und warum dieses gute Ergebnis zustande gekommen ist: »Du hast viel geübt«, »Du hast lange daran gemalt«, »Das war der dritte Anlauf, aber schau mal, es klappt immer besser!« und so weiter. Wir können außerdem zeigen, wie wir mit Fehlleistungen umgehen: »Das war ein Riesenfehler, daraus werde ich lernen.« Oder: »Ups – jetzt haben wir beide was gelernt, so funktioniert es nicht.« Gemäß Nelson Mandela, der mal gesagt haben soll: »Ich verliere nie. Ich gewinne oder ich lerne.«

Wenn unser Kind sagt: »Ich kann das nicht!«, können wir es sanft darauf hinweisen, dass es das *noch* nicht kann – auch wir konnten nicht immer alles. Geschichten, wie wir etwas gelernt haben, wie wir immer wieder aufgestanden sind, wie wir fast aufgegeben hätten und was wir alles heute noch nicht gut können, aber weiter üben, helfen den Kindern, ihren Perfektionismus in Perspektive zu setzen. Vergessen wir nie: Wir wirken auf die Kinder wie Helden, und es tut ihnen gut zu sehen, dass wir das nicht sind und dass niemand so sein muss.

Wir können auch kleine Rituale in den Alltag einbauen: Was hast du heute gut gemacht? Was hast du heute gelernt? Welcher Fehler hat dir heute geholfen?

Wir sollten unserem Kind ein realistisches Bild von sich selbst und von uns geben: Es gibt Eigenschaften, die ich an mir mag, und solche, die ich an mir nicht mag. Es gibt Fertigkeiten, die ich beherrsche, und Dinge, die ich nicht so gut oder gar nicht kann. Als ich mal einen richtig dicken Fehler gemacht habe, hat mir mein Zehnjähriger lächelnd gesagt: »Mama, du kannst so vieles, man muss nicht alles können!« Es ist gut, wenn Kinder das frühzeitig lernen.

Sobald das Kind wieder stabil ist, können wir üben, die Frustration, nicht perfekt zu sein oder zu »versagen«, wieder anzugehen. Wir können vorher besprechen, aufschreiben oder malen, was das Kind befürchtet, und hinterher besprechen, aufschreiben oder malen, wie es wirklich war. Eine sehr hilfreiche Geschichte ist dafür auch das Kapitel über den »Scheinriesen« Tur Tur aus Michael Endes *Jim Knopf und die Wilde 13*, der aus der Ferne gesehen ganz groß ist, aber immer kleiner wird, je näher wir ihm kommen.[39] Angst, Frustration und Fertigkeiten, die wir noch nicht beherrschen – alles »Scheinriesen«. Solch ein Bild hilft vielen Kindern, das Leben besser zu verstehen. Ein schönes Buch für ein Gespräch über diese Themen ist auch *Miteinander sprechen – miteinander wachsen* von Hilal Virit.[40]

Interview: »Schulkinder wachsen durch Erfahrungen«

Mit Herbert Renz-Polster, Kinderarzt, Wissenschaftler und Autor (www.kinder-verstehen.de)

Herbert, mit sechs Jahren sollen unsere Kinder in die Schule gehen und vor allem Lesen, Schreiben und Rechnen lernen – wozu geht man in die Schule?
Natürlich gehen die Kinder in die Schule, um Bildung zu bekommen, und die genannten Kulturtechniken gehören dazu. Und ja, das passt. Nur hat die Schule neben Bildung noch einen zweiten Auftrag, nämlich die Auslese der Kinder. Dazu werden sie auf Schritt und Tritt vermessen und bewertet. Und das ist ein Problem, denn genau dieser zweite Auftrag kommt dem Bildungsauftrag in die Quere, weil die beständige Auslese eben auch bedeutet, dass viele Schüler eigentlich nur von Klassenarbeit zu Klassenarbeit lernen. Und irgendwann nur noch das zählt, was gut für die Benotung ist. Die halbe Kindheit dreht sich dann um Fragen, die die Kinder selber gar nicht interessieren. Viele Kinder schalten da ab. Andere werden durch den Auslesedruck so gestresst, dass entspanntes Lernen gar nicht mehr möglich ist. Das ist aus Sicht der Lernforschung hoch problematisch, denn gestresste Kinder können nicht effektiv lernen.

Ich glaube, dass wir uns viel mehr Gedanken darüber machen müssen, wie wir Bildung und Auslese trennen können, denn sonst dreht sich Schule vor allem darum, »den Stoff zu schaffen«. Aber wir wollen doch die Kinder dabei unterstützen, zu wachsen und auch ihre eigenen Bildungsfragen einzubringen.

Viele Eltern fürchten, dass ihr Kind »es nicht schafft«, wenn es in der Schule »nicht klappt« …

Ja, das ist eine verständliche Sorge, denn mit einem guten Schulabschluss stehen einem Kind mehr Türen offen als mit einem schlechten. Allerdings müssen wir hier weiterdenken, wenn wir den Kindern gerecht werden wollen. Denn Kinder brauchen ja für ein gutes Leben vor allem ein gutes Persönlichkeitsfundament, also Durchhaltevermögen, Begeisterungsfähigkeit, Kreativität, soziale Kompetenz und innere Stärke. Und Eltern, die für ihre Kinder alles auf die Karte »Schulischer Erfolg« setzen, betreiben nur allzu leicht Raubbau an diesen Schätzen. Wenn Kinder im Leben scheitern, dann eher daran, dass sie diese Schätze nicht aufbauen konnten. Das dürfen wir nicht aus den Augen verlieren.

Überhaupt hängen Bildung und gesellschaftlicher Erfolg nur mäßig zusammen. Wie ein Kind später in der Gesellschaft dasteht, hängt eben auch an seiner Persönlichkeit, also den oben genannten Grundkompetenzen. Und zudem – da müssen wir realistisch sein – an nicht weniger Einflüssen, die ein Kind gar nicht selbst in der Hand hat. Dem sozialen Kapital der Eltern etwa, also deren Status, materiellem Background, den Connections und so weiter. Und auch ein attraktives Äußeres schadet nicht, ja, sogar der Name kann manche Bildungsschwäche ausgleichen – eine Eleonore Prinz-Wohlfahrt hat es nun einmal leichter als ein Kevin el-Messaoudi. Jedenfalls zeigt die Bildungsforschung ziemlich brutal, dass die meisten Karten schon gesetzt sind, bevor ein Kind überhaupt in der Schule aufschlägt. Insofern ist der »Bildungserwerb« in Teilen zu einer sehr anstrengenden Farce geworden, die nach dem Matthäus-Prinzip läuft: Wer hat, dem wird gegeben.

Ist Bildung in Deutschland nicht mehr der »Aufzug nach oben«?

Also zuerst einmal: Die wirklich lukrativen Plätze in unserer Gesellschaft werden praktisch überhaupt nicht per Bildung vergeben – sie werden leistungsunabhängig in praktisch geschlossenen Kreisen *vererbt.* Unter den Aufsichtsratsvorsitzenden der deutschen DAX-Unternehmen etwa sind nur 8 Prozent *nicht* in der Oberschicht geboren. Das deutsche Bildungssystem kann vor allem diejenigen weiterbringen, deren Eltern es schon weit gebracht haben.

Davon abgesehen überrascht, wie wenig Leistung und Anstrengung wirklich eine Rolle spielen, das Matthäus-Prinzip habe ich schon angesprochen. Wenn wir noch tiefer gehen, dann bildet die Schule de facto vor allem den Teil der Kinder, die bestimmte Bildungsvoraussetzungen schon vom Elternhaus mitbekommen – und zwar unabhängig von ihrem Talent oder ihrer Begabung. Die Bildungsforscherin Elsbeth Stern sagt es so: »Ein sehr intelligentes Kind aus niedrigen sozialen Schichten hat nur eine Chance von 50 Prozent, aufs Gymnasium zu kommen, während ein Kind mit einem IQ unter 100 aus der Mittelschicht eben auch eine 50-Prozent-Chance aufs Gymnasium hat.«[41]

Wenn man sich einmal vorstellt, welche Herausforderungen als Gesellschaft wir vor uns haben, dann ist eine solche Vergeudung von Chancen kaum auszuhalten.

Wie könnten wir Kinder im Grundschulalter optimal auf ihr Leben vorbereiten?

Bindung und Entwicklung kommen vor Bildung. Erst müssen die Kinder lernen, sich selbst, ihre Emotionen in den Griff zu bekommen. Sie müssen lernen, mit anderen Menschen klarzukommen, sich auch in andere hineinversetzen zu können. Auch Kreativität, Gestaltungskraft und innere Stärke gehörten schon immer zum natürlichen Lehrplan der Kindheit – dass Kinder ihre Neulust ausleben und dass sie bei Widerständen nicht gleich aufgeben. Ich nenne diese Fähigkeiten bewusst die Fundamentalkompetenzen des Kindes.

Und sie entstehen in einem doppelten Rahmen. Einerseits brauchen die Kinder die achtsame Begleitung ihrer vertrauten Erwachsenen. Andererseits aber auch Zeit, Raum und Gelegenheit, um die Welt auf eigenem Fuß zu entdecken und sich dabei zu beüben und zu entfalten. Ihren »Flügelraum«, wie ich ihn in meinem neuen Buch *Mit Herz und Klarheit* nenne.[42] Und das ist zuallererst ihr Spiel unter ihresgleichen, ihr tägliches Sein und Mitgestalten auch. Das enthält alle Anreize, die die kindliche Entwicklung anschieben.

Wir haben das ein Stück weit vergessen. Nämlich dass Kinder nur durch ihre eigenen Erfahrungen wachsen, durch ihr Tun und Sein. Natürlich sind gute Beziehungen zu den Eltern wichtig, aber was aus Kindern wird, hängt nicht nur an den Beziehungen, die sie erfahren. Sie brauchen auch eine Kindheit, die diesen Namen verdient.

Danke für das Gespräch.

Interview: »Ihr Kind ist nicht faul!«

Mit Bettina Schwarz, integrative Dyskalkulietherapeutin *(Ev.* FH *Bochum/*TÜV Akademie), pädagogische und therapeutische Leitung des Lerntherapeutischen Zentrums Rechenschwäche/Dyskalkulie *(*LZR*)*, Köln

Was ist eine Dyskalkulie?

Dyskalkulie ist für uns ein Missverstehen der Mathematik. Betroffene Schüler*innen haben große Schwierigkeiten im Erlernen, Verstehen und Anwenden der Grundrechenarten.

Wie äußert sich das?

Etwa 5 Prozent aller Grundschüler*innen sind betroffen. Eine Dyskalkulie fällt oft erst in der zweiten oder dritten Klasse auf. Die Kinder halten Zahlen für Nummern und bewegen sich im Zahlenraum »rauf- und runterzählend« ohne jedes Mengenverständnis. Sie benutzen die Zahlwörter inhaltsleer, so wie wir das Alphabet.

Die Zahlenfolge ist aber kein Alphabet, die Zahlen folgen einem logischen Aufbau, nämlich jeweils um eins mehr oder eins weniger. Ohne die Eins und die Sechs gibt es die Sieben nicht.

Größere Zahlen beziehungsweise Mengen bestehen aus mindestens zwei kleineren Teilmengen. Diesen Zusammenhang erkennen die Kinder nicht.

Die Aufgabe »23 minus 8« ist für sie so, als wenn ich Sie fragen würde: »Was ist der achte Buchstabe vor dem Buchstaben R?« Unweigerlich müssten Sie (wahrscheinlich mithilfe der Finger) zählend nach der richtigen Position suchen.

Rechenschwache Schüler*innen suchen stets Strategien, um Ergebnisse zustande zu bringen, haben aber den Aufbau der Mathematik nicht verstanden.

Was macht das mit den Kindern?

Kinder erleben ihre Situation oft drastisch: »Ich übe am meisten, ich kann am wenigsten, ich vergesse am schnellsten.« Mit jedem Schuljahr werden sie mehr »abgehängt« und verlieren den Anschluss an den mathematischen Schulstoff.

Häufig verweigern sie sich der Mathematik, manche werden aggressiv oder auch ängstlich und klagen über Bauch- oder Kopfschmerzen, wenn eine Klassenarbeit ansteht.

Worauf müssen wir Eltern achten?

Bis zum Ende der ersten Klasse, Anfang der zweiten Klasse sollte das Zählen langsam durch Rechnen ersetzt werden. Können Kinder sich zu Beginn der Schulzeit noch mit dem Abzählen behelfen, klappt dies im Hunderterraum und erst recht im Tausenderraum nicht mehr. Hinzu kommt, dass Einer und Zehner oder Plus und Minus oft vertauscht werden, dass sie in Sachaufgaben nicht erkannt werden und ihnen offensichtlich falsche Ergebnisse nicht auffallen.

Sie versuchen, das Einmaleins auswendig zu lernen wie ein Gedicht. Es wird aber schnell wieder vergessen und kann nicht verständig angewendet werden.

Sie und ich wissen: 21 minus 19 kann nicht 18 sein. Das Kind jedoch »verrechnet« lediglich die Ziffern: »9–1 = 8, 2–1 = *1;* zusammen ist das *18.*« Dass dieses Ergebnis aufgrund der Nähe der Zahlen nicht stimmen kann, können die Kinder nicht erkennen. Das Kind hat tausend Regeln im Kopf, weiß aber nicht, was es wo anwenden muss. Es merkt nicht, dass ein Ergebnis nicht stimmen kann, denn der Bezug zum Alltag fehlt.

Haben wir Eltern etwas falsch gemacht?

Nein, eine Dyskalkulie hat vielfältige Ursachen und Aspekte. Zum Beispiel fehlen aktuell Kindern, die während der Corona-Pandemie eingeschult wurden, wichtige Grundschulbausteine, die im sogenannten »Homeschooling« nicht vermittelt werden konnten. Wir stellen derzeit eine Zunahme bei den Teilleistungsschwächen fest.

Wir sollten immer aufmerksam schauen: Versteht das Kind, was es da tut?

Verzweifeln Kinder (und Eltern) bei den Hausaufgaben, hängt der Familienfrieden schief, denken Sie daran! Ihr Kind ist nicht faul, es liegt nicht an mangelnder Übung oder Intelligenz. Es versteht es einfach nicht.

Kann ich Dyskalkulie auch zu Hause mit ein paar Lerntricks beheben?

Nein, mit ein paar Lerntricks ist es leider nicht getan! Falsche Techniken und Tricks sollten wir auf keinen Fall weitergeben. Beispielsweise führt der Trick

»Mal 10 (Verzehnfachung) ist einfach eine Null anhängen« schnell zu Rechnungen wie »14 mal 7 = 4 mal 7 ist 28, und mal 10 ist dann also 280«.

Eine Dyskalkulie kann nur von Fachleuten behoben werden. Wir fangen immer bei den Grundlagen an. Unser therapeutischer Ansatz besteht in der Aufdeckung der falschen Ideen und Vorstellungen mit dem Ziel, diese richtigzustellen und verständig rechnen zu lernen. Rechenschwache Kinder sind nicht dümmer als ihre Klassenkameraden. Liegt keine besondere Beeinträchtigung vor, können alle Kinder rechnen lernen.

Wie können wir Eltern eine Dyskalkulietherapie dann unterstützen?
Eine gute vertrauensvolle Zusammenarbeit mit der Facheinrichtung stellt eine wichtige Unterstützung in der Lerntherapie dar. Sprechen Sie sinnvolle häusliche Übungen mit dem behandelnden Therapeuten ab. Lernen kann man nur in entspannter Atmosphäre. »Lieber mal Eis essen, spielen oder in den Zoo gehen, anstatt Rechnen auswendig zu lernen.«

Danke für das Gespräch.

Hätten Sie's gewusst?

Das Einschulungsalter in Deutschland liegt zwischen fünf und sieben Jahren. Je nach dem Stichtag, den das Bundesland festlegt, sind Kinder ab einem bestimmten Alter schulpflichtig. Es ist aber mit entsprechenden Anträgen möglich, Kinder, die knapp nach dem Termin erst sechs Jahre alt werden, früher einzuschulen, oder Kinder, die gerade erst sechs Jahre alt oder noch nicht schulreif sind, zurückzustellen.

Ob ein Kind zurückgestellt wird, entscheidet die Schulleitung. Den Antrag dafür müssen allerdings die Eltern stellen und sehr gut begründen. Die Kinderarztpraxis und die Fachpersonen im Kindergarten sind Ansprechpartner, bei denen Eltern sich Rat und Hilfe holen können.[43]

Viele Lehrer, Eltern und Schüler glauben an die Effektivität von Hausaufgaben, obwohl dies nicht für alle Fächer belegt ist.

Fast 10 Prozent der Grundschüler sind nachts noch nicht trocken, besonders Jungs, werden es aber im Laufe der Zeit fast alle.[44]

Schon Grundschüler sind durch Tests in der Schule, Hausaufgaben und Streit mit Mitschülern deutlich gestresst, die Auslese vieler Bundesländer in der vierten Klasse setzt schon die ganz Kleinen unter Druck.

90 Prozent der Grundschüler geben in einer Umfrage an, dass ihnen gesunde Ernährung und Bewegung wichtig seien.[45]

Gestresste Kinder haben ein höheres Risiko für Übergewicht, entspannte und weniger gestresste Kinder schlafen besser und sind seltener übergewichtig.

Manche Kinder schlafen tatsächlich besser mit Musik ein: »Die Ergebnisse zeigten, dass die Grundschulkinder, die drei Wochen lang täglich zur Mittagszeit und jeden Abend zur Schlafenszeit Hintergrundmusik hörten, im Laufe der Zeit eine signifikante Verbesserung der allgemeinen Schlafqualität aufwiesen.«[46]

Eine der klassischen Schulstudien von über drei Jahren in zwölf Schulen zeigte schon im Jahr 1979, dass die wichtigste Voraussetzung für gute Schulleistungen nicht der IQ der Schüler war, sondern die Beziehung zu ihren Lehrpersonen.[47]

In der ersten Klasse können ein bis vier Kinder bereits lesen, die meisten werden es in den nächsten Monaten, und ein bis vier Kinder werden es erst in der zweiten oder dritten Klasse lernen. Der Entwicklungsstand von Erstklässlern variiert in Studien zwischen fünf- und achteinhalb Jahren.[48]

Frontalunterricht kann gut funktionieren – wenn der Lehrer wenig redet und vor allem die Schüler zu Wort kommen lässt und nicht umgekehrt. Dazu gehört auch Feedback: Was habe ich als Schüler von dem Unterricht verstanden, was noch nicht?[49]

Hausaufgaben sind in Deutschland Ländersache, aber immerhin gilt bundesweit: Sie sollen altersgerecht sein und ausreichend Raum für Freizeitaktivitäten lassen und müssen in einem inneren Zusammenhang mit dem Unterricht stehen. In zahlreichen Ländern (zum Beispiel in Bayern und Nordrhein-Westfalen) sind Sonntage und Feiertage von Hausaufgaben freizuhalten. In anderen Ländern ist zudem geregelt, dass keine Hausaufgaben von einem Unterrichtstag zum nachfolgenden Unterrichtstag aufgegeben werden können.[50] Sie dürfen nicht benotet werden – außer in Berlin, doch das sehen Anwälte kritisch.

Kinder aus demokratisch organisierten Familien sind motivierter in der Schule.[51]

Lernen – jedes Kind ist anders

Jedes Kind lernt anders – auf seine eigene Weise, in seinem eigenen Tempo. Wenn ein anderes Kind mit einer Schule, einem Lehrer oder einer Lerntechnik gut klarkommt, heißt das leider gar nichts – es kann für unser Kind funktionieren, muss es aber nicht.

Manche Kinder mögen ihre Hausaufgaben und machen sie einfach als Routine nach der Schule, andere sind von der sozialen Situation in der Schule, von dem Lärm und den Eindrücken so platt, dass sie eine Pause, Bewegung oder Zeit für sich allein brauchen. Es gibt Kinder, die gut mit Enttäuschungen umgehen können und ihre Aufgaben immer zu Ende führen – und Kinder, die so viele Ideen im Kopf und so hohe Ansprüche an sich selbst haben, dass ihnen das schwerfällt.

Wer auf lange Sicht schaut, weiß: Alle diese Kinder können gut durch die Schule kommen. Es gibt nur wenige Situationen, in denen wir uns wirklich Sorgen machen müssen. Wir werden unsere Kinder unterstützen, dürfen aber in unserem Herzen darauf vertrauen – und es dem Kind signalisieren –, dass es sich gut entwickeln wird: in seinem Tempo, auf seine Art und Weise.

Falsche Erwartungen

Das Kind wird schnell und gleichmäßig lernen.

Kinder lernen – wie alle Menschen übrigens – in Schüben. Sie haben Phasen, in denen etwas »plötzlich geht«, und erreichen dann wieder ein Lernplateau, auf dem sie eine Weile verharren. Wenn wir erwarten, dass Lernen in einem vorhersehbaren und geradlinigen Tempo erfolgt, werden wir enttäuscht sein.

Schule macht das schon.

Viele Schulen leisten großartige Arbeit, aber sie brauchen uns Eltern trotzdem. Wir müssen uns also einbringen, auch wenn wir das Gefühl haben, dass uns dazu wirklich die Zeit und die Energie fehlen. Gleichzeitig können wir der Schule nicht vorschreiben, wie sie zu arbeiten hat, sondern können nur Fragen stellen, Wünsche äußern und Gespräche führen.

Nur die Harten kommen in den Garten.

Manche Eltern denken sich, dass sie ihre Kinder jetzt auf den »Ernst des Lebens« vorbereiten müssen, und entziehen ihren Schulkindern Unterstützung und Nähe. Dies ist falsch. Wir wissen, dass Kinder, die gerade jetzt viel Zeit und Liebe erhalten, besser in der Schule ankommen, den Übergang leichter bewältigen und sich in ihrem eigenen Tempo entwickeln können.

Ab jetzt läuft's von allein.

Schulkinder brauchen vor allem am Anfang viel Unterstützung. Der neue Zeitrahmen, Anforderungen des Unterrichts und die Organisation ihrer Sachen stellt viele vor große Herausforderungen. Wir dürfen daher am Anfang ruhig einen Full Service bieten und unserem Kind Stück für Stück die Verantwortung für sein Schulleben übergeben.

Lesen lernen sie in der Schule.

Das ist nur bedingt richtig. Wenn Kinder bis zur Grundschule keinen oder wenig Kontakt zu Büchern hatten, fällt ihnen Lesen lernen deutlich schwerer. In Studien zeigt sich, dass Kinder ohne Vorlese-, Lese- und Bucherfahrung sich selbst mit gezielten Interventionen beim Lesen schwerer tun. Was heißt das? Wir lesen unseren Kindern schon im Kleinkindalter viel vor, aber es heißt auch, wir sollten uns dafür einsetzen, dass Kinder ohne diese Erfahrung besonders gefördert werden.

Jedes Kind fängt irgendwann an zu lesen.

Um zu lesen, brauchen Kinder Vorbilder, Bücher, Anregung und manchmal auch Rituale. Besonders die Konfrontation mit dem Klischee »Jungs lesen nicht« kann einen sogenannten Stereotype-Thread ausüben: die Angst, aus der sozialen Gruppe zu fallen, wenn man dem Bild nicht entspricht. Eine Möglichkeit, dem entgegenzuwirken, sind feste Rhythmen. Meine Kinder und ich haben zum Beispiel die Regel, dass alle vor dem Schlafengehen noch eine bis zwei Seiten lesen – das gehört zu unserem Grundschulkinder-Abendritual.

Schreiben lernen sie in der Schule.

Auch hier gilt: Ja, tun sie, aber müssen sie nicht. Wenn unser Kind schon vorher Notizbücher »vollschreiben« (oft: »vollkritzeln«) will, seinen Namen oder einzelne Wörter schreiben möchte, dann sollten wir es nicht zurückhalten. Der Schrifterwerb muss nicht ausschließlich in der Schule stattfinden. Ich habe ganz bewusst viel mit der Hand geschrieben, als meine Kinder im Vorschulalter waren, damit sie sehen, wie es geht, und selbst auch mitmachen können, wenn sie möchten. Gleichzeitig kann jedes Kind aber auch noch mit dem Schreiben warten und es dann in der Schule lernen, wenn gerade andere Dinge wichtiger sind.

Hausaufgaben laufen immer so gut wie am Anfang.

Die ersten Hausaufgaben sind oft aufregend, und viele Kinder sind ganz wild drauf, endlich »Schule« zu machen. Diese Faszination lässt schnell nach, wenn sie merken, dass Hausaufgaben zur täglichen, oft lästigen Pflicht werden. Wenn wir innerlich darauf vorbereitet sind, genießen wir die erste Zeit und bleiben dann an der Seite unseres Kindes.

Das sagt die Wissenschaft

Wer zu Hause Streit wegen Hausaufgaben hat, ist hierzulande in bester Gesellschaft. »Hausaufgaben sind Hausfriedensbruch«: So hat es einmal ein Elternvertreter zusammengefasst, und er hat damit nicht ganz unrecht. Hausaufgaben bringen nachweislich Unfrieden und Streit in die Familien, und das, obwohl die verpflichtende Schulzeit nachmittags ja längst vorbei ist.[52] Die auch heute noch einflussreichste Studie dazu, ob Hausaufgaben effektiv sind, stammt aus den Siebzigern von dem Erziehungswissenschaftler Bernhard Wittmann, der Schüler aus dritten und sechsten Klassen in Duisburg in zwei Fächern (die einen in Deutsch, die anderen in Mathematik) vier Monate lang keine Hausaufgaben machen ließ, während eine andere Gruppe normal Hausaufgaben aufbekam. Anschließend schrieben die Kinder Tests – wer würde wohl in den Fächern besser abschneiden? Das Ergebnis: Die Hausaufgaben hatten keinen Effekt darauf, wie

Zehn Tipps

1. Wenn es nicht klappt mit der Schulauswahl – Ruhe bewahren. Am Ende kommt es auf die Beziehung zu den Menschen an, und Beziehungen sind ein Prozess.
2. Integrieren wir auch unsere Schulkinder in unseren Alltag, sie profitieren weiterhin vom gemeinsamen Plätzchenbacken et cetera.
3. Kein Stress mit Hausaufgaben – die Kinder lernen auch, wenn wir sie mit ihnen oder für sie machen. Nur Vokabeln lernen müssen sie, am besten spielerisch in kleinen Mengen.
4. Kinder dürfen mit den Fingern zählen, solange sie wollen, es ist der erste Schritt für das Mengenverständnis.
5. Mathematik ist tatsächlich Übungssache, es lohnt sich daher, sie in den Alltag zu integrieren.
6. Beobachten wir unsere Schulkinder, wenn sie »Schule« spielen – das erzählt viel darüber, was sie sich vorstellen und erleben.
7. Forcieren wir keine Vorschul- oder Feinmotorikübungen mit dem Satz »Das brauchst du aber in der Schule« – dann vergeht der Spaß. Wir bieten es später wieder an.
8. Fokussieren wir uns niemals auf Noten, denn sie sagen nur wenig darüber aus, was das Kind kann. Besser ist es zu schauen, wie das Kind sich in seinem persönlichen Rahmen bewegt.
9. Nach langen Schultagen brauchen die meisten Kinder eine Pause – manche draußen, manche drinnen – und nicht sofort Essen, Abräumen, Hausaufgaben.
10. Kinder tun, was wir tun: Wenn *wir* lesen, schreiben und kopfrechnen, fällt es ihnen leichter, es ebenfalls zu lernen.

gut die Kinder Bescheid wussten. Wittmann konstatiert: »Es kann keine Wirksamkeit der Hausaufgaben behauptet werden.«[53]

Eine Untersuchung der Technischen Universität Dresden bestätigte diese Ergebnisse zehn Jahre später: »Gute Schüler werden durch Hausaufgaben nicht unbedingt noch besser, und schlechte Schüler begreifen zu Hause durch bloßes Wiederholen noch lange nicht, was sie schon am Vormittag nicht richtig verstanden haben.« Wenn alle zudem zu Hause das Gleiche machen sollen, profitieren oft nur diejenigen davon, auf die Schwierigkeitsgrad, Menge und Art der Aufgabe passen.[54] Alle anderen werden überfordert, unterfordert und frustriert. Das Fazit der TU Dresden: »Hausaufgaben haben keinerlei Effekt in Hinblick auf die Schulleistung. In den Zensuren schlägt sich die nachmittägliche Quälerei mitnichten nieder. Entscheidend ist nicht die Hausaufgabe, sondern die qualifizierte pädagogische Betreuung.«[55]

Wenn Eltern diese leisten können, dann hilft das den Kindern zwar bei den Hausaufgaben – aber der Grat ist schmal. Eine neuere Studie mit über fünfhundert Kindern stellte fest, dass die Unterstützung der Eltern bei den Hausaufgaben zwar zu besseren Leistungen führen kann, wenn die Eltern ihre Kinder richtig begleiten, ihnen helfen und ein positives Mindset vermitteln. Wenn sie sie aber eher kontrollieren und drängen, führt dies dazu, dass die Kinder immer weniger dranbleiben und schlechter lernen.[56] Dazu gehört auch folgender Befund: Je weniger Kinder in der Schule mitkommen, desto eher gibt es Streit bei den Hausaufgaben – was die Schulnoten nicht verbessert.[57] Es spielt also eine große Rolle, wie wir unsere Kinder begleiten, und die negativen Effekte von Hausaufgaben gehen oft auch auf kontrollierende oder fehlende Begleitung zurück – was besonders für Kinder aus bildungsfernen Schichten einen Nachteil bedeutet.[58] Hausaufgaben sind daher für die meisten Kinder sinnlos, sozial ungerecht und führen nur unter idealen Bedingungen zu einem Lernfortschritt. Eine viel sinnvollere Alternative sehen Pädagogen in einer hochqualitativen Betreuung in der Ganztagsschule.[59]

Schreiben hat etwas mit Ästhetik zu tun: Unsere Sensibilität für Muster und damit auch Geometrie befähigte den Homo erectus vor etwa 700 000 Jahren, Faustkeile herzustellen, die eine eindeutige Symmetrie aufweisen und die wir heute noch als »schön« oder »ausgewogen« wahrnehmen. Archäologen entdeckten in Stein geritzte Muster, die von frühen Menschen wie Neandertalern und dem Homo erectus geschaffen wurden, lange bevor wir sie als »Schrift« identifizieren würden. Aber möglicherweise hatten sie schon eine Bedeutung, denn sie tauchen über sehr lange Zeiträume immer wieder auf. Solche Motive gibt es in Südafrika aus der Zeit von vor 100 000 Jahren, aber auch Muschelgravuren, die der Homo erectus schon vor etwa 540 000 Jahren anfertigte. Eine verblüffende Beobachtung bei diesen frühen Zeichen ist, dass sie alle Gitter, Winkel und sich wiederholende Linien aufweisen. Möglicherweise hat sich daraus die erste Schrift entwickelt, die entwicklungsgeschichtlich gesehen noch sehr jung ist, nämlich wenige Tausend Jahre.[60]

Sind Noten relativ? In einer Studie beurteilten 92 Grundschullehrer und -lehrerinnen Schüleraufsätze und bekamen unterschiedliche Geschichten über den familiären Hintergrund der Kinder erzählt. Es zeigte sich, dass die Gesamtnote der jeweils selben Aufsätze zwischen 1 und 4 schwankte, je nachdem, ob die Lehrer positiv oder negativ durch die Geschichten beeinflusst wurden.[61] Bei der Benotung kommt es auch darauf an, ob vorher ein besonders guter oder besonders schlechter Schüler bewertet wurde.

Noten können selbst in Fächern wie Mathematik extrem unterschiedlich gegeben werden. 131 Lehrer(innen) beurteilten vier Mathematikarbeiten von Viertklässlern. Die vergebenen Noten schwankten um durchschnittlich bis zu 2,75 Notenstufen. Im Test wurde auch eine unsauber ausgeführte Arbeit noch einmal »ordentlich« zur Bewertung gegeben – und erzielte sofort eine bessere Note, obwohl die Zahlen ja dieselben waren. Außerdem neigten Lehrer dazu, bessere Noten zu geben, wenn ein Punktesystem mehr Punkte zuließ.[62]

Es ist hilfreich, schon Grundschulkindern Wissen über gesunde Ernährung, Bewegung und Entspannung beizubringen. Je besser Kinder darüber Bescheid wissen, desto seltener sind sie gestresst, desto mehr wissen sie über gesundes Essen und Bewegungsspiele, und desto eher entspannen sie sich. Sie denken mehr über ihre Gesundheit nach und fühlen sich besser. Sie verhalten sich bewusster – und sind glücklicher.[63]

Es ist extrem unterschiedlich, wie viel Kinder lesen. In einer Studie unter 155 Kindern der fünften Klasse zeigte sich außerdem, dass die oberen 10 Prozent, nennen wir sie »die Vielleser«, im Durchschnitt mehr als vierzig Minuten am Tag lesen, also mehr als vier Millionen Wörter pro Jahr. Die 10 Prozent der Kinder, die am wenigsten lesen, tun dies weniger als zwei Minuten pro Tag, damit nicht mehr als 40 000 Wörter jährlich. Die Vielleser lesen also rund hundertmal mehr als ihre Mitschüler – ein riesiger Abstand.[64] Und welchen Unterschied macht das? Lesen ist wie ein Muskel – wer viel liest, liest schneller, leichter und eher mehr, weil der Lese»muskel« stärker wird. Warum ist das wichtig? Weil Lesen das Sprungbrett für andere Fähigkeiten ist.

Kinder, die an sich glauben, lernen besser als Kinder, die einfach nur »durchzuhalten« gelernt haben.[65] Wenn wir unserem Kind also vertrauen, es bestärken und ihm die Zeit geben, die es braucht, hat es höhere Chancen, Lesen, Schreiben und Rechnen in seinem Tempo zu bewältigen.

In einer kontrollierten prospektiven Längsschnittstudie nahmen Kinder einer dritten Klasse vier Monate lang an einer von der Lehrkraft geleiteten täglichen zehnminütigen Stressbewältigungsintervention teil. Der Lehrer der Kontrollklasse las täglich zehn Minuten lang aus einem Kinderbuch vor. Das Ergebnis: Die Interventionsklasse konnte deutlich besser mit Stress und auch Ängsten umgehen – direkt nach der Intervention und bei einer erneuten Befragung ein Jahr später. Die Kinder gaben auch an, dass ihnen die Techniken außerhalb der Schule helfen würden. Wir können nachfragen, ob solche Projekte an unserer Schule möglich sind.[66]

FAQ

Was ist wichtiger, eine gute Schule oder Freunde?

Es ist hilfreich, wenn unsere Kinder ihre Kindergartenfreunde mit in die Schule nehmen können, das kann wichtiger sein als eine perfekte Schule. Oder genau umgekehrt, es kann gut sein, wenn ein Kind aus dem alten sozialen System Kindergarten herauskommt und sich neu erfinden kann. Schauen wir auf unsere Kinder.

Mein Kind kann sich nicht konzentrieren – was tue ich?

Erst schauen wir mal: Die meisten Kinder können sich sehr wohl konzentrieren, aber eben nicht lange. Machen wir also sichtbar, wann und wo das Kind sich konzentriert. Dann versuchen wir, diesen »Muskel« zu stärken: durch Vorlesen, Wimmelbücher, Legobauen, Puzzles und auch – *juchhu!* – Haushaltstätigkeiten wie Wäscheabhängen oder Fegen. Finden wir etwas, was dem Kind Spaß macht, und machen wir sichtbar, wenn es sich dabei konzentriert. Sollten wir feststellen, dass das Kind trotzdem deutliche Probleme hat, und machen wir uns Sorgen, kontaktieren wir pädagogisches, schulisches oder medizinisches Fachpersonal.

Braucht mein Kind noch viel Bewegung?

Viel mehr, als wir denken, und viel mehr, als es oft bekommt. Auch Schulkinder brauchen Räume, in denen sie sich austoben, laut sein, herumbrüllen und toben können – vielleicht sogar mehr als vorher, weil jetzt in vielen Schulen stillsitzen angesagt ist.

Wie viel sollten Kinder am Tag lesen?

Lesen ist eine Übungssache. Eine Grundschule in Hamburg machte Schlagzeilen, weil sie mit 20 Minuten gemeinsamen Lesens täglich die Lesefähigkeiten ihrer Schüler deutlich verbessern konnte. Erst lasen die Lehrer vor, dann lasen die Kinder mit dem Finger an der Zeile mit, schließlich lasen sie allein.[67]

Artgerecht Freunde finden

Wirklich gute Freunde sind Menschen,
die uns ganz genau kennen und
trotzdem zu uns halten.
MARIE VON EBNER-ESCHENBACH

Ja, ich weiß selbst, dass die nicht immer liebenswert sind. Und ja, ich weiß auch, dass man Kindern die Wahrheit sagen soll. Aber es hilft nix: Wir gewinnen mehr, wenn wir die Freunde unserer Kinder in unser Herz schließen, als wenn wir gegen sie arbeiten.

Ich habe es selbst so von meiner Mama gelernt. Wir hatten nie viel Geld und nie viel Platz, aber sie empfing meine Freunde immer mit offenen Armen. Ob es Nachbarskinder waren, die jeden Tag zum Mittagessen kamen, weil bei ihnen sowieso niemand zu Hause war, oder eine Gruppe bulgarischer Austauschschüler, die ich nach der Schule einfach mit nach Hause eingeladen hatte – sie hatte immer eine Suppe auf dem Herd oder einen Auflauf im Ofen, kochte für alle Tee in den kalten Berliner Wintern, und meistens hatten wir auch einen Kuchen in der Speisekammer, den wir mit allen teilen konnten. So saßen wir dann mit acht Bulgar:Innen in einer 5 Quadratmeter großen Küche, es war warm, und alle lachten und erzählten.

Wir wohnten immer beengt – zwei Zimmer, winzige Küche, Bad ohne Fenster –, aber meine Mama vertrat die Devise »Platz ist in der kleinsten Hütte«. Meine Freunde durften stets bei uns übernachten – nicht ein- oder zweimal, sondern manchmal tagelang. Sie durften auch spontan kommen, wenn sie selbst zu Hause Ärger mit ihren Eltern hatten, was den Vorteil bot, dass auch ich immer überall willkommen war.

Meine Mama hörte meinen Freunden zu. Sie bewertete nicht, sie verstand. Und sie beschützte alle Kinder.

Viele meiner Freunde erzählten meiner Mama bis in die Studienzeit hinein mehr von ihrem Leben als den eigenen Eltern. Sie kann sich in die Welt jedes Kindes hineinfühlen und würde nie etwas sagen wie »Na, so was macht man aber nicht!« oder »Warum hast du denn dann nicht …?«, sondern stets: »Ja, das verstehe ich. Ach, verflixt … ja, wirklich!« Sie solidarisierte sich mit uns Kindern gegen alle, erklärte uns nebenbei ein wenig die Welt und soziale Strukturen und entließ uns immer mit dem Gefühl, dass wir verstanden und willkommen waren. So kam es, dass sie viel besser Bescheid wusste, was wir so anstellten, als jeder andere und dass wir alle – alle – auf ihren Rat hörten, wenn sie uns sanft ermahnte, allzu wilden Kram zu unterlassen.

Außerdem kocht meine Mama bis heute wie eine Göttin (eine Fähigkeit, die mir leider völlig abgeht). Manchmal fragte ich eine Mitschülerin, ob sie zu mir kommen wolle, und da kam es schon mal vor, dass sie wiederum fragte: »Was gibt es denn bei dir zu essen? Kocht deine Mama?« Und erst auf mein »Ja« hin stimmte sie begeistert zu.

Nur ein einziges Mal verhielt sie sich anders. Ein Mädchen aus dem Nachbarhaus hatte sich mit mir angefreundet. Sie war nett, zwei Jahre älter als ich und das, was ich heute als »sozial vernachlässigt« bezeichnen würde. Eines Tages nötigte sie mich als Sechsjährige, mit ihr eine Zigarette zu rauchen. Ich zog daran und musste furchtbar husten und rannte weg. Als ich es meiner Mutter erzählte, wurde sie ganz ruhig. Sie erklärte mir kurz und knapp, dass das definitiv nicht der richtige Umgang sei, und untersagte mir, weiter mit dem Mädchen zu spielen. Wenn ich ehrlich bin, war ich zwar erst sauer, dann aber ganz froh.

Was ich gern vorher gewusst hätte …

NICOLE Dass man in der Schule explizit drum bitten kann, dass die Kinder mit ihren Kindergartenfreunden in eine Klasse kommen, und dass das wirklich hilfreich für uns gewesen wäre.

TINA Ich hätte nie gedacht, wie stark schwankend Schulfreundschaften sind. Sie kamen mir im Gegensatz zum Kindergarten völlig unverbindlich vor.

ANDREA Auch mit zehn Jahren brauchen mich die Kinder noch viel, was ihre Freundschaften angeht – dabei sagt man mir immer, dass die das allein regeln.

RAUMVERBUNDEN Ich hätte gern gewusst, dass gemeinsam lernen so viel besser ist als gegeneinander in einem vergleichenden System.

So geht's: Heißen wir die Freunde unserer Kinder willkommen!

Wir müssen also weder alles zulassen noch perfekt kochen – wir müssen einfach nur da sein, die Kinder unserer Freunde willkommen heißen, klare Grenzen ziehen, teilen und die Arme öffnen. Warum das so ist und wie das geht, erkläre ich im Folgenden.

Warum Freunde wichtig sind

Das Projekt Human Relations Area Files (HRAF) der Yale-Universität beobachtet vierhundert Kulturen der Welt, und 395 von ihnen haben ein Konzept für »Freundschaft« (die anderen fünf versuchen, Freundschaften zu unterbinden, um die Bande der Familie oder politischer Strukturen zu stärken).[68] Warum sind Freunde für uns so wichtig?

- Freunde unterstützen uns – sie können morgens schnell noch eine Regenjacke mit in die Schule bringen, ihre Stifte mit uns teilen oder haben noch ein Sport-T-Shirt dabei.
- Sie reduzieren unseren Stress bei Prüfungen oder in fremden Umgebungen. Wir haben weniger Herzrasen und schütten weniger Stresshormone aus, wenn wir mit Freunden in eine neue Umgebung kommen.[69]
- Sie erhalten unsere Gesundheit – wir bekommen weniger Erkältungen, möglicherweise weil wir weniger Stress haben. Und sie können uns positiv beeinflussen, zum Beispiel unsere Ernährung, unsere Fitness oder unsere mentale Gesundheit (sogar über soziale Netzwerke, was besonders für unsere Schulkinder am Smartphone relevant sein kann).[70]
- Und – um es gleich vorwegzunehmen – Freunde sind über die Lebensspanne sogar wichtiger für unsere Gesundheit und unser Wohlbefinden als Partner. Sie reduzieren unser Risiko für Krankheiten und schlicht unser Sterberisiko. Wir sind einfach glücklicher, wenn wir Freunde haben – um genau zu sein, sind wir 60 Prozent wahrscheinlicher glücklich, wenn wir fünf oder mehr Freunde haben, mit denen wir unser Leben teilen können.[71]

Freundschaft unterscheidet sich von Verwandtschaft vor allem dadurch, dass Erstere gepflegt werden muss. Freunde werden uns immer helfen – aber diese Gegenseitigkeit müssen wir aufrechterhalten. Da es kein Ritual für eine Freundschaft gibt, hat sie keinen Anfang und kein Ende. Wir müssen sie am Leben erhalten. Dafür braucht es manchmal nur fünf Minuten oder einmal im Jahr einen gemeinsamen Zelturlaub. Auch Kinder sind hier sehr langmütig, brauchen aber oft Unterstützung, um zum Beispiel alte Kindergartenfreunde nicht aus den Augen zu verlieren, wenn sie an ihnen hängen.

Was Freunde unseren Kindern geben können

Manche Schulkinder kommen schon nach den ersten Schultagen nach Hause und erzählen aufgeregt von Anna und Peter und Liam und Lina. Andere sind eher von den Lehrern und dem ganzen Drumherum begeistert.

Im Schulkindalter werden Freunde zunehmend wichtiger. Unsere Kinder bewegen sich jetzt auf das Alter zu, in dem die »Peer-Group«, also die Gruppe von engen Freunden, langsam die Wichtigkeit der Eltern ablöst. Keine Bange – ganz, ganz langsam, aber wir merken relativ bald, dass es beginnt. In den ersten ein oder zwei Schuljahren haben wir oft noch eine Art Schonfrist, aber bei den Acht- bis Zwölfjährigen sehen wir schon Strukturen, die sich dann in der Pubertät fortsetzen.

Die gute Nachricht: Freunde können einen sehr positiven Einfluss auf sie haben. Schon ein einziger enger Freund kann dafür sorgen, dass sie besser mit schwierigen Zeiten klarkommen.[72] Freundschaften helfen ihnen auch in der Schule und sogar als Vorbereitung für spätere romantische Beziehungen. Wenn sie in der Schule gute Freunde finden, wirkt sich das auf ihr gesamtes Leben aus, denn sie verbringen einen großen Teil des Tages an einem Ort, an dem sie sich willkommen fühlen, mit jemandem spielen, albern sein, sprechen und neue Erfahrungen machen können.

Gerade im Schulkindalter werden Freundschaften gleichzeitig kompliziert. Im Kindergarten waren die Dinge oft noch sehr einfach und direkt: Ich mag dich, ich mag dich nicht. Kleine Streits waren am nächsten Tag vergessen; und wenn eine Gruppe gut begleitet war, konnte es kaum passieren, dass ein Kind dauerhaft ausgeschlossen wurde.

Ausgerechnet jetzt, wo es für unsere Kinder so wichtig ist, wird es von Jahr zu Jahr schwieriger. Das liegt wie üblich nicht an den Kindern, sondern daran, dass wir auf die Idee kommen, eine Gruppe von dreißig Gleichaltrigen den ganzen Tag zusammenzusperren und sie dann auch noch in den Pausen weitgehend sich selbst zu überlassen. Wir tun das in einer Lebensphase, in der die Kinder so wenig empathisch sind wie kaum je wieder in ihrem Leben (siehe »Das sagt die Wissenschaft«), und entsprechend rau kann es unter ihnen zugehen.

Nichts davon ist »normal«, und durch nichts davon »müssen die Kinder halt durch«. In traditionellen Gesellschaften war eine Kindergruppe immer altersgemischt, und wir merken auch an unserem Schulkind, dass es sich oft in solchen Gruppen wohler fühlt: Es orientiert sich an den größeren Kindern, bewundert sie und will Zeit mit ihnen verbringen. Und es sorgt sich um kleinere (wenn es gerade Empathie verspürt) und freut sich, hier »das große Kind« zu sein.

In unseren Grundschulen hingegen kann die ganze negative Seite dieses Alters geballt auf unser Kind einströmen: Es werden Kinder gehänselt und ausgeschlossen, die Kinder geben sich Spitznamen, vergleichen sich und sind mal befreundet, mal nicht. Wenn die Gruppe nicht gut begleitet ist, entwickeln sich Cliquen, und im schlimmsten Fall richten sich die Kinder in Mobbing-Strukturen gegeneinander. Wie können wir unsere Kinder gut unterstützen?

Wie unsere Kinder Freunde finden

Besonders Kinder, die »anders« sind, können sich schwertun, Freunde in einer neuen Umgebung zu finden. Schulkinder sind oft sehr an Stereotypen orientiert, ein »wildes« Mädchen oder ein Junge, der nicht Fußball spielt, können eine Gruppe so stark irritieren, dass sie ausgeschlossen werden.

Freundschaft zwischen Menschen beruht auf Gemeinsamkeiten – gemeinsamen Interessen, Erfahrungen oder Tätigkeiten. Die Frage »Und was machst du so?« zielt genau darauf ab. Wir können unser Schulkind also ermuntern, die anderen Kinder mal zu fragen: Was spielen sie gern? Welche Musik interessiert sie? Welche Tiere? Welcher Sport? Was schauen sie sich gern im Fernsehen an? Vielleicht finden sich so erste Anknüpfungspunkte.

Hier können wir unserem Kind auch gleich beibringen, dass die zweitbeste Alternative auch wertvoll sein kann: »Aber niemand interessiert sich für

Schach!«, schimpft unser Schulkind vielleicht und will unbedingt Freunde, die seine Hauptleidenschaft teilen. Wenn dies aber nicht möglich ist, was wäre die zweitbeste Option? Gehst du gern in die Natur? Interessierst du dich für Mathematik? Sogar: Findest du den Kunstunterricht auch so langweilig? All das sind mögliche Gemeinsamkeiten, auf denen wir Kontakt aufbauen können. Schulkinder müssen oft erst noch lernen, dass »Freunde« nicht exakt und perfekt unseren Vorstellungen entsprechen müssen. Freundschaften wachsen, aber nur, wenn wir sie pflegen und ihnen eine Chance geben.

Freundschaft fängt oft mit Sprache an: »Hey, ich bin Anna, wie heißt du?« Vielleicht haben unsere Kinder uns nur selten dabei beobachtet, wie wir uns unter fremden Menschen bewegen, denn sie sind nur in Ausnahmefällen auf Konferenzen und Messen mit dabei.

Meine Kinder waren zehn Jahre lang jeden Sommer mit mir in Wildniscamps des *artgerecht*-Projekts. Sie haben zehn Jahre lang jeden Sommer beobachten können, wie ich mich mit fremden Menschen bekannt mache, wie ich Gespräche anfange und führe. Sie konnten von mir lernen, wie man Menschen vertraut oder Abstand hält, wie man höflich, aber verbindlich ist, wie man gemeinsam lacht, singt, kocht und Feuer macht. Sie haben jeden Sommer neue Kinder kennengelernt, haben entschieden, mit wem sie spielen wollten, und konnten immer und immer wieder in der sicheren Gruppe des Geschwisterteams üben, wie man Kontakte zu fremden Menschen knüpft.

Vielleicht liegt es daran, dass sie sich mühelos in fremden Gruppen, Orten und Systemen zurechtfinden können. Sie gehen einfach hin und sagen: »Hi, ich bin … Wer bist du?«, »Was machst du hier?«, »Was spielst du gern?«, »Hast du Lust …« – und zack, haben sie eine neue Verbindung geschaffen.

Aber damit sind sie nicht geboren worden. Sie »können« das nicht »einfach«. Sie haben es gelernt.

In der Forschung herrscht Konsens darüber, dass ein Schulkind – übrigens anders als ein Kleinkind – ganz klar Freunde braucht, um sich gut zu entwickeln. Gleichzeitig ist Freunde zu finden eine Kunst, die die Kinder erst lernen müssen. Wir »haben« nicht ein Kind, das leicht Freunde findet, wir »begleiten« ein Kind, bis es das kann, sie lernen es also von uns. Das heißt auch: Wenn sie es noch nicht gelernt haben, dann ist das keine charakterliche Eigenschaft, sondern einfach nur eine noch nicht erledigte Entwicklungsaufgabe.

Wir können unseren Kindern diese Fähigkeiten gezielt beibringen – entweder indem wir sie ihnen bewusst vormachen oder indem wir sie ihnen tatsächlich erklären und mit ihnen üben. »Wie stellt man sich vor?«, »Wie fragt man, um etwas vom anderen zu erfahren?«, »Wie lädt man jemanden zum Spielen ein?«: Unseren Kindern hilft es, das in vertrauter Umgebung, zum Beispiel auf einem Familienfest, zu üben, um es dann später auch in einer Kindergruppe zu können.

Kinder haben oft die Tendenz, von sich selbst zu sprechen – ihre Welt dreht sich noch sehr stark um die eigene Person. Sie können als Schulkind langsam lernen, Fragen zu stellen und die Welt eines anderen Menschen zu erkunden: »Was spielst du gern?«, »Was machst du gern in der Schule, was magst du gar nicht?«, »Wie fandest du die Torte?« ... Sie können lernen, offene Fragen zu stellen, damit keine »Magst-du-Pferde?«-»Nö«-»Hunde?«-»Nö«-Gespräche entstehen, die unser Kind frustriert zurücklassen.

Sie können auch lernen, explizit zu sagen, wenn ihnen etwas gefällt oder nicht gefällt: »Hey, ich mag deine Schuhe!« ist genauso wichtig wie »Nein, so mag ich das nicht spielen«. Mein Sohn fiel schon als Vierjähriger damit auf, dass er anderen Menschen etwas Nettes sagte – bis hin zu »Sie haben ein sehr schönes Kleid an« zu einer wildfremden Frau in der Berliner S-Bahn, die ihn dankbar anstrahlte. Es ist aber genauso wichtig, eigene Grenzen ziehen zu können, denn erst dann kann ich mich angstfrei auf einen fremden Menschen einlassen. Unsere Kinder können von uns lernen, freundlich, aber klar zu kommunizieren, und werden sich so angstfreier in sozialen Situationen bewegen.

Überhaupt dürfen wir in dieser Phase daran denken, dass das Kind nicht unbedingt per se »schüchtern« ist, vielmehr bedeutet »Schüchternheit« oft, dass man Sorge hat, sozialen Situationen nicht gewachsen zu sein. Wenn wir unserem Kind beibringen, wie es sich verhalten kann, wird es im eigenen Tempo in seiner Schüchternheit wachsen.

Kinder lernen durch Nachahmung, das heißt: Wenn sie sehen, wie wir anderen Menschen in unserem *artgerecht*-»Dorf« aufmerksam zuhören, dann werden auch sie gut zuhören. Reden wir ständig aufgeregt von unserem eigenen Leben, verstärken wir diese Tendenz in unseren Kindern. Laden wir Menschen ein? Dann können sie lernen, ebenfalls ein Kind, das sie sympathisch finden, einzuladen. Wenn sie sich nicht trauen, dürfen wir das in diesem Alter auch noch auf der Elternebene klären und an die Eltern des anderen Kindes herantreten, ob sie ihr Kind fragen würden. Wir holen uns zuvor selbstverständlich die Erlaubnis unseres Kindes dafür ein, sonst ist es zu Recht sauer.

Wenn unser Kind auf Dauer gar keine Freunde in der Schule findet, ist es wichtig, dass wir auf jeden Fall für Ausgleich am Nachmittag sorgen. Kann das Kind sich mit alten Kindergartenfreunden treffen? Gibt es einen Sportverein oder eine Musikschule, in der es Gleichgesinnte treffen kann, mit denen es seine Zeit verbringt? Es lohnt sich, aktiv in die Freundschaften unserer Kinder zu investieren. Das heißt auch zum Beispiel, eine Musikschule zu suchen, das Kind gegebenenfalls hinzufahren, Freunde einzuladen, unsere Kontakte mit den »alten« Freunden zu pflegen.

Gerade wenn die anderen Kindergartenkinder »gut« in der Schule ankommen, verlaufen sich die Verbindungen manchmal. Sollten sie für uns weiterhin wichtig sein, müssen wir sie aktiv pflegen und dranbleiben: anrufen, Treffen ausmachen, zum Geburtstag einladen, hinfahren, mit den Kindern Aktivitäten unternehmen. Vielleicht finden wir ja auch etwas, was die Kinder nachmittags gemeinsam machen können, um die Freundschaft damit auf einen »institutionellen« Boden zu bringen. Wenn sie sich jeden Mittwochnachmittag beim Gymnastiktraining sowieso treffen, hat auch eine Kindergartenfreundschaft die Chance, bis über die Schulzeit hinaus zu halten.

»Mit dir spiel ich nicht mehr!« – Konflikte lösen

Besonders in der Schulkindzeit können Freundschaften wacklig und wechselhaft sein. Es ist eine gute Zeit für unsere Kinder, um zu lernen, wie man Konflikte löst und auch Menschen »loslässt«, wenn das erforderlich ist. Dennoch wird es für viele Kinder – vor allem beim ersten Mal – eine dramatische, schmerzhafte Erfahrung. Wir können ihnen helfen, indem wir ihnen vermitteln, wie man mit Konflikten in Freundschaften umgeht:

- Wir hören ihnen aufmerksam zu und spiegeln zurück, was wir hören: »Habe ich richtig verstanden, dass sie sauer ist, weil … Und du willst nicht mehr, weil … Und jetzt hat sie gesagt, dass ihr keine besten Freundinnen mehr seid?«, bis wir verstanden haben, worum es geht.

- Wir bringen unserem Kind bei, wie man sich entschuldigt – am besten, indem wir es selbst gegenüber unserem Kind und auch unseren Freunden tun, wenn das Kind es mitbekommen kann. Wir bringen ihm bei, dass eine Entschuldigung auch nicht heißen muss, dem anderen zuzustimmen: »Es tut mir leid, dass dich das verletzt hat, das war überhaupt nicht meine Absicht.«
- Da unser Kind gerade nicht das aktivste Empathiesystem hat, müssen wir ihm immer wieder helfen, seine Freunde zu verstehen und sich einzufühlen: »Kannst du dir vorstellen, wie sie sich gefühlt hat?« Oder: »Was meinst du, wie war das für ihn? Was könnte ihn angetrieben haben?«
- Wenn es zu Streit auf dem Schulhof kommt, besprechen wir mit dem Kind, an wen es sich wenden kann, zum Beispiel einen Vertrauenslehrer, der schlichten könnte.
- Wir setzen Prozesse in Perspektive: Manchmal brauchen Menschen ein wenig Zeit, um eine Entschuldigung anzunehmen oder einen Streit zu verarbeiten. Warten wir erst mal ab. Diese Strategie kann uns große Dienste leisten, denn viele Streits unter Schulkindern sind nach wenigen Tagen vergessen.
- Bringen wir unserem Kind die ersten Grundzüge achtsamer Kommunikation bei: »Sag einfach: ›Ich fand das doof‹ statt ›Du bist so blöd‹, sprich von dir, vermeide ›immer‹, ›nie‹ und ›du hast …‹ in deinen Sätzen, sag stattdessen klar, was es mit dir gemacht hat und was du dir wünschst.« Das mag bei dem anderen Kind oft nicht auf fruchtbaren Boden fallen, ist aber eine Fähigkeit, die dem Kind ein Leben lang zugutekommen wird.
- Wir könnten das andere Kind – und seine Eltern, wenn wir möchten – trotz des Disputs einladen und etwas gemeinsam unternehmen. Manchmal löst sich der Streit dann von ganz allein.

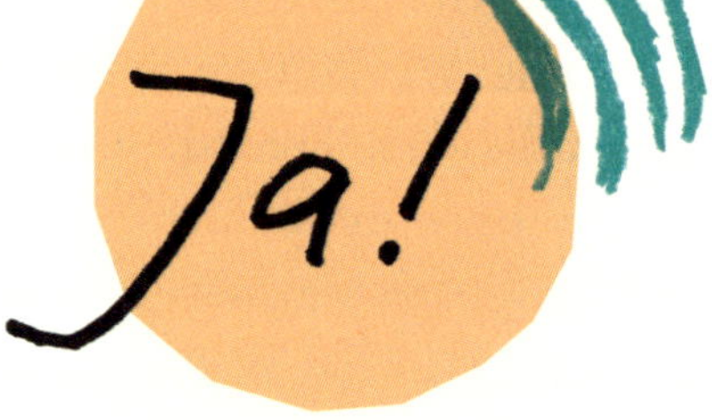

Freunde als Gäste

Im Türkischen sagt man, siebenmal sei jemand Gast, danach müsse er mithelfen. Diese Regel passt auch gut zu unseren Kinderfreunden: Wir können sie ruhig die ersten Male vollkommen versorgen, aber wenn sie oft genug da waren und unsere Abläufe kennen, sagen wir ihnen, sie können – wenn sie es nicht schon von sich aus tun – ruhig mithelfen, den Tisch abzudecken und ihr Glas in die Spülmaschine stellen.

Mit ungesunden Freundschaften umgehen

Wir können uns die Freunde unserer Kinder nicht aussuchen, und wie in meiner Geschichte zu Anfang dieses Kapitels können wir nur in wirklich extremen Fällen eingreifen oder gar Kontakte unterbrechen. Ich möchte hier explizit sagen, dass es nicht darum geht, dass andere Kinder »toxisch« oder »falsch« sind, sondern es gibt einfach Konstellationen, die nicht gut harmonieren.

Wir können unsere Kinder in solchen Situationen effektiv begleiten und so coachen, dass sie selbst merken, welche Freundschaft ihnen guttut und welche nicht. Voraussetzung dafür ist ein gesundes Selbstwertgefühl unseres Kindes. Es sollte wissen, dass es ein wertvoller Mensch ist und dass es seine Grenzen ziehen darf und auch muss, damit andere Menschen diese respektieren können.

Woran erkennen wir, dass eine Freundschaft nicht gut für unser Schulkind ist? Folgende Anzeichen sollten uns aufhorchen lassen:

- Die Freundschaft erzeugt Angst, Stress und Unwohlsein.
- Unser Kind wirkt angespannt, wenn es mit diesem Kind verabredet ist.
- Es ist nach einer Verabredung mit diesem Kind aggressiv, weinerlich, extrem zurückgezogen, reizbar oder wütend.
- Ein Kind macht ständig Kompromisse und Zugeständnisse, während das andere seine Vorstellungen durchsetzt.
- Ein Kind vermeidet Auseinandersetzungen um jeden Preis, da es die heftige Reaktion des anderen fürchtet.
- Ein Kind wird ständig kritisiert oder gar gedemütigt und bekommt immer wieder ungefragt Ratschläge. (»Zieh dir doch mal was Cooleres an!«)

- Ein Kind macht sarkastische Kommentare über das andere, die es herabsetzen, und labelt sie als »... war doch nur 'n Scherz«.
- Ein Kind ist extrem eifersüchtig, möchte das andere am liebsten für sich allein haben und provoziert so Stress, Lügen und Heimlichkeiten.
- Keins der Kinder kann sich sicher sein, dass das andere die Wahrheit sagt, sie vertrauen einander nicht (mehr).
- Ein Kind erzählt Geheimnisse weiter, die das andere ihm anvertraut hat.
- Ein Kind macht das andere in der Gruppe lächerlich, um seine eigene Position zu festigen (dies tritt aber eher bei unseren älteren Schulkindern auf, etwa ab elf Jahren).

Besonders von den eigenen Freunden in der Gruppe verraten oder lächerlich gemacht zu werden, ist massiv schädigend für die Seelen unserer Kinder, wie die Forschung zeigt.[73] Daher sollten wir hier sofort eingreifen. Folgende Tipps können helfen, wenn unser Schulkind unter einer solchen Freundschaft leidet:

- Wir hören wieder erst mal zu. Und zwar lange. Wir geben keine Ratschläge, wir lauschen, verstehen, fragen nach, paraphrasieren, bis wir vollkommen verstanden haben, wo das Problem liegt.
- Wir sind uns darüber im Klaren, dass das Kind sich auch zu Hause vor oder nach der Schule gestresst zeigen (und ergo weniger kooperieren) kann, wenn es ihm in der Schule mit diesem Kind nicht gut geht.
- Unser Kind braucht folgende Info: »Wenn es sich für dich nicht gut anfühlt, ist es nicht gut. Du musst nicht robuster sein, die Dinge sportlich nehmen, cooler sein, mehr verzeihen. Wenn es für dich nicht geht, geht es nicht. Punkt.«
- Helfen wir unserem Kind zu verstehen, warum das andere Kind sich möglicherweise so verhält. Wir tun dies nicht, um das Verhalten zu entschuldigen, sondern um seine »Theory of Mind« zu stärken. Der Fachbegriff beschreibt das Vermögen, sich in andere hineinzuversetzen, also die Gedanken und Gefühle anderer wahrzunehmen und als mögliche Ursache für bestimmte Verhaltensweisen zu interpretieren. Es ist ein erster Schritt, um nachvollziehen zu können, dass sich das Verhalten wahrscheinlich auch nicht ändern wird. Es hilft unserem Kind darüber hinaus zu verstehen, dass das Verhalten mehr über das andere Kind sagt als über es selbst.
- Wir stärken das – möglicherweise bereits angeknackste – Selbstwertgefühl

unseres Kindes, damit es sich wieder daran erinnert, dass es respektvolles Verhalten erwarten kann und seine Grenzen ziehen darf.

- Wir analysieren mit unserem Kind die Dynamik der gesamten Gruppe in der Schule: Wer ist beliebt, wer nicht, was heißt »beliebt« sein in der Schule, was sind offenbar die Kriterien dafür?
- Wenn das Kind Sorge hat, aus dem sozialen Gefüge der Gruppe zu fallen, sollten wir schauen: »Wie wichtig ist der soziale Status in dieser Gruppe und welchen Effekt hat diese Freundschaft für dich? Brauchst du diese Freundschaft?«
- Wir empfehlen unserem Kind, sich abzugrenzen und sich generell von Leuten, die lästern oder schlecht über andere reden, fernzuhalten und es auch selbst nicht zu tun – sonst ist man irgendwann Gegenstand dieser Lästereien.
- Wir erklären unserem Schulkind ein paar grundlegende psychologische Prinzipien: dass es Menschen gibt, die andere manipulieren oder immer das Gespräch so drehen, dass der Fehler beim anderen liegt, nie bei ihnen. Wir machen aus, dass unser Kind mal darauf achtet, wann das andere Kind sich so verhält, und lernen gemeinsam, die Anzeichen zu erkennen.
- Wir helfen unserem Kind unauffällig dabei, andere Freundschaften zu stärken: Wir treffen Spielverabredungen, arrangieren Übernachtungen, planen ein paar mehr Ausflüge.
- Wir überlegen Exit-Strategien, wenn es in der Schule brenzlig wird: Kann das Kind den Pausenhof verlassen, mit anderen Kindern spielen, in der Nähe der Lehrer bleiben, in die Bücherei zum Lesen gehen oder freiwillig den Pausenverkauf übernehmen, um »aus der Schusslinie« zu sein?
- Wir sorgen dafür, dass Chatgruppen dort bleiben, wo sie hingehören – in die Hände von Menschen, die mindestens vierzehn Jahre oder älter sind, da selbst Erwachsene sich über Textsysteme Dinge sagen, die sie hinterher bereuen.
- Wenn nichts mehr hilft, sprechen wir mit Eltern und Lehrern über die Situation, falls die Kinder sie nicht lösen können, und schauen, ob sie unauffällig die Themen aufgreifen und mit ihren Kindern besprechen können – aber ohne unser Kind explizit zu nennen, denn das geht in der Regel »nach hinten los«.

Wir können unserem Kind auch helfen, sich darüber bewusst zu werden, wie sich diese Freundschaft anfühlt, indem wir entsprechend fragen: »Wie fühlst du dich mit diesem Kind?«, »Was magst du an diesem Kind?«, »Bist du du selbst, magst du das Gefühl, wenn du mit diesem Kind/diesen Kindern bist?«, »Was könnte passieren, wenn du mit diesem Kind befreundet bleibst, und willst du das?«, »Was könntest du tun, damit das nicht passiert oder damit du dich besser fühlst?« – und so weiter. Es gibt im Netz auch mittlerweile Videos, die Kindern Verhaltensweisen wie üble Nachrede, Gaslighting[74] und Ähnliches erklären.

Folgende Tipps können helfen, wenn andere Kinder unter unserem leiden:

- Wir stärken die Empathie unseres Kindes: »Wie fühlt sich das andere Kind wohl? Wie würdest du dich fühlen, wenn du in einer solchen Situation wärst? Was würdest du dir wünschen?«
- Wir stärken die »Theory of Mind« unseres Kindes: »Was denken wohl die anderen? Bist du wirklich beliebt, oder fürchten sie dich nur? Was möchtest du sein?«
- Wir stärken das Selbstwertgefühl unseres Kindes: »Du bist ein wertvoller Mensch, auch wenn du nicht beliebt bist oder andere dominierst.«
- Wir besprechen mit unserem Kind, was Freundschaft bedeutet und all ihre Aspekte: Geben und Nehmen, Vertrauen und Loyalität.
- Wir analysieren kritisch die Beziehungen innerhalb der Familie und unter den Geschwistern – wo sind Dominanz und Manipulation an der Tagesordnung, wie lösen wir Konflikte in der Familie, und wie sprechen wir über Gefühle? Wenn etwas davon nicht gut läuft, wie könnten wir das ändern?
- Wir holen uns professionelle Hilfe, wenn wir nicht weiterkommen.

So finden schüchterne Kinder Freunde

Als Erstes müssen wir unterscheiden, ob wir ein schüchternes Kind haben, das eigentlich gern mit anderen spielen möchte und dabei Hilfe braucht, oder ob wir ein Kind haben, das einfach lieber allein lesen, malen und für sich sein möchte (so ein Kind war ich übrigens). Je nachdem, was das eigentliche Bedürfnis des Kindes ist, müssen wir uns anders verhalten.

Codewörter vereinbaren

Manchmal ruft uns ein Schulkind an oder fragt direkt, ob es noch länger bleiben oder bei Freunden übernachten darf. Von meinen Kindern habe ich gelernt, dass sie manchmal gar kein »Ja« wollen – sondern ein »Nein«. Aber der soziale Druck des Freunds oder der Freundin ist zu stark, als dass sie selbst sagen könnten, sie möchten nach Hause. Daher habe ich mit meinem Kind einen Code vereinbart, der mir in solchen Situationen signalisiert, dass ich heute die strenge Mama raushängen lassen möge: »Mama, ich wollte fragen, ob ich bei X übernachten darf. Geht's den Katzen gut?«

Sobald ich den Katzensatz höre, weiß ich, dass sie nach Hause wollen. Jetzt kann ich entsprechend reagieren. Und nein, es ist nicht so, dass das Kind so niemals lernt, »Nein, ich möchte nicht« zu sagen. Wir üben das an anderer Stelle, aber wenn es heute mal nicht geht, helfe ich gern aus.

Klären wir erst: schüchtern oder introvertiert?

Wenn man mich als Kind gezwungen – oder auch nur ständig ermuntert – hätte, mit anderen Kindern zu spielen, wäre ich total gestresst gewesen. Ich hatte meine beste Freundin, meinen Hund, meine Bücher und war damit völlig zufrieden. Wenn ich am Wochenende stundenlang allein durch den Wald streifen konnte, entspannte sich mein Geist, und als soziale Interaktion reichte mir das abendliche Gespräch mit meiner Mama vollkommen, der ich aufgeregt von all den Stöcken und Vögeln und Pilzen berichtete.

Mich mit zu vielen Menschen auseinandersetzen zu müssen, überschritt schnell meine Komfortgrenze; und ich fand es irre anstrengend, die komplexen sozialen Geflechte meiner Schulfreundinnen zu überblicken. Während ich mir mühelos alle Personen in griechischen Sagen oder Pferderassen merken konnte, war ich blind für all die Bedürfnisse, Ränke und Hierarchien, die sich in den Gruppen entwickelten – und das darf so sein. Selbst innerhalb einer Familie können Kinder unterschiedliche Bedürfnisse nach Kontakt haben, und ein Kind, das sich lieber allein oder in kleinen Gruppen aufhält, hat nicht automatisch eine Kontaktangst.

Ein Kind hingegen, das sich nach anderen Kindern sehnt, verdient unsere volle Unterstützung bei seinem Lernprozess.

Schüchterne Kinder unterstützen

Schauen wir hier also auf die schüchternen Kinder, die sehnsuchtsvoll am Rand der Spielgruppe stehen und eigentlich dazugehören wollen, aber nicht wissen, wie sie es anstellen können.

Bevor wir jetzt hingehen und freundlich sagen: »Ich frag mal, ob du mitspielen kannst«, kommen wir auf den Unterschied zwischen Unterstützen und Bestärken: Wir können für das Kind fragen (es unterstützen) oder ihm zeigen, wie es die Fragen selbst stellen kann (es bestärken). Wir wollen einem schüchternen Kind keinen Druck machen, sondern eher Möglichkeiten geben, neue Kinder kennenzulernen, und ihm dabei helfen, diese Situationen zu meistern.

Ich erinnere noch mal daran: Wir Eltern haben meistens den Impuls, unser Kind vor unangenehmen Erfahrungen zu bewahren. Aber dieser Impuls ist nicht immer richtig, denn unser Kind darf lernen, auch unangenehme Erfahrungen zu bewältigen. Das Leben hält nämlich eine ganze Menge davon bereit! Wenn es das jetzt mit uns an seiner Seite lernt, ist es viel sicherer als später, wenn es vermeintlich »groß« ist und allein dasteht.

Der erste Schritt ist also, dass wir unser schüchternes Kind fragen, mit wem es gern spielen würde. Wer teilt die gleichen Interessen? Wer wohnt in der Nähe? Wer ist nett?

Als Nächstes verabreden wir uns zum Spiel in unserem Zuhause, weil sich unsere Kinder hier oft wohler und sicherer fühlen als an einem fremden Ort. Das kann auch heißen, auf »unserem« Spielplatz, in »unserem« Wald, in »unserem« Zoo. Manchmal haben Kinder das Gefühl, dass sie »nichts zu bieten« haben; da kann es sehr hilfreich sein, an einen Ort zu gehen, den sie mögen, den sie kennen und den sie dem anderen Kind »zeigen« können. Manche Kinder mögen auch keine anderen Menschen in ihrer vertrauten Umgebung, ihr Zuhause ist für sie wie eine zweite Haut, die sie nicht ohne Weiteres mit jemandem teilen möchten. Dann ist ein Treffen an einem vertrauten Ort »draußen« eine gute Idee – fragen wir unser Kind, was es dazu denkt!

Sehr hilfreich kann auch ein Ort sein, an dem es einen festen Ablauf gibt, den die Kinder gut kennen und der immer gleich ist, etwa ein Sporttraining oder eine Kirchenveranstaltung, in der das schüchterne Kind dem Besuchskind etwas zeigen oder helfen kann. Wir Eltern können diese Situationen mit unserem Kind vorher durchdenken: »Was könnte passieren?«, »Wie möchtest du reagieren?«, »Welche Situation könnte herausfordernd sein?«, »Was könntest du sagen oder tun?«, »Wie könnte ich dir helfen?« – und dergleichen.

Dabei sollten wir es nicht übertreiben – oft reicht es, ein- oder zweimal pro Woche eine solche Herausforderung zu bewältigen, um einen Lernprozess anzuschieben. Und Kinder brauchen auch nicht fünf oder zehn Freunde, ein oder zwei sind völlig ausreichend. Dazu gehört auch die Frage: Habe ich Sorgen, dass das Kind nicht genug Freunde hat, oder hat das Kind damit ein Problem? Will *ich*, dass das Kind in der Klasse beliebt ist, oder ist es der Wunsch des Kindes?

Manchmal haben wir Bilder im Kopf aus unserer eigenen Kindheit, die wir auf das Kind übertragen (entweder weil wir beliebt waren und uns Sorgen machen, wenn unser Kind es nicht ist, oder weil wir einsam waren und uns Sorgen machen, dass unser Kind da auch »durchmuss«). Also fragen wir uns: Wer hat damit ein Problem? Was muss sich wirklich ändern?

Wenn Kinder keine Freunde finden

Haben unsere Kinder dauerhaft in und außerhalb der Schule Schwierigkeiten, Freunde zu finden, kann es auch noch an etwas anderem liegen: In Freundschaften muss man zwangsläufig Kompromisse eingehen. Wir müssen akzeptieren, dass wir nicht immer bekommen, was wir wollen, wir müssen verhandeln und aufeinander zugehen. In einer guten Freundschaft bekomme ich weder immer, was ich will, noch nie – beides ist ungesund. Aber wenn Kinder zu Hause immer an erster Stelle stehen, Verhandlungen mit ihnen daheim grundsätzlich in Streit ausarten oder sie von konfliktscheuen Eltern schlicht immer bekommen, was sie wollen, kann es schwierig für sie sein, Freunde zu finden. Ihnen fehlt einfach die Erfahrung mit dieser sozialen Interaktion.

Diese Kinder müssen also erst lernen, Interessen und Konflikte zu verhandeln. Manche Kinder finden das schwierig. Wenn es zu einem Konflikt kommt, wenn jemand Kritik übt oder einen Vorschlag nicht annimmt, drehen sie sich weg, brechen den Kontakt ab und schweigen, oder sie werden sarkastisch. Sie machen das nicht aus Bosheit, auch wenn die anderen Kinder dann etwas sagen wie: »Die ist blöd«, sondern es liegt einfach daran, dass sie hier kommunikativ nicht weiterwissen.

Wir müssen unseren Kindern also beibringen, wie man über Gefühle spricht und Konflikte löst, damit kleine Streits nicht in große Dramen ausarten.

Wenn Kinder keine Freunde finden oder schnell wieder verlieren, sollten wir uns ihre Interaktionen mit ihren Eltern und Geschwistern ansehen: Ist das Kind in der Lage, Kompromisse zu finden, Konflikte konstruktiv auszutragen, sich zu entschuldigen, zu vertragen und über seine Gefühle zu sprechen? Wenn wir Kindern zum Beispiel erlauben, sich gegenüber Geschwistern aggressiv oder dominant zu verhalten, oder respektloses Verhalten gegenüber den Eltern tolerieren, sind wir dafür verantwortlich, dass sie nicht die für echte Freundschaften erforderlichen sozialen Fähigkeiten entwickeln. Dazu gehört auch, soziale Interaktionen richtig zu interpretieren (»Was hat er oder sie wirklich ausdrücken wollen?«), aggressive Impulse umzulenken (»Ich könnte jetzt ausrasten, aber ich frage erst mal nach«) und sich zum Beispiel an Spielregeln halten zu lernen (»Wir hören einander zu«, »Wir entschuldigen uns«, »Wir finden eine gemeinsame Lösung«, »Die Bedürfnisse von anderen sind genauso wichtig wie meine«).

Spielregeln beachten

Zu Regeln gehören übrigens auch unter Kindern verhandelte *Spiel*regeln, die Kinder verstehen und beachten lernen müssen. Das heißt nicht, dass wir autoritär darauf bestehen, Regeln einzuhalten, aber unser Kind muss in der Lage sein, sie zu verstehen und sich nach Absprache auch an sie zu halten, damit es für andere berechenbar bleibt. Wenn wir die Regeln dann im Spiel gemeinsam über den Haufen werfen, ist das schön – solange es eine gemeinsame Entscheidung ist und nicht der aggressive Impuls eines schlechten Verlierers …

Mit Gruppendruck umgehen

Gerade in den Jahren der Grundschule fängt der Gruppendruck von Jahr zu Jahr mehr an zu wirken. Je älter die Kinder werden, desto stärker wird er: »Was hast du an?«, »Welche Musik hörst du?«, »Wie hast du deine Haare?«, »Welche Turnschuhe trägst du?« … Es geht auf vielen Schulhöfen schon früh um Marken, Merkmale und Muster. Wenn Kinder in diesem Alter Zugang zu sozialen Medien haben, kommt dieser Effekt dazu: Challenges, die gemacht werden müssen, Tänze, die man kennen muss, Videos, die man gesehen haben sollte.

Kinder im Grundschulalter bis in die Teenagerzeit hinein wollen oft *dazugehören.* Sie wollen Teil der Gruppe sein, so sein wie die anderen, nicht auffallen oder sogar beliebt sein. Sie tun, was ihre Freunde tun – auch wenn es eigentlich gegen ihre Überzeugung ist.

Aus Kindern werden Erwachsene

Eure Kinder werden Erwachsene – wir sind verantwortlich. Wenn wir einen Zehnjährigen unkommentiert Katzen quälen oder Freunde mobben lassen, riskieren wir, dass sich seine Empathie nicht richtig entwickelt. Und ja – wenn er achtzehn Jahre alt ist, sind es unter Umständen keine Katzen mehr, die er quält. Studien zeigen uns, dass wir unsere eigenen Kindheitsthemen bearbeiten müssen, da Eltern mit einer schwierigen Kindheit wiederum Kinder großziehen, die eher zu Verhaltensproblemen neigen.[75] Also gehört auch das zur Erziehung dazu – dass wir uns selbst anschauen und fragen: Habe ich noch »Leichen im Keller«? Liegt es vielleicht nicht an den Kindern, sondern an meinen eigenen, nicht bearbeiteten Themen?

Ich schaue meine Kinder immer an und frage mich: »Welcher Erwachsene wird aus diesem Kind? Kann und will ich das verantworten? Was kann ich an mir selbst verändern, um diesem Kind ein gutes Vorbild zu sein?« Und dann handle ich, auch wenn es manchmal sehr unbequem für mich ist.

Doch wie können wir unser Kind stark machen? Eigentlich fängt die Imprägnierung gegen Gruppendruck bereits im Kleinkindalter an, indem wir unserem Kind ein gesundes Selbstwertgefühl geben, ihm zeigen, dass seine Individualität akzeptiert wird. Unsere Schulkinder werden jetzt eine Balance finden müssen zwischen dem Bedürfnis, anerkannt zu werden, und dem, sie selbst zu sein.

Unsere Kinder sollten lernen, sich immer wieder zu fragen: »Ist das richtig? Würde mein eigentliches Ich das machen?«

Es hilft enorm, wenn jemand anders ebenfalls »Nein« sagt – wenn die Gruppe zu Gruppendruck neigt, können sich unsere Kinder schon vorher mit einem Freund oder einer Freundin absprechen, dass sie diesmal zusammenhalten und nicht mitmachen. Das gilt auch andersherum – wenn ein anderes Kind »Nein, ich mach nicht mit« sagt (wörtlich oder durch sein Verhalten), dann sollten wir unser Kind ermutigen, sich an seine Seite zu stellen. Das kann auch heißen, dass unser Kind einfach merkt, dass jemand anderes ebenfalls nicht mitmachen will, und dann einfach sagen kann: »Hey, ich verstehe dich, lass uns gehen.« Und das ist die nächste Strategie. »Ich muss gehen« kann das Kind aus einer brenzligen Situation bringen, ohne dass es sich dem Druck der Gruppe jetzt in diesem Moment stellen muss.

Um Kinder konkret vor Mutproben zu schützen, gibt es mehrere wichtige Ansätze, zum Beispiel:

- Wir klären die Kinder über aktuell gängige Mutproben auf und darüber, welche Gefahren dabei lauern (viele Kinder wissen zum Beispiel nicht, dass der Starkstrom von Oberleitungen »springt« und daher schon der Aufenthalt auf dem Dach eines Güterwaggons lebensgefährlich sein kann).
- Wir machen unsere Kinder stark, sodass sie niemandem beweisen müssen, was sie können.
- Wir geben unseren Kindern die Möglichkeit, ihre Grenzen in sicherer Umgebung zu erfahren, zum Beispiel beim Klettern, Paddeln, auf Nachtwanderungen, beim Mountainbike-Fahren oder bei einer Wettkampfsportart.
- Wir finden sportliche oder soziale Mutproben im Internet, die die Kinder gefahrlos machen können.[76]

Mutig, mutig!

Ein wunderbares Buch gegen Gruppendruck ist *mutig, mutig* von Lorenz Pauli und Kathrin Schärer.[77] Und auch wenn ich mich wiederhole – ich finde, jedes Kind sollte diese oder eine ähnliche Geschichte einmal im Leben gehört haben.

Das Buch beschreibt, wie vier Freunde einen Wettkampf bestreiten: Wer erfindet die verrückteste Mutprobe und besteht sie selbst? Alles fängt an wie auf dem Spielplatz: Maus, Schnecke, Spatz und Frosch sind am Teich zusammengekommen, und plötzlich ist die Idee für das Wettspiel da. Wer ist der Mutigste von allen? Aber wenn die Maus eine lange Strecke taucht, findet der Frosch, das sei keine Leistung. Und wenn der Frosch Grünzeug frisst, ist das für die Schnecke nur köstlich, nicht mutig. So gibt's lange Gesichter und Applaus, bis schließlich der Spatz an der Reihe ist. Der ziert sich und dreht sich, und endlich sagt er: »Ich mache nicht mit.« Ist das mutig? – Die Freunde zögern. Aber dann jubeln sie: »Ja, das ist Mut!«

Ich will nicht ungesagt lassen, dass es auch positiven Gruppendruck gibt – sogar sehr oft und sehr viel. Wenn unsere Kinder in einer Gruppe sozialer, egalitär denkender, toleranter Kinder sind, werden sie einander darin bestärken, das Richtige zu tun. Das gilt übrigens auch für Erwachsene: Nach Untersuchungen des Harvard-Sozialpsychologen Dr. David McClelland entscheiden die Menschen, mit denen man gewöhnlich zu tun hat, zu 95 Prozent über Erfolg oder Misserfolg im Leben. Es lohnt sich also, diese Menschen für uns und unsere Kinder genau auszusuchen.[78]

Interview: »Wenn Kinder schwer Freunde finden, ist das definitiv kein Elternversagen!«

Mit der Journalistin und Bestsellerautorin Nora Imlau,
online auf Instagram unter @noraimlau

Wenn mein Kind keine Freunde findet – bin ich dann schuld? Sagt das etwas über meine Erziehungsfähigkeit aus?

Ich halte es in diesem Zusammenhang nicht für sinnvoll, überhaupt von Schuld zu sprechen. Denn was bringt es, Schuldige zu suchen? Viel wichtiger ist doch zu schauen: Wie geht es meinem Kind damit? Und was können wir jetzt tun? Was wir dabei im Hinterkopf haben sollten, ist, dass die Beziehungsgestaltung von uns Erwachsenen für unsere Kinder durchaus wie eine Blaupause für eigene Freundschaften sein kann. Sind Eltern selbst sehr introvertiert und/oder haben sie wenige Freunde, ist es nicht selten, dass Kinder sich daran orientieren. Sie haben oft auch feine Antennen dafür, ob Kinderbesuch für uns Große vor allem Stress bedeutet und wir insgeheim froh sind, wenn die Freunde unserer Kinder wieder gehen. Da ist eine verständnisvolle, aber ehrliche Selbstreflexion durchaus ratsam: Stehe ich der Freundschaftsanbahnung meines Kindes vielleicht unbewusst auch selbst im Weg? Gleichzeitig gibt es aber einfach auch Kinder, die sich schwer damit tun, Freunde zu finden – und das ist definitiv kein Erziehungsversagen!

Manche Kinder trauen sich einfach nicht, bei den Nachbarskindern zu klingeln – was tun wir dann?

Ganz einfach: Wir klingeln gemeinsam. Viele Kinder brauchen viel mehr Unterstützung beim Schließen und Pflegen von Freundschaften, als uns Eltern oft bewusst ist – insbesondere seit sich Kinder kaum noch spontan, ohne Verabredung einfach zum Spielen auf der Straße treffen. Die Schwelle, bei einem anderen Kind zu Hause zu klingeln, ist viel höher. Klar, dass gerade schüchterne Kinder dabei oft noch Unterstützung brauchen. Es ist kein Helikoptern, Kindern auf diese Weise zu helfen, mit Nachbarskindern in Kontakt zu kommen. Es ist Hilfe zur Selbsthilfe!

Du hast vier Kinder – sind sie, was Freundschaften betrifft, alle gleich, oder sind ihre Strategien unterschiedlich?

Meine Kinder sind das perfekte Beispiel für die unglaubliche Vielfalt von Persönlichkeiten, die aus ein und demselben Genpool entstehen kann. Ein Kind hat zu seinem ersten Geburtstag in der Grundschule gleich die ganze Klasse eingeladen, eins hat jahrelang gar keinen Kindergeburtstag gefeiert, weil – ich zitiere – »es am Geburtstag ums Glücklichsein geht; und am glücklichsten bin ich, wenn nur meine Familie da ist« …

Für mich als Mutter war es ganz wichtig, die »Freundschaftssprache« jedes meiner Kinder zu lernen und zu verstehen, dass ein Kind mit einem besten Freund genauso zufrieden sein kann wie ein anderes mit einem riesigen, weitverzweigten Freundeskreis. Wenn eins meiner Kinder Kummer mit Freundschaften hatte, war es mir deshalb immer wichtig, erst mal zu fragen: »Was wünschst du dir denn? Was für eine Freundschaft, was für Freundschaften würden sich denn gut *für dich* anfühlen?« Und dann passgenau zu unterstützen, aber auch gemeinsam den Schmerz auszuhalten, wenn eine Freundschaft zerbricht oder Zuneigung nicht erwidert wird – das war so unser Weg.

Dürfen Kinder auch Einzelgänger sein, oder ist das immer bedenklich?

Kinder dürfen alles sein, auch Einzelgänger. Gerade neurodivergente Kinder haben beispielsweise manchmal gar kein Bedürfnis nach Kinderfreundschaften im klassischen Sinne und sollten auch nicht dazu gedrängt werden. Eltern kleiner Eigenbrötler sollten allerdings feinfühlig hinschauen, ob ihr Kind wirklich am liebsten für sich ist – oder ob es das sagt, um sich und anderen gegenüber nicht eingestehen zu müssen, dass es in Wirklichkeit ganz schön einsam ist.

Was sollten Eltern von neurodivergenten, hochsensiblen und hochbegabten Kindern beachten?

Kinder, deren Gehirne anders arbeiten, fühlen sich unter Gleichaltrigen oft wie »Aliens« und tun sich häufig schwerer damit, Freunde zu finden. Eltern können ihren Kindern dabei helfen, indem sie moderieren, erklären und Brücken bauen: So ticken neurotypische Kinder, das brauchen sie, das überfordert sie. Umgekehrt sollten natürlich auch neurotypische Kinder lernen, wie sie wertschätzend mit Kindern umgehen, die anders sind. Für viele Kinder ist es jedoch eine große

Erleichterung, zusätzlich etwa zum schulischen Umfeld Orte zu haben, an denen sie Kinder treffen, die sind wie sie. Dafür kann es beispielsweise wertvoll sein, sich im Internet mit anderen Eltern von hochbegabten, besonders sensiblen oder neurodivergenten Kindern zu vernetzen und sich gezielt zu verabreden. Für viele Kinder ist es ungeheuer entlastend, wenn sie merken, dass sie mit ihrem Thema nicht allein dastehen.

Du hast ein Buch über gefühlsstarke Kinder geschrieben – welche Tipps hast du für deren Eltern in Hinblick auf Kinderfreundschaften?

Gefühlsstärke ist ja keine Diagnose und will auch keine sein – es ist einfach ein wertschätzender Begriff für Kinder, die ein sehr intensives, herausforderndes Temperament haben und von sämtlichen Gefühlen und Bedürfnissen nur die Extremvariante zu kennen scheinen. Nicht wenige dieser Kinder bekommen im Laufe ihres Lebens irgendwann eine Diagnose im neurodivergenten Bereich.

Eltern dieser Kinder müssen viele innere Bilder und Vorstellungen loslassen, auch zum Thema »Kinderfreundschaften«. Dass ein gefühlsstarkes Kind ganz unkompliziert Freundschaften schließt und pflegt, ist eher selten. Stattdessen braucht es dabei oft eine sehr enge Begleitung, vor allem bei der Emotionsregulation. Was häufig schwierig ist, sind Verabredungen im Kinderzimmer, bei denen man die Kinder sich selbst überlässt – da kommt es oft zu Konflikten, die schnell eskalieren. Besser gehen in der Regel Verabredungen im Freien, zum Beispiel zu einem gemeinsamen Waldspaziergang. Denn in der Natur gibt es weniger, worum man sich streiten kann, und gefühlsstarke Kinder sind oft regulierter, wenn sie sich draußen ungehemmt bewegen können. Trotzdem ist es für sie oft noch lange wichtig, dass eine erwachsene Bindungsperson dabei ist, um emotionale Regulationshilfe anzubieten, wenn sie benötigt wird.

Und zuletzt: Wir sprechen oft darüber, dass Kinder auch schwierige Freunde haben können. Aber wenn *mein* Kind dasjenige ist, das andere Eltern als »schwierigen Freund« oder »schwierige Freundin« betrachten, wie kann ich damit umgehen?

Das passiert gerade mit gefühlsstarken Kindern sehr häufig und ist mit viel Scham besetzt. Abwertende Begriffe wie »Arschloch-Kind«, die dazu in den Medien kursieren, machen die Sache natürlich noch schlimmer. Ich finde es deshalb ganz wichtig, auf Kinderfreundschaften nie mit einem Opfer-Täter-Blick zu schauen, sondern sich klarzumachen: Kindern, die sich ungut verhalten, geht es nicht gut. Ihr schwieriges Sozialverhalten ist fast immer die Folge von Angst, Überforderung und dem massiven Stress, der damit einhergeht.

Ich selbst setze in solchen Momenten deshalb auf größtmögliche Offenheit. Ich spreche die Eltern anderer Kinder an, höre mir ihre Erfahrungen an und werte sie aus, erkläre, warum mein Kind sich mit einer Situation gerade schwertut und was helfen könnte, die Lage zu entspannen. Ich glaube, es entsteht viel Frust, wenn Eltern das Gefühl haben, andere Eltern ließen ihr schwieriges Kind einfach laufen, weil sie nicht drohen oder Strafen verhängen. Wenn ich dann sage: »Ich sehe, dass mein Kind deinem Kind gerade wehgetan hat, und das ist nicht okay und tut mir unendlich leid, wir werden zu Hause noch mal darüber reden und daran arbeiten, dass das nicht wieder passiert«, fühlt sich die Situation gleich ganz anders an. Letztlich wünschen wir uns ja alle, einfach in unseren Erfahrungen und auch in unserem Schmerz gesehen zu werden.

Danke für das Gespräch.

Hätten Sie's gewusst?

Studienergebnisse weisen darauf hin, dass als Babys sicher gebundene Kinder mit zehn Jahren wahrscheinlicher gute, lang haltende Freundschaften haben.[79] Sicher gebundene Kleinkinder gehen auch gesündere Freundschaften ein, sie sind harmonischer, weniger kontrollierend, aufmerksamer und insgesamt glücklicher als Freundschaften mit einem unsicher gebundenen Kind.[80] Es ist naheliegend, dass dies bei älteren Kindern einen Effekt haben wird. In die sichere Bindung unserer Kinder zu investieren, lohnt sich also auch hier.

In einer Studie der University of Minnesota wurden 78 Kinder vom Säuglingsalter bis zur Mitte ihrer Zwanzigerjahre beobachtet. Auch hier zeigte sich das gleiche Ergebnis: Wer mit zwanzig Monaten sicher gebunden war, hatte als Teenager stabilere Freundschaften und fühlte sich später wohler in seinen Beziehungen, weil er Konflikte besser lösen konnte.[81]

Kinder haben in der Regel noch viele Freunde, Teenager am meisten (etwa neun im Schnitt), danach sinken die Zahlen bei den meisten Menschen. Aber Studien zeigen, dass es auf die Anzahl im Laufe des Lebens tatsächlich gar nicht ankommt, sondern eher auf die Qualität.[82]

Das Konzept des »besten Freundes« beziehungsweise der »besten Freundin« ist eine kulturelle Idee. Manche Kulturen ziehen es vor, sich in großen Gruppen zu bewegen, statt Einzelne vorzuziehen.[83]

Eine Übersichtsstudie unter 148 Studien zeigt deutlich: Freunde sorgen für ein längeres, gesünderes Leben – egal, wie alt wir sind, welchem Geschlecht wir uns zuordnen oder wie gesund wir sind.[84]

Freunde finden – jedes Kind ist anders

Jedes Kind geht anders mit Freundschaften um – machen wir uns nicht sofort Sorgen. Die Kindergruppe in der Schule kann eine Herausforderung sein, und es kann einige Monate dauern, bis sich unser Kind zurechtgefunden hat. Wir wünschen uns vielleicht einen Übergang ohne Ruckeln, aber das klappt nicht immer.

Falsche Erwartungen

Es sucht sich Freunde »wie wir«.

Manche Kinder sind lieber mit älteren oder jüngeren Kindern befreundet als mit Gleichaltrigen, sie finden Freunde, die andere Hintergründe als wir haben, andere Kulturen, soziale Situationen oder Interessen. Wir lernen von unseren Kindern, unvoreingenommen an Menschen heranzutreten, die manchmal völlig anders sind als wir selbst.

Unser Kind wird immer beliebt sein.

Es wäre legitim, sich zu wünschen, dass unsere Kinder keine Konflikte oder Ablehnung in der Klassengruppe oder von Freunden erfahren. Aber es ist nicht realistisch. Es wird immer mal wieder Momente geben, in denen uns das Leben ein Trainingsfeld zur Konfliktbewältigung anbietet.

Wir können Freundschaften kontrollieren.

Unsere Kinder gehen jetzt in ihre eigene Welt – wir können nicht mehr kontrollieren, mit wem sie auf dem Weg nach Hause ihre Zeit verbringen und was sie im Kiosk an der Ecke einkaufen. Freunde werden unsere Kinder beeinflussen – auch negativ –, weil sie sich immer stärker an ihnen orientieren.

»Richtige« Kinder haben viele Freunde.

Wie viele Freunde unsere Kinder haben und wie schnell sie sie finden, ist für viele Eltern klammheimlich ein Gradmesser für unseren Erziehungserfolg. Aber das ist nicht schlau, denn wie viele Freunde unser Schulkind hat, hängt stark von ihm selbst und seinem Umfeld ab. Manche Kinder schließen ihre Freundschaften erst langsam und beschränken sich auf wenige, und das ist okay. Auch tiefe Freundschaften müssen nicht sein – die Kinder probieren sich noch aus.

Die Kinder regeln das unter sich.

Schulkinder wirken sehr kompetent, aber dennoch brauchen sie immer mal wieder Hilfe bei ihren Freundschaften. Manchmal reicht es, wenn wir einfach »nur« zuhören, manchmal hilft ein wenig Coaching, hin und wieder müssen wir tatsächlich eingreifen. Soziale Beziehungen sind ein steter Lernprozess, und unsere Kleinen können unsere Rückendeckung gut gebrauchen.

Die Schule wird sich schon kümmern.

In Wahrheit sind Lehrer und Lehrerinnen nicht für die Regulation von Freundschaften unter Kindern ausgebildet und haben oft auch schlicht nicht die Zeit, um sich intensiv darum zu kümmern, wenn es Streit gibt. Daher fällt es auf uns Eltern zurück, entweder zu helfen oder Hilfe vonseiten der Schule einzufordern.

Wenn es läuft, dann läuft es.

Unser Schulkind hat zwei enge Freundschaften geknüpft, jetzt läuft das System? Leider dauert es noch ein paar Jahre, bei den meisten Kindern sind Freundschaften immer noch volatil, und spätestens beim Übergang in eine höhere Schulform brauchen sie oft Unterstützung, um Kontakt zu halten.

Zehn Tipps

1. Bieten Sie Ihrem Kind eine sichere Bindung an – wenn Sie das herausfordert, suchen Sie sich professionelle Hilfe, denn es wird das ganze Leben Ihres Kindes prägen.
2. Üben Sie mit Ihrem Kind, sich in andere hineinzuversetzen, ihre Motive und Gedanken zu verstehen, das hilft dabei, Freunde zu finden.
3. Seien Sie geduldig – Schulkinder können massiv unempathisch sein, das ist nicht ihr »Fehler«, es ist Teil dieses Alters.
4. Stärken Sie deshalb immer wieder die Empathie Ihres Kindes mit entsprechenden Fragen und Perspektiven.
5. Spiegeln Sie auch die Gefühle Ihres Schulkindes weiterhin, ohne sie zu bewerten – das stärkt ebenfalls die Empathie und die Bindung.
6. Nehmen Sie die Geschichten, die Ihr Schulkind erzählt, immer ernst. Lassen Sie alles stehen und liegen, hören Sie zu, aber urteilen Sie nicht.
7. Urteilen Sie nicht über die Freunde Ihrer Kinder, stellen sie stattdessen Fragen: »Wie war das für dich?«
8. Haben Sie ein offenes Haus für die Freunde Ihrer Kinder, lassen Sie die Zügel anfangs ruhig etwas lockerer, und bringen Sie den »neuen« Kindern dann sukzessive die Regeln in Ihrem Zuhause nahe.
9. Vermitteln Sie Ihrem Kind, dass jeder Mensch wertvoll ist und ein Geschenk für uns bereithält – auch wenn wir von ihm lernen, wie man sich abgrenzen muss, wenn einem jemand nicht guttut.
10. Machen Sie für Ihre Kinder kindgerecht transparent, wie Sie selbst mit Freundschaften umgehen – mit Einladungen, Konflikten, Hilfe et cetera –, damit es von Ihnen lernen kann.

Das sagt die Wissenschaft

Unseren Vorfahren gelang es nur, sich gegen Krankheiten, Hungersnöte und Raubtiere zu behaupten, wenn sie sich zusammenschlossen und aufeinander verlassen konnten. Wer besonders gut darin war, Freundschaften zu knüpfen, wurde von der natürlichen Auslese wahrscheinlich begünstigt, schreibt die Anthropologin Gwen Dewar.[85]

Auch die Anthropologin Sarah Blaffer Hrdy geht davon aus, dass Kinder, die keine Freunde finden konnten, nicht nur sozial isoliert, sondern in echter Gefahr gewesen wären.[86] Das spiegelt sich auch darin, dass Kinder, die bereit sind, anderen zu helfen, eher enge Freundschaften knüpfen.[87]

Beliebtheit kann in Studien gezielt gefördert werden: Eine einfache Aufgabe kann Kinder freundlicher und beliebter machen. Als Forscher einigen Grundschülern nach dem Zufallsprinzip aufgaben, jede Woche drei freundliche Taten zu vollbringen, wurden diese Kinder beliebter als die Kinder einer Kontrollgruppe.[88]

»Gedankenlesen« ist wichtig. Wenn Kinder die »Theory of Mind« beherrschen – also die Gedanken und Gefühle anderer wahrnehmen und richtig interpretieren können –, sind sie beliebter; und je älter sie werden, desto stärker wird die Verbindung zwischen ihrer Beliebtheit und ihrer Fähigkeit, sich in andere einzufühlen, moralisch zu denken und zu handeln und die Perspektive eines anderen Menschen zu verstehen.[89]

Was ist die Henne, was das Ei? Kinder berichten über ein höheres Wohlbefinden, wenn sie Freunde haben, aber ob das Wohlbefinden eine Ursache oder eine Folge der Freundschaften ist, ist nicht eindeutig geklärt.[90]

Die Idee von Freundschaft ändert sich mit dem Alter: In ähnlicher Weise betrachten kleine Kinder Freunde als Spielkameraden, die sie mögen und mit denen sie Zeit verbringen; später beginnen sie, die bewundernswerten Eigenschaften ihrer Freunde zu beschreiben; schließlich betonen Kinder die Bedeutung von Akzeptanz, Loyalität, Intimität und gemeinsamen Interessen für die Freundschaft.[91]

Für Jungs ist Freundschaft genauso wichtig wie für Mädchen.[92]

»Traditionell haben wir Freundschaft als etwas Kulturelles betrachtet. Aber sie ist viel tiefer und grundlegender«, sagt Lydia Denworth, Autorin des Buchs

Friendship: The Evolution, Biology, and Extraordinary Power of Life's Fundamental Bond, in einem Interview mit der BBC.[93] Wenn wir uns andere Tierarten wie Paviane und Delfine anschauen, sehen wir, dass auch hier enge Freundschaften eine große Rolle spielen. Es gibt allerdings nicht *den* oder *die* »beste/besten Freund(in)«, sondern es gibt ein Netzwerk aus sich unterstützenden Individuen.

Besonders wenn unsere Kinder nach vier Jahren Grundschule, also mit etwa zehn Jahren, in die Oberschule wechseln, verlieren sie oft viele Freundschaften aus den Augen – das ist normal. Es lohnt sich jedoch, in die Stabilität von Freundschaften auch in dieser Phase zu investieren. Denn Kinder, die zwischen ihrem elften und sechzehnten Lebensjahr stabile feste Freundschaften haben, zeigen in Studien weniger Verhaltensprobleme und mehr mentale Stabilität und sogar bessere Leistungen in der Schule.[94]

FAQ

Mein Kind hat keine Freunde in der Schule – was kann ich tun?

Als Erstes sollten wir immer ruhig bleiben und uns keine Sorgen machen – dieses Problem ist in jedem Fall lösbar. Beobachten wir das Kind in sozialen Situationen: Was darf es noch lernen, damit es mehr auf andere eingehen kann? Wo könnte es gleichgesinnte Kinder finden, mit denen es leichter in Kontakt kommt? Ist die Schule der richtige Ort dafür, oder wäre ein Sportverein besser?

Wie lange muss ich »dabeibleiben«, wenn mein Kind Freunde zu Besuch hat? Kann ich sie allein spielen lassen?

Besonders beim ersten Zusammenkommen können wir den Besuch noch ein klein wenig strukturieren, damit weder Streit noch Langeweile zu große Chancen haben. Wenn die Kinder sich besser kennen, kann ich sie zunehmend allein ihre Spielzeit füllen lassen und biete nur noch bei Bedarf Hilfe von außen an.

Muss ich mit den Eltern der Freunde befreundet sein?

Nein, müssen wir nicht. Es ist hilfreich, wenn wir mit ihnen in gutem Kontakt über die Kinder sind, weil es uns hilft, auch bei Streitigkeiten oder Unstimmigkeiten an einem Strang zu ziehen. Sie müssen nicht unsere besten Freunde werden – können sie aber!

Was mache ich, wenn mein Kind mit einem Kind befreundet ist, von dem es nur Mist lernt?

Wir dürfen unserem Kind sagen, wie wir das finden, aber erst nachdem wir ausführlich zugehört haben: »Was genau hast du da gelernt? Wie findest du das? Wie macht das andere Kind das? Welchen Effekt könnte das haben?«

Was mache ich, wenn mein Kind von Freunden schlechtes Verhalten mit nach Hause bringt?

Kinder dürfen durchaus erfahren, dass in anderen Familien andere Verhaltensregeln gelten oder ein anderes Miteinander stattfindet, das ich in meiner Familie aber so nicht tolerieren werde. Was wie ein Streit klingt, ist ein schöner Gesprächsanfang darüber, wie wir uns mit bestimmten Verhaltensweisen fühlen, was wir uns wünschen, wie wir miteinander umgehen, welche Motive wir dafür haben und welche Werte wir für unsere Familie wichtig finden.

Wie gehe ich damit um, wenn mein Kind bei Freunden stundenlang Tablet spielt oder Süßigkeiten isst?

Die erste Anlaufstelle sind hier die Eltern des Besuchskindes. Wir sollten – am besten vorher – Absprachen treffen, welche Regeln dort und welche bei uns gelten und wie wir auf einen Nenner kommen. Manchmal erlauben andere Eltern unseren Kindern bei Besuchen mehr, weil sie sie nicht verärgern wollen oder weil die Kinder steif und fest behaupten: »Zu Hause darf ich das auch!« Daher ist es wichtig, hier frühzeitig auf Elternebene zu kommunizieren.

Artgerecht Medien nutzen

Eltern: »Die Kinder sind heutzutage deprimierter, ich frage mich, warum?«
Kinder: »Ihr habt die Wirtschaft für uns zerstört, die Erde stirbt buchstäblich, wir werden arbeiten, bis wir sterben, und obendrein sind die Nazis wieder da.«
Eltern: »Es liegt an den dämlichen iPhones.«
@PANOPARKER AUF TWITTER, 28.11.2017

Es fing damit an, dass ich mir eine Armbanduhr kaufte. Ich hatte festgestellt, dass ich ständig mein Smartphone mit mir trug und dauernd darauf schaute, wenn ich wissen wollte, wie spät es ist. Das führte dazu, dass ich eine Push-Nachricht sah oder mir etwas anderes einfiel – und zack, war ich an der Maschine. Meine Kinder sahen es und machten es mir nach. Irgendwann sprachen wir darüber, und ich sah ein, dass ich etwas ändern wollte. Heute nutzen wir die Smartphones deutlich bewusster – allen voran ich.

Fangen wir mal mit den Basics an: Jedes zweite sechs- bis dreizehnjährige Kind liest nach eigenen Angaben im Jahr 2022 ein- bis mehrmals pro Woche in einem Buch, 14 Prozent der Kinder sogar täglich. Von allen Medien in Deutschland nutzen Kinder aber nach wie vor das Fernsehen am häufigsten.[95]

Und dann sind da noch die Tablets und Smartphones. Ich habe es gehasst. Diese ewigen Tablet-Diskussionen. Das erste Tablet bekamen die Kinder nicht von mir, sondern sie bekamen es geschenkt von jemandem, der mit den Konsequenzen nicht leben musste – und ich schritt nicht schnell genug ein. Damit hatten wir die Dinger im Haus. Und alle Folgen, die sich daraus ergaben. Heute würde ich vieles anders angehen – mir an bestimmten Stellen mehr und an anderen weniger Sorgen machen.

Grundsätzlich wissen wir wenig darüber, was die frühe Nutzung von Tablets und Smartphones mit Menschen macht. Und es ist wahrscheinlich auch nicht so leicht herauszufinden, da »Nutzung« alles Mögliche sein kann: von Plattformen wie TikTok bis hin zum Skype mit Oma und Opa. Wo ist die Grenze?

Es gibt zwei extreme Ansätze: gar keine Medien – oder komplette Freigabe. Beides ist wahrscheinlich nicht brauchbar. Wenn die Kinder überhaupt keine Medien von uns bekommen, lernen sie eine wichtige Kulturtechnik nicht. Ließen wir ihnen komplett freie Hand, ist es ähnlich, wie wenn wir ihnen ein Streichholz und einen Benzinkanister gäben und sagten: »Viel Spaß, du kannst jetzt lernen, wie man Feuer macht.« Also schauen wir, was wir wann wie machen können. Wie immer gilt: Wir sind Vorbilder. Wenn wir kaum die Finger vom Smartphone lassen können, werden die Kinder es nachmachen.

So richtig spannend wird es, wenn das Kind ein Endgerät zur eigenen Verfügung hat. Wann fangen wir damit an? Und wie? Dazu gibt es ein paar brauchbare Tipps – wenn wir die beherzigen, wird es deutlich einfacher.

Was ich gern vorher gewusst hätte …

HARALD Wie schwer es für mich als Elter ist, selbst ein gutes Vorbild zu sein – die Gewohnheiten sind so stark.

SABINA Dass es technische Möglichkeiten der Sicherung gibt und dass sie viel einfacher zu installieren sind, als ich dachte.

ANNA Analoger Wecker statt Smartphone – ich dachte immer, wir brauchen ja das Telefon, damit wir morgens geweckt werden. Und es ist so banal, einfach einen Wecker zu kaufen, und schon ist die Technik raus aus den Schlafzimmern.

So geht's: Medienkompetenz erwerben

Eine Studie unter fast 28 000 18- bis 24-Jährigen, die zwischen Januar und April 2023 durch das Global Mind Project (früher bekannt als Mental Health Million Project) interviewt wurden, stellte sich folgende Frage: Aktuell wächst die erste Generation heran, die ihre komplette Adoleszenz in der Smartphone-Ära verbringt. Geht es den jungen Erwachsenen, die ihr erstes Smartphone schon im Alter von sechs Jahren hatten, anders als denjenigen, die erst mit dreizehn oder achtzehn Jahren eins bekamen?[96]

Es zeigte sich, dass es Kindern mental besser ging, je später sie ein eigenes Smartphone besessen hatten. Mädchen, die es im Alter von weniger als zehn Jahren bekamen, waren messbar stärker gestresst. 74 von 100 Mädchen, die es im Alter von sechs Jahren hatten, zeigten Symptome, die von den Forschern als »gestresst« und »sich durchkämpfend« bewertet wurden. Dieser Anteil sank auf 61 Prozent bei denjenigen, die es erst mit zehn Jahren bekamen, und 52 Prozent bei denjenigen, die ihr erstes Smartphone im Alter von fünfzehn Jahren erhielten.

Bei den Jungs fielen die Werte etwas weniger gravierend aus, der Trend war aber gleich: Je früher die Kinder ein eigenes Smartphone besaßen, desto höher war ihr Risiko dafür, gestresst zu sein, ein verzerrtes Selbstbild zu haben, wenig anpassungsfähig und belastbar zu sein. Im Extremfall berichteten die jungen Erwachsenen von Gefühlen der Einsamkeit, vom Verlust des Bezugs zur Realität und von Suizidgedanken.

Jetzt lautet die Frage: Was war zuerst da, die Henne oder das Ei? Bekommen besonders die Kinder früh ein Smartphone, deren Eltern sich wenig mit ihnen beschäftigen? Die Forschenden haben sich diese Frage natürlich auch gestellt und stellten fest: »Der Zusammenhang zwischen dem psychischen Wohlbefinden im Alter von 18 bis 24 Jahren und dem Alter, in dem das erste Smartphone erworben wurde, blieb signifikant, selbst bei denjenigen, die keine traumatischen oder negativen Kindheitserfahrungen hatten.«[97]

Es kommt vor allem darauf an, welche Inhalte unsere Kinder konsumieren und wie oft.

Ein Ende finden lernen

»So, die Tablet-Zeit ist rum, wir gehen jetzt raus« – diese Worte führten bei uns monatelang dazu, dass meine Kinder wenig begeistert bis total frustriert waren. Das Kind hatte eine Stunde später noch megaschlechte Laune, und ich fragte mich immer: »Muss das sein? Was mache ich falsch?«

Manche Eltern raten: »Lass das Kind so lange spielen, bis es von selbst aufhört.« Aber meine Kinder hörten nie von selbst auf. Es liegt auch nahe, da aktuelle Tablet- oder Computerspiele das Gehirn mit so hohen Dosen von Belohnungshormonen überfluten, dass es wie ein plötzlicher Drogenentzug wirkt, das Gerät weglegen zu müssen. Wir kennen das vom Binge-Watching von Serien – da machen es manche Eltern ja auch. Und oft sind die Kinder nach dem Spielen total aufgeregt, weil die Spiele aufregend sind, aber sie haben sich kein bisschen dabei bewegt – das heißt, die gesamten Stresshormone sind noch im Körper.

Ein medienkompetentes Kind braucht also medienkompetente Erwachsene; und das heißt, wir müssen das Spielen gut einbetten.

Unsere Aufgaben als Medienvorbilder

Es ist nicht nur wichtig, welche Regeln wir den Kindern auferlegen, sondern auch wir »Großen« müssen uns an bestimmte Regeln halten:

- Wir verabreden Regeln, handeln sie auch aus und vertrauen den Kindern dann, dass sie sie einhalten.
- Wir schimpfen niemals, wenn es ein Problem mit seinen digitalen Geräten hat.
- Wir klären unsere Kinder über In-App-Käufe, Finanzierung von Apps und die Handyrechnung auf.
- Wir achten die Privatsphäre unserer Kinder und lesen zum Beispiel Nachrichten nur mit ihrer Erlaubnis.
- Wir halten es aus, dass die Kinder auch mal eigenwillige mediale Vorlieben und Medienhelden haben (hatten wir ja auch!).
- Wenn neue Medieninteressen aufkommen (zum Beispiel die Nutzung des Internets, Nintendo DS), begleiten wir die Kinder und zeigen ihnen, wie es geht.
- Wir reduzieren die Mediennutzung auf circa sechzig Minuten am Tag.
- Wir bieten »echte«, starke Alternativen (Feuer, Klettern, Surfen, Tiere, Bauen) zu den digitalen Welten. »Primärerfahrungen« nennen die Forschenden das – »elementare Erfahrungen« nenne ich es.
- Wir ermutigen unsere Kinder dazu, ihre Welt zu dokumentieren, mit den digitalen Fotos etwas zu basteln et cetera.
- Wir sprechen mit den Kindern darüber, wie wir unseren Alltag mit und ohne Medien gestalten können.[98]
- Überlegen wir mit den Kindern, was man noch machen kann, außer zu »daddeln«! Drehen wir Stop-Motion-Filme, recherchieren wir, programmieren wir Roboter. Tablets und Smartphones ermöglichen eine Menge kreative Sachen, die wir den Kindern nahebringen können.
- Wir spielen, schauen und sprechen mit. Um die Welt unserer Kinder verstehen zu können und uns selbst auch die Angst zu nehmen, um mitzukriegen, was sie bewegt und was gerade los ist und wo sie sich bewegen, hilft nichts so gut, wie dabei zu sein.[99]

Tablet-Zeit wird oft so bemessen: »Du darfst so lange Tablet spielen, wie ich mit meiner Freundin telefoniere« – eine völlig willkürliche Einteilung der Lustbefriedigung des Kindes. Ich setze die Spiellust herab und ordne sie der Funktionalität unter, in der ich kochen oder telefonieren will. Aber wenn ich dem Tablet so eine Rolle zukommen lasse, dass es mich beschäftigt, während mein Elternteil kocht oder wenn ich meine Hausaufgaben gemacht habe – dann bekommt es eine Rolle, die ihm nicht steht. Ein Tipp ist, Medienzeit nicht einfach in Minutenkontingenten zu messen, denn jedes Kind geht anders mit Medien um: Gemeinsam den nächsten Sonntagsausflug zu recherchieren, ist etwas anderes, als auf YouTube-Katzenvideos zu schauen. Medienexperten empfehlen daher eine rein qualitative Zeiteinteilung, bei uns hieß das: »Du kannst noch diese zwei Erfindungen bei Pettersson und Findus fertig machen.« Oder bei Minecraft: »Du spielst noch zweimal, bis es Abend wird, dann machen wir Schluss.« Und: »Du machst dieses Reiterturnier noch zu Ende und bringst dann das Pferd in die Box.«

Die Kinder sind also nicht das Problem: Wir müssen das Setting sauber vorgeben und ihnen eine Zeiteinheit kommunizieren, die fair ist, die sie greifen können und die ihre Aktion nicht in der Mitte unterbricht, dann lernen sie, wie sie ein Spiel auch beenden.

Das Schwierige und das Schöne daran: Dafür müssen wir wissen, wie ihre Spiele funktionieren, was sie machen, wie man sich dabei fühlt und wo man gut aussteigen kann. Dazu müssen wir uns mit ihnen hinsetzen und uns anschauen, was sie tun, es verstehen und uns einfühlen. Oft können wir dann auch viel besser nachvollziehen, wie schwierig es ist, ein Ende zu finden, und empathisch reagieren: »Ja, ich verstehe, diese Turniere sind echt spannend. Das ist schwierig, jetzt deinen Platz in der Rangfolge zu riskieren, weil wir essen wollen« – erst dann können wir mit dem Kind gemeinsam Lösungen finden.

Wichtig ist also, dass die Kinder ihre »Arbeit« beenden können, also Erfindungen abspeichern, ihre Häuser abschließen, das Pferd in die Box bringen und mit Wasser versorgen. Und ebenfalls wichtig ist, dass sie wissen, wann sie »weitermachen« dürfen. Wenn sie ein Buch lesen und an einer spannenden Stelle unterbrochen werden, können sie viel entspannter loslassen, wenn klar ist, dass sie heute Abend, morgen oder am nächsten Wochenende wieder lesen dürfen. Lautet die Ansage explizit oder unausgesprochen: »Ich nehme dir das Buch jetzt weg, und du bekommst es wieder, wenn es mir gefällt!«. So kriegen sie Stress, weil sie sich ohnmächtig fühlen, ihrer Lustbefriedigung nachzugehen – kein Zustand, in dem sie kompromissbereit sind.

Die Aufgaben unserer Kinder

Selbstverständlich haben die Kinder ebenfalls Aufgaben und Regeln, an die sie sich halten müssen. Eine sehr gute Liste bietet das Buch *Begleiten statt verbieten*.[100] Hier ein paar Anregungen für Kinderregeln mit Ergänzungen von mir in kursiv:

- Ich lade mir Spiele oder Apps nur runter, wenn ich meine Eltern gefragt habe.
- Ich richte Spiele und Apps *sowie deren Passwörter* gemeinsam mit meinen Eltern ein.
- Ich nutze Nicknames, die meinen wahren Namen, Wohnort und Alter *und das Geschlecht* nicht erkennen lassen.
- Wenn ich Hilfe bei Spielen oder Apps brauche, wende ich mich an meine Eltern.
- Ich spreche mit meinen Eltern, wenn jemand gemein zu mir ist.
- Ich sage einem Erwachsenen Bescheid, wenn ich von Fremden kontaktiert werde, *ich komische Videos oder Fotos sehe, mir etwas Angst macht oder* mir etwas Unangenehmes passiert.
- Ich beleidige niemanden am Handy oder in Spielen.
- Ich verbreite Kettenbriefe nicht weiter.
- Ich sichere mein Handy mit einem Code, den nur meine Eltern kennen.
- Ich teile meine persönlichen Daten (Handynummer, Wohnort, Name, Adresse, Geburtsdatum, E-Mail) nicht öffentlich im Internet und auf keinen Fall mit Fremden.

Zum Umgang mit digitalen Medien gehört für mich auch der Grundsatz, den ich meinen Kindern schon früh beigebracht habe: *Menschen vor Maschinen.* Bei uns galt immer, dass Menschen wichtiger sein müssen als die Geräte, auf denen wir spielen. Das hieß, dass ich meine Arbeit unterbreche, wenn meine Kinder mich brauchen, das hieß aber auch, dass wir keine Spielfreunde wegschicken, die spontan an die Tür klopfen, nur weil es in Minecraft gerade Tag ist. »Minecraft kann man pausieren, Freunde nicht« – mit diesem Argument beendeten meine Kids auf dem schnellsten Wege ihre digitale Arbeit, legten die Tablets beiseite und gingen spielen. Dies können sie besonders nachhaltig lernen, sobald wir ein gutes Vorbild sind: Wenn YouTube-Shorts, das Radio oder die Zeitung wichtiger sind als die Geschichten unserer Kinder beim Sonntagsfrühstück, bekommen sie ein falsches Bild. Auch hier gilt: Kinder tun, was wir tun, nicht was wir ihnen sagen.

Ein weiterer Grundsatz, den wir zu Hause hatten und den ich aus rein physiologischen Gesichtspunkten aufgestellt hatte: »Nach dem Tablet-Spielen geht ihr raus.« Das heißt aber auch: »Überlegt euch vorher, ob ihr bei Dauerregen Tablet spielen wollt, denn danach geht es hinaus – auch in den Regen. Ihr müsst euch bewegen, ihr braucht frische Luft.« Wenn es all zu arg war mit dem Wetter, legten wir auch schon mal zu Hause eine kleine Fitnessrunde ein. Aber ich bestand immer darauf, dass die Stresshormone, die sich aufgebaut hatten, wieder abgebaut würden – und zwar nicht, indem sie mit mir Streit anfingen. Das war nicht immer einfach durchzusetzen, aber es hat eine Gewohnheit geschaffen, die noch heute anhält.

Medien nutzen statt konsumieren

Seit 1998 erforscht der Medienpädagogische Forschungsverbund Südwest in Stuttgart den Umgang von Kindern und Jugendlichen mit Medien. Seine Studien zeigen, dass unsere Kinder durchaus schon früh Medien nicht nur konsumieren, sondern auch nutzen: Gut die Hälfte der Kinder kann allein ins Internet gehen (51 Prozent), und zwei von fünf Kindern können selbstständig etwas ausdrucken (41 Prozent), ebenso viele können allein eine App herunterladen und installieren. Jedes dritte Kind kann sich selbstständig im WLAN anmelden, und ebenso viele sind in der Lage, Fotos vom Mobiltelefon auf einen Computer oder

Ich könnte es mir einfacher machen

Als meine Kinder das Tablet für sich entdeckten, hatten wir fast täglich Diskussionen um Medien – machen wir uns keine Illusionen, das gehört dazu. Ich habe die Dinger oft verflucht. Wenn mein Sohn mich mal wieder so richtig nervig fand, habe ich mich ruhig hingesetzt und ihm Folgendes erklärt: »Ich verstehe, dass du sauer bist und mich doof findest. Ich verstehe, dass du es unfair findest, wenn alle anderen mehr dürfen als du und wenn du zeitig schlafen sollst. Ich verstehe das alles. Aber sieh es mal aus meiner Perspektive: Würdest du deine Kinder stundenlang zocken lassen, wenn du merkst, dass es ihnen nicht guttut?«

Er dachte nach: »Nein, wahrscheinlich nicht.«

Ich fuhr fort: »Ich verstehe deinen Frust, für mich ist es auch anstrengend, das alles ständig neu zu verhandeln, mit euch auszumachen, daran zu erinnern, es noch mal zu besprechen. Ich könnte es mir einfach machen und es euch selbst überlassen. Aber wir sehen immer wieder, dass es euch nicht guttut. Deshalb mache ich mir die Mühe. Anders wäre es auch für mich einfacher – aber ihr seid mir wichtig.«

Das beschäftigte ihn jedes Mal sehr, und wir stellten fest, dass es so zwar anstrengender war, aber schlicht auch mein Job als Mutter ist, mich zu kümmern. Mein Vorteil: Wir kennen »große« Kinder, die ihren Eltern vorwerfen, dass sie sie nicht genug von Medien weggehalten haben und sie zu viel haben spielen lassen, einfach weil es bequemer war. Es hat meine Kinder sehr beeindruckt, als sie davon hörten.

Laptop zu laden. Knapp ein Drittel der Sechs- bis Dreizehnjährigen kann einen Ordner auf dem Computer anlegen.[101]

Gerade letztere Fähigkeit könnte zukünftig noch wichtig werden: Im Jahre 2021 schrieb die Autorin Monica Chin einen Artikel auf *The Verde*, einer amerikanischen Website für Technik-Nachrichten, darüber, dass Studierende nicht immer in der Lage waren, etwas auf ihren Computern zu finden. Als Generation, die mit Google und Desktop-Suche aufgewachsen ist, wissen viele Kinder nicht mehr, wie man Dateien organisiert: »Die Konzepte von Dateiordnern und Verzeichnissen, das für das Verständnis früherer Generationen von Computern unerlässlich war, sind für viele moderne Schülerinnen und Schüler böhmische Dörfer.«[102]

Könnte es sein, dass unsere Kinder also auch zu wenig am Rechner sein könnten statt zu viel? Zur Medienkompetenz gehört auf jeden Fall mehr als nur Spielen:

- Ordnung schaffen: Kinder sollten wissen, wie man eine Ordnerstruktur anlegt, Dateien ablegt und wiederfindet.
- Internet verstehen: Wir erklären, wie das Internet funktioniert, warum es ein weitgehend rechtsfreier Raum ist und wo die Daten herkommen, die auf unseren Screens landen.
- Suchmaschinen durchschauen: Google zeigt uns nicht das Internet, Google zeigt nur einen winzigen Ausschnitt dessen, was es gibt. Kinder sollten eine Idee davon haben, wie das Netz indiziert wird, was Crawler sind, wie sie arbeiten.
- Richtig suchen: Manche Kinder sprechen ihre Frage einfach in Google – das ist bei einfachen Fragen super. Wenn es komplexer wird, erklären wir, wie Suchwörter und Ausschlusskriterien funktionieren, und bieten spezielle Kindersuchmaschinen an, die verhindern, dass das Kind auf verstörende Inhalte trifft.
- Green-IT: Jede Suchmaschinenanfrage kostet Strom und produziert damit CO_2 – wir können also nach dem Wetter auch mal aus dem Fenster gucken oder für die Uhrzeit auf eine Armbanduhr.
- Quellen bewerten: Ist das eine sichere Seite, die mir da gerade einen Download anbietet, oder frage ich lieber noch mal nach?

Eine großartige Idee finde ich den Medientag aus dem Buch *Begleiten statt verbieten:* »Der digitale Medientag ist als Ritual zu verstehen und kann einmal monatlich stattfinden oder öfter, wenn Sie oder Ihre Kinder viele Ideen haben. Jeweils ein Familienmitglied ist für die Vorbereitung und Gestaltung dieses Tages mit eigenen Ideen zuständig. Geeignet sind übrigens nicht nur verregnete Sonntage, vieles lässt sich auch in der Natur umsetzen.«[103]

Noch ein Punkt auf der To-do-Liste? Das Gefühl kenne ich. Daher hier ein paar Ideen, wie wir mit Kindern ohne großen Aufwand digital kreativ werden können:

- Familien-Podcast: Über jede Sprachaufnahme-Funktion am Smartphone können wir Sprachnachrichten, Geschichten oder auch ganze Hörspiele aufnehmen, mit denen wir andere Menschen mit in unsere Welt nehmen können. Auf Apple-Geräten zum Beispiel ist die Software »Garage Band« vorinstalliert, mit der sich die Dateien auch bearbeiten lassen.
- E-Book erstellen: Mit einer App wie dem »Book Creator« können wir E-Books erstellen, bei denen wir Fotos, Audios und kleine Videos zu einem Buch zusammenfassen und zum Beispiel unseren Urlaub, den Waldausflug oder einfach nur die Gassi-Geh-Runde für die Familie festhalten können.
- Stop-Motion-Videos: Besonders wenn Kinder noch in der Lego-Phase sind oder gerne kochen oder backen, machen diese Videos irre viel Spaß. Wir fotografieren Fotos hintereinander und eine App wie »Stopp-Motion-Studio« macht daraus einen kleinen Film. Auch wunderbar, wenn wir zum Beispiel das Kinderzimmer aufräumen und hinterher sehen können, was wir alles geschafft haben, indem wir vorher, nachher und zwischendrin Fotos machen und zu einem Film zusammenstellen.
- Fotobücher und Filme: Der Urlaub auf dem Ponyhof, das Zelten am Wochenende oder einfach Aufnahmen vom Haustier oder den Vögeln im nächsten Busch – Kinder können früh lernen, Filme zu schneiden oder Fotobücher zu gestalten.
- Listen und Einladungen: Ganz selbstverständlich lernen Kinder den Umgang mit Textverarbeitung, Grafiksoftware und Drucker, wenn wir mit ihnen zum Beispiel Geburtstagseinladungen, Lesezeichen, Stundenpläne oder To-do-Listen am Rechner selbst gestalten und ausdrucken (oder digital verschicken).
- Eigene Kompositionen: Mit der Software »Garage Band« hat mein Sohn wochenlang eigene Musik-Kreationen erstellt (die ich mir selbstverständlich alle angehört habe), die wir dann als Hintergrundmusik für unsere Familienfilme benutzt haben.

»Minecraft« als Schulfach

Im Jahr 2013 ging eine Schlagzeile durch die Gazetten: Eine schwedische Schule hatte das Computerspiel »Minecraft« zum Pflichtfach gemacht. Die Schüler hätten »Minecraft« als unkonventionelle Lernmethode sehr gern, sagte Monica Ekman, Lehrerin an der Viktor-Rydberg-Schule in Stockholm.[104]

Dieses Computerspiel ist wie digitales Lego: Aus Würfeln können die Kinder ganze Welten bauen, je nach ihren Interessen. Das 3-D-Open-World-Spiel erschien 2009 zunächst für den PC, inzwischen gibt es Versionen für iOS, Android, Raspberry Pi und alle gängigen Spielkonsolen.

Die Nutzer arbeiten sich dabei im Prinzip von der Steinzeit bis in die heutige Zeit hoch, indem sie erst Holz abbauen, dann mit Metallen arbeiten und schließlich sogar ganze Städte mit Strom- und Wasserversorgungsnetzen bauen können. Sie lernen etwas über Stadtplanung, Umweltfragen, wie man Dinge erledigt und sogar, wie man für die Zukunft plant.

Eine Überblicksstudie aus dem Jahr 2021 bescheinigte dem Spiel denn auch, dass es »die Motivation, die Sprachentwicklung und das akademische Lernen in Fächern wie Wissenschaft und Geschichte fördert. Das Spielen mit Minecraft förderte auch die Entwicklung sozialer Kompetenzen, einschließlich Kommunikation, Teilen, Zusammenarbeit und Führung.«[105] Und auch das ist etwas, was wir gemeinsam mit den Kindern tun können – ein Nachmittag in »ihrer« Minecraft-Welt schafft Verbindung und Verständnis. Und es zeigt uns, was die Kinder beschäftigt: Ein Kind baut endlose Geheimgänge, das andere weitläufige Bauernhöfe.

Wann Mediennutzung ungesund wird

»Sucht«verhalten

»Der suchtet total«, sagen meine Kinder manchmal, wenn Freunde zu viel an ihren Screens hängen. Ich bin sehr vorsichtig mit dem Wort »süchtig«; denn es bedeutet, dass betroffene Menschen ihren Alltag nicht mehr bewältigen können und ihre sozialen Kontakte und ihre persönliche Entwicklung unter ihrem Verlangen nach dem Suchtmittel leidet. Aber wie definiert man das bei Kindern, und wo ist die Grenze? (Siehe im Folgenden auch den Abschnitt »Influencer und soziale Medien«.)

Die Autoren der Präventionsoffensive »Mediensucht 2020« der DAK haben dankenswerterweise fünf Anzeichen für einen ungesunden Umgang mit digitalen Medien zusammengestellt, die ich hier verkürzt wiedergeben will:[106]

1. Zu viel, zu lange, zu intensiv: Ziehen sich Kinder mit dem Smartphone lange zurück, zocken sie stundenlang, und verlieren sie das Gefühl für Zeit? Dann müssen wir auf die Nutzungsdauer der Kinder schauen und Regeln aufstellen.
2. Verminderte Leistungsfähigkeit: Ist das Kind oft müde und abwesend? Kann es sich in der Schule nicht mehr konzentrieren, und hat es keine Motivation? Wenn sich der Fokus vermehrt auf virtuelle Räume legt, kann das reale Leben darunter leiden.
3. Familienleben und Freundschaften sind beeinträchtigt: Vernachlässigt unser Kind seine Kontakte in der realen Welt? Verabredet es sich seltener, oder sagt es Verabredungen ab? Sinkt das Interesse an Ausflügen und Familienzeit, will es nicht mehr mit der Familie zu Mittag essen und lieber zocken oder chatten? Hält es Routinen nicht mehr ein?
4. Andere Hobbys werden vernachlässigt: Manche Kinder verlieren einfach das Interesse an ihrem Hobby, aber wenn es durch Mediennutzung ersetzt wird, spitzen wir die Ohren. Kinder und Jugendliche mit einem problematischen Medienkonsum haben oft ein starkes Bedürfnis, mehr und mehr Zeit im Internet oder mit Gaming zu verbringen. Sie denken ständig daran, und das Bedürfnis steigt, ihr Lieblingsmedium immer griffbereit zu haben.
5. Psychische Auffälligkeit: Wird das Kind unruhig, nervös oder schlecht gelaunt, gereizt oder gar aggressiv, wenn es längere Zeit keinen Zugang zu seinem Lieblingsmedium hat? Dann ist dringend digitales Detox angesagt, damit das Gehirn sich wieder beruhigen kann.

In Zusammenarbeit mit dem Bundesministerium für Gesundheit hat die DAK eine Plattform für Hilfesuchende eingerichtet: www.mediensuchthilfe.info. Dort gibt es einen umfangreichen Selbsttest, Broschüren und deutschlandweite Anlaufstellen für Familien.

Kurzsichtig durch Smartphone und Tablet?

»Handys schaden Augen«, »Immer mehr Kinder werden kurzsichtig«, »Alarmierende Studie über Kurzsichtigkeit« und ähnlich titeln Zeitungen. Doch machen Handys wirklich kurzsichtig? Ja und nein – schauen wir uns das mal genauer an.

Kurzsichtig zu sein, heißt grundsätzlich, dass Kinder entfernte Gegenstände nur verschwommen wahrnehmen und nur in der Nähe scharf sehen. Die Ursache: Der Augapfel ist länger als gewöhnlich. Aber warum wird er länger?

Mit circa sechs Jahren sind die meisten Kinder noch normalsichtig oder leicht weitsichtig. Bei 90 Prozent der kurzsichtigen Kinder tritt die Kurzsichtigkeit nach dem Schulbeginn auf, meist zwischen dem achten und fünfzehnten Lebensjahr, deshalb spricht man auch von »Schulmyopie«. Ein Teil dieses Effektes ist genetisch bedingt: Kinder, deren Eltern beide kurzsichtig sind, haben ein 60-prozentiges Risiko, ebenfalls kurzsichtig zu werden. Aber es gibt offenbar noch zwei andere Faktoren: das Alter und die Zeit, die Kinder draußen verbringen.[107]

Es gibt schon länger die Vermutung, dass Kurzsichtigkeit etwas mit der Zeit draußen zu tun hat. Eine zufallskontrollierte Studie aus China unter fast 700 Schülern zeigte, wie schon etwas mehr als zwei Stunden Draußenspiel pro Woche dazu führten, dass die Kinder in dieser Gruppe eine signifikant geringere Neigung zu Myopie und Verlängerung des Augapfels hatten – und zwar auch diejenigen Kinder, die bereits kurzsichtig waren.[108] Wenn wir also selbst eine Neigung zu Kurzsichtigkeit haben, sollten wir besonders bei Grundschulkindern darauf achten, dass sie täglich draußen spielen.

Ursprünglich vermuteten britische Forscher, dass Vitamin D eine Rolle spielt, da es durch Sonnenlicht in der Haut gebildet wird. Der australische Forscher Ian Morgan und sein Team von der Universität Canberra hatten da eine andere Theorie: Sie nahmen an, dass Tageslicht die Retina, also die Netzhaut, stimuliert und die Freisetzung von Dopamin verursacht. Dopamin verhindert das Längenwachstum des Auges, was wiederum Kurzsichtigkeit verhindert. Inzwischen wurde die Hypothese durch zahlreiche Studien bestätigt.[109]

Und was hat das mit Medien zu tun? Kinder, die sich viel mit den digitalen Medien beschäftigen, halten sich meist weniger im Freien auf. Außerdem verschlimmert der Blick auf den Bildschirm das Problem: Die ständige Naheinstellung der Augen in der Kindheit regt das Längenwachstum der Augen an, und das wiederum verstärkt Kurzsichtigkeit. Denn das Auge wächst vor allem bis zum fünfzehnten Lebensjahr, danach nur noch sehr langsam.

Wenn wir also auf die Prävention für die Augen achten wollen, empfehlen Experten, dass unsere Kinder mindestens zwei Stunden am Tag draußen spielen, nicht länger als zwei Stunden am Tag Medien nutzen und immer mal wieder aus dem Fenster sehen, um das Auge zu entlasten. Letzteres gilt übrigens auch für Erwachsene.

Influencer und soziale Medien

Wie diverse Forschungen zeigten, wollen Kinder im Internet ihren Interessen folgen, sich jemandem zuordnen und sagen: »Das ist auch mein Geschmack.« Oder: »Nee, mag ich nicht.« Sie wollen sich Welten ansehen, sich Welten zuordnen und etwas kreieren, was auf sie zugeschnitten ist. Ältere Schulkinder wollen auch schon Stars folgen, »Follower« oder »Fan« sein, auf dem Laufenden bleiben und sich in Direktnachrichten oder Reaktionen mit ihrer Peergroup austauschen. Manche Kinder wollen sich ausprobieren, inszenieren und kreativ sein, bekannt werden und positives Feedback bekommen (zum Beispiel von Freunden oder auch fremden Followern). Gerade Letzteres kann – wie viele von uns Erwachsenen wissen – zur »Sucht« werden, weil es direkt ins Belohnungssystem des Gehirns eingreift.

Außerdem gehen die Influencer oder Medienhelden eine Beziehung mit den Nutzern ein. Dadurch entsteht eine Pseudobindung: Die Kinder haben das Gefühl, mit ihren Medienhelden befreundet zu sein. Und was die machten, werde zum absoluten Maßstab, sagt die Medienpädagogin Dr. Iren Schulz in einem Beitrag von WISO.[110] Wenn wir merken, dass das Bedürfnis nach Zugehörigkeit vor allem über digitale Medien befriedigt wird, sollten wir ein Gespräch mit unserem Kind suchen, uns seine Welt ansehen und Alternativen anbieten. (Siehe im Folgenden auch den Abschnitt »Spannend und klischeefrei lesen«.)

Musik als Alternative

Mit unseren Kleinkindern singen wir und machen Fingerspiele – und wir sollten bei unseren Schulkindern auf keinen Fall damit aufhören. Jetzt sind es vielleicht andere Musikstücke und wir lernen von ihnen den neuesten hippen Tanzschritt vom Schulhof. Nehmen wir uns die Zeit, mit ihnen ihre Musik zu hören und ihre Tänze zu tanzen.

Eine Studie fand heraus, dass das gemeinsame Hören von Musik in der Kindheit und Jugend voraussagen kann, wie gut sich Eltern und Kinder als Erwachsene verstehen. Es kann daran liegen, dass wir uns aufeinander abstimmen müssen, wenn wir gemeinsam singen und tanzen – und zwar egal, ob im Auto oder auf einem Konzert. Das blieb auch dann sichtbar, wenn die Forscher andere Aktivitäten zwischen Eltern und Kindern herausrechneten – Musik hat eine besondere Kraft, und gemeinsam gehörte, gesungene oder getanzte Musik hat offenbar eine *so* starke Kraft, dass die Verbindung bis ins Erwachsenenalter hält.[111]

TikTok, YouTube & Co.

Eigentlich ist TikTok, um ein Beispiel zu nennen, laut Anbieter erst für Jugendliche ab dreizehn Jahren erlaubt, doch viele Jüngere wünschen sich bereits ein eigenes Profil. Denn die App bietet an, was sich Heranwachsende zwischen zehn und dreizehn Jahren in dieser Lebensphase wünschen: Selbstentfaltung und eine Bühne mit Publikum. Das Mindestalter bei TikTok wird vom Anbieter lediglich über das angegebene Geburtsdatum geprüft.[112] Was ist das Problem?

Ein Problem ist zum Beispiel Cyber-Grooming: Auf der Plattform finden sich immer wieder Videos von Minderjährigen, viele unter dreizehn Jahren, die vermeintlich aufreizend zu populären Songs tanzen und singen. Kritiker sehen darin eine Gefahr der Anbahnung sexueller Kontakte mit Minderjährigen im Internet oder des Missbrauchs der Videos zu anderen Zwecken.

Stärker als bei anderen sozialen Netzwerken bestimmt bei TikTok ein extrem ausgefeilter Algorithmus, was Nutzerinnen und Nutzer zu sehen bekommen. Der Algorithmus entscheidet, was den Kindern im wichtigsten Teil der App gezeigt wird, und zwar in ihrem »For-You«-Feed. Es ist eine Art personalisiertes Fernsehprogramm. Das ist unproblematisch, wenn Nutzerinnen und Nutzer an Tier- oder Sportvideos interessiert sind und von TikTok immer mehr davon angezeigt bekommen. Schwierig wird es, wenn Kinder und Jugendliche in problematische Inhalte eintauchen. Auf TikTok gibt es ein Sub-Genre, unter dem junge Menschen Videos über Depression, Selbstverletzung oder Suizid erzählen. »Ein Experiment von BR *Data* zusammen mit PULS *Reportage* zeigt, dass deutsche Nutzerinnen und Nutzer durch Interaktion mit solchen Videos in eine Filterblase geraten können, in der sie in ihrem Feed fast nur noch diese Inhalte von TikTok empfohlen bekommen.« So eine Recherche des BR aus dem Jahr 2022.[113]

Auch sogenannte Challenges, also digitale Mutproben, bei TikTok, YouTube und anderen Plattformen erregen weltweit viel Aufmerksamkeit, beispielsweise die »Ice Bucket Challenge« aus dem Jahr 2014. Doch manche Kinder haben sich bereits durch riskantere Herausforderungen in Gefahr gebracht.[114]

Spannend und klischeefrei lesen

Bücher bieten ebenfalls eine Alternative zu den elektronischen Medien. Aber nicht alle Bücher, die wir gelesen haben, eignen sich heute für unsere Kinder. Um gute Bücher zu finden, können wir wiederum am einfachsten entsprechende Blogs oder Social-Media-Accounts durchforsten. Wer beispielsweise vor allem diverse Literatur sucht, dem empfiehlt Eliane Fischer vom Buchblog »Mint & Malve« (www.mintundmalve.ch),

- nach den Hashtags #klischeefreivorlesen oder #diversekinderbücher zu suchen,
- Verlage wie den Jupitermond- oder Zuckersüss-Verlag anzufragen, die sich auf diverse Kinderbücher spezialisiert haben,
- beim Gratitude-Verlag zu suchen, der #ownvoices-Bücher schwarzer Autorinnen und Illustratoren herausbringt.

Was Schulkinder über künstliche Intelligenz (KI) wissen sollten

Künstliche Intelligenz wird längst in vielen Bereichen unseres Lebens eingesetzt und hat einen großen Einfluss auf unsere Gesellschaft. Im Folgenden liste ich einige Gründe auf, weswegen unsere Schulkinder im Umgang mit Medien für KI sensibilisiert werden sollten:

- Definition von KI: Wir erklären unseren Kindern, dass KI erst einmal nur ein Teilbereich der Informatik ist. Man programmiert eine Software, die gelernt hat, ähnlich wie ein Mensch zu denken, Probleme selbstständig zu lösen und Ziele zu erreichen. Aber eine Software ist eben kein Mensch, am Ende ist es eine Maschine und hat zum Beispiel keine moralischen Grundsätze oder Empfindungen, die ein Mensch hätte.
- Anwendungen von KI: Wir zeigen Kindern, wo KI jetzt schon hilfreich sein kann und wo wir sie jeden Tag nutzen: zum Beispiel in Spracherkennungssystemen, bei Chatbots, in selbstfahrenden Autos. Dazu gehören auch Algorithmen, die für uns Filterblasen (bei denen uns immer nur die Inhalte vorgeschlagen werden, die unseren Interessen entsprechen) generieren, sowie die personalisierten Empfehlungen bei Online-Händlern.[115]
- Chancen und Risiken: Wir machen klar, dass KI unser Leben an vielen Stellen einfacher und sicherer machen kann. Gleichzeitig gibt es einen Haufen ungelöster Probleme: Wie gehen wir damit um, dass Software so viele Informationen von uns bekommt? Wie kann Software lernen,

Die »Buchhandlung des Vertrauens« hilft in der Regel natürlich auch gern weiter …

Und hier noch ein paar Comic-Tipps von Mint & Malve:

- *Boris, Babette und lauter Skelette* – ab acht Jahren. Tanja Esch erzählt eine herrlich absurde Geschichte mit grundsympathischen Charakteren. Neben unterschiedlichen Hauttönen sorgt auch die IT-Mama im Homeoffice für Vielfalt in diesem Comic.[116]
- *Hilda und der Steinwald* –, ab sechs Jahren (von Luke Pearson). Hilda, das Mäd-

Fake News zu erkennen und sie uns nicht als echt zu verkaufen? Was machen wir, wenn Menschen ihren Arbeitsplatz verlieren, weil eine Software ihre Aufgaben übernimmt? Wichtig ist: Diese Risiken haben nichts mit den Spielfilmszenarien zu tun, in denen Maschinen die Erde übernehmen – die sind reine Fiktion.

- Ethik und Verantwortung: KI-Anwendungen fühlen nicht, sie spüren keine Verantwortung, sie haben keinen moralischen Kompass und keine über ihre Funktion hinausgehende Allgemeinbildung. Daher können sie zwar Informationen verarbeiten, aber nicht gut einordnen. Wir müssen also weiterhin selbst denken und alles, was eine KI uns vorschlägt, noch einmal kritisch prüfen.
- Fehlinformationen erkennen: Wir bringen Kindern bei, kritisch mit KI-generierten Informationen umzugehen und Fehlinformationen zu erkennen – so wie wir nicht einfach rechts abbiegen, wenn es das Navigationsgerät sagt, sondern auf den laufenden Verkehr achten. Wir müssen verstehen, dass nicht alles korrekt sein muss, was wir online oder in den Medien sehen oder hören. Wir sollten unseren Kindern beibringen, Deep Fakes – also Fälschungen von Gesichtern, Stimmen oder ganzen Videos – zum Beispiel an (noch vielfach) metallischem Sound, Verzögerungen, Unschärfen an den Rändern von Personen oder unzureichender Mimik im Gesicht des Sprechenden zu erkennen.

chen mit den blauen Haaren, geht unbeirrt ihren Weg und gerät dabei nicht nur mit Fabelwesen, sondern auch ab und zu mit ihrer alleinerziehenden Mutter aneinander.[117]

- *Zack!* – ab fünf Jahren (von Volker Schmitt und Màriam Ben-Arab). Ein rasanter Comic, der eine Piratengeschichte der anderen Art erzählt. Hier wird mit so ziemlich allen Klischees gebrochen! Der perfekte Einstieg in die Comic-Welt.[118]

Interview: »Regeln sind Schutz«

Mit Leonie Lutz, Gründerin von »Kinder digital begleiten«, @kinderdigitalbegleiten[119]

Leonie, von dir habe ich gelernt, dass digitale Geräte oft nur für Konsum stehen – was ist daran falsch? Und vor allem: Wie kommen wir da raus?
Wenn Kinder digitale Geräte nur zum Zocken und Seriengucken nutzen, lernen sie nicht, wofür sie eigentlich stehen. Nämlich für wunderbare Werkzeuge, an denen wir Kompetenzen für die Zukunft lernen können. Wir sollten also von Anfang an die Geräte so nutzen, dass unsere Kinder begreifen: Cool, ich kann damit ja sogar Medienprodukte wie Präsentationen, Grafiken, Podcasts oder Stop-Motion-Videos erstellen.

Was können wir Eltern besser machen im täglichen Umgang?
Wenn wir als Eltern nonstop an den Geräten hängen, sind wir keine guten Vorbilder. Es hilft also, den eigenen Medienkonsum zu überdenken, medienfreie Zeiten zu schaffen und Regeln einzuführen. Keine Geräte bei den Mahlzeiten, keine Geräte am Nachttisch und bei Kindern und Jugendlichen schon gar nicht als Wecker. Ich habe mir angewöhnt, in der gemeinsamen Familienzeit konkret zu kommentieren, wenn ich ausnahmsweise mal aufs Handy schauen muss, damit meine kleine Tochter versteht: Okay, Mama muss nur kurz was arbeiten.

Was ist der Unterschied zwischen Geräte- und Medienkompetenz?
Häufig glauben Eltern, die Kinder »können das doch alles viel besser«, weil sie sich gut an den Geräten zurechtfinden. Jüngere Kinder haben eine ziemlich gut ausgeprägte Wischkompetenz, ab Grundschulalter können sie autark Geräte bedienen.

Medienkompetenz aber muss Kindern beigebracht werden. Idealerweise durch die Schule, weil hier alle Kinder gleichermaßen erreicht werden. Aktuell haben wir jedoch keine flächendeckende Vermittlung von Medienkompetenz, heißt also: Wir Eltern müssen ran.

Dazu gehört: Fake News hinterfragen, richtig suchen in Kindersuchmaschinen lernen, Ergebnisse bewerten.

Aber wir müssen zum Beispiel auch Benachrichtigungseinstellungen besprechen: Wenn das Gerät bei jeder neuen Nachricht vibriert und einen Sound abspielt, kann das ganz schön stressig werden. Besser ausschalten. Das müssen Kinder von uns lernen.

Wie kann ich Regeln einführen und Regeln kommunizieren? Sind Begrenzungen sinnvoll?

Begrenzungen sind absolut sinnvoll, daher sollten wir Regeln genau dann einführen, sobald Kinder unsere digitalen Geräte nutzen – und nicht erst mit dem ersten eigenen Smartphone. Dann gehören die Regeln nämlich schon dazu, wenn's mit dem Smartphone wirklich relevant wird. Regeln stehen hier auch ganz klar für Schutz.

Was machen unsere Kinder in der Smartphone-Zeit – wie siehst du starre Zeitregeln? TikTok versus »Minecraft«?

Ich bin kein Fan von zu starrer Medienzeit, weil dann völlig hintenüberfällt, was eigentlich wichtiger ist: die Inhalte, die unsere Kinder konsumieren. Eine Stunde »Minecraft« spielen ist zum Beispiel ein sehr kreativer Prozess. Eine Stunde TikTok hingegen kann meinem Kind im Zweifel ziemlich viel Mist zeigen.

Konkrete App-Tipps

- Audio Adventure: Podcasts hören für Kinder.
- Fiete KinderZoo: Kinder basteln, schnippeln Zootiere, fotografieren diese, laden sie hoch, geben dem Tier einen Namen, hinterlegen Geräusche: Ein großer Zoo wächst nach und nach *digital*, obwohl wir *analog* gearbeitet haben.
- Simpleclub: digitaler Lernbegleiter.
- Goodnotes: Arbeitsblätter aus der Schule bündeln und sortieren.
- Sprachmemo: Vokabeln aufsprechen, anhören.
- Book Creator: E-Books selbst erstellen.
- Aumio: Meditation und Kinder-Yoga.

Müssen wir den Kindern Tippen beibringen? Präsentationen? Word? Python?
Wenn wir überlegen, welche Kompetenzen unsere Kinder in Zukunft benötigen werden, dann ist das eben auch ganz rudimentäres Computerwissen bis hin zu Basiskenntnissen beim Programmieren. Zehn-Finger-Schreiben wird in der Schule nicht vermittelt, ist aber für Kinder später durchaus hilfreich. Auch das Basiswissen, wie Präsentationen gebaut oder Texte formatiert werden, gehört dazu. Die Pandemie hat ein bisschen beschleunigt, dass Kinder sich in Bezug auf Software besser auskennen, aber es ist häufig noch unsere Aufgabe als Eltern.

Wie können wir den Alltag entspannen, in denen Eltern oft mit Kindern um Bildschirmzeiten, Smartphones und Tablets streiten?
Alternativangebote helfen sehr. Ein Kind, das auf dem Fußballplatz steht, hat in der Regel kein Smartphone in der Hand. Hobbys wie Musik, Hockey, Tanzen oder ein Musikinstrument entspannen unsere Kinder auch.

Wie können solche Themen in der Schule Platz finden?
Will man die Eltern erreichen, muss man ein bisschen knifflig denken und einen Elternabend wählen, der garantiert besucht wird, zum Beispiel der Elternabend zur Klassenfahrt, da kommen alle. Und dann einfach noch eine halbe Stunde zum Thema »Medien« dranhängen. Lehrkräfte, die die Themen mit den Kindern besprechen wollen, können Vertretungsstunden nutzen oder die letzte Woche vor den Sommerferien, da passiert nämlich im Unterricht nicht mehr wirklich viel.

Danke für das Gespräch.

Hätten Sie's gewusst?

Im Jahr 2020 sind im deutschen Buchhandel fast achttausend neue Kinder- und Jugendbücher erschienen. Die umsatzstärkste Sparte im Markt für Kinder- und Jugendbücher sind solche für Kinder bis elf Jahre.[120]

Elektronische Medien gehören nicht ins Kinderzimmer: Kinder, die im eigenen Zimmer über einen Fernseher, einen Internetanschluss oder eine Spielkonsole verfügen, gehen durchschnittlich deutlich später zu Bett und sind tagsüber merklich müder als Gleichaltrige ohne Geräte im Kinderzimmer.[121]

Thomas-Gabriel Rüdiger, Cyberkriminalist, geht davon aus, dass jedes Kind von Cyber-Grooming betroffen ist und Eltern daher jede Plattform erst einmal zwei Wochen lang mit ihren Kindern gemeinsam nutzen sollten.[122] »Wie alt bist du? Chattest du allein? Mach mal die Webcam an! Schick mal Fotos und Videos« sind oft die Einstiegsfragen, die Cyber-Groomer stellen und die Kinder niemals beantworten sollten. Es gibt beispielsweise bei »ZDF Logo« ein einminütiges Aufklärungsvideo, um Kinder über diese Gefahr aufzuklären.[123]

Medien – jedes Kind ist anders

Ich habe schon alles erlebt: Kinder, die sich super selbst regulieren können und vom Fernseher oder Tablet weggehen, weil es »langweilig« ist. Kinder, die erst total fasziniert sind und dann mit der Zeit das Interesse verlieren. Und Kinder, die sich in den Bildschirmen verlieren, die die Zeit vergessen, ihren Appetit, den Impuls, mit anderen Menschen etwas zu machen …

Wir können daher nicht sagen: »Bei Kindern ist es so …«, denn wir wissen es nicht. Selbst Geschwister können völlig unterschiedlich reagieren. Das eine Kind ist nach dreißig Minuten »Minecraft« völlig aufgedreht und streitet mit seinen Eltern, das andere ist tiefenentspannt und setzt sich ruhig an die Hausaufgaben.

Das Gleiche gilt für alle anderen Medien und Nachrichten: Manche Kinder gruseln sich schon bei für uns harmlosen Hörspielen, während andere völlig gelassen Filme schauen, die wir Erwachsene trotz ihrer FSK-Einstufung für Sechsjährige bedenklich finden.

Was bleibt? Wir müssen herausfinden, wie es unserem Kind mit Medien geht, es gibt keine pauschale Antwort. Und dann sollten wir entsprechend reagieren.

In der *JIM-Studie 2022* gaben 56 Prozent der befragten Kinder und Jugendlichen an, im letzten Monat (zum Zeitpunkt der Befragung) Fake News begegnet zu sein.[124] Ein erster Faktencheck, den wir unseren Kindern beibringen können, ist, den Titel einer Nachricht oder Schlagwörter aus dem Inhalt mit den Begriffen »Fake News« oder »Faktencheck« in einer Suchmaschine einzugeben, so findet man schnell Hintergründe.

Falsche Erwartungen

Jetzt hattest du eine Stunde Bildschirmzeit, nun sei zufrieden!

Bildschirmmedien haben bei den meisten Kindern keinen »Sättigungseffekt«. Daher müssen wir immer nachsichtig sein – wenn wir die Kinder an den Bildschirm lassen, dann gilt es, hinterher Zeit zu investieren, um den Übergang in die analoge Welt gut zu gestalten und zu begleiten. Eine Faustregel ist: So lange, wie das Kind am Bildschirm war, braucht es hinterher Betreuung, um wieder anzukommen. Je älter Kinder werden, desto einfacher wird es.

Alle Medien sind selbsterklärend.

Die meisten Kinder können Apps starten, herunterladen und beenden – sie haben eine Gerätekompetenz. Aber die produktive Nutzung von Tablet, Computer und Smartphone, den Unterschied zwischen Fake News und News müssen sie wie alles andere lernen – das ist dann Medienkompetenz. Manche Schulen unterrichten dies, in anderen Fällen ist es unsere Aufgabe.

Die Schule erledigt das.

Meine Kinder sind seit einigen Jahren auf einer Schule, die komplett iPad-basiert arbeitet, und sie können mit Microsoft Teams, Keynote und Apps wie Explain Everything besser umgehen als ich. Aber viele Schulen tun sich schwer mit digitaler Erziehung. Dann liegt es an uns, die Kinder darin zu unterrichten.

Wir können Mediennutzung kontrollieren.

Genauso wie andere Generationen heimlich unter der Bettdecke gelesen haben (und es auch immer noch tun), finden unsere Kinder Wege, die Medienwelt zu nutzen. Das Beste, das wir tun können, ist, sie gut vorzubereiten. Je mehr Kinder wissen und können, desto besser können sie damit umgehen.

Das sagt die Wissenschaft

Acht- bis Dreizehnjährige haben durchschnittlich acht Stunden Freizeit am Tag und nutzen diese vielseitig. Das ergab eine RTL-Studie zum Thema »Mediennutzung« und widerlegte das Klischee von Kindern, die den lieben langen Tag vorm Bildschirm hocken. »Die Mediennutzung spielt in der Alltagsgestaltung der Befragten eine wesentliche Rolle, jedoch keine ausschließliche.«[125]

Laut einer Umfrage des Medienpädagogischen Forschungsverbundes Südwest (mpfs) zur täglichen Fernsehnutzung gaben 70 Prozent der befragten Kinder an, jeden oder fast jeden Tag fernzusehen. Die Sehdauer geht jedoch bei allen Altersgruppen von Kindern stark zurück: Am stärksten ist der Rückgang in der Altersgruppe von zehn bis dreizehn Jahren feststellbar – diese Kinder sind überwiegend im Internet unterwegs, und zwar etwas über eine Stunde täglich.[126]

Der beliebteste Fernsehsender unter Kindern ist mit deutlichem Abstand der Kinderkanal KiKA. Jeder fünfte der Acht- bis Elfjährigen hört auch täglich Radio – ob gezielt oder nebenbei, wissen wir nicht. Etwa zehn bis vierzehn von hundert Kindern in der Altersgruppe der Sechs- bis Elfjährigen schauen die Mediatheken der Fernsehsender.[127]

Medien machen nicht dick – Essen macht dick. Warum sind dann Kinder, die viel vor Screens sitzen, oft übergewichtig? Der Unterschied zwischen »Vielsehern« und »Wenigsehern« liegt im Essverhalten der Kinder: Ausgiebiges Fernsehen verleitet dazu, pausenlos zu essen – vor allem Süßes und Fettes. Es sind also nicht die Medien an sich, die Kinder dick machen, sondern fehlende Bewegung und ein ungesundes Essverhalten.[128]

Die Jüngsten zwischen sechs und neun Jahren (95 Prozent) sind in Deutschland regelmäßig am Smartphone oder Tablet. In einer Bitkom-Umfrage gaben

Zehn Tipps

1. Alle Konten der Kinder sollten grundsätzlich auf »privat« stehen, sodass nur Freunde Nachrichten senden und Beiträge sehen können.
2. Wir müssen uns sehr gut überlegen – auch mit dem Kind –, ob das Kind Inhalte posten sollte oder nicht, welche Gefahren und Regeln damit verbunden sind.
3. Kinder, die Inhalte posten, sollten wissen, wie sie mit unangebrachten Kommentaren umgehen sollen. Sie müssen wissen, dass und wie sie Nutzer blockieren können.
4. Kinder müssen erfahren, dass alles, was sie ins Netz hochladen, gegebenenfalls für immer online bleibt, auch wenn sie es löschen (wenn es nämlich schon jemand geteilt hat) – auch zum Beispiel ein WhatsApp-Status, wenn jemand einen Screenshot davon macht.
5. Man sollte darüber sprechen, welche Bilder erlaubt sind: solche, auf denen das Kind erkennbar ist, oder nur unpersönliche Bilder wie zum Beispiel vom Haustier, von Schuhen oder Ähnlichem.
6. Sprechen sollte man mit dem Kind auch darüber, ob und, wenn ja, wie viel Geld es in Apps ausgibt.
7. Die Installation einer Überwachung ist für viele anstrengend, aber die häufigsten Betriebssysteme erlauben dies sehr einfach, und wir können mit unseren Kindern besprechen, wie das genutzt wird.
8. Kinder müssen wissen, dass hinter den Avataren, zum Beispiel auf Roblox, nicht immer Kinder stecken, sondern auch Erwachsene, die nach Nacktbildern fragen können (»Sexting«).
9. Wir müssen Kinder vor gefährlichen Challenges warnen und ihnen erklären, warum sie diese auf keinen Fall mitmachen dürfen.
10. In manchen Apps lassen sich bestimmte Hashtags blockieren (zum Beispiel #challenge), und wir sollten unseren Kindern deutlich machen, welche Hashtags sie nicht verwenden dürfen (zum Beispiel #bikini, #sexy).

Eltern an, dass ihre Sechs- bis Neunjährigen durchschnittlich 49 Minuten pro Tag im Internet sind und Zehn- bis Zwölfjährige eine Stunde und 27 Minuten.[129]

Über alle Altersgruppen hinweg dominiert das Videoportal YouTube. So nutzen 82 Prozent der Zehn- bis Achtzehnjährigen zumindest ab und zu die Internetseite oder App. Mit großem Abstand folgt Instagram, das 17 Prozent der Zehn- bis Zwölfjährigen nutzen. Ein Telefon selbst besitzen die meisten Kinder ab dem zehnten Lebensjahr, 86 von 100 Kindern haben dann ein eigenes Smartphone, zwei Jahre später sind es 95 von 100. Jedes dritte Kind im Alter von zehn bis elf Jahren ist auf TikTok, ein Jahr später ist es jedes zweite Kind. YouTube schauen praktisch alle, Instagram und Snapchat folgen erst mit zwölf bis dreizehn Jahren, dann etwa bei jedem zweiten Kind. Fast alle nutzen WhatsApp, obwohl dieser Dienst erst ab sechzehn Jahren zugelassen ist.

Es gibt Studien, die für einen Zusammenhang zwischen dem Schreiben mit der Hand und besseren Gedächtnisleistungen beziehungsweise einer erhöhten Aktivität in verschiedenen Gehirnregionen sprechen. Von der Nutzung eines Computers und von Textverarbeitungsprogrammen scheinen aber insbesondere schwache Handschreiberinnen und -schreiber zu profitieren. Wahrscheinlich liegt es daran, dass durch das Tastaturschreiben das Arbeitsgedächtnis der Schreibenden entlastet wird.[130]

FAQ

Ab wann brauchen Kinder digitale Medien?

Diese Frage lässt sich nicht beantworten. Manche argumentieren, dass die Kinder es frühzeitig lernen müssen, allerdings haben wir es alle im Erwachsenenalter gelernt und können es auch. Die Frage ist eher, was und wie viel die Kinder machen.

Wie kriege ich ein Kind vom Tablet weg?

Indem wir immer wieder üben, einen richtigen Absprungpunkt finden und nachsichtig sind, wenn das Kind sich doch wieder im Spiel verfängt.

Wie gefährlich ist die Strahlung von elektronischen Medien?

Fachleute haben sich mit der Frage beschäftigt, ob Kinder empfindlicher auf elektromagnetische Felder, erzeugt von Handy, Tablet, Computer oder Fernseher, reagieren als Erwachsene. Aktuell liegen hierzu zu wenige verlässliche Studien vor, insbesondere zur Langzeitwirkung auf Kinder.[131]

Warum flippt mein Kind nach der Mediennutzung oft aus?

Digitale Spiele sind oft mit Spaß und Spannung verbunden, die sich aber durch das Sitzen nicht in Bewegung entladen kann. Entsprechend sind die Kinder hinterher voller Stresshormone, die sie jetzt erst einmal abbauen müssen – viele werden dadurch wild oder laut. Wir helfen den Kindern, indem wir einberechnen, dass und wie das Kind diesen Stress wieder abbauen kann, damit es keinen Streit gibt.

Was macht es mit Kindern, immer erreichbar zu sein?

Es gibt erste Studien zum Thema »Digitaler Stress«, der definiert wird als Stress, welcher durch den Kontakt zu digitalen Medien ausgelöst wird. Die ständige Erreichbarkeit und vor allem der damit verbundene Druck, möglichst schnell, überall und jederzeit auf Nachrichten reagieren zu müssen, verstärken bei Kindern und Jugendlichen etwas, was Forscher »Antwortstress« nennen.

Wir können den Kindern helfen, indem wir gute Vorbilder sind (»Wir essen jetzt, ich gehe nun nicht ans Telefon, sondern rufe später zurück«), klare Regeln definieren (»Bitte sag deinen Freunden, dass du nach sieben Uhr abends nicht mehr erreichbar bist«) und die Geräte richtig einstellen (»Wir deaktivieren die Push-Nachrichten« oder nutzen eine Verzögerungs-App wie OneSec, die Kinder erst einmal ein paar Sekunden durchatmen lässt, bevor sie an eine App herankommen.)

Zudem brauchen wir regelmäßige »Digital-Detox-Rituale«, bei denen wir eine Pause von der ständigen digitalen Vernetzung und dem Konsum elektronischer Medien machen. Ich erkläre meinen Kindern immer, dass es wie ein Zuckerverzicht das Gehirn wieder »auf null« setzt. Und tatsächlich hilft es unserem Kopf, zur Ruhe zu kommen und das Dopamin-System wieder zu beruhigen. Während der hohen Dopamin-Dosen des digitalen Spielens ist es oft schwer, Kinder zu analogen Aktivitäten zu überreden – sie schütten dann einfach nicht so viele Belohnungshormone aus.

Wenn wir mal eine Weile auf keinen Bildschirm geschaut haben, normalisiert sich der Pegel wieder, und die Kinder können das »normale« Leben mit seinen »normalen« Aufregungen wieder mehr genießen. Oft ist uns hinterher bewusster, wie viel Medien wir vorher konsumiert haben, und wir können sie ab jetzt wieder kontrollierter nutzen.

Tipp für den Alltag: Eltern müssen weniger diskutieren, wenn es feste Rituale gibt. Bei uns ist bildschirmfrei grundsätzlich sonntags, bei Oma und Opa und während Prüfungsphasen und im Urlaub (außer bei der Anreise). Klappt das problemlos? Nun, es klappt nicht ohne Diskussionen, Gespräche und Überzeugungsarbeit, aber nach 36 Stunden ohne Bildschirme sind die Kinder wie erleichtert und sagen manchmal sogar: »Danke, Mama, das tut echt mal gut.«

Wie starte ich Digital Detox?

Veranstalten wir doch einfach mal einen »Steinzeit-Abend«: Wir schalten alle elektrischen oder elektronischen Geräte aus, sitzen beieinander bei Kerzenschein (oder am Feuer, wenn wir die Möglichkeit dazu haben), essen auf dem Fußboden und spielen analoge Spiele. Am Ende sprechen wir darüber: Was hat dir gefallen? Was hat dir nicht gefallen? Was möchten wir davon wiederholen?

Artgerecht essen und schlafen

Never go to bed on an argument. –
Lege dich niemals auf einen Streit schlafen.
ENGLISCHES SPRICHWORT

Jetzt sind sie groß, jetzt läuft es von selbst? Mitnichten. – Nicht zuletzt wird Schlaf mit Beginn der Schulzeit plötzlich wieder ein Riesenthema. Nachdem die meisten Kleinkinder mittlerweile gut ein- und durchschlafen, sehen wir jetzt zwei Effekte: Die Kinder werden abends zunehmend später müde und müssen trotzdem morgens immer zur gleichen Zeit aufstehen. Was am Anfang der Schulzeit noch ganz gut funktioniert, wird gegen Ende des Grundschulalters für viele Kinder zunehmend zum Problem, bis die Müdigkeit unsere Teenager in der Schule schließlich vollends übermannt.

Auch was das Essen angeht, kommen wir in eine neue Phase. Je älter unsere Schulkinder werden, desto mehr treten Körperbilder in den Vordergrund – nicht immer zum Guten der Kinder. Je nachdem, wie sie leben, werden sie bombardiert von Werbung und Rollenbildern, die wir nicht beeinflussen können und die durch die Gleichaltrigen in der Schule noch verstärkt werden. Wir können auch nicht mehr beliebig steuern, was unsere Kinder essen; und sie werden auch weniger beobachtet. Manche bewältigen ihren Schulweg allein, der an unzähligen Kiosks vorbeiführt, die für wenige Cents zuckerhaltige Snacks und Getränke bereithalten. Verbote helfen uns nicht weiter, wir müssen mit unseren Kindern im Gespräch bleiben.

Schauen wir also in diesem Kapitel, wie wir solcherart Anforderungen gerecht werden in einer Welt, die wir nicht mehr ohne Weiteres beeinflussen können.

Was ich gern vorher gewusst hätte …

DANIEL Dass Schulbrote teilweise total überschätzt werden und meine Mühe oft vergebens ist.

BRITTA Dass Schlafen noch so lange ein Thema ist – sie sind doch schon so groß!

So geht's: Essen für Schulkinder

Was unsere Schulkinder essen, hängt vor allem davon ab, was wir ihnen als Kleinkinder zu essen gegeben haben. Wir wissen, dass die Nahrung, die Kinder zwischen 12 und 36 Monaten bekommen, noch bis in ihre Zwanziger festlegt, wie vielfältig sie essen. Schulkinder sind wie Kleinkinder – manche essen einfach, was man ihnen vorsetzt, andere drehen jeden Bissen dreimal um und haben »keinen Hunger mehr«, sobald die Soße den Reis berührt. Sie empfinden Geschmacksrichtungen auch immer noch anders als wir. Sätze wie »Das ist aber lecker!« bringen also nichts, weil wir gar nicht wissen, wie es für das Kind schmeckt.

Das Brotdosen-Dilemma

Das merken wir vor allem beim Schulbrot. Während in den sozialen Medien zahllose Bilder von liebevoll ausgestochenem Gemüse in Plätzchenform die Runde machen, wissen wir, dass dies keinen Effekt darauf hat, ob sie etwas essen oder nicht. Sie essen, worauf sie Lust haben, und das kann sich jeden Tag ändern. Wir müssen also erst mal herausfinden, was in der Brotdose sinnvoll ist. Dabei gibt es ein paar Dinge zu beachten:

- **Richtig starten:** Wer morgens mit Zucker beginnt, bekommt schnell Heißhunger auf weiteren Zucker. In vielen angeblich gesunden Frühstücksflocken ist bereits die gesamte von der WHO für Kinder empfohlene Tagesration an Zucker enthalten. Daher sollten Kinder möglichst ein Frühstück zu sich nehmen (wenn sie denn überhaupt Hunger haben), das sie satt macht und ihnen neben Kohlenhydraten auch ausreichend weitere Nährstoffe wie Eiweiß und Fett zur Verfügung stellt.
- **Gemeinsam zusammenstellen:** Wir sollten auch hier mit unseren Kindern in Kontakt bleiben und an einem Strang ziehen. Wenn wir jeden Tag nörgeln, dass die Kinder ihr Vollkorn-Paprika-Brot nicht gegessen haben, werden sie es irgendwann einfach verschenken oder wegwerfen, um uns eine leere Brotdose präsentieren zu können. Besser ist es, mit den Kindern das ideale Schulbrot gemeinsam zu erarbeiten, denn manchmal haben sie ganz andere Gründe, als wir denken: Die Kekse waren durchgeweicht, das Butterbrot hat

den Geschmack der Paprika angenommen, das Kind hatte nicht genug Zeit zum Essen et cetera.

- Feedback einholen: Nicht nur *was* wir mitgeben, sondern auch *wie* wir es tun, spielt eine Rolle. Wenn ich meinen Kindern einen ganzen Burger einpacke, sieht das zwar morgens in meiner Küche noch toll aus, aber mittags in der Schule ist er nur noch Matsch. Gebe ich ihnen Frikadelle, Brot, Ketchup und Salat einzeln mit, bauen sie sich einen Burger, den sie auch essen. Tauschen wir uns aus: Was haben die anderen mit in der Schule? Gibt es etwas, was »angesagt« oder »peinlich« ist? Etwas, was man mithaben sollte oder wofür man ausgelacht wird?
- Smoothies: Es muss nicht immer Brot sein. Für langsam essende Kinder sind Smoothies eine gute Idee. Die Kinder haben in Schulen mit festen Pausen oft nicht die Zeit, ihr Brot in aller Ruhe zur essen. Für diese Kids werfe ich morgens einfach Saft, tiefgekühlte Früchte, ein paar Haferflocken und viel Joghurt in den Mixer, was im Sommer schön kühl bleibt (in einem entsprechenden Thermobehälter) und dank Hafer und Joghurt richtig satt macht. Die Kinder können nebenbei mit ihren Freunden reden, Smoothie trinken und bekommen eine gute Grundlage für die zweite Hälfte ihres Tages.
- Jahreszeiten beachten: Kinder essen auch je nach Jahreszeit unterschiedlich – manche Speisen sind leckerer im Sommer, manche schmecken besser im Winter. Eine warme Linsensuppe kann man in entsprechenden Behältern mitnehmen. Im Sommer sind oft einfach wohlschmeckende gute Äpfel wunderbar – fragt eure Kinder, welche Sorte sie mögen.
- Essen teilen: Wenn das Kind beliebte Lebensmittel mitnimmt, sollten wir genug mitgeben, dass es teilen kann. Bei uns gibt es jeden Montag frische, warme Pfannkuchen mit in die Schule (weil Montag für alle ein langer Tag ist), und ich packe immer genug ein, weil ich weiß, dass sie auch anderen Kindern munden. (Manchmal kriegt man dann auch so nette Rückmeldungen wie die von meinem Sohn: »Mama, alle meine Mitschüler hassen mich, weil ich als Einziger eine Mama habe, die jeden Montag frische Pancakes backt!«)
- Klare Linie: Wenn wir den Kindern Hummus und Möhren mitgeben und als Nachtisch Pfannkuchen mit Nutella, sollten wir nicht erwarten, dass sie dies in der beabsichtigten Reihenfolge essen. In der Regel kommt das »Leckere« zuerst dran, und danach sind sie häufig satt. Wir haben uns dafür

Die Geschichte des Essens

Mir ist wichtig, dass meine Kinder wissen, was sie essen und wie sich hochwertiges von weniger hochwertigem Essen unterscheidet. Ich habe ihnen daher Jahre lang »Die Geschichte des Essens« erzählt.

Während wir alle darauf warteten, dass der Auflauf im Ofen gar wurde, setzten wir uns auf den Boden der Küche (wir sitzen viel auf dem Boden), und ich erzählte ihnen, wie die Zutaten im Auflauf entstanden sind: »Es war einmal eine Bäuerin, die hatte ein Feld, auf dem sie Brokkoli und Kartoffeln anpflanzen wollte. Dafür musste sie das Feld zuerst pflügen, dann ...« Und so erzählte ich für jede Zutat den gesamten Werdegang bis in unsere Küche. Meine Kinder erfuhren auf diese Weise von Landwirtschaft, Tierhaltung, Zwischenhandel, Marktverkäufern und wussten immer, woher ihr Essen kommt.

Das Gleiche habe ich später mit Chips und Schokoriegeln gemacht – je älter sie waren, desto ehrlicher. So lernten meine Kinder auch, Etiketten zu lesen, um auf die Fragen »Was ist da drin?«, »Wo kommt das her?« und »Wer hat dafür unter welchen Bedingungen gearbeitet?« eine Antwort zu bekommen.

Wir haben die Regel, dass wir uns überlegen, was in unseren Körper kommt – das darf auch mal weniger gesund sein, aber wir sollten uns dessen bewusst sein. Und wir überlegen immer, ob unsere Urgroßmutter, die dankenswerterweise noch bis vor Kurzem gelebt hat, dieses Produkt als Essen klassifizieren würde, wenn wir ihr die Zutatenliste vorläsen. Und erst dann entscheiden wir: kaufen, essen – oder doch nicht?

Mit meinen älteren Schulkindern schaue ich mittlerweile auch Dokumentationen, die uns darüber informieren, woher Kakao eigentlich kommt und warum wir zum Beispiel Fairtrade kaufen und nicht einfach die billigste Tafel im Regal. Nichts davon zelebrieren wir dogmatisch, aber es fällt jetzt schon auf, dass die Kinder sehr genau hinsehen, wenn sie einkaufen gehen.

entschieden, dass wir entweder »süß« oder »salzig« einpacken, damit es keine Dramen gibt.

- **Bleiben wir im Gespräch:** Nicht zuletzt sollten wir offen mit den Kindern sprechen – je älter sie sind, desto häufiger –, woher sie ihr Essen und Trinken beziehen. Wenn die Brotdose immer voll zurückkommt oder das Kind aus ungeklärten Gründen zunimmt – isst das Kind woanders? Gibt es eine »Nahrungsquelle« auf dem Schulweg? Gibt es Mitschüler, bei denen es Erdnussriegel mitfuttert? Holen sich die Kinder nach dem Schwimmunterricht Energydrinks?

Essen, um mich besser zu fühlen

Essen hat auch etwas mit Gefühlen zu tun. Wir essen mehr, wenn es uns schlecht geht – das kennen auch Erwachsene. Genau deshalb helfen hier Verbote nicht: Das Grundproblem bleibt bestehen. Helfen wir unserem Kind lieber, sich besser zu fühlen, seine negativen Emotionen zu regulieren und sich auch ohne Junkfood wohlzufühlen.

Ein Puzzleteil dabei kann Sport sein, denn Sport führt zu einem Wohlgefühl, das uns zusätzlich davor bewahrt, uns schlecht zu ernähren.

Body Positivity – den eigenen Körper lieben

Die Forschung sagt uns, dass manche Kinder bereits im Alter von sechs Jahren anfangen, ein negatives Körperbild und damit einhergehende Essstörungen zu entwickeln.[132] Ein wichtiger Aspekt besonders für Mädchen ist es, ob und wie ihre Mutter ihren eigenen Körper akzeptiert und liebt. Dazu gehören auch Kommentare wie »Nein, für die Hose bin ich zu dick« oder eben »Ich kann anziehen, was ich will, ich fühle mich wohl«.

Wir sollten aber nie unterschätzen, was für ein Druck ebenso auf Jungs lastet: Muskeln, Bizeps und Sixpack sind hier auch schon Themen …

Ist mein Kind übergewichtig?

Wenn ich mit Kinderärzten spreche, dann zucken sie meistens nur die Schultern und sagen etwas wie: »Die wenigsten Schulkinder sind wirklich übergewichtig, sie strecken sich noch im Laufe der Zeit.«

Viele Kinder tragen vor und während der Pubertät ein bisschen mehr Gewicht mit sich herum, und jetzt heißt es: cool bleiben. Die meisten »strecken« sich nämlich tatsächlich noch. Aber ganz egal, was passiert, das Letzte, was wir da tun dürfen, ist, eine Diät zu verordnen, Kommentare über das Gewicht zu machen oder einen strikten Work-out-Plan aufzustellen. Die Forschung ist hier ganz klar: Wenn Eltern den Kindern jetzt das Essen reglementieren, riskieren sie ein gestörtes Verhältnis zur Ernährung, und zwar bis weit ins Erwachsenenalter hinein. Begrenzen oder verbieten Eltern kalorienhaltige Snacks, essen die Kinder mehr davon, sobald sie verfügbar sind oder wenn keiner hinguckt – auch ein Ticket in die Essstörung. Und da wir deutlich weniger Kontrolle darüber haben, wann unser Kind was isst, wird das Übergewicht eher mehr als weniger.

Es ist normal, dass Schulkinder mehr Junkfood essen als vorher, einfach weil sie jetzt weniger reglementiert durch die Welt streifen und gleichzeitig der Werbung für diese minderwertige, ungesunde Nahrung ausgesetzt sind. Auch wir selbst als Vorbild spielen eine große Rolle: Wie viel Junkfood essen wir? Essen wir zu festen Mahlzeiten oder auch zwischendurch, essen wir aus Hunger oder zur Beruhigung? Unsere Kinder werden das nachmachen, was wir tun.

Und zwischendurch – egal, was für perfekte Vorbilder wir sind – werden manche Kinder auch Junkfood essen. Je weniger wir es reglementieren, desto eher hören sie wieder auf. Ich sage meinen Kindern an dieser Stelle immer: »Ich würde es nicht essen, aber wenn es nur gelegentlich ist, schadet es dir auch nicht. Die Dosis macht das Gift.« Und so wissen meine Kinder, dass sie natürlich auch mal etwas Ungesundes essen dürfen, dass es aber nichts ist, was wir regelmäßig tun. Es hat zugegebenermaßen viele Jahre gedauert, aber wenn wir überlegen, ob wir schnell was aus der Imbissbude holen sollen, sagen sie mittlerweile selbst: »Ach ne, das ist eigentlich echt nicht so lecker, können wir zu Hause eine Suppe kochen?« Na klar können wir das.

Was können wir tun?

Wir bieten möglichst gesundes Essen an und sorgen für regelmäßige Bewegung als Teil des Familienlebens (nicht als Kalorienverbrenner!). Wir fahren am Wochenende Rad, statt mit Chips vor dem Fernseher zu chillen. Wir spielen vor dem Schlafengehen im Hof noch eine Runde Fußball, statt am Tablet zu hängen. Wir gehen im Urlaub wandern, statt am Pool zu liegen. Wir bringen unseren Kindern außerdem achtsames Essen bei (und lernen es bei der Gelegenheit eventuell gleich mit). »Hast du Hunger?«, fragen wir, wenn es nach einem Snack greift, und besprechen, ob es nicht vielleicht eher Durst oder Langeweile ist? Oder wir fragen, wenn es sich zum dritten Mal nachnimmt: »Das ist lecker, finde ich auch, frag dich nur kurz: Hast du wirklich noch Hunger? Wir können den Rest auch morgen essen.« Selbstverständlich ermuntern wir unser Kind niemals dazu, seinen »Teller leer zu essen«, denn das stört das natürliche Sättigungsgefühl.

Wir zeigen unseren Kindern, dass alle Körper schön sind und was für unterschiedliche Schönheitsideale Kulturen auf der Welt haben: dick, dünn, zart, stark, lange Hälse, große Zähne, kleine Zähne und vieles mehr. Wenn Kinder (zum Beispiel im Museum) erkennen, dass Schönheit in der Kultur und allen Zeiten sehr unterschiedlich gesehen wurde, lernen sie, dass Schönheitsideale relativ sind.

Wir achten darauf, dass wir nicht in Gegenwart unserer Kinder – und am besten gar nicht – positiv oder negativ über die Körper anderer Menschen sprechen, weil sie der aktuellen Norm entsprechen oder eben nicht.

Wir bringen unseren älteren Kindern bei, dass wir in Gesichtern das schön finden, was symmetrisch ist, und zwar über fast alle Kulturen und Zeiten hinweg. Wie Augen, Zähne oder Nasen sein sollen, ist von Kultur zu Kultur unterschiedlich. Wir können ihnen auch zeigen, dass unsere heutiges Schönheitsideal viel mit dem Kindchenschema zu tun hat – und damit besonders bei Frauen mit dem herrschenden Frauenbild. So lernen sie, die Zuschreibenden unserer Zeit besser einzuordnen und ihre Willkür und auch ihre Ziele zu erkennen.

Wir können unsere Schulkinder mit positiven Beispielen umgeben, indem wir ihnen entsprechende Bilder, Bildbände, Zitate oder Plakate präsentieren. Wir können mit ihnen Stars anschauen, die nicht der Norm entsprechen, Filme mit nichtnormierten Menschen ansehen. Wir können ihnen zeigen, wie viele Menschen Großes geleistet haben, bei denen kein Mensch nach ihrem Body-Mass-Index gefragt hat.

Wir machen unserem Schulkind klar, was es alles ausmacht: seine Persönlichkeit, seine Hobbys, Dinge, für die es sich interessiert, sein Platz in der Familie, der Natur und der Welt – und dass das alles viel größer ist als die Frage, wie es aussieht.

Wir dürfen sanft, aber deutlich die gängigen Klischees hinterfragen: Warum ist die Hauptqualität einer Prinzessin, dass sie »die Schönste« ist und nicht »die Klügste« oder »die Schnellste«? Warum ist Superman vor allem superstark und nicht superschlau oder superempathisch? Doch Vorsicht: Manchmal reagieren unsere Kinder darauf sehr »genervt«, also sollten wir das wohldosiert machen.

Der Körper des Menschen kann so viel mehr als nur schön sein: Er kann Hitze und Kälte trotzen, Kinder wachsen lassen, Viren und Bakterien bekämpfen, klettern, rennen, still sitzen, wachsen, meditieren, singen, Wunden heilen. Meine Kinder hören immer wieder Kommentare wie »Schau mal, wie schnell dein Körper diese Wunde geheilt hat« oder »Du schwitzt, weil der Mensch das Säugetier ist, das am längsten laufen und Hitze aushalten kann, das war eine der wichtigsten Erfindungen der Evolution«. Wenn Kinder wissen, wozu Schwitzen, Eitern, Pinkeln und so weiter da sind, werden sie diese Körperfunktionen nicht mehr »eklig« finden, sondern »spannend«.

Lieben wir unseren eigenen Körper und machen das transparent: »Wow, meine Beine haben mich heute weit getragen, ich bin stolz auf sie.« Oder: »Mein Körper hat diesen fiesen Virus besiegt!«

Wenn unsere Kinder bereits im Internet unterwegs sind, sollten wir sie immer wieder auf manipulierte Fotos hinweisen. Es gibt auch spannende Accounts, die Fotos von Stars ihren unretuschierten Originalen gegenüberstellen – jedes Kind sollte das mindestens einmal gesehen haben, um die Bilder einordnen zu können (einfach eine Suche starten mit dem Namen des Stars und dem Hashtag #ungeschminkt #nomakeup oder #nofilter).

Was immer wir in die Gehirne unserer Kinder lassen, sollten wir gut auswählen: Fernsehsendungen, Magazine, Social-Media-Accounts sollten keine festgefahrenen Schönheitsideale oder Rollenbilder vermitteln. Sendungen, in denen Menschen ausschließlich nach ihrem Aussehen beurteilt und vorgeführt werden, sollten wir gänzlich vermeiden. Da unsere Kinder ohnehin damit in Kontakt kommen werden, lohnt es sich, kritische Reportagen über diese Phänomene zu schauen, um die Kinder aufzuklären.

Wir ermutigen unsere Kinder zu reichlich Bewegung, aber nicht, um Gewicht zu verlieren oder dünner zu werden, sondern weil Klettern, Schwimmen, Fahrradfahren, Trampolinspringen oder Tanzen einfach Spaß machen!

Nicht zuletzt sollten wir mit unseren Kindern darüber sprechen und bei Bedarf auch reglementieren, welche Social-Media-Kanäle sie benutzen.

Gerade solche, die gesundes Essen oder Fitness promoten, haben überdurchschnittlich viele Follower, die Essstörungen bereits haben oder entwickeln. Wenn man eine vorher unauffällige Gruppe von weiblichen Schulkindern und Jugendlichen in einem Studiensetting auswählt und Fitness-Influencern aussetzt, eine Kontrollgruppe jedoch gezielt davon fernhält, dann zeigt sich, dass die Kinder schon nach einer Woche anfangen, sich über ihr Aussehen zu definieren, sich unwohl in ihrem Körper zu fühlen und ihren Selbstwert über ihr Äußeres zu bestimmen.

Bei Jungen ist der Effekt offenbar anders. Sie werden nur zum Teil davon negativ beeinflusst, manche fühlen sich einfach männlicher, achten mehr auf ihre Ernährung und machen mehr Sport.

Was immer die Studienlage jedoch sagt: Schauen wir auf unser Kind und die Effekte, die es auf unser Kind hat. Wie bei Süßigkeiten werden manche schneller »süchtig« als andere, können eher oder weniger loslassen. Wir gehen mit unserem Kind offen in die Verhandlung – und auch in den Konflikt, wenn wir klar sagen, dass es jetzt keine Tüte Gummibärchen vor dem Mittagessen gibt –, um zu schauen, wie wir einen gesunden Weg finden können, der zu ihm passt. Dabei müssen wir genau unterscheiden: Wir regulieren nicht ständig, was ein Kind isst. Gleichzeitig machen wir klar, wie die Regeln sind: Chips sind kein Mittagessen-Ersatz. Du musst keinen Brokkoli essen, Kartoffeln reichen auch, aber Kuchen ist keine Alternative.

Mädchen vor sexualisierten Körperbildern schützen

Besonders unsere Mädchen sind massiv sexualisierten und völlig unrealistischen Körperbildern ausgesetzt. Schon im Alter von neun Jahren wissen sie teilweise, dass sie sexy sein und aussehen sollen. Teilweise sind sie bereits von Fitness-Angeboten und Diätprodukte-Werbung umgeben, je nachdem, wo sie sich bewegen.

Unsere Schulkinder sollten wissen, wer die Produkte anpreist, wie Influencer-

Marketing funktioniert und dass die Menschen weder so aussehen noch die Produkte nutzen, für die sie werben. Sie sollten außerdem wissen, dass vor allem Influencer viel Energie investieren, um sich mit besonderem Licht, Posen und Make-up, Filtern und Software optimal und »echter als echt« in Szene zu setzen. Es gibt viele Kanäle und Websites (und teilweise auch Influencer selbst), die zeigen, wie diese Menschen wirklich aussehen, wie viel Arbeit in den Bildern steckt und dass sie morgens nicht so aus dem Bett steigen, wie ihre Kanäle das vermuten lassen. Um uns ein Bild vom aktuellen Stand zu machen, können wir in eine Bild-Suchmaschine »model photoshop makeover« eingeben und uns mit den Kindern zusammen die Ergebnisse anschauen.

Kultur sichtbar machen

Sich rasieren, Deos nutzen, bestimmte Kleiderordnungen – jede Kultur hat ihre eigenen Ideen, was sich gehört und was nicht. Ich versuche, für meine Kinder immer transparent zu machen, wo die Gebräuche herkommen und dass man die Dinge in anderen Jahrhunderten oder Kulturen völlig anders sieht. Wir erklären freimütig, dass man sich zum Beispiel in manchen Jahrhunderten nicht täglich, sondern möglichst wenig gewaschen hat, dass man sich nie, immer oder anderes rasiert hat oder anders kleidete – je nachdem, worauf sich die Menschen eben geeinigt hatten.

Es ist mein Weg, das »Man macht das so« aus der Welt zu schaffen und meinen Kindern zu zeigen, dass es immer mehrere Optionen und Perspektiven gibt. Sie lernen: »Man« macht das heute so, weil »man« heute bestimmte Dinge glaubt oder zu wissen meint, aber es gab auch immer mal andere Ideen. Manche Dinge haben ihren Sinn – wie Körperhygiene zum Beispiel –, anderes ist reine Ästhetik.

Und es macht auch einen Unterschied, wo ich mich aufhalte – ob ich im Wildniscamp oder auf Lesereise bin, wie ich mich kleide oder gebe. So versuche ich, ihnen beizubringen, wie man sich in unterschiedlichen Sphären bewegt und dass wir durchaus wählen können, wo und wann wir uns anpassen und wo nicht.

So geht's: Schlafen für Schulkinder

Die Bedeutung des Schlafs für Schulkinder wird häufig unterschätzt. Meine Gespräche mit Eltern ergaben immer wieder, dass die meisten Kinder zu wenig schlafen – und das über lange Zeiträume, weil sich der Schlafmangel »ansammelt«.

Dabei gilt: Schon eine Stunde Schlaf macht einen großen Unterschied. Wir wissen aus vielen Studien, wie zu wenig oder unterbrochener Schlaf bei Kindern dazu führt, dass sie sich weniger gut konzentrieren, sich weniger merken und Probleme lösen können.[133] Schlaf ist wichtig, und schon eine Stunde mehr kann viel verändern.

Dabei wird der Schlaf stark von der Familiensituation beeinflusst. Sowohl die Persönlichkeit der Eltern als auch unsere Schlaferziehung, unsere psychische Verfassung, die Schlafkultur und -hygiene der Familie und Alternativen zum Schlaf, zum Beispiel Bildschirmzeit, beeinflussen, wie und wann ein Kind schläft.

In einer Studie mit 140 Schulkindern von der zweiten bis zur sechsten Klasse waren die Zweitklässler abends noch rechtzeitig müde, um ausreichend Schlaf vor dem Schulbeginn zu bekommen. Doch schon Sechstklässler schliefen schlicht zu wenig, weil sie abends zu spät ins Bett kamen, und zeigten so einen leichten, aber chronischen Schlafmangel. Effekt: Sie waren tagsüber schläfriger.[134] Sie konnten aufgrund der festen Aufstehzeit am Morgen nicht ihrer biologischen Uhr folgen und ausreichend schlafen, und zwar mit den bekannten negativen Effekten auf ihre Lernfähigkeit, ihr Verhalten und ihr Wohlbefinden: Sie vermochten sich weniger gut zu konzentrieren, waren unausgeglichener und fühlten sich nicht wohl.

Um herauszufinden, wie viel Schlaf die Kinder brauchen, hat das gleiche Forscherteam drei Jahre später 77 Schulkinder zwischen neun und zwölf Jahren untersucht und einigen von ihnen drei Nächte lang eine Stunde mehr und anderen eine Stunde weniger Zeit im Bett gegeben. Dieses Detail ist wichtig, weil oft genau diese eine Stunde den Kindern fehlt und sich über die Zeit aufsummiert. Während sich eine Nacht mit zum Beispiel experimentell nur vier Stunden Schlaf auf viele Kinder nicht negativ auswirkt, hatten drei Nächte mit nur dreißig bis sechzig Minuten weniger Schlaf einen klaren Effekt: Die Kinder mit weniger Schlaf schnitten in Tests schlechter ab beziehungsweise – je nach Test –

die Kinder mit mehr Schlaf deutlich besser als die Kontrollgruppe,[135] und das, obwohl manche von ihnen nur eine halbe Stunde mehr geschlafen hatten als ihre Mitschüler: »Die Ergebnisse deuten darauf hin, dass die meisten Kinder ihren Schlaf verlängern können und selbst von einer bescheidenen Schlafverlängerung nachweislich profitieren«, schreiben die Autoren. Sie merken an, dass bei Kindern, die zum Beispiel Konzentrationsprobleme haben, schon ein wenig mehr Schlaf helfen könnte. Und die Studie zeigt auch: Wenn wir Familien die Aufgabe geben, ihre Schulkinder eine Stunde mehr schlafen zu lassen, war das zumindest im Studiensetting kein Problem. Ein »Bei uns klappt das aber nicht!« ist also kein Argument.

Damit das »klappt«, betrachten wir Schlaf immer vom Tag aus. Wenn ich will, dass meine Kinder früher ins Bett gehen, dann reicht es nicht etwa, sie eine halbe Stunde früher ins Bad zu schicken. Oft sind sie dann schon zu müde, lassen sich zu leicht ablenken, haben zu spät noch gegessen oder auf einen Bildschirm geschaut, schlicht: Wir setzen einfach deutlich früher an.

Folgende Analyse hilft uns:

- Wann kommt das Kind nach Hause?
- Wann kann das Kind nach Schule oder Betreuung eine Pause machen?
- Was ist dann noch zu erledigen?
- Hat das Kind sich genug bewegt?
- Wann isst das Kind seine letzte Mahlzeit?
- Wann hat es den letzten Bildschirmkontakt, und ist danach genug Zeit, noch »herunterzufahren«, sich also zu bewegen, zu lesen, zu entspannen?
- Welche Tätigkeiten »verschieben« das Schlafengehen regelmäßig, was »fällt uns noch ein«, was »machen wir noch schnell«?

Wenn uns klar wird, dass wir immer zu spät den Ranzen packen oder abends plötzlich Hausaufgaben einfallen, können wir schon nachmittags gegensteuern und rechtzeitig nachfragen. Wenn unser Kind abends zu hibbelig ist, braucht es nachmittags vielleicht noch mal Bewegung oder eine kleine Entspannungseinheit. Und wenn unser Schulkind abends immer wieder aus seinem Kinderzimmer kommt, weil es »nicht schlafen kann«, dann braucht es uns vielleicht einfach, um es in den Schlaf zu kuscheln. Sie sehen schon so groß aus, aber sie sind es noch nicht, und Schule ist eine aufregende Sache. Es ist also völlig legitim, dieses Kind bis ins Reich der Träume zu begleiten, bei uns schlafen zu lassen oder den ersten Teil der Nacht bei ihm zu bleiben – welches Arrangement auch immer für die Familie funktioniert.

Wenn Schulkinder schnarchen

Viele Kinder schnarchen, wenn sie einen Atemwegsinfekt haben, oder einfach hin und wieder mal – das ist normal. Aber wenn Kinder mehrere Nächte hintereinander, ohne erkältet zu sein, schnarchen oder sogar Atemaussetzer haben, dann sollten wir eine Hals-Nasen-Ohren-Praxis aufsuchen. Denn Kinder, die schnarchen, bekommen nachts nicht richtig Luft und können sich nicht hinreichend ausruhen. Der Schlafmangel führt zu einer Reihe von Symptomen, die zum Beispiel mit dem Aufmerksamkeitsdefizit-Hyperaktivitätssyndrom (ADHS) verwechselt werden können: Tagesmüdigkeit, Unkonzentriertheit, körperliche Unruhe, Schwitzen, Kopfschmerzen oder sogar, bei massivem Schlafmangel, Entwicklungsverzögerungen wie zu geringes Gewicht oder Minderwuchs.

In einer Studie mit fünf- bis zehnjährigen Kindern, die schnarchten oder sogar nachts leichte Atemaussetzer hatten, zeigte sich, dass sie sich deutlich weniger gut konzentrieren konnten als die Kontrollgruppe – nicht, weil sie weniger schlau waren, sondern weil ihnen der Nachtschlaf fehlte.[136] Beim HNO-Doc wird dann abgeklärt, wie man ihm helfen kann.

Gesunde Schlafhygiene für Schulkinder

Machen wir uns nichts vor: Es wäre ideal, wenn die Schule einfach dreißig bis sechzig Minuten später begänne, für Kinder ab zwölf Jahren auf keinen Fall vor 8.30 Uhr, besser später – so empfiehlt es seit 2014 offiziell die amerikanische Kinderärzte-Vereinigung, auch wenn bisher niemand darauf hört.[137] Eine Metaanalyse zeigte 2022 erneut, dass die Ergebnisse von 2014 immer noch gelten: Schulkinder sind ausgeschlafener, leistungsfähiger und besserer Laune, wenn sie morgens länger schlafen dürfen.[138]

Aber wenn wir das Schulsystem nun mal nicht ändern können – was tun? Das Wichtigste ist, dass wir selbst eine gute Schlafhygiene haben. Dazu gehören feste Schlafenszeiten, feste Aufstehzeiten auch am Wochenende und eine klare Routine, ab wann keiner mehr auf Bildschirme schaut.

Eltern, die ihren Kindern eine feste Schlafenszeit vorgeben, ohne sie autoritär durchzuziehen, aber gezielt darauf hinarbeiten, haben erfahrungsgemäß Kinder, die besser und mehr schlafen als Eltern, die ihre Kinder einfach nach Gusto schlafen lassen.

Zur Schlafhygiene gehört – für die ganze Familie –, dass wir das Licht abends dimmen und künstliches Licht möglichst vermeiden. Kinder, die abends mehr Licht ausgesetzt sind (durch Bildschirme, aber auch durch helle LEDs zum Beispiel), schlafen nicht ausreichend. Kerzen sind abends eine gute Alternative zum Lagerfeuer – in jedem Alter!

Tablets, Mobiltelefone und Computer – also sämtliche hellen Bildschirme – sollten ab einer festen Zeit nicht mehr genutzt werden. Für alle Menschen wird empfohlen, zwei bis drei Stunden vor dem Schlafengehen auf keine Bildschirme und in keine LED-Lampen mehr zu schauen, weil dies die für den Schlaf wichtige Hormonausschüttung stört.

Auch große Kinder brauchen ein Abendritual. Das kann eine warme Dusche sein, ein bisschen Streicheln, eine Geschichte, Lesen, beruhigende Musik. Wir alle wissen, dass die Kids nach dem Schwimmtraining besonders gut ins Bett kommen – generell gilt, dass Kinder, die regelmäßig Sport machen, auch besser schlafen.

Dass Grundschulkinder keinen Kaffee trinken sollten, ist eigentlich eine Binsenweisheit, doch schon bei Zehn- bis Zwölfjährigen ein Thema. Sie trinken vielleicht keinen Espresso, aber Energydrinks enthalten bis zur Höchstdosis 23 Gramm Koffein pro Dose, was den Schlaf deutlich beeinflussen kann.

Alle Menschen sollten in einem gemütlichen, kühlen, dunklen Raums schlafen können, in dem sie sich sicher fühlen. Ob sie dort allein oder mit ihrer Familie schlafen, sollte jeder selbst entscheiden können.

Eine weitere Maßnahme für Kinder mit Schlafproblemen ist, das Bett tatsächlich nur fürs Schlafen zu benutzen. Wenn Kinder nicht zur Ruhe kommen, muss das Gehirn lernen, was wo angesagt ist. Das heißt: Im Bett sollte weder ferngesehen noch telefoniert oder gearbeitet werden. Es ist der Ort, den der Körper mit

Schlaf verbindet: Wir sind jetzt an dem Ort, an dem wir schlafen – sonst machen wir hier nichts.

Wenn Kinder partout nicht einschlafen können, sollte es ihnen erlaubt sein, aufzustehen. Wir machen dann nichts Aufregendes mehr – wir spielen nicht, schauen uns keinen Film an und reden nicht über aufregende Themen. Wir lesen oder lümmeln auf dem Sofa, mummeln uns in eine Decke mit unserem Kind – was immer langweilig und kuschelig ist. Es kann sehr hilfreich sein, wenn wir als Erwachsene noch etwas lesen, was unsere Kinder nicht interessiert, und das Kind sich zu uns kuscheln darf. Wir entspannen uns langsam (denn wir lesen ein Buch, das uns nicht aufregt, sonst übertragen wir unsere Aufregung auf das Kind), und das Kind entspannt sich mit. Es ist die gleiche Co-Regulation wie für ein Kleinkind. Wenn das Kind Müdigkeitszeichen zeigt, geht es zurück ins Bett – allein oder mit uns – und schläft.

Können Schulkinder abends nicht einschlafen, dann liegt das oft leider auch daran, dass Kinder schon in diesem Alter Leistungsdruck und Stress haben. Wir können ihnen mit folgenden Ideen frühzeitig beibringen, diesen Stress zu bewältigen:

- Wir schreiben ihre Aufgaben oder Sorgen auf ein Blatt Papier. Wir schauen morgen noch einmal drauf, wenn wir darüber geschlafen haben.
- Wir bewegen uns noch einmal (zum Beispiel mit einem Springseil oder einem Indoor-Fahrrad).
- Manchen Kindern hilft eine Gewichtsdecke, sich zu entspannen (durch einen gleichmäßigen Druck auf die Haut werden tiefliegende Hautrezeptoren aktiviert, die zur Freisetzung körpereigener Wohlfühlhormone führen).
- Wir können auch gemeinsam eine kleine kindgerechte Meditation oder Massage machen, damit das Kind »herunterfahren« kann.

Und nicht zuletzt: Fragen wir in der Schule und bei den Behörden nach späteren Schulanfangszeiten. Wenn wir das Thema nicht immer wieder auf die Tagesordnung setzen, wird sich nichts ändern.

Abendrituale für Schulkinder

Auch wenn sie oft schon relativ selbstständig ins Bett gehen, profitieren auch Schulkinder von Abendritualen. Besonders auf dem Weg zur Pubertät, wenn sie abends immer weniger gut ins Bett kommen, kann dies hilfreich sein. Hier ein paar Ideen, die nachweislich Stress reduzieren:

- Starten wir eine Dankbarkeitsrunde, bei der wir alle einander erzählen: »Wofür bin ich heute dankbar?«
- Ebenso eine Selbstbewusstseinsrunde, bei der wir alle erzählen: »Was habe ich heute richtig gut gemacht?«
- Hin und wieder können wir auch eine »Scheiternrunde« einfügen, in der wir uns gegenseitig erzählen: »Was habe ich heute nicht so gut hingekriegt?«, um deutlich zu machen, dass auch das zum Leben dazugehört und wir daraus lernen können, um es – wenn möglich – in Zukunft eventuell besser zu machen beziehungsweise zu lernen, dass manches nicht in unserem Einflussbereich liegt.
- Oder wir machen eine kleine Meditation, bei der wir achtsam ein paar Minuten lang den Geräuschen um uns herum lauschen, ohne sie zu bewerten oder zu sprechen. Dabei können wir beziehungsweise das Kind einen »friedlichen, ruhigen« Ort in uns selbst finden, indem wir ein paarmal ruhig atmen, dann in unserem Körper ein warmes, freundliches Lächeln finden und an diesem ruhigen, freundlichen Ort bleiben. Die Praktizierenden und Forschenden Amy Saltzman und Philippe Golden schreiben in einem Aufsatz, dass wir dabei immer der »Faustregel« folgen sollten, dass jedes Kind eine Minute pro Alter in Jahren üben kann.[139]
- Eine Viertelstunde harmonische klassische Musik hören, bei der wir einfach nur lauschen und nicht reden, um zu entspannen.
- Eine kurze Meditation mit einem Mantra für Kinder, die gern sprechen oder singen.

Schlaf und ADHS

Um es gleich vorweg zu sagen: Mehr Schlaf heilt kein sogenanntes Aufmerksamkeitsdefizit-Hyperaktivitätssyndrom (ADHS), das wir bekanntlich ja als »neurodivergent« verstehen. Aber eine Studie von 2011 mit 43 Kindern, davon elf mit einer offiziellen ADHS-Diagnose, zeigte, dass zu wenig Schlaf gerade für solche Kinder ein Problem darstellt. Nach knapp einer Woche mit einer Stunde weniger Schlaf pro Nacht zeigten sowohl die betroffenen als auch die »gesunden Kontrollkinder« mehr Probleme, sich in Tests zu konzentrieren. Bei den ADHS-Kindern nahm die Konzentrationsfähigkeit aber so stark ab, dass es zu einer klinisch signifikanten Beeinträchtigung führte.[140] Dies ist insofern besonders relevant, als ohnehin über die Hälfte der ADHS-Kinder nach einer Studie unter vierzig Sechs- bis Zwölfjährigen schlecht schläft[141] und zu wenig Schlaf die Symptome eher verstärkt.[142]

Wie wir Albträume in den Griff kriegen

Albträume kommen in der Kindheit häufig vor und können aufgrund von Stress, Angst oder auch ohne erkennbare Ursache auftreten. Wir lassen die Kinder immer erzählen, was sie geträumt haben; vielen Kindern hilft es auch, ihren Traum zu malen. Sind die Träume sehr hartnäckig, versuchen wir, dem Gehirn eine neue Bewältigung beizubringen.

Eine Studie an sechs- bis elfjährigen Kindern über acht Wochen zeigte, dass eine solche »Imagery Rehearsal Therapy« einen positiven Effekt haben kann – sogar langfristig.[143]

So schaffen wir neue Bilder:

- Erster Schritt – Kreativität: Unser Kind malt seinen Albtraum. Größere Schulkinder können ihn auch aufschreiben.
- Zweiter Schritt – Veränderung: Wir fragen: »Was kannst du in das Bild einzeichnen, was dir helfen würde?« (Zum Beispiel einen Zauberer, der das Monster verjagt.) Hat das Kind den Traum aufgeschrieben, formulieren wir gemeinsam ein neues Traumende.

- **Dritter Schritt – Üben:** Wir malen uns das neue Traumende aus – mindestens fünf bis zehn Minuten lang jeden Abend für etwa eine Woche, um dem Gehirn die neue Idee beizubringen. Wir schmücken es aus: »Wie sieht es aus?«, »Wie fühlt es sich an?«, »Wie werde ich mich fühlen?« und so weiter.[144]

Trockene Nächte

Viele Kinder machen bei Schuleintritt plötzlich nachts wieder ins Bett. Wir sollten also vorher Inkontinenzunterlagen besorgen, falls nicht schon welche da sind, und sie aufziehen.

Das ist normal und kann sich eine Weile hinziehen beziehungsweise immer wieder auftreten, wenn das Kind einen aufregenden Tag hatte. Hier müssen wir uns noch keine Sorgen machen, vor allem dann nicht, wenn das Kind vorher schon trocken war. In der Regel erledigt sich das Thema von selbst, sobald das Kind sich an die neue Situation gewöhnt hat.

Was wir im Falle eines Falles tun:

- Wir legen das nasse Laken und die Decke einfach in die Dusche oder Wanne.
- Wir wechseln nachts mit so wenig Aufheben wie möglich die Bettwäsche.
- Wir waschen das Kind gegebenenfalls mit einem warmen Waschlappen ab (nicht kalt!).
- Wir nehmen das Kind alternativ einfach mit in unser Bett oder beziehen seines schnell neu und geben dem Kind eine andere warme Decke.
- Wir ziehen dem Kind etwas Warmes an.
- Wir versichern dem Kind, dass alles in Ordnung ist und wir da sind.

Die meisten Schulkinder sind tagsüber und nachts schon trocken – aber eben nicht alle. Dass sie regelmäßig *tagsüber* einnässen, ist sehr selten. Wenn es bei uns der Fall ist, dann ist der Gang zum Kinderarzt angesagt, denn: »Eine kontinuierliche unwillkürliche Inkontinenz ist fast immer Folge einer organischen Erkrankung.«[145]

Viel häufiger ist es, dass Kinder bis zum fünften Lebensjahr hin und wieder noch »in die Hose machen«, was aber als normal angesehen wird. Erst wenn Kinder älter als fünf Jahre sind und nachts noch regelmäßig einnässen, sprechen Mediziner von einer Enuresis oder kindlichen Harninkontinenz. Was heißt regelmäßig? Mindestens einmal pro Monat über einen Zeitraum von mindestens drei Monaten. Bei mehr als vier nassen Nächten pro Woche spricht man von häufigem Einnässen, bei weniger von seltenem.

Dies kann ebenso wie das Einnässen tagsüber eine organische Ursache haben, die die kinderärztliche Praxis abklären sollte. Viel häufiger ist allerdings die »nichtorganische« *nächtliche* Harninkontinenz.

Etwa 10 Prozent der siebenjährigen Kinder nässen dauerhaft oder häufiger nachts ein, wobei Jungen doppelt so oft betroffen sind wie Mädchen. Also finden wir in jeder ersten Klasse zwei bis vier Kinder mit diesem Thema. Manchmal passiert das nur vorübergehend, aber bei etwa 25 Prozent der Kinder bleibt das Problem länger bestehen.

Eine Studie aus Italien hat gezeigt, dass bei 77 Prozent der Kinder das Einnässen nachts passiert und bei 23 Prozent auch tagsüber. Bei älteren Studien aus Großbritannien war es bei etwa einem Drittel der Kinder nur nachts. Im Alter von zehn Jahren betrifft das noch etwa 5 Prozent der Kinder, das sind durchschnittlich immer ein bis zwei Kinder pro vierte Klasse. Bis zur Pubertät legt sich das Problem bei den meisten, nur noch 2 Prozent aller Kinder nehmen das Thema auch nach dem zwölften Lebensjahr noch mit, im Alter von sechzehn bis siebzehn Jahren ist es nur noch bei 0,5 bis 1,7 Prozent der Kinder der Fall. Wir sind damit also nicht allein.[146]

Das Syndrom ist zu einem Teil erblich: Wenn beide Eltern als Kinder lange ins Bett gemacht haben, liegt die Wahrscheinlichkeit, dass auch ihre Kinder nachts einnässen, bei 77 Prozent. Wenn ein Elternteil betroffen war, dann sind es noch 43 Prozent.[147]

Es ist nicht eindeutig geklärt, warum manche Kinder nachts nicht aufwachen, wenn ihre Blase voll ist, einige mögliche Ursachen sind die folgenden:

- Enuresis hat oft damit zu tun, dass der Hirnstamm das Kind nicht aufweckt, wenn es mal muss, was er aber sollte.[148]
- Sein Schließmuskel wird nachts nicht richtig festgehalten oder gibt auf Druck nach – viele Kinder sind in den ersten Stunden der Nacht sehr trocken, entleeren dann aber große Mengen Urin auf einmal.
- Einige Kinder produzieren im Schlaf mehr Urin, als die Blase nachts halten kann (bei manchen Kindern 130 Prozent mehr) – eigentlich sollte die Niere nachts in einen Ruhezustand gehen, was nicht immer funktioniert.

Forschende beobachten, dass neurodivergente Kinder häufiger betroffen sind und dass Kinder, die unruhig schlafen oder nachts schlecht atmen können, ebenfalls öfter einnässen.[149] Die meisten Kinder nässen im ersten Drittel der Nacht ein. Manchen Kindern hilft es, wenn sie dann noch mal geweckt werden und auf die Toilette gehen.

Bei Kindern, die schon einmal trocken waren, können Rückfälle bei bedeutenden Lebensereignissen ausgelöst werden (zum Beispiel Trennung der Eltern, Start oder Probleme in der Schule, Wechsel vom Kindergarten in die Schule, Geburt eines Geschwisterkindes).

Wir sollten über nächtliches Einnässen nicht einfach hinweggehen à la »Das wird schon«, sondern unser Kind immer gut beobachten. Kinder, die einnässen, zeigen häufig zusätzliche Symptome wie Traurigkeit, Unglücklichsein, niedriges Selbstwertgefühl und beeinträchtigte Lebensqualität,[150] und auch für uns Eltern ist es oft eine Belastung (viel Wäsche, unruhige Nächte, unglückliches Kind).

Ein aktueller Leitfaden zur Behandlung weist darauf hin: »Das enuretische Kind benötigt keine Blutuntersuchung, keine radiologische oder urodynamische Untersuchung, wenn bestimmte Warnsignale (zum Beispiel Blasenentleerungsstörungen, übermäßiger Durst) fehlen.« Die wichtigsten zu berücksichtigenden Begleiterkrankungen sind psychiatrische Störungen, Verstopfung, Harnwegsinfektionen und Schnarchen oder Schlafapnoe (Atemaussetzer). Verstopfung und Tagesinkontinenz sollten, falls vorhanden, behandelt werden, und auch nächtliche Atemprobleme sollten mit ärztlicher Hilfe behoben werden, da sie oft das Trockenwerden behindern.[151]

Manche Kinder mit einer zu geringen Blasenkapazität sind tagsüber unauffällig, weil sie wenig trinken und wenig zur Toilette gehen. Es kann sein, dass die Kinder eine überaktive Blase haben und ständig gehen müssen, wenn sie normal viel trinken. Es kann auch sein, dass sie den Gang zur Toilette aufschieben – weil sie zum Beispiel schon einmal eine Blasenentzündung hatten – und daher ihre Blase falsch trainieren. Und es kann sein, dass sie ihre Blase nicht gut entleeren können, weil das Zusammenspiel der entsprechenden Muskeln noch nicht gut funktioniert.

Wie können wir unseren Kindern helfen?

Es ist wichtig, dass wir gerade unseren Enuresis-Kindern Liebe und Wertschätzung entgegenbringen und ihnen die Möglichkeit geben, in anderen Bereichen selbstständig und selbstwirksam zu sein. Denn die Forschung zeigt, dass Kinder mit einem starken Selbstvertrauen tatsächlich schneller trocken werden.[152]

Schlussendlich sollten wir Eltern wissen: »Es ist allgemein bekannt, dass die nächtliche Enuresis bei den meisten Kindern nach dem siebten Lebensjahr spontan geheilt werden kann«, nur wenige Kinder sind darüber hinaus betroffen, und in der Regel erledigt sich auch bei ihnen das Thema bis zum Ende der Pubertät.[153]

Interview: »Fertigprodukte sind nicht schlecht«

Mit Jenny Böhme, Familienernährungsexpertin und Foodbloggerin, online auf Instagram unter @familienkost

Was tun wir in die Brotdose und wie viel?

Was in der Brotdose landet, bespricht man am besten direkt mit dem Kind. Kohlenhydrate sind Treibstoff für Gehirn und Muskeln. Neben belegten Broten sind auch Quarkbrötchen, Wraps und Overnight Oats sehr beliebt. Wellenschnittmöhren, Apfelstücke und saisonales Obst sorgen für Vitamine und gute Laune. Knabbereien wie Nüsse, Käse oder Kichererbsen machen satt und schlau.

Kommt die Brotdose voll zurück nach Hause, liegt es nicht immer an der Auswahl. Oft ist einfach nur die Pause zu kurz oder die Tobezeit auf dem Hof wichtiger für das Kind.

Meine Kinder kommen hungrig nach Hause – welche Snacks können wir anbieten? Wie verhindere ich das schnelle Nuss-Nougat-Creme-Brot?

Gute Vorbereitung hilft. Wir haben immer eine große Dose im Ofen geröstete Nüsse zu Hause. Ob pur zum Knabbern oder als Topping auf griechischem Honigjoghurt – die gesunden Fette machen satt und schlau.

Ein Teller aufgeschnittenes Obst, hübsch dekoriert mit Food-Picks, ist auch immer eine gute Idee und verlockt viel mehr zum Zugreifen als ein ganzer Apfel. Genauso gut sind Rohkost und Grissini mit leckeren Dips. Gesunde Waffeln, Apfelbrötchen oder Hotdog-Muffins lassen sich prima vorbereiten, auf Vorrat einfrieren und beim kleinen Hunger schnell erwärmen.

Manche Eltern haben nicht immer die Zeit zum Kochen. Kann ich auch Fertigprodukte verwenden?

Fertigprodukte sind nicht per se schlecht, aber man sollte immer einen Blick auf die Zutatenliste werfen. Je kürzer, desto besser. Von Produkten mit E-Nummern und Geschmacksverstärkern lieber die Finger lassen! Empfehlen kann ich alles, was es in den einschlägigen Bio-Regalen gibt. Fast Food lässt sich aber auch sehr gut selber machen.

Was kann man als warmes Essen mitgeben? Was bleibt gleichzeitig lecker und warm?

Wenn das Schulessen zu teuer ist oder dem Kind nicht schmeckt, kann man auch einfach Essen mitgeben. Dafür gibt es praktische Thermobehälter, die sich vor allem für »One-Pot-Gerichte« eignen. Kartoffelbrei mit Erbsen und Schinkenwürfeln, Milchreis mit Apfel und Zimt, kleine Nudeln mit Buttergemüse und die große bunte Haferbreipalette sind dafür nur ein paar Ideen.

Schulkinder haben Taschengeld und viel mehr Freiraum als Kindergartenkinder. Wie gehen wir damit um, wenn unser Kind anfängt, sich selbstständig Süßigkeiten zu kaufen? Sollen wir das verbieten?

Süßigkeiten verbieten macht in meinen Augen keinen Sinn. Vielmehr sollten wir Eltern unseren Kindern von Anfang an den richtigen Umgang damit vorleben. Als Frühstück sind der Schokoriegel, Gummibärchen oder Omas Kekse keine gute Idee, aber beim Nachmittagstief hin und wieder völlig legitim. Die Dosis macht das Gift. Ein guter Richtwert ist eine Handvoll am Tag.

Wichtig zu wissen: Nicht immer ist es der Hunger, der mein Kind mit der Frage nach Süßem zu mir treibt. Oft steckt dahinter auch ein emotionales Bedürfnis oder Langeweile. Und dann kann ein Kartenspiel bei einer schönen Tasse Tee manchmal ganz einfach das Verlangen nach Süßigkeiten in Luft auflösen.

Wir sollen die Kinder beim Kochen mit einbeziehen – aber wie machen wir das, ohne total gestresst zu sein? Und was machen wir, wenn die Kinder keine Lust dazu haben?

Kochen und Backen mit Kindern ist anstrengend. Aber es lohnt sich. Beim Durchblättern von Familienkochbüchern oder Stöbern im Internet lassen sich viele richtig coole Rezepte finden, die Kinder fürs Kochen begeistern. Am Anfang müssen wir Eltern da noch reichlich helfen, doch mit jedem Mal wird das Kind selbstständiger werden. Und damit auch selbstbewusster.

Rohkost mit dem Wellenschneider oder Kindermesser schneiden finden schon Erstklässler so toll, dass es dabei die Hälfte es oft gar nicht in den Topf schafft, sondern vorher im Mund landet. Diese Freude am Essen und das gesunde Verhältnis zur Ernährung sind genau das, was wir erreichen wollen.

Vielen Dank für das Gespräch.

Hätten Sie's gewusst?

Nicht erst Teenager fangen an, weniger zu schlafen, sondern schon Kinder im Alter von zehn Jahren zeigen circa eine Stunde später Abendmüdigkeit und schlafen dadurch teilweise unter neun Stunden pro Nacht.[154] (Grundschulkinder sollten auf 24 Stunden mindestens zehn Stunden schlafen.)

Schulkinder schlafen signifikant besser, wenn ihre Eltern weniger Stress und mehr Ressourcen haben.[155]

Wenn Schulkinder für ein Experiment früher schlafen sollen, klappt das auch – was heißt, dass ihr spätes Ins-Bett-Gehen durchaus manipulierbar ist.[156]

Auch Schulkinder haben schon Sorgen, Stress und Leistungsdruck. Wir können ihnen bereits jetzt Strategien beibringen, damit umzugehen, und müssen gegebenenfalls schauen, ob wir die Umgebung des Kindes nicht verändern können, um ihm seine Sorgen zu nehmen.

Über die Hälfte aller Grundschüler essen in der Schule, an den weiterführenden Schulen ist es nur noch etwa ein Drittel.[157]

Ernährung hat auch etwas mit dem sozioökonomischen Status zu tun: Sechs- bis elfjährige Mädchen und Jungen mit einem »hohen Status« konsumieren zum Beispiel signifikant weniger Limonaden als Kinder mit »niedrigem Status«.[158]

Essen und schlafen – jedes Kind ist anders

Wir kennen es schon von der Kleinkindzeit: Manche Kinder schlafen früh und sind früh wach (»Lerchen«), andere schlafen spät ein und morgens länger (»Eulen«). Manche essen viel und alles, andere sind wählerisch und schon mit wenig satt.

Diese Unterschiede sind nur ein Problem in einer Zeit, in der Menschen zeitlich gleich getaktet werden, zum Beispiel alle zur selben Zeit in der Schule sein müssen. Sie sind nur dann schwierig, wenn viel salzige und süße Snacks zur Verfügung stehen, die das natürliche Sättigungsgefühl und die natürliche Nahrungsauswahl ablenken. In einer ursprünglicheren Umgebung würden diese Unterschiede gar nicht auffallen.

In unserer Welt heißt das: Wir geben uns Mühe, dass unser Kind nicht allzu spät ins Bett geht, auch wenn es eine »Eule« ist, und lassen es so lange wie möglich schlafen, damit es morgens einigermaßen fit ist. Am Wochenende darf es ausschlafen, sollte aber auch hier nicht zu spät ins Bett, damit sich der Rhythmus nicht weiter verschiebt. Ist es nicht müde, sorgen wir tagsüber für mehr Bewegung, besonders am Wochenende, dann klappt es mit dem Schlafen auch besser.

Wir bieten unserem Kind gesundes Essen an und vertrauen darauf, dass kein Kind freiwillig am gedeckten Tisch hungert. Und dann schauen wir, wie es sich entwickelt, und justieren nach, wo wir können. Wir dürfen uns verfahren, mal den Kurs verlieren und zurücksteuern – das sind keine Fehler, das ist das ganz normale Leben.

Falsche Erwartungen

Schulkinder wissen, wann sie müde sind.

Manche Kinder können ihren Schlaf gut regulieren, andere werden überdreht und sagen uns damit: »Bitte bring mich ins Bett.« Auch das ist Bedürfnisorientierung, denn das Bedürfnis des Kindes ist Schlaf – auch wenn sein Wunsch noch eine Tobe-Runde ist –, und unsere Aufgabe besteht darin, ihm dabei zu helfen.

Wenn das Kind einmal allein schläft, bleibt das so.

Viele Kinder schlafen immer mal wieder allein und haben dann doch ab und zu Phasen, in denen sie bei uns schlafen wollen. Da allein zu schlafen weder ihre Selbstständigkeit fördert noch im Laufe der Menschheitsgeschichte »normal« war, gibt es keinen Grund, dem Kind nicht die Nähe zu geben, die es braucht. Es *wird* irgendwann allein schlafen – ganz sicher.

Schulkinder wissen, was sie essen sollten.

Das ist korrekt, solange das Essen naturbelassen und frei von Zusatzstoffen wie Salz, Zucker und Ähnlichem ist. Eine einfache Regel lautet: Wenn wir nicht wollen, dass das Kind Chips isst, sollten wir keine im Haus haben.

Die Essensmenge der Kinder steigt mit dem Alter kontinuierlich.

Wir Eltern überschätzen in der Regel, wie viel die Kinder essen müssen. Die Nahrungsmenge steigt sprunghaft an und bleibt dann über lange Strecken wieder konstant. Bei den meisten Kindern können wir uns darauf verlassen, dass sie essen, was sie brauchen. Solange das Kind sich normal entwickelt, darf es auch zart sein.

Das sagt die Wissenschaft

Süßes Essen hilft uns, unangenehme Gefühle zu handhaben – das ist bekannt. Wenn Kinder große Probleme damit haben, mit ihren Emotionen umzugehen, neigen sie eher dazu, Süßes und Fettiges zu essen, weil diese Nahrungsmittel das Dopamin-Hoch erzeugen, nach dem sich ihr Körper so sehnt und mit dem sie ihren Stress regulieren können.[159]

Ich habe meinen Kindern immer gesagt: »Wir sind von der Spezies Homo sapiens, wir teilen unser Essen – auch mit Fremden, die Hunger haben!« In Wirklichkeit teilen auch Tiere ihr Essen, darunter in Rudeln lebende Fleischfresser, Insekten, Vögel, Wale, Vampirfledermäuse und Primaten. Schimpansen teilen vor allem mit Freunden, die meisten anderen Tiere mit Verwandten. Dass man hungrigen Fremden etwas von seiner Nahrung abgibt, hatte man bis vor Kurzem

Zehn Tipps

1. Schaffen wir eine gute Schlafhygiene für die ganze Familie: Räume, die nur fürs Schlafen sind, angenehmes Abendlicht, medienfreie Zeit, Abendrituale.
2. Schlafen und Essen ist für die ganze Familie wichtig. Kinder schlafen und essen so, wie wir es tun. Gehen wir also mit gutem Beispiel voran.
3. Auch wenn es verlockend ist: Überfordern wir die Kinder nicht. Sie brauchen oft noch mehr Unterstützung und Orientierung, als wir denken. Wir können also nicht vollkommen auf selbstbestimmtes Schlafen und Essen umstellen, sondern geben weiterhin den Rahmen vor.
4. Wenn das Kind nervös ist, sich nicht konzentrieren kann oder aggressiv ist, versuchen wir es auf jeden Fall auch mit dreißig Minuten mehr Schlaf.
5. »Was koche ich heute?« – Wir können mit den Kindern am Wochenende gemeinsam absprechen, was die Woche kulinarisch bringen soll, und nach Rezepten suchen.
6. Gemeinsam einkaufen, kochen und mit Essen versorgen ist Teil der Erziehung zur Selbstständigkeit.
7. Essen sollte ungestört stattfinden – seien wir Vorbild darin, dass dies Familienzeit ist.
8. Bringen wir Kindern bei, dass Schlafen nicht langweilig ist, sondern genauso viel Aktivität erfordert wie wach sein. Nachts träumen wir, das Gehirn sortiert die Eindrücke des vergangenen Tages und lernt. Fragen wir die Kinder doch mal: »Woran erinnerst du dich nach dem Aufwachen, was dein Gehirn alles gemacht hat?«
9. Versuchen wir nicht, »Lerchen« oder »Eulen« umzupolen, der Rhythmus ist fest und bleibt ein Leben lang bestehen. Wird er gestört, sind die Kinder unleidlich und unglücklich. »Eulen« sollten mindestens am Wochenende ausschlafen dürfen.
10. Ein hungriges oder »unterschlafenes« Kind kann oft nicht sagen, was ihm fehlt – das herauszufinden, ist noch unsere Aufgabe.

nur Menschen zugesprochen. Vor ein paar Jahren wurden jedoch wilde Bonobos dabei beobachtet, wie auch sie Essen mit Artgenossen außerhalb ihrer sozialen Gruppe teilen[160] – noch ein Grund, dem fremden Kind auf dem Spielplatz etwas von unseren Trauben anzubieten.

Es ist lange bekannt, dass regelmäßige Nutzer von Social Media schlechter schlafen, häufiger unter Ängsten und Depressionen leiden, unglücklicher mit ihrem Aussehen sind und sich dementsprechend schlecht fühlen.[161] Das heißt nicht, dass alles, was mit Social Media zu tun hat, negativ ist. Es heißt, dass wir im Gespräch darüber bleiben, welche Medien unsere Kinder konsumieren.

Eine bundesweite Studie zum Schlafverhalten von Grundschülern hat unter anderem ergeben, dass sie schlechter schlafen, als ihre Eltern annehmen. Laut Eltern-Einschätzung leiden 28 Prozent der Viertklässler manchmal bis häufig unter Einschlafstörungen. Die befragten Viertklässler beurteilen ihre Lage aber deutlich schlechter: 45 Prozent können schwer einschlafen. 40 Prozent haben zudem Albträume, 25 Prozent sind tagsüber müde.[162]

FAQ

Was tue ich, wenn mein Kind schlecht einschläft?

Finden wir gemeinsam die Ursache: Ist das Kind nicht müde, weil es nachmittags ein Nickerchen gemacht hat? Will es nicht allein schlafen? Hat es sich zu wenig bewegt? Manchmal machen sich Kinder auch Sorgen um den nächsten Tag oder fürchten, in der kommenden Nacht wieder einen Albtraum zu haben. Ausreichend Bewegung am Nachmittag, Einschlafrituale, Massagen, Einschlafmeditationen, beruhigende Musik, warme Füße oder Gesellschaft können bei vielen Schlafproblemen helfen.

Mein Kind schlafwandelt – was kann ich tun?

Beim Schlafwandeln befindet sich das Gehirn in einem Schlafstadium wie dem REM- oder dem Tiefschlaf. Zusätzlich laufen dort aber verschiedene motorische Prozesse ab, die normalerweise nur auftreten, wenn man wach ist. Wir müssen das Kind nicht wecken – es wird nur schwer wieder einschlafen. Wenn es wirklich aufgestanden sein sollte, bringen wir es sanft zurück ins Bett. Meistens setzen sich kleine »Schlafwandler« aber nur auf oder nesteln an ihrem Bettzeug herum. Mit der Pubertät verschwindet es bei den allermeisten Kindern – je entspannter wir damit umgehen, desto eher.

Mein Kind hat ein Restless-Legs-Syndrom – was hilft?

Die Häufigkeit des Symptoms der »unruhigen Beine« wird auf zwei bis vier von hundert Kindern geschätzt. Sie versuchen – wie Erwachsene –, ihre Missempfindungen zu lindern, indem sie gehen, laufen und schaukeln oder ständig die Bein- oder Schlafposition wechseln. Oft führen Schlaf- zu Konzentrationsstörungen, Lern- und Leistungsdefiziten sowie Verhaltensproblemen. Dennoch wird die Diagnose »Restless-Legs-Syndrom« (RLS) bei Kindern seltener gestellt. Es kann sein, dass das RLS mit Wachstumsschmerzen oder ADHS verwechselt wird, die Diagnose sollte bei Kindern daher idealerweise durch einen RLS-erfahrenen Neurologen gestellt werden. Die Therapie besteht in erster Linie aus mehr Bewegung oder spezieller Physiotherapie in Absprache mit dem Kinderarzt und der Neurologin.[163]

Ist es bedenklich, wenn mein Kind schnarcht?

Meistens handelt es sich um einen Atemwegsinfekt, aber wenn ein Kind über einen längeren Zeitraum schlecht schläft, sollten wir in einer pädiatrischen oder HNO-Praxis vorstellig werden. Dort können weitere Erkrankungen ausgeschlossen werden.

Fahrrad aufpumpen
Rucksack packen
Greta anrufen
Helm
nicht vergessen!

Artgerecht denken lernen

Achte auf deine Gedanken, denn sie werden Worte. Achte auf deine Worte, denn sie werden Taten. Achte auf deine Taten, denn sie werden Gewohnheiten. Achte auf deine Gewohnheiten, denn sie werden dein Charakter. Achte auf deinen Charakter, denn er wird dein Schicksal.

ÖSTLICHE WEISHEIT

In den nächsten Jahren muss die Welt ihren Ausstoß von Kohlenstoff drastisch reduziert haben. Spätestens Mitte des Jahrhunderts sollte die Kohlenstoffverschmutzung unserer Atmosphäre auf null gesunken sein – dann haben wir hoffentlich die Chance, die Erderwärmung unter 1,5 Grad zu halten. Ob und wie wir diese Ziele erreichen, wird unser gesamtes Leben und das unserer Kinder prägen.

In meinen Büchern *artgerecht – Das andere Baby-Buch* und *artgerecht – Das andere Kleinkinderbuch*[164] habe ich bereits gezeigt, welche wichtigen Grundlagen wir legen müssen, damit unsere Kinder diese Krise bewältigen können: Sie brauchen sichere Bindungen und das Gefühl, dass die Welt trotz allem ein sicherer, freundlicher Ort ist. Sie brauchen die Fähigkeit, sich mit anderen zu verbinden, mitzufühlen und ihre Bedürfnisse zu erkennen, mitzuteilen und ab einem bestimmten Punkt auch aufzuschieben. Wir können schon unsere Babys und Kleinkinder mit einem deutlich kleineren CO_2-Fußabdruck aufziehen, als es in einer konsumorientierten Gesellschaft normalerweise der Fall ist (unsere Kinder würden den Großteil von dem Kram ohnehin nicht kaufen, sie sind lieber bei uns). Wir können ihnen mehr Zeit und weniger Zeug anbieten.

Jetzt, da unsere Kinder groß werden, ist es an der Zeit, ihnen den Raum zu geben, kritisch zu denken, kritisch zu fragen und eigene Schritte zu gehen. Noch immer brauchen sie uns und die Sicherheit, dass die Welt ein freundlicher Ort ist. Klimapanik und Klimadepression sind ernst zu nehmende Gefühle, vor denen wir unsere Kinder schützen müssen. In diesem Kapitel will ich zeigen, was wir tun können – und müssen.

Denn unsere Kinder, unsere Familien machen einen Unterschied. Die kanadische Journalistin und politische Aktivistin Naomi Klein ruft dazu auf: Wir alle können »der Sand im Getriebe« sein, der Widerstand, der nötig ist, um die Maschine zu bremsen, die die Welt in Brand setzt.[165]

Was ich gern vorher gewusst hätte …

EIN PAPA Wie schwer es ist, Kinder vor negativen Nachrichten zu schützen, und wie sehr es sie beschäftigt, ohne dass sie viel dazu sagen.

ELLEN Dass die Kinder in der Schule wenig über Klimawandel und Politik lernen.

So geht's: Wie Kinder denken lernen

> *Alle einfachen Antworten sind falsch. Wenn etwas zu gut klingt, um wahr zu sein, ist es meistens auch nicht wahr. Das gilt in der Wissenschaft, der Medizin wie in der Politik.*
>
> DR. ECKART VON HIRSCHHAUSEN, ARZT, WISSENSCHAFTSJOURNALIST UND GRÜNDER DER STIFTUNG GESUNDE ERDE-GESUNDE MENSCHEN

Denken beginnt mit Gefühlen – mit eigenen und denen anderer. Hier fangen Selbsterkenntnis an und die Fähigkeit, andere zu sehen und zu erkennen, wie es ihnen geht, welche Motive sie haben könnten, wie wir miteinander reden, verhandeln, kooperieren können.

Wir sprechen mit Kleinkindern über Gefühle – aber wir dürfen damit nicht aufhören, wenn sie zu Schulkindern werden. Die Gespräche entwickeln sich immer weiter, und wer jetzt die richtigen Fragen stellt, bekommt erstaunliche Einblicke in die kindliche Seele.

»Wann bist du ›froh‹, ›traurig‹, ›sauer‹, ›ängstlich‹, ›stolz‹?« – das klingt wie ein Gespräch mit einem Vierjährigen, das wir vielleicht auch schon geführt haben, aber nicht nur Vierjährige haben diese Gefühle. Auch große Kinder (und wir ganz Großen) haben sie. Doch was uns heute froh macht, ist nicht das Gleiche wie vor zwei Jahren. Vielleicht haben wir mit unseren Kindern noch nie so explizit darüber gesprochen, was sie erfreut oder ärgert. Dann ist jetzt ein guter Moment, schreibt Myrna B. Shure, Erfinderin des Schulprogramms »Ich kann Probleme lösen« (I Can Problem Solve [ICPS]) und Autorin des Buchs *Erziehung zur Selbstständigkeit*.[166] ICPS ist in den USA eine schulbasierte Intervention, die Kinder darin schult, Lösungen für zwischenmenschliche Probleme zu finden, die Konsequenzen dieser Lösungen zu berücksichtigen und Gedanken, Gefühle und Motive zu erkennen, die zu Streit oder der Lösung von Konflikten führen. Ihr Buch fokussiert sich auf die Zielgruppe der Acht- bis Zwölfjährigen, die oft schon so viel wissen und können und möglicherweise trotzdem Schwierigkeiten damit haben, über ihre Sorgen und Gefühle zu sprechen.

Shure empfiehlt, eine entspannte Situation zu suchen, in der sich Kinder gern unterhalten, und ihnen dann ein Spiel anzubieten. Das kann das Abendessen sein, aber auch der Fußweg zum Sport oder das gemeinsame Kochen. Bei uns zu Hause ist Plätzchenbacken etwas, bei dem wir gut ins Gespräch kommen. Jeder ist mit den Händen beschäftigt, alle haben Zeit, und nebenbei sprechen wir über die wichtigen Dinge.

Das Spiel geht so: Wir suchen ein Gefühlswort. Dann fragen wir uns gegenseitig: »Was macht dich froh? Was macht andere Leute froh?« Es ist einfacher, mit positiven Gefühlen anzufangen und sich auszutauschen und dann zu den schwierigeren Gefühlen zu kommen. Manche Kinder finden »sauer« schwierig, andere »stolz«, wieder andere »traurig«. Manchmal kann ein und dieselbe Sache uns froh und traurig machen.

Die Autorin erzählt von dem Fall, in dem ein Kind erzählte: »Wenn Mama ›Ich hab dich lieb‹ sagt, macht mich das froh. Wenn Papa es sagt, macht es mich traurig, weil er es immer sagt, wenn er mit mir schimpft und dann ›Ich hab dich aber trotzdem lieb‹ sagt«[167] – ein interessanter Einblick darin, wie Kinder ihre Welt wahrnehmen.

Wenn wir etwas gefunden haben, was jemanden froh macht – »Eis!« –, können wir überlegen, ob genau das auch jemand anderen erfreuen würde. Falls nicht – was könnte sowohl ein Kind als auch eine Oma gleichzeitig froh machen? Shure ermutigt Eltern, mit ihren Kindern alle möglichen Kombinationen auszuprobieren. (»Was macht einen Polizisten *und* ein vierjähriges Kind froh?«[168])

Wir können auch eine Art Quizshow daraus machen: Ich erzähle eine Situation, und die Kinder raten, wie ich mich wohl darin gefühlt habe. Dann ist der Nächste an der Reihe. Manche Kinder möchten nicht gern über ihre Gefühle sprechen, sie möchten sie lieber aufschreiben oder malen. Diesen Kindern können wir zum Beispiel ein Blatt Papier geben, ein Gefühl in die Mitte schreiben (»frustriert«), und das Kind kann drum herum malen oder schreiben, was ihm ein Gefühl von Frustration gibt. Oder wir schreiben oder malen eine Situation in die Mitte, und die Kinder malen oder schreiben drum herum, welche Gefühle sie in dieser Situation fühlen.

Die Psychologieprofessorin berichtet, aus ihrer Erfahrung haben die Worte »besorgt« und »erleichtert« eine besondere Bedeutung für Schulkinder, vor allem wenn es darum geht, auch Erwachsene zu verstehen. Als ich meinem Sohn auf die Frage »Was macht dich besorgt?« antwortete, dass ich mich am meisten sorge, wenn er zu spät nach Hause komme, flitzte er in meinen Arm und verstand es auf eine Art und Weise, die ich mit Schimpfen nie erreicht hätte.

Ebenfalls wichtige Fragen sind: »Wessen Schmerz verstehst du, und wessen Schmerz kannst du fühlen?« Oder: »Wo sind wir verständnisvoll und wo wirklich empathisch?« Und: »Wie können wir das so in Balance halten, dass wir nicht ständig und intensiv das Leid eines anderen fühlen, sodass wir uns zurückziehen müssen, weil wir es nicht mehr aushalten können?«

Unsere Schulkinder sind in einem Alter, in dem sie in der Lage sein sollten, zu warten und Frustrationen auszuhalten, ohne auszuflippen. Wenn Kinder Gefühle wie »ungeduldig« und »enttäuscht« benennen können, fällt es ihnen leichter, diese Gefühle zu bewältigen.

Shure berichtet: »Als er [Nicholas] anfing, seine Mutter damit zu nerven, wann er sein neues Computerspiel bekommen würde, fragte sie ihn: ›Wie findest du es, dass du bis zu deinem Geburtstag warten musst?‹, und er antwortete, er sei ›ungeduldig‹. – ›Dein Geburtstag ist nächsten Monat‹, sagte sie ihm. ›Was denkst du, wie du dich fühlen wirst, wenn er endlich da ist?‹ – ›Glücklich‹, sagte er. Nach diesem Gespräch hörte er auf, seiner Mutter wegen des Geschenks auf die Nerven zu gehen. Sich auf sein Glück zu konzentrieren, half ihm, mit seiner Ungeduld fertigzuwerden.«[169]

Auf die gleiche Weise können wir Kinder auch fragen, wie es womöglich anderen Menschen geht: »Was macht es wohl mit deiner Schwester, wenn sie nicht mitspielen darf? Wie würde sie sich fühlen, wenn sie mal fünf Minuten dabei wäre? Wie würdest du dich fühlen?«

Wenn unsere Schulkinder größer werden, beginnen wir, ihnen Perspektiven zu vermitteln: »Wie fühlst du dich jetzt? Wie wirst du dich später fühlen?« So lernen sie zum Beispiel, dass sie zwar jetzt noch mit dem Tablet spielen wollen, sich aber später ärgern werden, wenn sie das Fußballspiel verpasst haben. Oder dass sie zwar jetzt sauer sind, sich aber später wieder beruhigt haben werden und dann eine unbedachte Aktion bereuen könnten. Auch gemischte Gefühle sind möglich: »Ich bin sauer, aber irgendwie ist es auch lustig.« Oder: »Ich habe auf einem Kindergeburtstag erst vor den vielen Menschen Angst, aber ich bin auch neugierig.« Wir leiten sie an, wie sie sich auf die positive Emotion fokussieren können, um zum Beispiel ihre Angst zu mindern.

Introvertierte Kinder

Wenn wir unseren Kindern schon früh die Wörter für Gefühle beibringen, können sie sie nicht nur besser benennen, sondern auch besser bei anderen erkennen und bewältigen. Wirkt unser Kind dabei erst verschlossen, macht das nichts. Wir bieten ihm mehrere Wege an, über Gefühle nachzudenken, zu malen, zu schreiben. So kann es selbst entscheiden, in welchem sicheren Raum es sich dem Thema nähern will, und daran wachsen.

Besonders unsere Jungs profitieren davon: Wir wissen aus Studien,[171] dass Mütter mit Söhnen seltener über Gefühle sprechen als mit Töchtern und dass Väter noch seltener mit ihren Söhnen darüber sprechen. Aber Worte sind wichtig. Diese Spiele zu spielen, ist ein Geschenk fürs ganze Leben.

Kinder dürfen lernen, dass man durchaus auch enttäuscht und sauer sein darf – wir dürfen niemanden schlagen, nichts kaputt machen, aber wir dürfen dem Ausdruck verleihen, damit die Welt weiß, wie wir uns fühlen.

Weitere wichtige Begriffe, gerade wenn es um Gruppen geht, sind auch »einsam«, »neidisch« und »peinlich berührt«. Sagen zu können: »Ich habe mich einsam gefühlt auf dem Schulhof«, gibt unserem Kind die Möglichkeit, dieses Gefühl auszudrücken und in einem nächsten Schritt zu überlegen, was sich ändern müsste.[170]

Ich habe diese Spiele mit meinen Kindern viele Male gespielt. Vorher hätte ich geschworen, dass ich sie gut kenne, hinterher musste ich zugeben, dass ich trotzdem noch erstaunliche Erkenntnisse mitgenommen habe. Mein Sohn erklärte mir zum Beispiel, dass er eigentlich vor nichts Angst habe, sondern vor manchen Dingen nur mehr Respekt als vor anderen. Meine Tochter eröffnete mir, dass sie sich nie einsam auf dem Schulhof fühlte (anders als ich damals), weil sie immer ein Buch dabeihabe, und sagte: »Bücher sind immer da für dich.« Ein Blick in ihre Welt, den ich vorher nicht hatte.

Zuhören lernen

Viele Eltern beklagen sich bei mir, dass ihre Schulkinder ihnen nicht zuhören würden. Das kann mehrere Ursachen haben, schauen wir erst mal auf die einfacheren:

- Das Kind ist gerade mit etwas anderem beschäftigt.
- Wir sagen etwas »im Vorbeigehen«, ohne einen echten Kontakt herzustellen.
- Das Kind bekommt zu oft ein »Nein« als Antwort und will keine weitere negative Ansage.
- Das Kind versteht nicht, was wir wollen, weil wir nur sagen, was es *nicht* tun soll (»Sei nicht so laut!«), oder weil wir zu abstrakte Informationen geben (»Räum endlich auf!« – ohne zu sagen, was hier genau aufgeräumt werden soll und wie es am Ende aussehen muss).

Gleichzeitig muss man zugeben: Schulkinder sind sehr mit sich selbst beschäftigt. Ihr Gehirn bildet ihre Persönlichkeit aus, und ihre Fähigkeiten zu Empathie und Mitdenken stehen nicht oben auf der physiologischen Liste. Wir können ihnen – und uns – spielerisch helfen, indem wir *sichtbar* machen, was passiert.

Eines meiner Lieblingsspiele ist dies: Wenn mein Kind mir offensichtlich nicht zuhört, sage ich etwas Absurdes wie »Ich habe übrigens einen Rennwagen im Lotto gewonnen« und warte ab, was passiert. Wir können auch mal ganz bewusst ein absurdes Gespräch mit unserem Kind führen: »Ich finde meinen Radiergummi nicht.« – »Verdammt, ich hätte noch Äpfel kaufen sollen.« – »Weißt du, wo mein Radiergummi ist?« – »Haben wir noch Birnen im Haus?« – »Wenn ich das mit dem Finger wegradiere, reißt das Papier.« – »Dann backe ich halt keinen Apfelkuchen, und es gibt Birnenmus.« Kinder lieben solche Spiele, und sie machen in ihrer Absurdität erkennbar, wie wir manchmal aneinander vorbeireden ohne böse Absicht, einfach weil jeder in seiner Welt feststeckt. Statt »Hör mir doch mal zu!« zu schimpfen, können wir so schauen, was besser gewesen wäre: »Was hätte dir mit deinem Radiergummi geholfen?« – »Wie hättest du auf mein ›Apfel-Problem‹ eingehen können?«

Ein anderes schönes Spiel für besseres Zuhören ist das gute alte »Stille-Post«- oder »Flüsterpost«-Spiel. Jemand denkt sich einen möglichst witzigen oder schwierigen Satz aus, im Idealfall mit Alliterationen wie »klitzekleine Kätzchen« oder »schnuckelige Schnecken in schunkelnden Schneckenhäuschen« oder gleich einen Zungenbrecher wie »Auf den sieben Robbenklippen sitzen sieben Robbensippen, die sich in die Rippen stippen, bis sie von den Klippen kippen« und flüstert den Satz dem Menschen neben sich ins Ohr. Der wiederum flüsterte die Nachricht weiter, bis der oder die Letzte in der Runde laut ausspricht, was noch davon angekommen ist. Dann können alle anderen erzählen, was sie verstanden hatten – oft ein herrliches Kauderwelsch.

Es ist ein schönes Spiel, aber wir können Kindern damit erklären, wie Missverständnisse oder sogar Gerüchte entstehen, da jeder die Geschichte anders weitererzählt.

Für die Körperwahrnehmung können wir auch ein altes Kinderspiel wieder aktivieren: Wir malen einander Zeichen auf den Rücken, die wir dem Nächsten wieder auf den Rücken malen, der es nicht gesehen hat, und so weiter. Der Letzte erzählt oder zeigt, was er verstanden hat, und der Erste berichtet, was losgeschickt wurde.

Eine weitere Variante der »Stillen Post«, die wir bei *artgerecht* oft spielen, bittet den ersten Spielenden, eine etwas ausführlichere Geschichte laut zu erzählen. In der folgenden Runde gesellt sich eine weitere Spielperson hinzu, die die Geschichte nicht gehört hat, und bekommt sie von einem anderen Mitspieler erzählt. So geht es immer weiter, bis alle dran waren. Dabei können die Kinder sehr schön das Interpretations- und Filterungsverhalten von uns allen beobachten. Kinder lernen so, dass jedes Mal, wenn eine Geschichte oder Information weitergegeben wird, etwas von ihr verändert wird oder verloren geht.

Im Alltag greifen wir dieses Spiel wieder auf und bringen unseren Schulkindern bei, dass es sich lohnt, nachzufragen und herauszufinden, ob wir die gesamte »Nachricht« erhalten oder nur Teile davon bekommen oder gehört haben. Wenn ein Kind nach Hause kommt und sagt: »Lisa mag mich nicht mehr!«, dann können wir zurückfragen: »Woher weißt du das?« – »Sie hat es mir gesagt!« – »Vielleicht war es nicht die ganze Nachricht. Was könntest du tun?« – »Ich könnte sie fragen, wie sie das meint und warum?« Und vielleicht findet unser Kind dann heraus, dass Lisa es nicht mag, wenn es in der Schule über sie lacht oder lügt oder sein Essen nicht teilt. Und so lautet die ganze Nachricht: »Ich mag dich nicht, wenn du dieses Verhalten zeigst«, und unser Kind kann sein Verhalten anpassen, statt Lisa die Freundschaft zu kündigen.

Ist das ein guter Moment?

Da Kinder im Grundschulalter sehr mit ihrer eigenen Entwicklung beschäftigt sind, merken sie manchmal nicht, wie es ihrem Gegenüber gerade geht, und Timing ist auch nicht ihre Stärke. Ich frage meine Kinder daher immer wieder: »Warte kurz, lass uns gucken: Ist das ein guter Moment, um das zu besprechen/zu entscheiden/zu tun? Ist das die richtige Reihenfolge?« Manchmal merken wir dann: Nein, wir sind alle hungrig und müde und werden uns nur streiten, wenn wir in dieser Situation etwas gemeinsam entscheiden wollen. Oder wir könnten uns jetzt zwar noch einen Film anschauen, aber eigentlich ist es zu spät. Oder wir könnten nun noch aufwendig ein Lieblingsessen kochen, aber dann haben wir auf dem Weg ins Museum echt Zeitdruck, ein paar belegte Brote sind die bessere Option.

Ich spreche diese Dinge mit meinen Kindern bewusst durch, statt einfach eine Entscheidung zu treffen. Auf diese Weise ernte ich weniger Widerstand, und sie lernen, Situationen besser einzuschätzen.

Auch soziale Aspekte zu lernen, ist wichtig: »Wenn du mitspielen willst, warte, bis deine Freunde ihr Schachspiel beendet haben, und drängele dich nicht mittendrin dazwischen«, »Alle sind gerade erschöpft vom Einkaufen gekommen – warte, bis alles ausgepackt ist und wir eine Pause gemacht haben, bevor du ein Spiel vorschlägst«, »Ehe du einen Ball wirfst, achte darauf, dass der andere dich auch ansieht und es mitkriegt, damit er ihn fangen kann« …

An manchen Tagen kann ich durch diese Gespräche den kleinen Gehirnen geradezu bei der Arbeit zusehen, wenn meine Tochter freitagabends um halb zehn auf mich zustürmt und fragt: »Mama, kann ich morgen bei Julia übernachten und einen Film anschauen, und du bringst uns vorher noch in den Schreibwarenladen und danach ins Schwimmbad?« Dann hält sie inne, schaut in mein müdes Gesicht und fährt fort: »Warte, ich glaube, das ist kein guter Moment, um darüber zu sprechen, ich frag dich morgen früh noch mal!«

Einen Plan machen

Manche Menschen finden Pläne unromantisch und unkreativ. Tatsächlich ist die Fähigkeit, strategisch zu denken, aber oft ein absoluter Lebensretter. Man kann nicht jedes Problem mit einer einzigen Aktion lösen; zuweilen muss man auch mehrere Maßnahmen ergreifen, es tun sich Hindernisse auf, man sollte Fehler vermeiden – kurz, es ist oft klüger, die Dinge einmal bis zu Ende zu denken.

Ich in ein absoluter Projektmanagement-Freak und dachte lange Zeit, ich sei bestimmt das einzige verrückte Elter, dessen Kinder Kanban-Boards, To-do-Listen, Ablaufpläne und Post-it-Notes nutzen, seit sie in der Grundschule sind.

Tatsächlich ist es aber so, dass alle Kinder davon profitieren, wenn sie strategisches Denken lernen. Das fängt bei ganz kleinen Plänen an, die Schulkinder oft spontan entwickeln. Wenn meine Kinder zum Beispiel beim Einkaufen etwas sehen, was sie ihren Freunden schenken können, überlegen wir: »Wann willst du es verschenken?« – »Erst zum Geburtstag?« – »Ist es dann noch interessant?« (Zum Beispiel der Badeanzug, der im nächsten Winter verschenkt wird.) – »Wo können wir es aufbewahren, damit wir es dann wiederfinden, ohne groß zu suchen?« – »Wird sie dann immer noch ein Fan von dieser Zeichentrickfigur sein, oder könnte es sich abnutzen bis dahin?«

Das Ziel könnte auch sein, sich mit dem neuen Mädchen in der Klasse anzufreunden. Dann haben wir vielleicht eine Liste, die so aussieht:

- »Ich könnte sie einladen, und wir backen Kekse.«
- »Was, wenn sie Nein sagt, weil sie Keksebacken gar nicht mag?«
- »Ich könnte sie zuerst fragen, was sie gern macht, bevor ich etwas anbiete.«
- »Dann können wir etwas finden, was wir beide gern tun.«
- »Dazu könnte ich sie dann einladen.«
- »Dann könnten wir das zusammen machen.«
- »Wenn wir Freunde sind, können wir uns auch bei ihr treffen.«

Auf diese Weise können wir mit unseren Kindern soziale Situationen durchspielen und ihnen helfen, ihre Angst zum Beispiel vor Ablehnung mit Lösungen zu versehen. Sie lernen, ihr Bedürfnis »mit Mia befreundet sein« in einem Tempo zu verwirklichen, das ihnen weniger Angst macht und für beide Seiten angenehmer ist.

Letztlich macht diese Fähigkeit auch das Elternleben einfacher, wenn unsere Kinder nämlich lernen, Hausaufgaben oder Schulprojekte vernünftig zu planen. Sollen meine Kinder zum Beispiel ein Plakat zum Thema »Afrika« erstellen, können wir diese Aufgabe in kleine Schritte unterteilen und zeitlich so planen, dass wir nicht am Sonntagabend bis abends um zehn mit hektischem Basteln beschäftigt sind: »Was brauchst du für das Plakat?« – »Stifte. Und buntes Papier. Bilder von Afrika. Und Tierbilder!« – »Gut, wie wäre noch Sand zum Draufkleben?« – »Ja, Sand wäre super!« – »Wann muss das Plakat fertig sein?« – »Nächste Woche, am Dienstag.« – »Wir gehen Samstag in die Stadt, dann könnten wir im Reisebüro nach einem Afrika-Katalog mit schönen Bildern fragen.« – »Und ich bringe morgen vom Spielplatz Sand mit!« – »Wann wollen wir basteln?« – »Ich bin doch schon die ganze Woche verabredet!« – »Können wir am Samstagmittag alles beisammenhaben und uns bei ein paar Keksen gemütlich hinsetzen?« – »Ja, und ich frage Liam, ob er mit seinem Plakat dazukommt, dann basteln wir zusammen.« – »Liam ist am Wochenende oft bei seinen Großeltern. Wann musst du ihn fragen, damit seine Familie das einplanen kann?« – »Am besten jetzt gleich?« – »Das ist eine gute Idee.«

Wir Erwachsenen denken diese Prozesse oft einfach für die Kinder durch, aber sie kommen jetzt in ein Alter, in dem wir nicht mehr alles wissen, was geplant werden muss. Daher ist es gut, unseren Kindern diese Skills beizubringen, damit sie mitdenken lernen. Natürlich geht das nicht von jetzt auf gleich. Aber Stück für Stück werden wir erstaunt feststellen, wie klug diese kleinen Menschen mit ihrer Zeit umgehen können. Und dann geht trotzdem immer mal etwas schief. Vielen Kindern im Schulalter fällt es extrem schwer, mit Enttäuschungen umzugehen. Schauen wir also, wie wir ihnen hier helfen können.

Mit Enttäuschungen umgehen lernen

Während wir unseren drei- oder manchmal auch vierjährigen Kindern noch mit Spiegeln und Mitgefühl helfen (»Du bist enttäuscht, dass das nicht klappt, ich verstehe das, wie ärgerlich, du hast dich so gefreut!«), sind unsere Schulkinder schon anspruchsvoller. Sie drehen ihren Frust oft gegen sich selbst oder andere – und gern gegen uns. Wir riskieren außerdem, dass sie ihre Motivation zum Beispiel in der Schule verlieren, wenn sie zu oft frustriert worden sind. Welche Möglichkeiten gibt es?

Wenn die Kinder von uns als Eltern enttäuscht sind, können wir, statt Erklärungen abzugeben, versuchen, mit ihnen zusammen zu verstehen, wie es zu der Entscheidung kam, wie sich andere damit fühlen und welche Lösungen es geben könnte. »Kannst du dir vorstellen, warum ich nicht möchte, dass du abends mit deinen Freunden an den See gehst?« – »Weil etwas passieren könnte?« – »Genau; und wie würde ich mich fühlen, wenn ich es dir erlaubt habe und dir etwas passiert?« – »Du würdest traurig sein und dich ärgern. Aber es passiert doch nichts!« – »Denk mal nach, könnte wirklich nichts passieren? Was könnte passieren, wenn ihr allein am See seid?« – »Es könnte jemand ins Wasser fallen. Aber wir passen doch auf!« – »Das glaube ich dir. Aber kannst du ausschließen, dass es passiert?« – »Nein, kann ich nicht.« – »Wie würdest du dich fühlen, wenn jemand ins Wasser fällt und ihr nichts tun könntet?« – »Das wäre blöd.« – »Lass uns überlegen, wie wir das Problem lösen könnten.« – »Es könnte ein Erwachsener mitkommen, der aber nicht die ganze Zeit bei uns rumsitzt.« – »Stimmt. Ich muss heute Abend arbeiten, wen könnten wir fragen?« – »Ich frage mal die Mama von Tim, die arbeitet am Wochenende nicht!« – »Das ist eine gute Idee!«

Falls Tims Mama auch nicht kann, könnte ich mit meinem Kind verabreden, dass ich mir am folgenden Samstag freinehme (oder wann es besser passt) und dann mit ihm und seinen Freunden als stille Bademeisterin mit an den See komme.

Was, wenn Kinder von ihren Freunden enttäuscht sind? Wir können ihnen helfen, die Motive ihrer Freunde zu verstehen, und nachfragen, was genau das Kind verletzt. Oft liegt der Schmerz darin, dass das Kind das Verhalten eines anderen mit sich assoziiert: »Ich bin nicht gut genug.« Oder: »Sie mag mich nicht so sehr wie die anderen, deshalb verhält sie sich so.« Wir können unseren Kindern helfen zu verstehen, dass das Verhalten oft mehr über die Nöte des anderen Kindes aussagt, und gemeinsam herausfinden, was diese sein könnten.

Ebenfalls eine große Enttäuschung können Geschenke sein: Das Kind wünscht sich etwas – explizit oder sogar ohne Worte – und bekommt es nicht. Statt Weihnachtsglück hat man plötzlich eine tobende Siebenjährige unterm Baum neben ebenfalls enttäuschten Großeltern, der Albtraum zum Fest. Was können wir tun? Auch hier können wir in ein Gespräch gehen. Als Erstes signalisieren wir Verständnis – manchmal ist man einfach enttäuscht und darf das auch sein. Dann schauen wir, was genau die Hoffnung war, die da ent-täuscht wurde. Im Idealfall können wir alle gemeinsam – Kind, Eltern, Großeltern – darüber trauern, dass wir uns hier geirrt haben und dachten, das prämierte Jugendbuch sei cooler und pädagogisch wertvoller als der gewünschte Comicband. Anschließend, wenn aller Frust rausgeweint, -geschimpft und -geschrien ist, schauen wir gemeinsam: Vielleicht ist doch irgendwas Brauchbares an dem Geschenk, das das Kind so verärgert hat. »Wollen wir zusammen mal nachsehen?« Oft findet sich dann trotzdem noch ein Weg, in Kontakt zu kommen.

Manche Kinder leiden sehr unter Enttäuschungen in der Schule, wenn ein Test nicht so ausgefallen ist wie erhofft oder sie in einem Fach einfach nicht auf einen grünen Zweig kommen. Wir können ihnen helfen, indem wir offen damit umgehen, was da passiert: »Du hast wenig gelernt«, »Die Lehrkraft gilt als streng«, »Schule ist nicht alles« ... Wir können unser Kind mit anderen Erfolgserlebnissen daran erinnern, dass es kein »totaler Versager« ist, sondern dass es eben in diesem Bereich Schwierigkeiten hat – nichts, was sich nicht noch ändern könnte. Und wir sollten darauf achten, besonders wenn Schule viel Frust produziert, dass das Kind andere Bereiche in seinem Leben hat, in denen es sich gut fühlt und glänzen kann. Das kann Sport sein, Kunst, die Familie, der Pfadfinderclub. Wir können unseren Kindern auch erzählen, wie es uns in diesem Alter erging – oft denken sie nämlich, dass wir absolut und immer perfekt waren, und sind sehr erleichtert zu hören, dass wir es auch geschafft haben, obwohl wir die gleichen Probleme hatten. Wir können unseren Kindern auch erzählen, dass selbst große Denker und Denkerinnen Schulprobleme hatten: Einstein ist sitzen geblieben, Marie Curie konnte nur heimlich zur Schule gehen, der Gründer von Apple, Steve Jobs, hat nie einen höheren Schulabschluss geschafft. Wir können ihnen erzählen, wie viele Glühbirnen Edison gebaut hat, die nie funktionierten, und dass er einfach nicht aufgegeben hat – oder dass Einstein erst für verrückt erklärt wurde, bevor er seine Theorien so präzisiert hatte, dass man ihm glaubte. Es kann schon Grundschulkindern helfen zu wissen, dass große Persönlichkeiten nicht einfach »alles konnten« oder besonders intelligent waren, sondern sich vor allem von Hindernissen nicht haben unterkriegen lassen.

Denkruhe für Kinder

Wer kennt das nicht? Wir schließen die Augen, und sofort schießt unser Gehirn los, sendet Gedanken, Grübeleien, Fragen, Sorgen, das Sprachzentrum produziert innere Monologe, spielt Situationen durch, unzusammenhängendes Zeug, das von einem Gedanken zum nächsten springt – »Brain-Chatter« nennen wir dieses unkontrollierte Feuern der Synapsen. Forschende gehen davon aus, dass Menschen in der Jäger-und-Sammler-Welt deutlich weniger Brain-Chatter hatten, weil wir in der Natur aufmerksamer sein müssen und unser Gehirn sich automatisch beruhigt. Ein kleiner Selbstversuch zeigt das: Gehen wir mal mit unseren Kindern durch den Wald, und stellen wir uns dabei vor, dass es (a) Beutetiere gibt, die wir nicht verscheuchen wollen, und (b) Raubtiere, von denen wir nicht gefressen werden möchten. Wenn wir nicht ständig im Alarmzustand sein wollen, ist der Effekt ein »entspannter Wachzustand«, in dem wir unsere Umgebung achtsam wahrnehmen, uns umsichtig bewegen und das Gehirn schweigt.

Da unser Gehirn nicht dafür gemacht ist, ständig auf Hochtouren zu arbeiten, sollten wir es regelmäßig beruhigen und Stress abbauen. Mit einem ruhigen Geist können wir uns besser konzentrieren, fühlen uns wohler, und unsere grauen Zellen können sich – übrigens ein Leben lang – besser weiterentwickeln.

Neben Aufenthalten in der Natur, in der wir »Teil des Ganzen« sind – etwa wie im oben beschriebenen Beispiel –, neben dem Tagebuchschreiben, dem Malen, dem gezielten Hervorrufen positiver Gedanken (etwa durch Auflisten all dessen, wofür wir dankbar sein können) ist die Meditation auch für Kinder eine wertvolle Praxis, um ihre Aufmerksamkeit zu verbessern, Stress abzubauen und ihr emotionales Wohlbefinden zu fördern – zum Beispiel nach Enttäuschungen. Studien zeigen, dass sie das, was sie einmal gelernt haben, ein Leben lang nutzen.[172] Es ist wichtig, Meditation für Kinder spielerisch und altersgerecht zu gestalten. Wie schon gesagt, heißt es, eine Minute Meditation pro Lebensalter sei genug.

Eltern sind für Schulkinder nicht immer ihre präferierten Lehrer, aber es gibt ein paar Ideen, die auch im Schulkindalter noch funktionieren können:

- **Im Jetzt sein:** Wir konzentrieren uns mit den Kindern auf das Jetzt, auf diesen Moment. Kinder können sich auf ihren Atem, ihre Körperempfindungen oder Geräusche in ihrer Umgebung konzentrieren (»Wie viele Motorräder hörst du?«, »Wie viele Vögel?«, »Zähl mal die Feuerwehrautos« …).
- **Fantasiereisen:** Kinder können durch eine geführte Fantasiereise in eine entspannte und positive Welt eintauchen – diese gibt es auch online oder als CD. Manche Kinder lieben Fantasiereisen, andere finden sie albern und doof – probieren wir aus, was unser Kind mag.
- **Körper-Scan:** Bei dieser Übung lenken wir die Aufmerksamkeit auf verschiedene Körperteile, um eine tiefe Entspannung zu erreichen. Wir bitten die Kin-

Sätze, die unseren Kindern Mut machen

- Es ist gerade schwierig, aber wir schaffen das gemeinsam.
- Deine Schulzeit ist im Moment wirklich stressig – komm in meinen Arm, ich halte dich.
- Das scheint aber nicht gut zu sein. Wir mögen es auch nicht. Wir machen das zusammen.
- Es fühlt sich schlimm an – schau, ich bin für dich da, wir halten das zusammen aus.
- Wir arbeiten in der Familie miteinander, nicht gegeneinander, und miteinander schaffen wir das!
- Okay, das ist schiefgegangen, wir finden einen anderen Weg.
- Manche Dinge haben wir nicht in der Hand – aber wenn wir als Familie zusammen sind, schaffen wir auch das.

der, ihre Aufmerksamkeit und Atmung auf Füße, Beine, Bauch, Arme, Brustkorb, Nacken und so weiter zu richten und Anspannungen loszulassen. Wenn ihnen das schwerfällt, können sie das Körperteil auch erst anspannen – und dann loslassen. Das ist eine ideale Einschlafmeditation, da die Anspannen-loslassen-Technik das Nervensystem durch minimale Bewegung beruhigt.

- Glücksmomente: Bitten wir die Kinder, an einen Moment in ihrem Leben zu denken, in dem sie glücklich waren oder etwas Positives erlebt haben. Lassen wir sie diesen Moment in Gedanken noch einmal erleben und die damit verbundenen Gefühle spüren. Dies kann ihnen helfen, positive Emotionen zu kultivieren und ihr Wohlbefinden zu steigern.
- Dankbarkeit: Wir fragen einfach jeden Abend: »Wofür bist du heute dankbar? Was war heute gut?« Dankbarkeitsmeditationen haben positive Effekte auf Kinder und Erwachsene – wir sollten also gleich mitmachen!
- Innerer Wetterbericht: Wenn es Kindern schwerfällt, über ihre Gefühle zu sprechen, können wir nach ihrem inneren Wetterbericht fragen. »Scheint bei dir drinnen gerade die Sonne, oder regnet es?«, »Ist ein heftiges Gewitter im Gange, oder reißt der Himmel schon wieder auf«? So lernen die Kinder, ihren

inneren Zustand wahrzunehmen und über Bilder und Worte zu kommunizieren – ideal, wenn sie gerade nicht sagen wollen, wie sie sich fühlen, aber trotzdem etwas mitteilen möchten.

Schulkinder und Naturverbindung

Es gibt eine Vielzahl von Forschungsergebnissen, die uns bestätigen, dass Natur gesund für uns ist – wir sind mental stabiler, haben weniger Stress bis hin zu weniger Herz-Kreislauf-Erkrankungen. Schulkinder haben den Ruf, dass sie schwer in die Natur zu kriegen sind, weil sie lieber »dort spielen, wo es Steckdosen gibt«. Das kann so sein, muss aber nicht.[173] Ich selbst verfolge das jedes Jahr in den Camps des *artgerecht*-Projekts, wenn wir mit unserer Kindergruppe in den Wald gehen: Sobald das Team und ich die Kinder auf die Schlafplätze der Rehe hinweisen, die sie vorher nie wahrgenommen haben, sobald wir ihnen die ersten essbaren Kräuter, Vogelfedern und Spuren zeigen, sind sie Feuer und Flamme. Sie wollen es wissen. Sie wollen ihre Umwelt verstehen. Und ein Wald ist voller Geheimnisse, die wir ihnen nach und nach aufdecken können. Und wie groß ist die Freude, wenn sie dann zum ersten Mal selbst einen Reh-Schlafplatz entdecken, den noch kein Erwachsener gesehen hatte! Und nicht zuletzt beten sie die Wildnispädagoginnen und -pädagogen an, die ihnen all das zeigen.

Louise Chawla, Professorin emerita für Umweltdesign an der Universität von Colorado, forscht schon lange zur Verbindung von Kindern, Natur und Umweltschutz, und sie hat Menschen gebeten, einflussreiche Erwachsene aus ihrer Kindheit zu nennen. Sie beschreiben diese häufig als Leute, die ihnen gezeigt haben, die Natur zu schätzen, zu kennen und zu pflegen, als Menschen, die Pflanzen, Tiere und Orte bewusst wahrnehmen, über sie sprechen und dem Kind beigebracht haben, seine Umwelt zu sehen und zu verstehen.[174]

In meinen vorigen Büchern *artgerecht – Das andere Baby-Buch*, *artgerecht – Das andere Kleinkinderbuch* und *Slow Family*[175] habe ich immer wieder betont, dass Kinder möglichst viel raus in die Natur sollten. Wenn sie die Möglichkeit haben, in der Natur zu spielen, sich zu erholen, zu träumen und zu schlafen, entwickeln sie eine eigene, lebenslange Verbindung zu ihrem Heimatplaneten.

Jeden Tag ein bisschen Kraft
Wenn unsere Kinder sehr schnell aufgeben oder frustriert sind, können wir ihnen mit täglichen kleinen Aufgaben helfen, ihr Gehirn neu auszurichten. Geben wir ihnen jeden Tag eine kleine Aufgabe, die sie selbst bewältigen können, um ihre Selbstwirksamkeit zu erfahren.

Die natürliche Welt ist voll von Möglichkeiten für fesselnde und aufregende Erfahrungen: Wenn Kinder gemeinsam einen Damm bauen, um einen Bach umzuleiten, auf einen Baum klettern, im Schnee ein Loch buddeln, eine Burg aus Sand gestalten, aus Laub eine Hütte bauen oder sich einen Hügel hinunterrollen lassen, dann aktiviert sich ihre innewohnende Motivation, etwas zu erreichen, etwas Neues zu versuchen und die eigenen Kräfte auszuweiten. Sie sind selbstwirksam, fühlen sich kompetent und mächtig. Louise Chawlas Arbeit zeigt: Diese lebendigen Erinnerungen und ihre Auswirkungen werden den Kindern ein Leben lang helfen, vital, handlungsfähig und schlicht glücklich zu sein, weil es sie stark macht. Gleichzeitig führt Spiel in der Natur zu einer Verbindung, die Kindern hilft, ihre Umwelt zu achten und zu schützen.[176]

Mit zunehmendem Alter brauchen sie jedoch auch Vorbilder, Anleitung und Wissen, sie brauchen Schulausflüge, geplante Exkursionen zum Beispiel in Naturschutzgebiete sowie schlicht Abenteuer und Erlebnisse in der Natur wie Wandern, Zelten, Kanufahren oder Radtouren mit Übernachtungen.[177]

Reichen ein oder zwei Zelturlaube pro Kindheit? Wahrscheinlich nicht. Louise Chawla schreibt mir dazu: »Wiederholte Erfahrungen scheinen wichtig zu sein, als Teil der Lebensroutine – und nicht nur als einmalige besondere Erfahrung.«[178] Während wir mit unseren Kleinkindern noch einfach »in den Wald« gegangen sind, profitieren unsere Schulkinder jetzt vor allem davon, wenn sie Teil einer Umweltschutzgruppe sind wie der Naturschutzjugend (NAJU), der BUNDJugend, von Greenpeace-Gruppen, der Young Pandas vom WWF, von Sielmanns Natur-Rangern, der Loki-Schmidt-Stiftung oder anderer lokaler Initiativen.[179]

Die Gruppen setzen sich vor allem für Tier- und Pflanzenarten direkt vor der

So kriegt man Kinder in den Wald

Wenn Schulkinder bis jetzt keinen Bezug zur Natur hatten, ist »Spazierengehen« ein denkbar ungünstiger Anfang. Dazu haben auch Kleinkinder keine Lust, und es ist *laaangweilig*. Also hier ein paar Tricks, wie wir Kinder für die Natur motivieren:

- Habt ein Ziel, das die Kinder motiviert: einen schönen Ort, eine Eisdiele, eine Picknickwiese.
- Macht etwas Sinnvolles: Zählt dann für den NABU Vögel oder Bäume, führt Buch, schreibt es auf.
- Tut euch mit anderen Familien zusammen, deren Kinder gern in die Natur gehen und daran gewöhnt sind, das färbt ab.
- Findet jemand »Externen«, der den Kindern die Natur erklärt – sie haben jetzt die natürliche Tendenz, gegen ihre Eltern zu opponieren und stattdessen anderen Menschen mit offenen Mündern zuzuhören.
- Haltet keine Vorträge, niemals.
- Macht den Kindern niemals Angst, zum Beispiel wenn ihr vom Verlust der Biodiversität schwadroniert oder sie abends auf dem Weg nach Hause durch den Wald erschreckt.
- Übernachtet möglichst draußen, im Zelt, im Boot, was immer sich anbietet.
- Stellt Fragen, und findet heraus, ob ihr sie beantworten könnt, aber habt keine Antworten parat.

Haustür ein, was unsere Kinder mit dem Ort, an dem sie leben, verbindet. Dies ist nicht trivial, da die Kinder so nicht nur eine ökologische Identität, sondern zusätzlich eine sogenannte »soziale Umweltidentität« entwickeln, die ihnen hilft, ökologisch aktiv zu werden – über die individuelle Ebene des Mülltrennens hinaus.

- Macht draußen Sport, vergesst aber euren sportlichen Ehrgeiz sofort, wenn das Kind am Wegesrand ein Mauseloch, einen verletzten Vogel oder einfach eine interessante Schnecke entdeckt hat.
- Habt Spaß, und lasst draußen einen Ort entstehen, an dem Besonderes passiert: Lagerfeuer mit Marshmallows, Verstecken im Laub.
- Seid ganz bei den Kindern – keine Smartphones, keine Termine.
- Macht draußen Musik, spielt, singt, tanzt.
- Belegt Kurse in Wildnisschulen, die die Kinder einbinden und in denen sie etwas lernen oder sogar herstellen, was sie mitnehmen und ihren Freunden zeigen können.
- Lasst es zur Routine werden, nicht zur Ausnahme.
- Kommuniziert, dass Natur Erholung ist. Wenn ihr sagt: »Ich bin so platt, lasst uns Netflix schauen!«, dann zieht ihr andere Kinder groß, als wenn ihr sagt: »Der Tag war lang, lass uns noch mal kurz ins Grüne gehen und entspannen.«
- Fördert elementare Erfahrungen: barfuß über Sand, Gras oder Steine laufen, kalt und warm, nass und trocken werden, Hunger haben und gut essen.

Lasst euch auch von Büchern inspirieren wie *Die Natur: Entdecke die Wildnis vor deiner Haustür, Ausgebüxt!, Mut – wie Kinder über sich hinauswachsen* von mir oder *Ronja Räubertochter* von Astrid Lindgren.

Unlearn Ungleichheit

Ungleichheit beginnt direkt nach der Geburt (oder in manchen Kulturen schon vorher).

Sogenannte Baby-X-Experimente belegen, dass Erwachsene einem Kind sehr unterschiedlich begegnen, ihm andere Spielzeuge anbieten und anders mit ihm sprechen, je nachdem, ob sie das Kind für einen Jungen oder ein Mädchen halten. Während wir Erwachsenen oft davon ausgehen, dass uns das Geschlecht nicht beeinflusst, zeigen Studien ein anderes Ergebnis: Besonders ab dem Kleinkindalter machen wir deutliche Unterschiede. Kleine Mädchen bekommen weiche Spielzeuge in sanften Farben, während Jungs eher technischeres Spielzeug und Spiele zur räumlichen Orientierung angeboten bekommen – schon als Babys.[180]

Auch eine Dokumentation der BBC zeigt, wie Erwachsene Kleinkindern völlig unterschiedliches Spielzeug anbieten, je nachdem, ob sie denken, dass sie mit Marnie oder mit Edward spielen. Und eine Klasse von Siebenjährigen zeigt schon klar ausgeprägte Gender-Stereotypen, was Mädchen und Jungs dürfen, werden und wie sie sich verhalten sollen – nicht verwunderlich, wenn sie bereits so früh und zusätzlich durch die Werbung und Spielzeugindustrie geprägt werden.[181] Der WDR hat das Experiment 2018 mit deutschen Eltern und Babys wiederholt und kommt zum gleichen Ergebnis: »Die Auswahl des Spielzeugs folgt fast immer den Geschlechterklischees.«[182] War das Geschlecht nicht an der Kleidung erkennbar, bildeten sich die Teilnehmer eine Meinung dazu und spielten entsprechend mit dem Kind.

Dies wirkt sich direkt auf das Leben der Kinder aus: Zum Beispiel wird Schmerz in einer Studie bei fünfjährigen Mädchen als weniger schlimm eingestuft: »Während alle Teilnehmer ein identisches Video von einem identischen Kind sahen, das identische Verhaltensweisen bei der Schmerzdarstellung zeigte, sagte die Gruppe, die das Kind als ›Samuel‹ kannte, dass es mehr Schmerzen hatte als die Gruppe, die es als ›Samantha‹ kannte.« Die Teilnehmer gehen nach Ansicht der Forschenden davon aus, dass Mädchen emotionaler beziehungsweise »hysterischer« reagieren, während Jungs als stark und stoisch gelten – wenn ein Junge weine, müsse »wirklich was passiert sein«.[183]

Neben sozialen Medien sind unsere Kinder von klein auf auch Gendermarketing ausgesetzt, das Spielzeug für Mädchen in Rosa und für Jungs in Hellblau verkauft, sowie Filmen, Comics und Bilderbüchern, die Rollenbilder festschreiben.

Auf ihrem Instagram-Kanal @RosaHellblauFalle zeigen Almut Schnerring und Sascha Verlan, was das täglich heißt. Sie empfehlen uns Eltern:

- Wir dürfen Unterschiede machen, aber wir sollten über sie sprechen.
- Sätze wie »Jungs sind halt so« lehren Mädchen schon früh, dass sie als sozialer Puffer das schlechte Verhalten von männlichen Gleichaltrigen zu ertragen haben – dafür gibt es aber keinen Grund.

- Wir können mit Kindern schlicht mal zählen: Wie viele weibliche, wie viele männliche Helden gibt es in diesem Film? Wie viele Frauen spielen die Hauptrolle? Wie viele Frauen sind auf dem Plakat?
- Wir lehren unsere Kinder, Stereotype zu erkennen und zu benennen.

Um Ungleichheit zu ändern, müssen wir aber nicht nur auf sie aufmerksam machen, sondern auch unser eigenes Verhalten ändern. Hinsichtlich unserer Aufgabe als Eltern heißt das:

- Care-Arbeit: Wir teilen Care-Arbeit (und Mental Load sowie Financial Load) auf alle Beziehungspartner auf und lassen nicht wie derzeit 80 Prozent der Care-Arbeit bei der weiblich gelesenen Person im Haus.
- Taschengeld: Wir zahlen Mädchen und Jungs genau das gleiche Taschengeld.
- Rollenfrei: Wir ermutigen unsere Kinder, auch gegen das Gendermarketing in die Rollen zu gehen, in die sie möchten: Alle dürfen mit Puppen spielen, Nagellack tragen oder ein Supermankostüm haben.
- Vorbilder: Fürsorgliche Väter, die ihre Gefühle zeigen, brechen toxische Männlichkeitsbilder auf.
- Aufklärung: Wir klären unsere Kinder (alle!) über Schönheitsideale und bearbeitete Fotos sowie Filter in sozialen Medien auf, um sie vor unerreichbaren Vorbildern zu schützen.
- Schimpfwörter: Wir machen Kinder auf Alltagssexismus aufmerksam – »Du Mädchen!« ist kein Schimpfwort.
- Lebenskompetenz: Wir bringen allen unseren Kindern Kochen, Putzen und Wäschemachen bei als grundlegende Lebenskompetenzen.
- Rollenbilder: Wie gesagt, wir geben unseren Kindern gegenüber keine Sätze zum Besten wie »Jungs/Mädchen sind halt so«, sondern erziehen jenseits von Geschlechterrollen. Wir sprechen mit anderen Eltern und betreuenden Personen darüber, dass wir Kinder nicht diskriminieren, die gegen diese Rollenbilder »verstoßen«.
- Neutrales Spielzeug: Wir achten auf Spielzeug/Bücher/Kleidung jenseits von Rollenbildern.
- Mithilfe: Wir bauen uns ein »Dorf«, das die Care-Arbeit auf mehrere Schultern verteilt.

Schulkinder und die Klimakrise

Die Klimakrise geht auch an unseren Schulkindern nicht vorbei. Eine große Erhebung unter mehr als zehntausend Kindern zeigte, dass sie sich über alle Ländergrenzen hinweg Sorgen um das Klima machen. Sie fühlen sich traurig, ängstlich, wütend, machtlos, hilflos und schuldig. Schuldig? Ja, 83 Prozent der Kinder gaben an, dass sie denken, die Menschen hätten es versäumt, sich um den Planeten zu kümmern. Je mehr Sorgen die Kinder hatten, desto stärker war auch ihr Gefühl, von untätigen Regierungen verraten und verlassen worden zu sein – keine gute Voraussetzung dafür, junge Demokraten großzuziehen …[184]

Wenn wir unseren Kindern die Klimakrise erklären möchten, sollten wir also etwas darüber wissen. Und das ist gar nicht so einfach. Es ist ein Thema, das viele von uns lieber von sich schieben, aus dem Gefühl heraus, man könne eh nichts machen oder andere kümmerten sich schon darum. Wir haben ohnehin schon so viel zu tun! Diese Haltung ist verständlich.

»Wir alle verdrängen täglich die Klimakrise«, schreiben die Psychologinnen und Gründerinnen der »Psychologists4Future« Lea Dohm und Mareike Schulze in ihrem Buch *Klimagefühle*. Das sei nachvollziehbar – und vielleicht sogar in einem ersten Schritt sinnvoll. »Wenn wir plötzlich aufwachen aus dem Traum, dass das Leben immer so weitergeht, wie wir es bisher kannten – in Frieden und ohne Mangel –, so kann diese erschreckende Erkenntnis in hohem Maße unser Sicherheitsgefühl tangieren. Die innere Abwehr von Klimafakten und den damit verbundenen Gefühlen ist dabei zunächst einmal eine sinnvolle Schutzreaktion.«[186]

Wie wir mit Kindern übers Klima reden

Wenn wir mit Kindern über die Klima- und Biodiversitätskrise sprechen, müssen wir uns klar sein: Die Klimakrise ist auch und vor allem eine Krise der Kinderrechte. Wir verbrauchen den Planeten, auf dem diese Kinder leben wollen.

So wird es ein gutes Gespräch:

- **Zuhören:** Wir hören unseren Kindern zuerst einmal zu. Oft wissen sie mehr über die Klimakrise, als uns selbst bewusst ist. Wenn das Kind mit solidem Halbwissen aufwartet, korrigieren wir es nicht, sondern bleiben erst mal still

Klimagefühle für Erwachsene

Auch wir Erwachsenen fühlen Angst, Wut und Ohnmacht angesichts der Tatsache, dass weltweit Regierungen tatenlos zusehen, wie die Lebensgrundlagen unserer Kinder für die Profite einiger weniger verspielt werden. Wie gehen wir damit um? Grundsätzlich gilt: Gefühle werden erst problematisch, wenn wir (a) sie so verdrängen, dass wir gar nicht mehr fühlen, was es mit uns macht, oder (b) so überwältigt sind von unseren Gefühlen, dass wir sie nicht mehr kontrollieren können.

Grundsätzlich gilt, was Greta Thunberg sagt: Wir sollen ruhig Panik haben – aber nur, wenn diese Panik zu Handlung führt. Unsere Gefühle sind gute Wegweiser, wo es im Leben langgeht.

Und wenn es zu viel wird? Dann finden wir Halt und Ruhe in unserem Körper. Wo sind wir im Raum? Wo sind meine Füße? Wie fühlen sie sich gerade an? Was für Gedanken spuckt unser Gehirn noch aus? Es ist nichts anderes als Achtsamkeit, das Gewahrwerden dessen, was in Kopf und Körper passiert, was uns wieder in Sicherheit bringen kann. Wir atmen. Wir sind da. Wir stellen fest, dass wir aufgewühlt sind. Wir wissen, dass das in zwei Stunden oder zwei Wochen besser sein wird – wenn wir unsere Gefühle so annehmen und gesund verarbeiten, kommen wir automatisch ins Handeln.

So werden wir zum Beobachter dessen, was in uns geschieht, und können es besser bewältigen. Denn im nächsten Schritt gilt immer: Handlung heilt. Teilen wir heute drei Klima-Beiträge in den sozialen Medien, und schon haben wir etwas getan, um das Thema voranzubringen und um in die Selbstwirksamkeit zu kommen, die uns hilft, mental gesund zu bleiben.[185]

und lassen es ausreden. Wir können jetzt schon Sorgen oder Hoffnung heraushören und an diesen Punkten nachher mit dem Gespräch ansetzen.

- **Ruhig bleiben:** Wir bleiben ruhig und positiv, egal, wie ärgerlich oder verstörend die Nachrichtenlage gerade ist. Wir helfen unseren Kindern nicht, indem wir sie in Angst oder Panik versetzen oder ihnen ein Gefühl von Machtlosigkeit vermitteln – auch wenn wir uns selbst gerade so fühlen. Einen kleinen Umweltschützer erzieht man nicht mit Angst, sondern mit Liebe zur Natur. Am besten gehen wir also regelmäßig mit unseren Kindern hinaus in die Natur und erkunden mit ihnen, wie sie funktioniert, wie alles miteinander zusammenhängt und was für eine faszinierende Welt jeder Busch im Hinterhof sein kann.

- Kinder ernst nehmen: Wenn wir mit Kindern darüber sprechen, müssen wir vor allem ihre Ängste ernst nehmen, auch ihre Wut akzeptieren, wenn sie die äußern. Wir beschönigen nichts und sagen die Wahrheit, zum Beispiel: »Ja, ich mache mir auch Sorgen, das ist eine berechtigte Angst, die du da hast; ja, ich verstehe, dass du sauer bist.«
- Kinder akzeptieren: Wir bedenken auch, dass Kinder anders mit Krisen umgehen und sie anders verarbeiten als Erwachsene. Deshalb müssen wir sie immer fragen: »Was beschäftigt dich?« Oder: »Wie denkst du darüber?« Kinder sind erfahrungsgemäß viel schneller darin, sich an neue Gegebenheiten anzupassen, zum Beispiel nicht mehr mit dem Auto zur Schule zu fahren, sondern mit dem Rad oder Bus.
- Informationen prüfen: Wir schauen uns Informationsseiten zum Klimawandel unbedingt vorher an, ob sie für unsere Kinder und ihr Alter geeignet sind.

In vielen Texten wird jetzt empfohlen zu schauen, was die Kinder selbst konkret gegen die Klimakrise tun können. Lea Dohm und Mareike Schulze wenden sich gegen diese Praxis. Es sei zwar bewundernswert, wenn Kinder sich politisch interessieren und einbringen. »Aber es birgt auch die Gefahr, dass Kinder und Jugendliche sich aus der Not(-wendigkeit) stärker diesen Verantwortlichkeiten widmen als ihren ›eigentlichen‹ Entwicklungsaufgaben und so ein Stück ihrer Kindheit, etwas von ihrem ›Kind-Sein‹ verlieren.«[187]

Was ist besser? »Aus der Forschung ist bekannt, dass es Kindern Mut macht, wenn Eltern sich aktiv für Umwelt- und Klimaschutz einsetzen. Sie fühlen sich dann weniger in direkter Verantwortung und besser geschützt.«[188] Puh. Echt jetzt? Haben wir nicht schon genug zu tun? Ja, haben wir. Wirklich! Und es ist ja schön, dass Barack Obama während seiner Präsidentschaft sagte: »Als Präsident und als Vater weigere ich mich, unseren Kindern einen Planeten zu hinterlassen, der nicht mehr repariert werden kann«[189] – als Präsident(in) der Vereinigten Staaten wäre ich da auch sehr selbstbewusst. Aber ich habe schlicht das Gefühl, dass ich nicht viel bewirken kann außer das, was ich ohnehin schon tue.

Gleichzeitig war ich erstaunt, als ich im Gespräch mit Lea Dohm lernte, »wie wenig« es sein kann, was wir tun können, und dass dies dennoch einen Unterschied macht:

- auf Social Media Klima-News liken und teilen,
- in unserem WhatsApp-Status immer mal wieder Klima-News sichtbar machen,
- das Thema in den Gruppen einbringen, in denen ich mich bewege: Kita, Schule, Arbeit, Hobby,
- mich dafür einsetzen, dass zum Beispiel Lehrkräfte zum Thema »Klima« fortgebildet werden,
- mich Klimagruppen anschließen und einen Teil meiner Arbeitszeit dem Klimaschutz widmen (Scientists4Future zum Beispiel streben 20 Prozent an),
- das Thema im Sportverein, Elternbeirat, in der Kirchengemeinde anbringen (»Wie können wir klimafreundlicher handeln, zum Beispiel bei Festen weniger Müll produzieren?«),
- uns in Umweltgruppen engagieren mit dem, was wir ohnehin gut können oder gern machen (malen, schreiben, backen, programmieren, Buchhaltung führen).

Ich kann mich nicht an Atomkraftwerke ketten. Aber ich kann Pressemitteilungen schreiben, Plakate malen, Webseiten pflegen, Social-Media-Kanäle betreuen oder Kuchen backen. Das kann ich.

Und Wissen und das Verbreiten von Wissen ist ein unfassbar wichtiger Aspekt der Klimabewegung, den wir vom Handy aus unterstützen können, wenn unser Kind gerade mit Wasserfarben malt.

Die Recherche von Lea Dohm hat ergeben, dass die meisten von uns ihr Wissen über die Klimakrise überschätzen. Insofern ist alles, was Information weitergibt, automatisch hilfreich, denn Information führt früher oder später zu Aktion. Und Aktion führt zu Frohsinn – besonders gemeinsame Aktion. Wenn wir also irgendwie Energie haben, tun wir uns selbst etwas Gutes, indem wir uns Gruppen anschließen, die bereits etwas tun: Wir müssen das Rad nicht neu erfinden, und statt den Sonntag mit Netflix zu verbringen, ist es sicher gesünder, lustiger und prägender für unsere Familie, Fotovoltaik für die Schule zu planen oder ein paar Bäume zu pflanzen.

Wichtig ist, dass wir dranbleiben. Also Vorsicht vor dem sogenannten »Single-Action-Bias«: Wir Menschen haben die Tendenz, uns bei ökologischen Krisen bereits nach einer einzigen umweltfreundlichen Handlung besser zu fühlen, entlastet, so als hätten wir ja schon etwas »getan«. Das birgt zwei Probleme: Erstens führt das oft nur zu einer kurzfristigen, individuellen Verhaltensänderung, die möglicherweise schon nach wenigen Wochen nachlässt. Und zweitens brauchen wir keine kleinen Schritte, sondern konsequente Änderungen des Lebensstils bei Reisen, Mobilität, Wohnen, Energie, Konsum und Ernährung. Wir sollten also immer mal wieder liebevoll schauen, ob wir noch auf dem richtigen Weg sind – wie bei gesunder Ernährung, dem Training oder anderen großen Projekten ja auch.

Und für alle, die am Ende dieses Abschnitts denken: »Danke, Nicola, echt nee, das jetzt auch noch« – das verstehe ich.

Lea Dohm sagt: »Eltern zu sein, ist eh schon eine schier endlose Aneinanderreihung von überbordender Verantwortung – die Klimakrise macht das echt nicht besser.« Nein, definitiv nicht. Aber es hilft ja nichts. Die Veränderung kommt, die Frage ist nur noch, ob wir und unsere Kinder vorbereitet sind oder nicht.

Klimaglück für morgen

Wir haben längst verstanden, dass der Zustand der natürlichen Systeme und das Wohlergehen der Menschheit nicht voneinander getrennt sind – sie hängen unmittelbar zusammen. Und wir wissen, dass wir eine globale Anstrengung unternehmen müssen, um das, was wir angestellt haben, so weit wie möglich wieder rückgängig zu machen.

Die Tatsache, dass die Menschen sich dessen zunehmend bewusst werden, birgt ein großes Versprechen für unsere Kinder: In hundert Jahren könnten wir die Weltbevölkerung stabilisiert haben, indem wir Mädchen Bildung ermöglichen, die wirtschaftlichen Initiativen von Frauen unterstützen und Familien mit Verhütungsmitteln versorgen, die das möchten. Wir könnten in einer Welt

Quellen für Klima-Infos

Die Public Climate School (PCS) ist ein Bildungsprogramm, das von Studierenden der Fridays-For-Future-Bewegung koordiniert und von vielen Wissenschaftlern, Experten, Schülern und Lehrern mitgestaltet wird: https://publicclimateschool.de.

Welchen Wert hat es, unseren CO_2-Fußabdruck ausrechnen zu lassen? Sind Bio-Tomaten auch gut fürs Klima? Oder was bringt es, wenn wir weniger Fleisch essen? Im »funkkolleg. Klima« (ARD) geht es um wichtige Fragestellungen rund um den Klimawandel: »funkkolleg. Klima« in Suchmaschine eingeben.

Parents For Future ist Teil der For-Future-Bewegung, die sich darauf konzentriert, die Klimastreikbewegung generationenübergreifend zu gestalten. In den letzten Jahren ist Parents For Future sehr schnell gewachsen, es gibt mittlerweile Hunderte von Gruppen und viele Tausend Eltern, die mit Basisgruppen in über zwanzig Ländern aktiv sind: https://parentsforfuture.org.

leben, die von erneuerbaren Energien angetrieben wird, und in Städten, die wieder mehr den natürlichen Bedürfnissen des Planeten und der Menschen entsprechen: grüne, atmende, dezentral organisierte Orte, in denen wir unseren Bedarf an Bewegung, Muße, Gemeinschaft und Kultur befriedigen können. Städte, in denen wir bessere Luft atmen, kürzere Wege haben, in denen unsere Kinder sicher spielen können, während sich die Natur erholen kann. Wir könnten weniger kaufen und mehr gemeinsam reparieren, gemeinsam nutzen und gemeinsam Spaß haben.

Wir könnten in einer Welt leben, in der wir nicht mehr dem Irrtum anhängen, der Mensch solle sich »die Erde untertan machen«, sondern in der wir wieder Teil des Ganzen sind. Unsere Kinder könnten auf einem Planeten aufwachsen, auf dem sie sich zu Hause fühlen, in dem Natur nicht etwas Gefährliches »da draußen« ist, gegen das man arbeiten muss, sondern ein Teil von uns, von dem wir abhängig sind. Sie könnten ein Leben leben, in dem sie in Ehrfurcht anschauen, was um sie herum an Leben ist, und sich als ein Teil davon fühlen. Wir könnten dafür das Wissen von indigenen Kulturen, Religionen, Wissenschaft, Literatur und Kunst vereinen. Und wir könnten neue Geschichten erzählen. Statt weiter den Mythos von der Außergewöhnlichkeit der Menschen zu glauben, statt weiter auf Ausbeutung, Beherrschung, Knappheit und schließlich Verlust von Wildnis zu setzen, könnten unsere Kinder in einer Welt der Gemeinsamkeit, Gleichheit, Fülle, Regeneration und Wiedergeburt leben.

Wir können all das tun. Das Wissen ist da, die Konzepte sind erprobt, die Projekte sind da, die Menschen, welche die Wege bereiten, sind da. Es bleibt nur, mit dem Harvard-Forscher Sam Myers von der Planetary Health Alliance zu fragen: »Wir wissen, was zu tun ist. Werden wir es tun?«[190]

Kleine Aktivisten und Zivilcourage

Wenn die Kinder anfangen, ihre Persönlichkeit zu entwickeln, rücken auch die ersten politischen Themen in ihr Blickfeld – das gehört ebenfalls zum »Denkenlernen«. Sie neigen dann dazu, diese Dinge sehr streng, schwarz-weiß und einfach zu sehen, und wir rechnen mit Kommentaren, die beginnen mit »Da könnte man doch einfach …!«, »Warum machen die nicht einfach …?«, und manchmal macht sich auch schon erste Verzweiflung breit darüber, dass die Gegebenheiten sind, wie sie sind. Wir können ihnen bereits jetzt Wissen, Mut und Hoffnung vermitteln und Wege aufzeigen, um mit dem umzugehen, was ihnen täglich begegnet.

Wir alle kommen in Situationen, in denen es darum geht, für andere oder eine Sache einzustehen. Im *artgerecht*-Projekt beende ich jeden Vortrag mit einem Zitat der US-amerikanischen Ethnologin Margaret Mead: »Zweifle nie daran, dass eine kleine Gruppe engagierter Menschen die Welt verändern kann. Tatsächlich sind es die Einzigen, die es je getan haben.« Bereiten wir unsere Kinder darauf vor, ein kraftvoller Teil dieser Veränderung zu sein, denn das wird sie stark machen.

Armut und Chancenungleichheit

Nicht alle Kinder hatten beziehungsweise haben die gleichen Startbedingungen im Leben. Neurodivergente Menschen zum Beispiel brauchen andere Voraussetzungen als neurotypische. Schulkinder mit Dyslexie können durchaus für einen Test mehr Zeit oder einen Ausdruck in größeren Buchstaben bekommen und haben damit erst »die gleichen Bedingungen« wie die anderen – keine besseren. Da unsere Schulkinder ein deutliches Gefühl für Gerechtigkeit, aber wie gesagt oft wenig Empathie haben, kann dies zu wissen ihnen helfen, ihren Frust zu mildern, wenn sie sich in der Schule ungerecht behandelt fühlen.

Wir können unseren Kindern das erklären, wir können sie aber auch ermutigen, sich für andere einzusetzen, wenn sie Ungerechtigkeiten wahrnehmen. Sie werden selbst davon profitieren, wenn sie ihren Überzeugungen folgen, statt ihren Impuls »herunterzuschlucken«.

Wir können Kinder über soziale Ungleichheit aufklären, sobald wir über die Straße gehen und arme Menschen sehen: Diese Leute sind nicht freiwillig obdachlos, sondern dafür gibt es in der Regel Gründe, die man als Außenstehender nicht sieht. So lernen sie, die Geschichte hinter dem Menschen zu sehen. Und Armut ist nicht auf Menschen beschränkt, denen man sie ansieht. »Armut ist die Jeans, die nach der Wäsche nachts auf die Heizung kommt, weil es keine zweite gibt. Armut ist, wenn ein Kind kurz vor der Klassenfahrt Bauchschmerzen bekommt und nicht mitfährt, weil der Staat zwar die Kosten der Reise, aber nicht das Taschengeld deckt«, erklärt Heinz Hilgers, von 1993 bis 2023 Präsident des Kinderschutzbundes, in einem Interview mit dem *Spiegel*.[191]

Die Wahrscheinlichkeit ist groß, dass ein Kind im Umfeld unseres Kindes in Armut lebt. Weichen wir Fragen dazu nicht aus, sondern überlegen wir gemeinsam: Was bedeutet das für diese Kinder? Wie sieht ihr Alltag aus? Wie können wir helfen, dass sie zum Beispiel zur Klassenfahrt mitkommen können?

Wir hatten in der Grundschule meiner Kinder ein Kind, das häufig kein Pausenbrot oder zu Ausflügen kein Essen dabeihatte. Da es gern bei meinen Kindern »mitaß«, gab ich meinen einfach immer so viel Essen mit, dass sie großzügig teilen konnten – so hat es meine Mama schon zu meiner Schulzeit gemacht.

In unserer Schule wird oft Essen für die Tafeln gesammelt; und auch wenn wir sonst Spendenaktionen sehen, beteiligen wir uns bewusst daran. In unserer Straße wohnt ein offenbar armer, alleinlebender und psychisch kranker Mann, der mich ein paarmal nach Kaffee gefragt hat, wenn er keinen mehr hatte. Wir haben angefangen, ihm einfach regelmäßig welchen vom Einkaufen mitzubringen und ihm vor die Tür zu stellen. So muss er nicht fragen und weiß, dass wir an ihn denken. Im Gegenzug zeigt er mir immer, welche Parkplätze frei sind, wenn er draußen ist und wir spätabends nach Hause kommen …

Privilegien können wir uns bewusst machen: Meine Kinder wissen, dass zum Beispiel trinkbares Wasser aus der Leitung ein Luxus ist, den kaum jemand auf der Welt hat. Sie wissen, dass eine gute Schulbildung mehr wert ist als Gold, und ihnen ist dieses Privileg sehr bewusst, auch wenn sie manchmal »echt keine Lust« darauf haben. Ein Spruch, der mir kürzlich im Netz begegnete, führt es auch mir als bevorzugter Mutter immer wieder vor Augen: »Wenn du ein gesundes Kind in einem sicheren Zuhause in ein warmes Bett stecken kannst, hast du die Lotterie des Lebens gewonnen.« Genau so ist es.

Das Ziel dieser Erziehung ist es nicht, ein schlechtes Gewissen zu erzeugen, sondern wir sprechen über soziale, wirtschaftliche und sonstige Ungleichheit, damit unsere Kinder denjenigen Menschen, die davon betroffen sind, mit Empathie, Verständnis und Hilfsbereitschaft begegnen. Sie verstehen so, dass Benachteiligung in der Regel kein persönliches Verschulden ist, sondern jeden treffen kann. Das wird ihnen helfen, wenn sie erwachsen sind, diese Ungleichheit nicht als Versagen abzustempeln und stattdessen etwas dagegen zu tun.

Es scheint noch lange hin, bis unser Schulkind achtzehn ist und wählen gehen kann; aber wir sollten jetzt schon beginnen, seinen Sinn zu schärfen für das, was in der Welt passiert. Dazu gehört auch, dass wir uns in unserer Gesellschaft engagieren, denn davon lebt die Demokratie. Und wir zeigen unseren Kindern so, dass unsere Stimme Gewicht hat, dass wir etwas bewegen können und es einer gemeinsamen Anstrengung bedarf, um demokratische Entscheidungen auszuhandeln. Wir wollen diese Entscheidungen nicht einfach »anderen« überlassen, wir wollen teilhaben an dieser Gesellschaft.

Dazu kann auch gehören, dass wir uns in anderen Bewegungen engagieren, das kann eine Umwelt-, die LGBTQIA+-Bewegung oder eine lokale Bürgerinitiative sein. Kleine Demokraten ziehen wir durch Vorbild und Mitbestimmung groß. Und indem wir ihnen zeigen, wem sie trauen können und wem nicht.

News, Fake News oder besser Good News?

Dafür bringen wir unseren Kindern den Umgang mit News, Fake News, Deep Fakes und Entgleisungen in den verschiedenen Medien bei. Folgende Themen sollten wir besprechen:

- **Ungleichheiten:** Zeigen wir rassistische oder soziale Ungleichheiten in der Berichterstattung.
- **Deep Fakes:** Mit Künstlicher Intelligenz ist es heute möglich, mit wenig Aufwand Fälschungen von Bildern, Videos und Stimmen in hoher Qualität herzustellen – ein Grund, warum wir möglichst keine Bilder von uns ins Netz laden (siehe auch die Übersicht »Was Kinder über künstliche Intelligenz [KI] wissen sollten« im Kapitel »Artgerecht Medien nutzen«).
- **Stereotype:** Auch frauenfeindliche, genderstereotype, homo- und transphobe Berichterstattung machen wir sichtbar.
- **Meinungsvielfalt:** Wenn uns ein Thema interessiert, lesen wir mit den Kindern Artikel aus verschiedenen Zeitungen/Websites – welche Unterschiede fallen uns auf?
- **Quellen:** Jede Geschichte hat zwei Seiten, jede Information sollte Quellen haben. Wo werden einfach nur Behauptungen aufgestellt wie »Immer mehr …«? Gibt es einen zuverlässigen Faktencheck dazu?
- **Quellenbewertung:** Woran erkennt man eine seriöse und eine unseriöse Quelle? Wir können unseren älteren Kindern beibringen, das Impressum von Webseiten zu prüfen, Influencer von Medienschaffenden zu unterscheiden und zu verstehen, dass *jeder* Mensch seine eigenen Ziele hat und es keine wirklich objektive Berichterstattung gibt.
- **Good News:** News können verstörend sein, denn es sind in der Regel aufregende, schlechte Nachrichten, die unsere Welt in einem wenig guten Licht dastehen lassen, besonders wenn wir sie jeden Tag konsumieren. Zeigen wir unseren Kindern dagegen Websites, die auch die guten Nachrichten und die andere Perspektiven bieten (zum Beispiel Squirrel News, Perspective Daily und die »Gute-Nachrichten«-Kanäle, beispielsweise von ZDF [»Good News – gute und konstruktive Nachrichten«], *Zeit* [»Serie: Gute Nachrichten«] oder GOODnews.eu).

Diversität sichtbar machen

Wie viel Diversität gibt es in unserem Leben? Haben wir Freunde aus anderen Kulturen, die uns etwas über sie erzählen können? Welche Bücher, welche Kunst, welche Filme spielen in unserem Leben eine Rolle, und mit welchen Kulturen kommen unsere Kinder dadurch in Kontakt? Wir können ihnen erzählen, wie andere Menschen die Welt sehen, was ihnen heilig ist, wie ihr Alltag aussieht. Wie viele Ressourcen stehen anderen zur Verfügung?

Es gibt eine Website namens »Dollar Street«, auf der wir über Fotos Einblicke in die Welt anderer nehmen können. Für verschiedene Länder und Einkommensklassen sieht man durch Objekte aus dem Haushalt wie die Zahnbürste, Lieblingsspielzeug, Haustiere oder Handys, neueste Anschaffung und Telefone, wie unterschiedlich Menschen leben (www.gapminder.com).

Wenn wir Gender-Stereotype hinterfragen wollen, ist der Instagram-Account @rosahellblaufalle ein geeigneter Anlaufpunkt. Wir können unsere Kinder aber auch selbst in jedem Supermarkt darauf hinweisen, wie sinnfrei die »Jungen/Mädchen«-Label auf den Produkten sind: Warum sollte nur ein Geschlecht an diesem Spielzeug Freude haben und das anderen nicht? Wer sagt, dass Jungen immer mit Sachen spielen wollen, die sich mit Technik, Wissenschaft oder Mathe beschäftigen, und nur Mädchen sich dafür interessieren, wie man hübsch aussieht und Babys versorgt? Es könnte genauso gut umgekehrt sein oder dass alle gern mit beidem spielen.

Wenn Menschen in unserem Umfeld rassistische Kommentare oder Witze machen, sprechen wir sie darauf an, besonders wenn unser Schulkind dabei ist.

Was Kinder können sollten

Nicht unterschätzen!

»Mit drei oder vier Jahren kann ein Aka-Kind eine Mahlzeit über einem Feuer zubereiten, mit scharfen Messern und Äxten umgehen und Kleinwild fangen. Mit zehn Jahren kann es allein im Wald überleben«, berichtet der Forscher Barry Hewlett über seine Erfahrung mit den Aka-Pygmäen in der Zentralafrikanischen Republik.[192]

Dies deckt sich mit den Geschichten von anderen indigenen und naturnah lebenden Völkern: Die Kinder können schon in jungen Jahren jagen, Tiere ausnehmen und vorbereiten, Feuer machen, mit Werkzeug umgehen und für kleinere Geschwister sorgen.[193] Wir unterschätzen oft, was unsere Kinder können!

Wenn wir das auf unsere Welt und unsere Grundschulkinder übertragen, ergeben sich folgende Tätigkeiten, die sie können sollten (siehe auch den Abschnitt »Gemeinsam leben – Kinder helfen im Haushalt« im Kapitel »Artgerecht Familie sein«):

- Alle Kinder können Obst und Gemüse bearbeiten.
- Schon Sechsjährige können regelmäßig kleine Einkäufe erledigen.
- Alle Kinder können kleine Aufgaben übernehmen, zum Beispiel etwas zum Nachbarn rüberbringen, eine Schraube festziehen, das Besteck einräumen.
- Größere Kinder können auf kleinere Kinder kurzzeitig aufpassen.
- Zehnjährige sollten mindestens ein Gericht selbstständig kochen können (nicht Ravioli aus der Dose, sondern unverarbeitete Nahrungsmittel selbst zubereiten).
- Mit zwölf Jahren sollten Kinder alle Aufgaben im Haushalt ausführen sowie alle Hilfsmittel wie Waschmaschine, Spülmaschine, Herd, Ofen nutzen können.

In unserer Kultur gibt es noch weitere Tätigkeiten, die einem Schulkind helfen können: Kinder können Geld abzählen, in einen Laden gehen, etwas für die Familie kaufen und es unversehrt nach Hause bringen. Im Grundschulalter lernen sie auch, öffentliche Verkehrsmittel zu benutzen, Wege und Zeiten herauszufinden und sich ein Ticket zu kaufen (wenn sie keine Monatskarte haben). Sie lernen, dass man immer einen Schlüssel mitnimmt, wie man Wertsachen verstaut (nur in Taschen mit Reißverschluss) und dass man an heißen Tagen Wasser mit nach draußen nimmt. Sie können lernen, nach der Schule ihren Ranzen an einen festen Ort zu stellen und ihre Brotdose in die Küche zu bringen.

Kinder sollten in der Lage sein, ein Telefonat anzunehmen, zu führen, eine Nachricht zu notieren und ein Gespräch zu beenden. Wenn sie noch nicht schreiben können, können sie etwas malen oder später nur ein einzelnes Wort notieren. Sie können lernen, nicht einfach nur »Hallo« zu sagen, sondern sich am Telefon korrekt zu melden und sich ebenso wieder zu verabschieden.

Kleine Reisekinder

Da Reisen in unserem Leben eine große Rolle spielen, haben meine Kinder im Grundschulalter auch dies von mir gelernt. Wenn wir mit dem Zug fahren, stelle ich ihnen grundsätzlich Fragen wie »Wo fährt unser Zug ab?«, »Wo auf dem Ticket findest du das heraus?«, »Welche Nummer musst du vergleichen, damit du weißt, dass es dein Zug ist?«, »Wie findest du heraus, wo unsere Plätze reserviert sind?« oder »Wer hilft dir, wenn der Zug ausfällt, verspätet ist oder wir den Anschluss nicht kriegen?« – und dann trabe ich ihnen brav hinterher, auch wenn dies heißt, dass wir erst zweimal auf dem falschen Bahnsteig landen (es hilft, vorher genug Zeit einzuplanen und nicht kurz vor knapp aus dem Taxi zu hetzen).

Ich habe ihnen außerdem beigebracht, wie man für eine Reise packt: »Pack immer zwei Unterhosen mehr ein, als du Nächte unterwegs bist, aber du brauchst – vor allem in der Wildnis – nicht für jeden Tag ein T-Shirt«, »Wenn du fliegst, hab eine Unterhose und ein frisches Shirt sowie deine Zahnbürste im Handgepäck – du weißt nie, wann du deinen Koffer wiedersiehst«, »Pack für maximal eine Woche, dann waschen wir ohnehin – entweder im Waschsalon oder im Bach, je nach Urlaub«, »Nimm immer feste Schuhe, etwas zu lesen und zu schreiben mit, aber überleg dir gut, was du sonst noch mitschleppen willst, denn du trägst dein Gepäck«, »Pack kleine, handliche Spiele wie Würfel oder Karten ein, und wenn es nicht mehr passt – macht nix, dann spielen wir mit Steinen«, »Hab immer Wasser und Nüsse bei dir, dann können dir auch unvorhergesehene Umwege nichts anhaben« ... Meine Kinder wissen darüber hinaus, wie man ein Zelt aufbaut, Holz sammelt und wie man ein sicheres Feuer macht, wie man Wasserflaschen mit warmem Wasser füllt, um mal eine kalte Nacht durchzustehen, und wo man am Flughafen fragen muss, wenn man seine Mitreisenden verloren hat. All das sind wichtige Kompetenzen in meiner Welt. Was sind die wichtigen Kompetenzen in eurer?

Wie wir mit Kindern sprechen

Was tue ich, wenn ich ständig Angst habe, dass meinem Kind draußen (im Wald, auf dem Fahrrad, in der Stadt) etwas passiert, besonders wenn es irgendwann allein losziehen will? Statt mehrdeutig zu sagen: »Pass aber auf, dass du nicht …«, »Sei vorsichtig!« oder »Da musst du aber gut aufpassen, weil sonst …«, sagen wir unseren Kindern konkret, was sie tun sollen. Wir bringen ihnen über unsere Sprache einen achtsamen, vorsichtigen Umgang mit der Welt bei, ohne sie zu ängstigen. Dazu hier eine kleine Auswahl von Ideen:

- »Achte darauf, dass … du in den richtigen Bus steigst/du nur auf starke Bäume kletterst/du immer an der Ampel über die Straße gehst.«
- »Siehst du … wie deine Freunde das machen/wann die Ampel grün ist/wann es dunkel wird?«
- »Bewege dich/setz deine Füße … achtsam/bewusst/zügig.«
- »Kannst du es hören, wenn … ein Auto kommt/die Kirchenglocke sechs schlägt?«
- »Fühlst du … wie kalt es ist/wie heiß der Herd ist/wie stabil dieser Stein ist/wie steil diese Treppe ist/dass das Rad komisch fährt?«
- »Fühlst du dich hier … sicher/aufgeregt/müde/ängstlich?«
- »Was ist dein Plan, wenn … ihr da hochklettert/ihr den Bus verpasst/die Leute unfreundlich sind/du einen Platten hast?«
- »Was kannst du tun, um … pünktlich zu Hause zu sein/nicht in einen Streit zu geraten/etwas zu trinken zu bekommen?«
- »Wie wirst du … wieder nach Hause kommen/von dem Baum wieder herunterkommen/deinen Weg finden/ohne Handy die Uhrzeit wissen?«
- »Wer wird dir … helfen/dich begleiten/an deiner Seite sein?«

Hätten Sie's gewusst?

Wir müssen unseren Schulkindern nicht sagen, dass das mit der Rettung des Klimas ohnehin nichts wird, es gibt seriöse Quellen, die Wege aufzeigen. Eine Machbarkeitsstudie des Wuppertaler Instituts aus dem Jahr 2020 schreibt: »… Analysen legen nahe, dass das Erreichen von CO_2-Neutralität bis zum Jahr 2035 aus technischer und ökonomischer Sicht zwar extrem anspruchsvoll wäre, grundsätzlich aber möglich ist.« Basis dafür wären massive Veränderungen in den Bereichen Energie und Verkehr.[194]

Etwa 35 Prozent der Meeresverschmutzung werden durch Kleidung verursacht. Im Durchschnitt gelangt jede Woche ungefähr eine Plastiktüte voller Mikroplastik pro Haushalt ins Abwasser, und dies geschieht beim Waschen. Ein beträchtlicher Teil unserer Kleidung besteht aus Polyester, was letztendlich nichts anderes als Plastik ist.[195]

Zu Beginn jedes Jahres entscheiden sich immer mehr Menschen dafür, im Rahmen des Veganuary einen Monat lang vegan zu leben. Laut einer Berechnung des Harvard University's Animal Law and Policy Program wurden von 2014 bis 2020 dadurch etwa 103 840 Tonnen CO_2-Äquivalent eingespart.[196] Dies entspricht ungefähr 15 000 Autofahrten um die Erde. Mittlerweile ist der Wert vermutlich noch deutlich höher, da die Anzahl der Teilnehmenden jedes Jahr steigt.[197] Im Jahr 2023 nahmen mehr als 700 000 Menschen aus über zweihundert Ländern und Regionen daran teil.[198]

Der Deutsche Felix Finkbeiner hat seine Karriere als Klimaaktivist als Viertklässler gestartet: Nachdem er ein Referat über Bäume gehalten hatte, pflanzte er neben seiner Schule seinen ersten Baum.[199]

Beim Thema »Klimaschutz« geht es schon lange nicht mehr darum, die Erde zu erhalten, wie sie ist, oder den Klimawandel zu stoppen, die Erderwärmung findet bereits statt.[200] Wir sind vielmehr jetzt auf dem Weg, Schlimmeres zu verhindern, und dafür zählt jede einzelne Maßnahme.

Laut JIM-*Studie* 2022 sind 67 Prozent der Zwölf- bis Dreizehnjährigen sehr interessiert an kriegerischen Konflikten – Frieden ist ein Thema.[201] Die Website www.frieden-fragen.de widmet sich der Vermittlung von Friedenspädagogik für Kinder, es geht um Konfliktmanagement und Streitschlichtung, Menschenrechtsbildung, interkulturelle Bildung und Umgang mit Desinformationen.

Denken lernen – jedes Kind ist anders

Es gibt Kinder, die schon sehr früh sehr politisch sind – sie interessieren sich oft für ihnen nahe Themen, haben aber häufig auch Eltern, die politisch interessiert oder engagiert sind. Andere Kinder wollen einfach nur Kinder sein und überlassen »das mit der Politik« den Erwachsenen. Es gibt schon Kindergärten, die erste politische Erfahrungen vermitteln, indem die Kinder zum Beispiel in demokratischen Prozessen in bestimmten Fällen mitentscheiden können. Auch Schulen können Orte sein, an denen Kinder Teilhabe erfahren, wenn sie zum Beispiel in die Entscheidungsfindung einbezogen werden, wie der Pausenhof gestaltet wird, welche Regeln in der Klasse für das Zusammenleben gelten sollen und dergleichen.

Es gibt Kinder, die solche Prozesse superspannend finden, die Klassensprecher oder -sprecherin werden wollen und darin aufgehen, andere zu beschützen, für Gerechtigkeit zu sorgen, mit Lehrern zu verhandeln und sich einzumischen. Sie stellen tausend Fragen zum Klimawandel und engagieren sich in lokalen Gruppen. Andere wollen lieber lesen oder spielen. Beides ist okay: Wir bieten den Kindern Wissen und Mitbestimmung an – sie werden danach greifen, wenn in ihrem Leben gerade Platz dafür ist.

Falsche Erwartungen

Die Schule wird den Kindern das mit dem Klimawandel schon erklären.

Richtig ist, dass das Bundesministerium für Umwelt, Naturschutz, nukleare Sicherheit und Verbraucherschutz Unterrichtsmaterialien als »Lehr- und Aktionspaket Klimawandel« bereitstellt. Was die einzelne Schule daraus macht, hängt aber von ihrer Ausrichtung und ihren Kapazitäten ab. Wir können es ansprechen und uns einbringen, damit das Thema zum Beispiel im Sachunterricht zur Sprache kommt. Es ist aber von entscheidender Bedeutung, dass man den Kindern keine Angst einjagt, sondern vielmehr aufzeigt, welche Lösungen es gibt, und im besten Fall direkt handelt.

Kinder gehen gern auf jede Klimademo mit.

Das kann so sein, muss es aber nicht. Wir lassen den Kindern immer die Wahl, sonst wird es zur lästigen Pflicht. Es macht natürlich mehr Spaß, wenn andere befreundete Familien mit Kindern auch mitkommen.

Kinder lernen alles nebenbei.

Was Kinder können sollten, lernen sie manchmal nebenbei – aber wie man eine Waschmaschine bedient oder wie man einen Einkaufszettel sinnvoll erstellt, müssen wir auch manchmal erklären. Daher sollten wir uns die Zeit nehmen und hin und wieder eine kleine Lerneinheit einschieben.

In dem Alter sollten sie zuhören und sich merken können, was ich gesagt habe.

Schulkinder haben tausenderlei im Kopf – manchmal passen unsere Informationen dazwischen, manchmal nicht. Rechnen wir damit, dass sie uns nicht hören oder etwas hören, es aber sofort vergessen. Als ich aufhörte, mich darüber zu ärgern (»Ich hab doch gerade gesagt …!«), und anfing, in mich hineinzuschmunzeln (»Na, schon vergessen, dass du eine Gabel mitbringen wolltest?«), wurde ich geduldiger, und die Kinder wurden kooperativer.

Das sagt die Wissenschaft

Es ist immens wichtig, Kindern Ängste zu nehmen. Eine Studie zeigte, dass sich Kinder mit Ängsten schlechter konzentrieren können und mehr körperliche Beschwerden haben.[202]

Eine andere Studie unter acht- bis zwölfjährigen Kindern wies darauf hin, dass die größten Ängste der Jungen in den Kategorien Tiere, Sicherheit, Schule und übernatürliche Phänomene zu finden sind, während die Mädchen eher Angst vor Naturphänomenen haben.[203]

Menschen, die sich mit der Natur verbunden fühlen und sich um sie sorgen und sie schützen, haben in der Regel in ihrer Kindheit Erfahrungen mit dem Spielen und Erforschen der Natur, mit einflussreichen Vorbildern und Büchern

Zehn Tipps

1. Wichtige Gespräche brauchen den richtigen Zeitpunkt – forcieren wir es nicht, es wird sich ergeben.
2. Wenn sich etwas für uns als Eltern zu schwierig anfühlt, dürfen wir uns Hilfe holen und erst mal unsere eigenen Gefühle und Widerstände bearbeiten.
3. Denken lernen ist ein Prozess fürs ganze Leben – wir üben, haben Geduld und lernen manches mit den Kindern gleich mit.
4. Fragen sind unsere Freunde – bevor wir dozieren, stellen wir lieber Fragen und geben unserem Kind mindestens acht Sekunden Zeit, um zu antworten.
5. Hoffnung ist nie verkehrt – wenn sie von Handlung begleitet wird.
6. Wir müssen weder immer ökologisch noch pädagogisch korrekt sein – gelegentlich loszulassen, gehört dazu.
7. Zu viele negative Nachrichten sind Stress für die Seele, daher sollten wir sie wohl dosieren und zum Beispiel nicht den ganzen Tag das Radio laufen lassen.
8. Auch Webseiten und Nachrichten für Kinder können überfordern. Daher entscheiden wir als Eltern, was für unser Kind »kindgerecht« ist und was nicht.
9. Als unser Kind noch kleiner war und laufen lernte, haben wir auch beim dritten Hinfallen nicht gesagt: »Das lernt es nie!« Genauso geduldig sollten wir jetzt damit sein, wenn das Kind lernt, Enttäuschungen zu bewältigen, aufzuräumen und so weiter.
10. Schulkinder können sehr, sehr radikale Denker sein – lassen wir ihre Thesen ruhig auch manchmal einfach stehen, und vertrauen wir darauf, dass das Leben ihnen beibringen wird, was sie wissen müssen.

sowie mit der Teilnahme an natur- oder umweltbezogenen Organisationen gemacht.[204]

Genauso wie wir Kindern Empathie mit ihren Mitmenschen beibringen, können wir ihnen auch Empathie, Sympathie und Fürsorge für Tiere und Elemente der natürlichen Welt vermitteln.[205] Wenn Kinder die Gesten, den Gesichtsausdruck und die Lautäußerungen von Tieren mit ähnlichen Körperbewegungen und Emotionen imitieren, zögern die Forschenden Olin Eugene Myers jr. und Carol D. Saunders, den Begriff »Empathie« für die Reaktionen der Kinder zu verwenden – da es schwer sei, das Verhalten von Tieren genau zu interpretieren oder gar zu fühlen. Aber sie schlagen vor, von »Mitfühlen« zu sprechen.[206]

Viele Wissenschaftlerinnen und Wissenschaftler gehen davon aus, dass wir Kindern den Wert der natürlichen Welt nicht durch Vorträge oder Horrornachrichten beibringen, sondern indem wir ihnen zeigen, wie ähnlich wir anderen Lebewesen sind.[207]

FAQ

Wofür ist eine Krise gut?

Krisen helfen uns zu wachsen, wir können neue Erfahrungen machen, neue Menschen kennenlernen, uns etwas trauen, was wir uns noch nie getraut haben, einen neuen Blick für die Welt und das Leben bekommen, etwas Neues über uns selbst lernen und immer wieder auch sehr fröhlich sein und die Krise vergessen.

Wie finden wir ins positive Denken?

Überlegen wir: Was ist uns wichtig? Was ist wertvoll? Was ist gut? Ein Spiel kann sein: Jeder überlegt sich fünf Dinge, die gut sind, und schreibt oder malt sie mit einem geeigneten Stift auf jeden Finger seiner Hand. Jetzt können wir uns den ganzen Tag wieder daran erinnern, was schön ist.

An manchen Tagen ist »alles doof« … was machen wir dann?

Wir spielen im *artgerecht*-Camp seit der Corona-Pandemie ein Spiel, das »… aber das Gute daran ist …« heißt. Es geht so: Jeder darf sich über etwas beschweren (zum Beispiel »Das Wetter ist total gruselig«), hängt dann aber die Worte »… aber das Gute daran ist …« an und denkt sich etwas dazu aus. Das kann etwas total Absurdes sein wie »… dass mein Regenschirm sich endlich nicht mehr langweilt« oder etwas Konkretes: »… dass ich heute Abend die Blumen nicht gießen muss«.

Manchmal verstehe ich mein Kind einfach nicht – was soll ich tun?

Manchmal hilft es, tatsächlich in den »Schuhen des anderen zu gehen«. Da wir nicht in die Treterchen unseres Kindes passen, können wir etwas anderes nehmen: seine Mütze aufsetzen, sein Halstuch umbinden, seinen Ranzen aufsetzen und erzählen, wie wir uns fühlen. Die Kinder können unsere Jacke anziehen oder unsere Mütze aufsetzen und erzählen, was sie glauben, was wir denken und wie wir uns fühlen. Wichtig: Jeder Beitrag ist kostbar – er muss nicht korrekt sein. Hinterher tauschen wir uns aus: Was davon stimmte, was sehen wir anders? Wo haben wir uns verstanden gefühlt, wo möchten wir etwas ergänzen?

Artgerecht mit Geld umgehen

Hüte dich vor kleinen Ausgaben. Ein kleines Leck kann ein großes Schiff zum Sinken bringen.
BENJAMIN FRANKLIN

Die kindliche Idee von Geld ist oft: »Wenn ich Geld habe, kann ich mir alles kaufen, was ich mir wünsche!« Dass es nicht so funktioniert und wie komplex das ganze Geschehen um die Finanzen ist, lernen sie erst von uns.

Wenn unsere Kinder von großen Menschen hören: »Das kaufen wir auf Pump« oder »Nimm die Kreditkarte«, bekommen sie das Bild, es gäbe einen unbegrenzten Vorrat an Geld, den sie nur mit einer Plastikkarte anzuzapfen bräuchten. Wir müssen ihnen also beibringen, wie es geht.

Forschungsergebnisse zeigen, dass Kinder bereits im Alter von sieben Jahren ein Finanzverhalten entwickeln – die beste Zeit, um ihnen einen gesunden, guten Umgang mit Geld beizubringen. Ihre ersten Erfahrungen mit wirtschaftlichen Transaktionen erleben sie mit uns oder nahen Verwandten, von denen sie schon als Grundschüler aufschnappen, wie es geht.[208]

Was ich gern vorher gewusst hätte …

NORA Dass Taschengeld Kindern nicht nur zeigt, was sie alles kaufen können, sondern auch, was sie sich nicht kaufen können – und das erzeugt auch Frust.

NANE Wie bescheiden und sparsam Kinder sind, die gar nicht von uns zum Sparen angehalten werden – einfach weil sie wissen, dass wir halt nicht auf einem Topf voll Gold sitzen.

So geht's: Wie Kinder lernen, für sich zu sorgen

Fangen wir mit dem Wichtigsten an: Sollten wir Kindern Taschengeld zahlen? Ja, Kinder sollten Geld zur ihrer Verfügung haben, und zwar nicht nur theoretisch, sondern auch in der Praxis – selbst wenn sie damit nur Dinge kaufen, die wir nicht gut finden.

Die Finanzkolumnistin Michelle Singletary von der *Washington Post* sagt: »Wir sollten unsere Kinder entscheiden lassen, wofür sie ihr Geld ausgeben«, obwohl ihr das selbst schwerfalle. Aber die Wissenschaft gibt ihr recht: Seit mehreren Jahren untersucht das US-amerikanische Finanzdienstleistungsunternehmen T. Rowe Price die Einstellungen von Eltern und ihren Kindern zum Thema »Geld«. Eine 2017 durchgeführte Umfrage unter 1014 Eltern mit Kindern im Alter von acht bis vierzehn Jahren in den USA erbrachte zwei Erkenntnisse, die für die Vermittlung von Finanzwissen von entscheidender Bedeutung sind:

1. Kinder lernen, wie man mit Geld umgeht, indem sie das Verhalten ihrer Eltern nachahmen, und
2. Kinder haben bessere finanzielle Gewohnheiten, wenn die Eltern sie selbst entscheiden lassen, wie sie ihr Geld sparen und ausgeben.

Das Ergebnis finanzieller Freiheit ist, dass die Kinder weniger dazu neigen,

- ihr Geld sofort auszugeben, wenn sie es bekommen,
- darüber zu lügen, wofür sie ihr Geld ausgegeben haben,
- von ihren Eltern erwarten, dass sie ihnen kaufen, was sie wollen, weil sie selbst entscheiden – und rechnen –, wofür sie ihr Geld hergeben wollen.

Die Umfrage ergab auch, dass Kinder, die ihr Geld selbst verwalten dürfen, eher bereit sind, mit ihren Eltern über ihre Finanzen zu sprechen. Und genau das wollen wir! Und ja, sie werden Fehler machen – das haben wir auch schon getan. Dann sollten sie die Konsequenzen auch spüren, damit ein Lerneffekt eintritt.[209]

Taschengeld allein reicht aber nicht, damit Kinder wissen, wie man mit Finanzen umgeht. Wir müssen ihnen auch ein paar grundlegende Zusammenhänge erklären, zum Beispiel:

- Woher kommt Geld?
- Was ist die Idee hinter Geld, der Vorteil?
- Wofür nutzt man Geld
- Wofür nutzt man Geld nicht (wir »kaufen« zum Beispiel keine Freunde mit Süßigkeiten).
- Wo geht Geld hin?
- Wie verwaltet man Geld?
- Welche anderen Systeme gibt oder gab es (zum Beispiel Tauschökonomie, etwa Barter-Deals, bei denen man gleichwertige Dienstleistungen tauscht).

Wann und wie wir mit Kindern über Geld sprechen, hat einen entscheidenden Einfluss auf ihr Finanzwissen später im Leben. Warum ist das wichtig? Weil Menschen mit weniger Wissen um Finanzen dazu neigen, ihre Kosten nicht im Griff zu haben, teure Kredite aufzunehmen oder ihre Rente nicht zu planen. Und all das beginnt sehr früh.

Unsere Glaubenssätze prüfen

Für die Trendstudie »Jugend in Deutschland« wurden im Oktober 2020 insgesamt 1027 Jugendliche und junge Erwachsene online befragt, von denen jeder Fünfte angab, sogenannte »Klarna«-Schulden zu haben.[210] Über die Firma werden Zahlungen bei Onlinebestellungen abgewickelt, dabei kann auch auf Rechnung gekauft und später bezahlt werden. Ein ähnliches Bild zeigt ebenso die offizielle Statistik: In Deutschland haben Menschen Schulden vor allem bei Kredithäusern, dicht gefolgt von Schulden bei Versandhäusern und Telekommunikationsunternehmen.[211]

Dabei sollten wir unsere Kinder nicht unterschätzen, sie wissen schon sehr früh, was etwas wert ist, und können lernen, wie Wirtschaft funktioniert. »So ergab eine Studie, dass Schüler in den ersten Grundschulklassen Konzepte wie Waren, Dienstleistungen, Produzenten, Verbraucher, Arbeitsteilung, den Zusammenhang zwischen Arbeit und Einkommen, Steuern und die Verwendung von Steuern zur Bereitstellung von Gütern in der Gemeinschaft lernen können«, schreibt Mary Suiter, Expertin für finanzielle Bildung.[212]

Alles startet damit, dass wir unsere eigenen Erfahrungen mit Finanzen reflektieren:

- **Glaubenssätze:** Welche Glaubenssätze trage ich in mir: »Geld haben nur die anderen«, »Geld ist nicht wichtig«, »Geld ist nie genug da«? Oder: »Geld kommt zu mir, wenn ich es gut behandle«, »Geld hält man zusammen«, »Ich kann mit meinem Geld auskommen, wenn ich gut darauf achte«?
- **Kontrollüberzeugung:** »Hat man Geld«, oder »hat man es nicht« – oder ist Geld etwas, was ich steuern kann?
- **Stärken und Schwächen:** Was sind meine Schwächen, was sind meine Stärken in Bezug auf Geld? (»Ich kann gut sparen, aber bei Schreibwaren kaufe ich oft mehr, als ich brauche, weil ich Stifte so liebe.« Ich gestehe – das ist

meine Schwäche, und meine Kinder rufen vor jedem Schreibwarenladen: »Mama! Stopp! Du gehst da nicht mit Kreditkarte rein!«)

- **Gewohnheiten:** Wie kann ich meinem Kind hilfreiche Gewohnheiten im Umgang mit Geld vorleben? (»Ich habe den starken Impuls, das jetzt einfach zu kaufen, aber ich schlafe lieber noch einmal drüber.«)
- **Mitentscheiden:** Gibt es Entscheidungen zum Thema »Geld«, bei denen mein Kind schon mitreden kann? Zum Beispiel, ob wir jetzt hier Fast Food essen oder deutlich günstiger zu Hause kochen?
- **Budgetkontrolle:** Kann ich meinem Kind jetzt schon kleine altersgerechte Aufgaben geben? Zum Beispiel: »Vergleiche bitte die Kilopreise, und finde heraus, welches die günstigste Schokolade ist.« Oder: »Wir haben für diese Reise ein Budget von … Was bedeutet das pro Tag? Was dürfen wir ausgeben?«

Wir denken vielleicht: Das macht doch jeder, das passiert doch nebenbei. Aber dass wir Kindern vermitteln, wie man mit Geld umgeht, ist gar nicht so selbstverständlich. Und oft lehren wir sie nur das, was wir selbst wissen, und das ist nicht immer alles, was wichtig ist.

Finanzen sinnvoll planen

Außerdem achten wir darauf, dass wir es allen Kindern gleich beibringen, denn die Schere öffnet sich schon früh: »Frauen haben weniger Finanzwissen als Männer, junge und alte Menschen haben weniger Finanzwissen als Menschen mittleren Alters, und Menschen mit höherem Bildungsniveau haben mehr Finanzwissen. Der wichtigste Unterschied ist, dass die finanziell Gebildeten eher für den Ruhestand planen«, schreiben die US-Finanzforscherinnen Annamaria Lusardi und Olivia S. Mitchell.[213] Dass Männer etwas besser Bescheid wissen als Frauen, gilt auch für Deutschland, so das Ergebnis einer Umfrage, durchgeführt von der OECD in Zusammenarbeit mit der Bundesbank.[214]

Schulprogramme sind wahrscheinlich hilfreich und verändern das finanzielle Verhalten langfristig und nachhaltig, wie eine Meta-Analyse in den OECD-Ländern 2020 feststellte.[215] Sie haben den Vorteil, dass sie allen Kindern zugutekommen, auch denen, deren Eltern sich nicht um dieses Thema kümmern können.[216] Und sie haben den Nachteil, dass es sie nicht an jeder Schule gibt und sie von unterschiedlicher Qualität sind. Das macht aber nichts – wir können zu Hause jetzt schon vieles dafür tun, dass unsere Kinder ein finanziell kluges Leben führen.

Die OECD sagt: »94 Prozent aller Kinder erhalten Informationen über den Umgang mit Geld von ihren Eltern«, und je mehr sie von ihnen erfahren, desto besser gehen sie mit Geld um.[217] Wir fangen also mit ganz überschaubaren Zusammenhängen an; und je älter unser Kind ist, desto tiefer steigen wir ins Thema ein:

- Bankenwesen: Kinder wissen oft nicht, wie Geld in der Bank »liegt«. Sie denken, dass sie, wenn sie 2 Euro einzahlen, auch genau diese 2 Euro zurückbekommen – wir erklären also erst mal die Basics.
- Impulskäufe: Genau wie wir Kleinkindern Belohnungsaufschub beibringen, vermeiden wir Impulskäufe mit den großen Kindern: Über alles, was mehr als zehn Euro kostet, schlafen wir eine Nacht und entscheiden dann, ob wir es kaufen wollen (und wir sind selbst Vorbild und halten es auch so).
- Spenden: Spenden wir, wo es uns möglich ist und sinnvoll erscheint, Geld an gemeinnützige Zwecke – auch Kinder können das schon tun, wenn sie möchten.
- Haushaltsbuch: Wir führen selbst ein Haushaltsbuch, um zu wissen, was wir ausgeben, und erklären den Kindern, wie es geht. Wenn sie langsam ins Teenageralter kommen, können sie mit einer simplen App (zum Beispiel die KNAX-Taschengeld-App der Sparkassen) ihre eigene Haushaltskasse im Blick behalten.
- Barzahlung: Kinder sollten ihre Einkäufe bar bezahlen – wenn sie merken, wie viel Geld sie in der Hand haben, und dieses Geld »aus der Hand geben«, lernen sie mehr, als wenn sie alles mit Karte zahlen und die Transaktion für sie unsichtbar bleibt.
- Sparziele: Wenn Kinder sich etwas wünschen, was sie selbst kaufen sollen oder wollen, können wir mit ihnen Sparziele vereinbaren, eine besonders schöne Spardose dafür kaufen und darüber Buch führen, wie sich das Geld darin ansammelt.
- Transparenz: Viele Kinder wissen nicht, wie viel Eltern für einen bestimmten Betrag arbeiten müssen und wie langsam sich Geld ansammelt – erzählen wir ihnen davon. Statt zu sagen: »Dafür muss eine alte Frau lange stricken« (wie

es mein Großvater noch getan hat), seien wir lieber konkret: »Für diesen Computer habe ich x Stunden gearbeitet, denn wir müssen von meinem Stundenlohn von x Euro noch die Steuern abziehen, und pro Monat kann ich x Euro für solche Anschaffungen sparen.«

- Wünsche und Notwendigkeiten: Auch Erwachsene können nicht alles kaufen, was sie haben möchten (das denken aber viele Kinder) – erklären wir den Unterschied zwischen Wunsch und Notwendigkeit.
- Opportunitätskosten: Wenn ich das eine kaufe, kann ich das andere nicht haben, weil ich Geld nur einmal ausgeben kann.
- Folgekosten: Wir zeigen, dass Käufe auch mit weiteren Kosten verbunden sein können (siehe unten den Abschnitt »Verbindlichkeit oder Vermögen?«).
- Influencer: Vorsicht vor Social-Media-Influencern, die vormachen, wie man »über Nacht reich« wird (oder berühmt oder beides). Wir erklären, dass es in der Regel zehn Jahre Vorbereitungszeit braucht, bis man »über Nacht« irgendetwas wird.
- Taschengeld: Kinder sollten wie gesagt Taschengeld bekommen – aber nicht ohne weitere Information und Gespräche, was sie damit machen und wie das für sie war.
- Schulden: Wir zahlen unsere Schulden – auch die kleinen – sofort. Nur wenige Schulden sind sinnvoll, private Konsumschulden sollten wir auf jeden Fall vermeiden.
- Finanzprodukte: Ältere Schulkinder sollten wissen, wie Finanzprodukte funktionieren – ein Bankkonto, ein Sparkonto, eine Kreditkarte, ein Kauf auf Raten und die entsprechenden Vorteile und Risiken.
- Weitere Infos: Wir können mit den Kindern Podcasts zum Thema »Geld« hören, Bücher ansehen oder Videos schauen.

Kleiner Ausblick: Wenn unsere Kinder langsam das Teenageralter erreichen, können wir anfangen, mit ihnen über größere Finanzthemen zu sprechen, zum Beispiel: »Wie funktioniert ein Kredit?«, »Wie funktionieren Zinsen – zu meinen Gunsten oder Ungunsten?«, »Was heißt Inflation?«, »Wieso kann ich von dem Geld, das ich verdiene, nur einen Teil behalten, zahle davon Steuern, und was hat das mit dem Gedanken von Gemeinwohl zu tun?«, »Was kann ich tun, wenn ich mein Budget überzogen habe?« …

Eine weitere Möglichkeit, Jugendliche zu finanzieller Eigenständigkeit zu erziehen, ist das Budgetgeld. das zusätzlich zum Taschengeld eingeplant werden muss und für festgelegte Ausgaben wie Kleidung, Schulmaterial oder Smartphone-Kosten dient. Ab vierzehn Jahren treffen sie eigene Kaufentscheidungen und verstehen immer komplexere wirtschaftliche Zusammenhänge. Das perfekte Alter, um ihnen Verantwortung für ihren Teil des Familienbudgets zu übertragen.

Verbindlichkeit oder Vermögen?

Ich habe meinen Kindern früh beigebracht, dass es zwei Arten von Besitz gibt: Verbindlichkeit oder Vermögen. Es gibt Besitz, der uns etwas gekostet hat oder im schlimmsten Falle weiter kostet, und Besitz, der wieder Geld einbringt. Wenn ich ein Haus kaufe, in dem ich selbst wohne, dann ist das kein Vermögen, sondern eine Verbindlichkeit: In der Regel zahle ich einen Kredit ab, das Haus muss gepflegt werden, es kostet mich monatlich also etwas. Wenn ich ein Haus habe, das ich vermieten kann, ist es Vermögen, denn es bringt mir Geld ein.

Ich frage meine Kinder immer, wenn sie vorschlagen, dass wir etwas kaufen: »Verbindlichkeit oder Vermögen?«

Als bei uns zum Beispiel der Wunsch nach einem eigenen Pferd aufkam, habe ich erklärt: »Ein Pferd zu kaufen, ist eine Sache, aber ein Pferd auf Dauer finanziell zu unterhalten, eine völlig andere.«

»Aber wir haben doch auch eine Katze!«, lautete die Antwort.

Also haben wir gemeinsam eine Liste erstellt, was so ein Pferd monatlich kostet. Wir haben im Internet recherchiert, Ställe angerufen und eine Freundin gefragt, die eines hat.

Es kam heraus, dass jedes Haustier eine Verbindlichkeit darstellt, aber ein kleines Tier wie eine Katze zum Beispiel keine allzu große. Ein Pferd hingegen ist eine enorme Verbindlichkeit.

Wie könnte man das ändern? Vielleicht, wenn man es auf Turnieren laufen ließe? Dies lehnten meine Kinder aus Tierschutzgründen ab.

Für die Kinder wurde das Thema »Pferd« – und warum wir uns keines leisten können – so viel transparenter und verständlicher, als hätte ich einfach nur gesagt: »Nein, ein Pferd ist zu teuer.«

Podcasts, Bücher und mehr

Meine Erfahrung ist, dass Schulkinder Wissen über Finanzen geradezu aufsaugen, aber manchmal sind Eltern nicht ihre bevorzugten Lehrkräfte. Dann gibt es gute Podcasts, Bücher und Ressourcen im Internet, die uns den Job erleichtern können, zum Beispiel

- Claudia Müller und Isabel Sorg: *Über Geld spricht man doch! Wie Kinder spielerisch einen guten Umgang mit Geld lernen*, München 2024.
- Angela Weinhold: *Unser Geld und die Wirtschaft, Wieso? Weshalb? Warum?*, Band 31, Ravensburg 2015.
- Britta Heidhoff: *Die Geldexperten. Laila, Mia, Felix und die Deutsche Bundesbank*, Hamburg, 2. Aufl. 2022 (PDF: www.bundesbank.de/de/publikationen/schule-und-bildung/die-geldexperten-863230).
- Mike Schäfer: *Mein Geld, Dein Geld. Von Mäusen, Kröten und Moneten*, Weinheim 2020.
- Bodo Schäfer: *Ein Hund namens Money. Spielerisch zu Erfolg und Wohlstand*, München 2019.
- Magdalena Sporkmann: *Miss Money. Was schlaue Mädchen über Geld wissen sollten*, München 2023.

Interview: »Räumt eure Glaubenssätze auf!«

Mit Claudia Müller und Isabel Sorg,
Autorinnen des Buchs *Über Geld spricht man doch!*[218]

Was ist das Wichtigste, was Kinder über Geld lernen sollten?

Geld sollte ein selbstverständlicher und »neutraler« – kein negativer – Bestandteil des alltäglichen Lebens sein. Vermitteln Sie Ihren Kindern, dass Geld Entscheidungsfreiheit bedeutet; es kann eingesetzt werden für das, was uns wichtig ist (Süßigkeiten, Spenden, Geschenke …), und jeder Kassenzettel ist auch immer ein Stück weit ein Stimmzettel, zum Beispiel für Tierwohl oder für den Klimaschutz.

Wie gehe ich damit um, dass Kinder ihr Geld anders ausgeben, als ich es gern hätte?

Verabschieden Sie sich von dem Gedanken, dass Taschengeld immer »sinnvoll« verwendet werden muss. Dann sind Sie gleich ein Stück entspannter. Wer entscheidet überhaupt, was als sinnvoll gilt? Auch wenn es Ihnen schwerfällt: Mischen Sie sich bei der Verwendung des Taschengelds nicht ein. Taschengeld sollte bedingungslos sein. Setzen Sie lieber ganz allgemein auf eine solide finanzielle Bildung, und lehnen Sie sich zurück, denn Taschengeld ist nur ein kleiner Teil davon.

Es sollte aber klar sein: Taschengeldentzug kann eine Form finanzieller Gewalt sein und sollte deshalb ein No-Go sein. Erstens, um Ihre Beziehung zum Kind nicht zu belasten, und zweitens, damit das Thema »Geld« in Ihrer Familie keine negative Behaftung erfährt. Eine gute Idee ist es, dem Kind vorzuschlagen und dabei zu helfen, sein Taschengeld auf verschiedene Töpfe/Sparziele aufzuteilen. Dann geht vielleicht nicht alles für den kurzfristigen Spaß drauf, und Ihr Kind lernt, in Budgets zu denken.

Welche Hemmungen haben wir Eltern – gilt der Satz »über Geld spricht man nicht« tatsächlich noch?

Den Satz »Über Geld spricht man nicht« haben wir sicher alle schon einmal gehört und die meisten wohl auch verinnerlicht. Geld zählt immer noch zu den gesellschaftlichen Tabuthemen, was es uns nicht gerade leichter macht, mit unseren Kindern darüber ins Gespräch zu kommen.

Hinzu kommt, dass Eltern sich mit der eigenen finanziellen Situation unwohl fühlen können. Vielleicht hat man Schulden, oder es wurden (andere) zweifelhafte finanzielle Entscheidungen getroffen. Sind Eltern nicht das Vorbild, das sie gern wären, oder fühlen sie sich nicht ausreichend qualifiziert, machen sie ihren Kindern gegenüber lieber einen großen Bogen um das Thema. Wieder andere sind überfordert, wo oder wie sie anfangen sollen – hinsichtlich ihrer eigenen Finanzen und der Finanzbildung ihrer Kinder.

Was machen unsere negativen Geld-Glaubenssätze mit den Kindern – und wie können wir das besser machen?

Eltern gehören nun mal zu den wichtigsten Vorbildern für ihre Kinder. Negative Glaubenssätze zum Thema »Geld« werden leider oft ungefiltert an die nächste Generation weitergegeben. Stellen Sie sich vor, im Kopf Ihres Kindes gäbe es verschiedene »Schubladen« für verschiedene Themen, so auch zum Thema »Geld«. In dieser Schublade sammelt Ihr Kind alles, was es explizit, aber auch implizit zum Thema »Geld« (von Ihnen) lernt. Mit diesem Thema konfrontiert, wird Ihr Kind diese Schublade irgendwann automatisch öffnen und herausnehmen, was es darin findet. Stellen Sie also sicher, dass Sie ihm sinnvolle Dinge für seine »Geld-Schublade« mitgeben. Aber keine Sorge, Schubladen können auch später noch mal aussortiert oder entrümpelt und mit neuen Erfahrungen gefüllt werden; es kostet allerdings Zeit und Mühe!

Um die Schubladen Ihrer Kinder nicht zuzumüllen, räumen Sie mit Ihren eigenen negativen Glaubenssätzen auf. Einen größeren Gefallen können Sie sich und Ihren Kindern nicht tun!

Wie verhalte ich mich, wenn sich schon schlechte Geld-Gewohnheiten eingeschlichen haben?

Keine Panik, der richtige Zeitpunkt, etwas zu ändern, ist immer *jetzt!* Setzen Sie sich kritisch mit Ihrer eigenen Geldbiografie auseinander, und begeben Sie sich auf Spurensuche: Wie war in meiner Herkunftsfamilie der Umgang mit Geld? Welche Sätze waren typisch? Oder wurde das Thema in Ihrer Gegenwart vielleicht ausgeklammert?

Wenn Sie etwas an Ihrem Umgang mit Geld ändern wollen, dann beziehen Sie auch Ihr Umfeld mit ein, sprechen Sie mit Ihrer Familie und den wichtigsten Bezugspersonen Ihres Kindes. Kommunizieren Sie offen mit Ihrem Kind, was Sie in Zukunft ändern wollen und was bisher vielleicht weniger gut gelaufen ist. Das eigene Unwissen oder die eigene Unsicherheit einzugestehen, ist eine wichtige Geste für Ihr Kind! Und dann beginnen Sie, gemeinsam neue und positive Geld-Erfahrungen zu machen. Damit sind Sie Ihrem Kind ein Vorbild und schreiben Ihre und seine Geldgeschichte neu.

Was machen Eltern bei Mädchen und Jungs anders – und was sollten wir stattdessen tun?

Es gab bis 2022 tatsächlich noch eine »Gender-Taschengeld-Gap«; das heißt, Jungs bekamen mehr Taschengeld als gleichaltrige Mädchen. Mittlerweile hat sich diese Lücke zum Glück geschlossen. Aber: Väter reden häufiger mit ihren Söhnen über Geld, Mütter mit ihren Töchtern weniger oder gar nicht. Söhne bekommen durchschnittlich auch mehr vom Erbe. Reden Sie gleichermaßen mit Ihren Kindern; denken Sie nicht in Geschlechterstereotypen, sondern in »Menschen«. Farben, Frisuren, Spielzeuge, Schulfächer und Begabungen sind für alle da und nicht einem bestimmten Geschlecht zugeordnet.

Ihren Sohn können Sie für seine privilegierte finanzielle Ausgangslage in einem patriarchal geprägten System sensibilisieren (Stichwörter: »Gender Pay Gap«, »Lifetime Earnings Gap«, »Motherhood Penalty«), und für Ihre Tochter sollten Sie diesen »blinden Fleck« im System ebenfalls sichtbar machen (Stichwörter: »Teilzeitfalle«, »weibliche Altersarmut«, »finanzielle Abhängigkeit«). So können Ihre Kinder später einmal kluge und selbstbestimmte finanzielle Entscheidungen treffen.

Danke für das Gespräch.

Hätten Sie's gewusst?

Das Familienportal des Bundes gibt eine Liste für Taschengeld heraus und empfiehlt beispielsweise im Jahr 2023 die in der Tabelle wiedergegebenen Beträge. Diese Empfehlungen sind natürlich unverbindlich und sollen lediglich als Orientierungshilfe dienen.[219]

Taschengeldempfehlung des Bundes für Schulkinder

Alter	Euro/Woche
6 Jahre	1,00–1,50
7 Jahre	1,50–2,00
8 Jahre	2,00–2,50
9 Jahre	2,50–3,00
Alter	**Euro/Monat**
10 Jahre	16,00–18,50
11 Jahre	18,50–21,00
12 Jahre	21,00–23,50
13 Jahre	23,50–26,00

Es gibt keinen Rechtsanspruch auf Taschengeld, aber es ist unbestritten, dass eigenes Geld wichtig ist, um den verantwortungsvollen Umgang damit zu lernen.

Kinder haben manchmal eine Vorliebe für ungewöhnliche Zahlungsmittel. Anstatt Geld für Süßigkeiten zu verwenden, bieten sie möglicherweise Spielzeugautos, glitzernde Haarspangen oder andere Gegenstände als Zahlungsmittel an – so hat Tauschhandel einst angefangen.

Ob wir Haushaltshilfe oder gute Noten mit Taschengeld belohnen sollten, ist umstritten. Die Gegner wiesen darauf hin, dass es die intrinsische Motivation der Kinder untergraben könnte.

Kinder können erstaunlich kreative Möglichkeiten finden, Geld zu verdienen. Ob es sich um den Verkauf von selbst gebastelten Kunstwerken an Familienmitglieder handelt, Pfandflaschen wegbringen oder Rasenmähen für Nachbarn. Manche Kinder zeigen schon früh eine unternehmerische Ader, wenn es darum geht, ihr Taschengeld aufzubessern.

Auch Großeltern können Kindern viel über Geld beibringen, oft hören sie ihnen sogar gespannter zu als uns Eltern.

Die OECD startete schon 2003 ein zwischenstaatliches Projekt mit dem Ziel, in allen Ländern die Bildung rund um Finanzen zu verbessern. Im März 2008 rief sie das International Gateway for Financial Education ins Leben.[220]

2023 stellte die Bundesregierung ihre Initiative für finanzielle Bildung vor, »von den ersten Vertragsentscheidungen über die Steuererklärung bis zur Altersvorsorge«, die Materialien für Schulen erstellt.[221]

Mit Geld umgehen – jedes Kind ist anders

Manchen Kindern fällt das Sparen leicht. Andere geben immer wieder alles aus und ärgern sich dann. Finanzielle Disziplin hat viel mit Impulskontrolle zu tun, und wir haben gesehen, dass unsere Kinder noch im Lernprozess sind. Genau wie mit Süßigkeiten, Mediennutzung, der Bewältigung von Enttäuschungen und dem Lesenlernen begleiten wir unsere Kinder geduldig. Es mag manchmal so aussehen, als würde es ewig dauern, aber wenn wir sanft und beharrlich bleiben, kommen wir ans Ziel.

Lassen wir uns nicht verunsichern von anderen Kindern, die schon »*sooo* vernünftig« sind – jedes Kind bewältigt seine Entwicklungsaufgaben zu seiner Zeit. Wichtig ist, dass wir dranbleiben, nicht schimpfen (sonst wird das Kind uns nichts mehr erzählen), lächeln und deutlich machen, dass man alles lernen kann. Erst jetzt können wir gemeinsam mit dem Kind überlegen, was ihm helfen würde, seine Ziele zu erreichen – oder ob »Schokolade jetzt!« nicht auch ein legitimes Ziel ist. Wenn das Kind eigentlich auf etwas sparen möchte, dann versuchen wir es nächste Woche noch mal neu und ändern die Strategie.

Ich habe zum Beispiel ein Kind, das sein Taschengeld jeden Monat haben möchte und damit gut umgeht. Und ich habe ein zweites Kind, das von sich aus im Grundschulalter gesagt hat: »Bitte zahle es mir jährlich (!) aus, dann packe ich es direkt auf mein Konto und kann es besser sparen.« Beide Kinder kommen mit ihrer Strategie hervorragend klar.

Falsche Erwartungen

Das mit dem Geld lernen sie in der Schule.

Die meisten Lehrer fühlen sich nicht gut darauf vorbereitet, Kindern Finanzwissen beizubringen. Studien zeigen zwar, dass das eine wundervolle Möglichkeit wäre, Ungleichheiten zu minimieren, aber es bleibt oft unsere Aufgabe, Kindern beispielsweise die Gefahr von Konsumschulden beizubringen.

Wenn ich sparsam bin, sind meine Kinder es auch.

Kinder müssen ihre eigenen Erfahrungen machen, und wir lassen sie das tun. Wir sind nicht enttäuscht, wenn Schulkinder große Summen nicht überblicken oder ansparen können, weil ihnen der lange Atem fehlt. Langfristig werden unser Vorbild und die eigene Erfahrung ihnen helfen, zu den richtigen Entscheidungen zu kommen.

Kinder treffen keine finanziellen Fehlentscheidungen.

Doch, tun sie! Und wir auch! Wir alle lernen aus Fehlern und sollten nicht verzweifeln, wenn es ein wenig dauert. Wir sollten nicht erwarten, dass unsere Kinder immer den Impulsen widerstehen und ihre Ausgaben sorgfältig planen und überdenken können – das ist ein Lernprozess.

Kinder merken doch, dass Geld nicht vom Himmel fällt!

Wie sollen sie es merken? Wir müssen es ihnen erklären, altersgerecht, sonst können sie es tatsächlich nicht wissen.

Meine Kinder wertschätzen unseren Wohlstand.

»Die Einzigen, die sich in zwanzig Jahren noch daran erinnern werden, wie viele Überstunden du gemacht hast, werden deine Kinder sein« – dieser Satz hat mich kürzlich sehr nachdenklich gemacht. Wir wissen, dass jenseits der Armutsgrenze Kinder vor allem von viel Zeit mit ihren Eltern profitieren, nicht in erster Linie von materiellem Hab und Gut.

Zehn Tipps

1. Sprechen wir offen über Geld, über das, was wir haben, und das, was wir nicht haben.
2. Sprechen wir altersgemäß über Geld – Kinder müssen nicht unseren Kontostand wissen, es reicht, ihnen zu sagen, ob wir uns etwas leisten können oder nicht.
3. Überfordern wir unseren Nachwuchs nicht, wenn wir finanzielle Sorgen haben. Ein einfaches »Das ist im Moment nicht drin« reicht als Information. Und Hilfe holen wir uns bei professionellen Stellen.
4. Ab etwa zehn Jahren können wir mit Kindern Geldfragen auch ausrechnen: »Wir können im Monat 350 Euro sparen, wie lange würde es dauern, ein Pony zu kaufen?«
5. Bringen wir unseren Kindern bei, dass Geld, das wir verdienen, auch in Krankenversicherung, Rente, Steuer und so weiter fließt, weil wir ein solidarisches System haben, an dem sich alle beteiligen.
6. Wenn es in den Nachrichten um Geld, Inflation, Zinsen oder Ähnliches geht, beantworten wir Fragen der Kinder dazu kindgerecht.
7. Gehen wir auf den Flohmarkt, und üben wir, wie man Preise verhandelt – besonders unsere Töchter sollten lernen, wie sie ihre Interessen verfolgen können.
8. Setzen wir Konsum ins Verhältnis: Für das Geld eines Fast-Food-Menüs könnten wir auch ein Buch kaufen und zu Hause ein Brot essen – wovon hätten wir mehr?
9. Wenn Kinder fragen: »Sind wir reich?«, können wir zurückfragen: »Was meinst du mit reich?«, und mit ihnen so ins Gespräch kommen darüber, was Reichtum eigentlich bedeutet.
10. Vergessen wir nie, unseren Kinder beizubringen, dass Geld nur Geld ist und dass es Dinge gibt, die man mit Geld nicht kaufen kann und die uns trotzdem reich machen.

Das sagt die Wissenschaft

Eine kleine experimentelle Studie kam zu dem Schluss, dass Kinder umso mehr von ihren Eltern über Geld erfahren, je mehr diese selbst darüber wissen – klingt banal, aber wie gesagt: Oft wissen wir weniger, als wir glauben.[222]

Nur Taschengeld zu geben, reicht nicht als finanzielle Erziehung – wenn Kinder nicht lernen, wie sie damit umgehen sollten, geben sie es oft einfach aus.[223]

Schon bei Dreizehn- bis Fünfzehnjährigen kann man feststellen, dass Jungs mehr über Geld wissen als Mädchen. Das können wir einfach vermeiden, indem wir beide Geschlechter vorher gleichermaßen informieren.[224]

FAQ

Sollen Kinder Taschengeld bekommen?

Ja, viele Experten sagen, es sei wichtig, dass Kinder über eigenes Geld verfügen und damit Erfahrungen machen können. Alternativ gibt es ein Familienbudget, über das gemeinsam entschieden wird.

Soll mein Kind eine EC-Karte bekommen?

Experten sagen, dass Bargeld sichtbarer macht, wie viel etwas kostet, und raten daher von Kartengeld für Schulkinder etwa bis zum Alter von zwölf Jahren ab.

Soll ich Kinder für Mithilfe bezahlen?

Das ist umstritten. Wir haben es so geregelt: Wenn die Kinder anderen Menschen, zum Beispiel den Großeltern, im Garten helfen, dann verdienen sie dabei etwas, zu Hause machen wir alles als Team.

Soll ich bestimmte Anschaffungen, zum Beispiel zu viel Süßkram, verbieten?

Verbote erschaffen eher Widerstand und Lügen. Besser ist es, mit dem Kind in Ruhe darüber zu sprechen, was sinnvolle Ausgaben sind.

Artgerecht Familie sein

Ein Teil vom Kreis bist du.

SPIRITUELLES RÄUCHERLIED

Kinder im Grundschulalter sind wundervoll – sie können schon so vieles und sind gleichzeitig noch so sehr Familienkinder. Sie gehen allein draußen spielen und kuscheln sich abends auf dem Sofa an uns. Genießen wir diese Zeit! Gemeinsam lachen und spielen gehören unbedingt dazu. Und ja, der Haushalt gehört auch dazu, und wir dürfen erwarten, dass alle Familienmitglieder hier mitmachen. Wir lernen jetzt immer mehr, ein Team zu sein, in dem jeder seine Aufgaben hat. Aber auch das kann wie ein Spiel sein, wenn wir es richtig angehen.

Gleichzeitig müssen wir bedenken, dass Schulkinder einen völlig anderen Tagesablauf haben als Kindergartenkinder und manchmal einfach extrem müde oder mit dem Kopf woanders sind. Erinnern wir uns an das erste Kapitel: Es passiert gerade so viel in dem kleinen Körper und Gehirn.

Einer der Hauptstreitpunkte, den Eltern an mich herantragen, ist die Klage »Mein Kind hört und hilft nicht«. Also schauen wir auf den nächsten Seiten, wie wir aus Familien ein Team machen können, in dem jeder und jede seinen Platz hat und seinen Teil zum Ganzen beiträgt.

Was ich gern vorher gewusst hätte …

CASEY Deine Stimmung färbt zu 90 Prozent auf deine Kinder ab. Wenn sie dir mit ihrem Verhalten auf die Nerven gehen, schau einmal, wie es dir geht.

C. H. Wir müssen nicht perfekt sein, damit unsere Kinder uns wirklich, wirklich, *wirklich* lieben.

SYLKE Dass Eltern keine perfekten Superhelden sein müssen.

So geht's: Gemeinsam leben, spielen, lachen

Es macht Spaß und ist schön – und wissenschaftlich betrachtet, hat gemeinsames Lachen in Familien tatsächlich viele positive Auswirkungen auf die Gesundheit und das Wohlbefinden. Fangen wir also mit dem Lachen an.

Gemeinsam lachen

Lachen hat viele positive Effekte auf uns als Individuen und als Familie:

- Stressabbau: Studien haben gezeigt, dass Lachen die Produktion von Stresshormonen reduziert und uns hilft, uns zu entspannen.[225] Gestresste Eltern haben oft Spannungen in Gesicht und Nacken, die sich beim Lachen lösen.
- Verbesserte Beziehungen: Lachen fördert das Gefühl der Verbundenheit und stärkt die familiären Beziehungen. Gemeinsames Lachen von Eltern und Kindern sorgt für eine positive Stimmung und bringt sie einander näher. Den Humor des anderen zu verstehen und einen Witz zu teilen, schafft Bindung.
- Stärkung des Immunsystems: Lachen stärkt das Immunsystem und verbessert die Abwehrkräfte des Körpers. Studien zeigen immer wieder,[226] dass Lachen die Aktivität von natürlichen Killerzellen erhöht, die eine wichtige Rolle bei der Bekämpfung von Krankheiten spielen.
- Verbesserung der Stimmung: Lachen setzt Endorphine frei, die sogenannten »Glückshormone«, die das allgemeine Wohlbefinden steigern und positive Emotionen fördern – und das auch dann, wenn wir eigentlich »keinen Grund zum Lachen« haben. Selbst wenn wir nur lächeln, aktivieren wir Prozesse im Körper, die uns in positive Stimmung versetzen, weil das Gehirn ja nicht »sehen« kann, ob es »einen Grund« dafür gibt.
- Stressbewältigung: Gemeinsames Lachen kann auch eine positive Bewältigungsstrategie bei Konflikten sein. »Wir sind heute beide wirklich schwierig«, gefolgt von einem kleinen Lachen, kann die Spannung aus einem Konflikt nehmen und Lösungen möglich machen.

Gemeinsam spielen

Das nächste wichtige Werkzeug als Familie ist gemeinsames Spiel. Viele Eltern sagen mir, dass Spielen für sie schwieriger sei, als sie dachten, oder dass sie schlicht keine Lust dazu hätten. Dabei gibt es einfache Wege zum Ziel.

Das gemeinsame Spielen als Familie ist es, was viele Kinder sich wünschen – es ist gut für sie und gut für uns. Wir fühlen das, aber wir können es auch belegen:[227]

- Gemeinsames Spielen stärkt die emotionale Bindung zwischen Familienmitgliedern und fördert die Kommunikation. Kinder lernen wichtige soziale und emotionale Fähigkeiten wie Teamarbeit, Empathie, Kooperation und Konfliktlösung – auch wenn es für uns manchmal anstrengend ist, wenn unge-

Spielen und lachen

Es gibt viele witzige Spiele, die Familien zusammen spielen können. Hier sind einige Ideen:

- Kartoffelrennen: Teilen Sie die Familie in Teams auf, und geben Sie jedem Team einen Esslöffel und eine rohe Kartoffel. Markieren Sie eine Start- und Ziellinie im Haus oder im Garten. Die Teams müssen die Kartoffel mit dem Löffel balancieren und so schnell wie möglich von der Start- zur Ziellinie bringen. Das Team, das zuerst die Ziellinie überquert, gewinnt.
- Pantomime: Jedes Familienmitglied schreibt verschiedene Begriffe oder Namen auf Zettel und legt sie in einen Hut. Ein Spieler zieht einen Zettel und versucht, den Begriff oder Namen pantomimisch darzustellen, ohne dabei zu sprechen. Die anderen Familienmitglieder müssen erraten, was dargestellt wird. Wer den Begriff richtig errät, ist als Nächste(r) an der Reihe.
- Verdrehte Wörter: Jedes Familienmitglied schreibt einen Satz oder eine kurze Geschichte auf, aber die Wörter werden in zufälliger Reihenfolge notiert oder mit Buchstabendrehungen versehen. Dann werden die Sätze gemischt und an andere Familienmitglieder verteilt. Jeder muss versu-

übte Verlierer an schlechten Tagen richtig ausflippen. Wenn unsere Kinder Probleme mit dem Verlieren haben, sollten wir erst einmal kooperative Spiele spielen und uns nur an guten Tagen an kompetitive heranwagen. Es gibt keinen Grund, warum Kinder kompetitive Spiele spielen müssen – in manchen Gesellschaften gibt es sie gar nicht. Wir können gemeinsam etwas bauen oder konstruieren, ein Fragespiel spielen oder Geschichten erzählen, im Schnee oder Regen herumhüpfen oder Murmeln rollen lassen – all das ist auch Spiel und birgt weniger Gefahren für Streit.

- Spielen regt die Fantasie und Kreativität an – dazu gehört auch, bei einem Spiel mal die Regeln zu brechen, zu verändern oder neu zu interpretieren. Gemeinsames Spielen kann Stress abbauen und eine entspannte Atmosphäre

chen, den Satz oder die Geschichte so vorzulesen, wie er geschrieben steht. Das Ergebnis ist oft sehr lustig und sorgt für viele Lacher.

- Luftballon-Challenge: Blasen Sie einige Luftballons auf, und binden Sie sie an die Knöchel der Familienmitglieder. Ziel des Spiels ist es, die Ballons der anderen Spieler zum Platzen zu bringen, während man versucht, den eigenen Ballon zu schützen. Die letzten verbleibenden Ballons gewinnen. (Es gibt zum Beispiel biologisch abbaubare »Bio-« oder »Natur-Luftballons«; im Internet wird man schnell fündig.)
- Wortkette: Beginnen Sie mit einem beliebigen Wort, zum Beispiel »Apfel«. Das nächste Familienmitglied muss ein neues Wort sagen, das mit dem letzten Buchstaben des vorherigen Wortes beginnt, beispielsweise »Löffel«. Das Spiel geht weiter, und jedes Familienmitglied muss ein neues Wort finden, das mit dem letzten Buchstaben des vorherigen Wortes beginnt. Wir können es auch mit zusammengesetzten Wörtern spielen: Apfelessig – Essiggurke – Gurkengesicht … es wird sehr schnell albern und herrlich lustig.

Hören wir auf unsere Kinder, und spielen wir mit ihnen! Und wenn wir dann noch Energie haben, räumen wir gemeinsam den Abendbrottisch ab.

schaffen, allerdings nicht, wenn ständig darum gestritten wird, wer gewinnt oder sich an die Regeln hält. Daher sollten wir immer bewusst auswählen, ob und was wir heute spielen, besonders wenn wir mehr als ein Kind haben.

- Aktives Spielen, wie beispielsweise gemeinsames Toben, Fangen- oder Ballspiele, fördern die körperliche Fitness und Gesundheit aller Familienmitglieder – wir merken das, wenn wir außer Atem sind, während die Kinder noch weiterlaufen.
- Spielen eignet sich wunderbar, um Spannungen zu entschärfen: wenn wir auf etwas warten müssen und die Kinder ungeduldig sind, wenn die Geschwister abends kurz davor sind, sich zu streiten, wenn das Essen noch nicht fertig ist und wir noch zehn Minuten Luft brauchen, wenn der Sonntagnachmittag zu Unsinn einlädt.
- Und nicht zuletzt schafft Spielen auch Gelegenheiten, um Familientraditionen zu etablieren (besonders wichtig in Patchwork-Konstellationen). Wir schaffen Erinnerungen, die ein Leben lang halten – abends mit Oma und Opa am Tisch sitzen und Karten spielen, mit den Eltern Ball spielen auf der Wiese, Würfeln im Urlaub oder Ratespiele auf Reisen ... all das stärkt das Gefühl der Zusammengehörigkeit und Identität innerhalb der Familie.

Gemeinsam leben – Kinder helfen im Haushalt

Wer dieses Kapitel überspringen will und denkt: »Meine Kinder haben gar keine Zeit, mir im Haushalt zu helfen«, der möge es unbedingt lesen.

Viele unserer Kinder haben einen so vollen Terminplan mit Schule, Ganztagsbetreuung, Hausaufgaben, Sport und Arztterminen, dass sie gar keine Kapazitäten mehr haben, uns im Haushalt zu helfen. Wenn dem so ist, müssen wir die Kindheit unserer Kinder überdenken, denn das heißt: Sie haben kaum noch Zeit zum Spielen und keine Zeit mehr, Teil einer Gemeinschaft zu sein, die ihr Leben bestimmt.

Also schauen wir mal, wie Kinder im Haushalt helfen können – wenn sie noch Energie dafür aufbringen. Sollten sie keine mehr haben, müssen wir erst ihren Zeitplan entrümpeln und die Klavierstunden vielleicht auf später verschieben. Und ihnen so die Gelegenheit geben, an allen Aspekten des Familienlebens teilzuhaben, denn das wird ihnen ein Leben lang von Vorteil sein.

Haushalt als Selbstwirksamkeitstraining

Ganz gleich, ob sie ihr Bett machen oder den Boden wischen – wenn Kinder im Haushalt mithelfen, haben sie ein Gefühl von Selbstwirksamkeit.

Die amerikanische Professorin emerita Marilyn Marty Rossmann empfiehlt: »Die Aufgaben sollten nicht zu überwältigend sein, die Eltern sollten die Aufgaben so stellen, dass sie dem bevorzugten Lernstil des Kindes entsprechen, und die Kinder sollten bei der Festlegung der Aufgaben, die sie erledigen werden, durch Familientreffen und Methoden wie eine wöchentliche Hausarbeitstabelle einbezogen werden. Sie sollten nicht dazu gebracht werden, die Aufgaben für ein Taschengeld zu erledigen. Je früher die Eltern damit beginnen, die Kinder zu einer aktiven Rolle im Haushalt zu bewegen, desto einfacher wird es sein, sie als Teenager einzubinden«, schreibt sie. Fingen die Kinder erst mit fünfzehn oder sechzehn Jahren an mitzuhelfen, kam es ihrer Erfahrung nach eher zu Konflikten.[228]

Nach Daten des Statistischen Bundesamts helfen in Deutschland bei den Drei- bis Fünfjährigen mehr als die Hälfte gelegentlich im Haushalt, nur vierzehn von hundert Kindern helfen häufig, und fast jedes dritte Kind in diesem Alter hilft gar nicht – keine gute Idee, denn je älter die Kinder werden, desto schwieriger wird es, ihnen beizubringen, was zu tun ist. Bei den Sechs- bis Neunjährigen helfen immerhin über siebzig von hundert Kindern gelegentlich mal mit, fünf helfen gar nicht, 24 Kinder helfen häufig. Die Zahlen bleiben bei den Sieben- bis Dreizehnjährigen stabil, bei den Vierzehn- bis Siebzehnjährigen helfen immerhin dreißig von hundert Kindern häufig, 62 Kinder helfen gelegentlich, und immer noch acht Kinder helfen gar nicht.[229]

Die Arbeit, unsere Kinder in die Hausarbeit einzubinden, lohnt sich, auch wenn sie schwierig ist. Denn sie lernen durch Hilfe im Haushalt vor allem, ein besseres Urteilsvermögen über ihre Lebenszusammenhänge zu entwickeln, sie erfahren den Sinn eines Belohnungsaufschubs und gewinnen mehr Bewusstsein für die Bedürfnisse und Perspektiven von anderen in ihrer Gruppe respektive Familie.

Bei dem Thema gehen vielen Eltern oft die folgenden Gedanken durch den Kopf:

- »Der Kampf ist es nicht wert und könnte meine Beziehung zum Kind negativ beeinflussen.«
- »Die Kinder haben ohnehin so viel zu tun, ich mach das eben mal schnell für sie.«
- »Es ist einfacher, es selbst zu machen, als es hundertmal zu erklären und dafür zu kämpfen.«
- »Das Kind ist ja noch so klein, das kann später noch helfen.«

Doch ihre Mithilfe hat vor allem die folgenden wichtigen Vorteile:

- Die Kinder lernen Selbstwirksamkeit und Selbstvertrauen.
- Sie lernen frühzeitig, was es bedeutet, einen Haushalt zu führen.
- Kinder helfen gern – sie wollen Teil einer Familie sein.
- Sie werden so lernen, ihr Leben altersgemäß zu bewältigen, und können später schon alles, was zu einem Haushalt dazugehört.

Schulische und akademische oder sportliche Aktivitäten sollten nicht wichtiger sein als die sozialen Kompetenzen unserer Kinder. Außerdem wird ein Kind später eher nicht helfen, wenn es nicht von klein an mitgeholfen hat.

Im Haushalt zu helfen, verlangt in Deutschland tatsächlich das Gesetz von Kindern: »Das Kind ist, solange es dem elterlichen Hausstand angehört und von den Eltern erzogen oder unterhalten wird, verpflichtet, in einer seinen Kräften und seiner Lebensstellung entsprechenden Weise den Eltern in ihrem Hauswesen und Geschäft Dienste zu leisten«, heißt es in Paragraf 1619 BGB Dienstleistungen in Haus und Geschäft.

Selbstverständlich müssen Kinder im Schulkindalter nicht das können, was ich als Erwachsene leiste. Sie tragen ihren Teil zu unserem Leben bei; und wenn wir es richtig anstellen, tun sie es sogar gern, denn Kinder wollen Teil einer Familie sein. Es ist schön, gemeinsam abzutrocknen und ein gutes Gespräch zu führen, es macht Spaß, gemeinsam einen Schrank zu entrümpeln und hinterher das Ergebnis zu sehen, es kann lustig sein, Fenster mit Reiniger zu besprühen und aus einer Sauerei eine saubere Durchsicht zu machen. Stellen wir uns Musik an, reden wir miteinander, tun wir es gemeinsam, im selben Raum, als Team –

und schon haben wir nicht mehr nur »Hausarbeit«, sondern »Familienzeit«. Außerdem gilt bei uns zu Hause: Je mehr wir gemeinsam erledigen, desto mehr können wir gemeinsam spielen!

»Du *hilfst* mir nicht – wir *leben hier gemeinsam*, und das ist die Arbeit, die beim gemeinsamen Leben gemeinsam erledigt wird«: So oder so ähnlich definiere ich meinen Kindern gegenüber Hausarbeit. Brächten wir ihnen bei, dass sie »Mama helfen«, legten wir den Grundstein für die Fehlannahme, der Haushalt sei der Job von jemand anders, der beziehungsweise die (schon von Geschlechts wegen) dafür zuständig sei und dem/der sie nur »helfen« würden …

Putzparty

Die amerikanische Autorin Laura Grace Weldon schreibt auf der Website von *Wired* darüber, wie ihre Sieben- und Neunjährigen gerade den Boden putzen wollten, als eine ihrer Nachbarinnen an die Tür klopfte und sie zum Spielen aufforderte. Das Nachbarskind hatte noch nie Hausarbeit gemacht oder Kinder dabei gesehen – und wollte mitmachen!

Sie erzählt: »Ich gab ihnen einen Eimer mit leicht seifigem Wasser, und sie machten sich mit Lappen an die Arbeit. Sie rutschten auf ihren Knien wie Krabben über den nassen Boden und kicherten, als der Boden immer nasser und ihr Rutschen zu einem matschigen Gleiten wurde. Ihre Methode interessierte mich nicht. Ich hielt das Baby im Arm und lenkte das Kleinkind ab, während ich Kartoffeln schälte und einen Anruf auf der Arbeit erledigte. Ich war mir ziemlich sicher, dass der Boden etwas sauberer sein würde, wenn sie fertig waren. Sie trockneten ihn mit Handtüchern ab, schoben die Möbel mit entsprechendem Ächzen und Stöhnen zurück und ließen sich dann auf die Couch fallen. Sie sahen ganz entspannt aus, so wie man eben aussieht, wenn man mit einer gut erledigten Arbeit zufrieden ist. Als ich aufhörte zu telefonieren, kam ich herein, um ihnen zu danken. Sie bewunderten, wie der Boden das Licht einfing, und ermahnten unser Kleinkind, seine Schnabeltasse auf dem Tisch zu lassen.«[230]

Im Haushalt gibt es Aufgaben, die die Kinder im Idealfall schon von klein an mit uns gemacht haben. Wir werden sie ihnen jetzt genauer erklären, mit ihnen üben und danach mehr und mehr immer mal wieder überlassen können (siehe auch den Abschnitt »Was Kinder können sollten« im Kapitel »Artgerecht denken lernen«). Sie können eine Waschmaschine füllen (wenn die Wäsche vorsortiert ist und alle Taschen geleert sind), das richtige Programm wählen, Waschmittel dazugeben und die Maschine anschalten. Gleiches gilt für eine Spülmaschine. Sie können fegen oder saugen – beides mögen viele Kinder gern, weil es sofort ein sichtbares Ergebnis gibt, über das sich alle freuen. Viele Kinder lieben es auch, mit Sprühflaschen zu hantieren – sie können also Fenster oder Bäder putzen und so einen Beitrag leisten.

Sie sind jetzt in einem Alter, in dem es wichtig ist, dass diese Dinge nicht »unsichtbar« geschehen, sondern sichtbar wird, dass und wie sie jemand erledigt. Manche Kinder mit starkem Ordnungssinn sortieren auch gern mal den Kühlschrank oder die Vorratskammer, das Bücherregal oder den Kabelsalat neben dem Sofa.

Wichtig ist dabei, dass wir den Kindern beibringen »zu sehen, was zu tun ist«. Dies können wir erreichen, indem wir uns die Zeit nehmen, Fragen zu stellen, statt Befehle zu erteilen. Statt zu rufen: »Wie sieht es denn hier aus? Der reinste Saustall!«, nehmen wir uns einen Moment und zeigen den Kindern, was wir von ihnen möchten: »Schaut euch mal die Küche an. Was müsste passieren, damit jemand, der hier hereinkommt, an dem Tisch arbeiten und an dem Herd kochen kann? Was müsste passieren, damit wir uns alle auf dieses Sofa setzen können, und wohin gehören die Sachen, die darauf rumliegen?«

Und wir machen es, indem wir den Kindern unsere Grundregeln beibringen, zum Beispiel wäre das in meinem Haus: »Ein abgeräumter Tisch ist ein Tisch, den man abwischen kann.«

Aufräumen will gelernt sein

Seien wir ehrlich: Millionen von Erwachsenen haben in den vergangenen Jahren den Bestseller *Magic Cleaning* von Marie Kondo gekauft,[231] weil sie nicht wissen, wie man aufräumt. Andererseits rufen wir dem Siebenjährigen zu: »Bitte räum dein Zimmer auf!«, und wundern uns, dass nichts passiert? Woher weiß das Kind, wie es geht? Hier also ein paar Tricks:

- **Freie Flächen schaffen schnelle Erfolge:** Bringen wir den Kindern bei, erst einmal Flächen (Fußboden, Schreibtisch, Fensterbretter) freizuräumen, das fühlt sich sofort gut an (auch wenn dann im Flur eine kleine Kiste voller Chaos aussortiert werden muss).
- **Leere Räume motivieren uns:** Leeren wir Schubladen zum Beispiel ganz aus, putzen sie und packen dann nur hinein, was wir wirklich darin haben wollen.
- **Systematik befreit:** Bücher ins Regal, Wäsche in den Wäschekorb, Geschirr in die Küche – mit wenigen Handgriffen sind die gröbsten Dinge erledigt, und das Gehirn freut sich.

Definieren wir sogenannte »heiße Zonen«, ein Trick aus dem Buch *simplify your life*,[232] die immer nach der Benutzung wieder leer geräumt werden (zum Beispiel der Schreibtisch, die Fensterbretter, der Esstisch), damit sie genutzt werden können. Nur was täglich dort gebraucht wird (Locher, Stiftehalter et cetera), bleibt stehen.

Aufräumen macht Spaß, wenn es einfach und schön ist. Daher achte ich immer darauf, dass meine Kinder für alles, was sie besitzen, auch eine einfache Möglichkeit zum Verstauen haben und dass diese Möglichkeit ansprechend ist: schöne Kisten, schöne Regale, schöne Schränke. Diese Sachen müssen nicht teuer sein, aber wer billig kauft, kauft in der Regel ohnehin zweimal. Wir können auch gebraucht einen robusten Kinderschreibtisch mit stabilen Schubladen kaufen statt einen billigen wackligen aus dem Möbelhaus, wir können Kisten bauen oder besorgen und so bemalen oder bekleben, dass die Kinder sie mögen und Freude daran haben. Einfache Sticker, die unseren Kindern sagen, was sie in jeder Kiste oder Schublade finden, helfen beim Spielen und später beim Aufräumen.

Aufräumen ist nicht artgerecht

Keine Sorge – dies ist kein Plädoyer für Chaos. Dies ist nur der Versuch, um Verständnis für uns selbst und unsere Kinder zu werben.

Bei vielen Jäger-und-Sammler-Völkern spielt Besitz keine Rolle. Was Forschenden lange ein Rätsel war, ergibt aus Sicht eines nomadisch lebenden Volkes durchaus Sinn: Alles, was man besitzt, muss man tragen. Was man einfach an Ort und Stelle wieder herstellt, erfüllt gleich zwei Funktionen: Zum einen ist es kein Ballast, und zum anderen bleiben die Fähigkeiten erhalten, Waffen oder Werkzeuge herzustellen. Daher gehört »Aufräumen von Besitz« wahrscheinlich nicht zu den Kernkompetenzen des Homo sapiens.

Wenn man bedenkt, was wir früher genutzt haben, ist es auch normal, dass wir alles »an Ort und Stelle stehen und liegen beziehungsweise fallen« lassen. Es war ja in den vergangenen zwei Millionen Jahren der Menschheitsgeschichte einfach verrottet und wieder zu Erde geworden – Naturmaterialien oder Steine sind kein Problem. Nur Essbares muss(te) aus dem Camp geschafft werden. Seien wir also nachsichtig, wenn sowohl die Kinder als auch wir Aufräumen erst lernen müssen.

Ordnung und Platz für Schulkinder

Das Schulkindalter ist ideal, um Kindern beizubringen, wie man sich das Leben möglichst einfach macht. Ordnung gehört dazu. Projektmanagement auch.

Hier ein paar einfache Tipps, wie wir zusammen mit unseren Kindern Ordnung lernen können:

- **Auf und zu:** Alles, was wir aufmachen, machen wir auch wieder zu. Das gilt für Türen, Schubladen, Zahnpastatuben – einfach alles, worüber wir uns ärgern, wenn es offen steht.
- **Alles am Platz:** Alles bei uns sollte seinen Platz haben, sein »Zuhause«, an dem es gut aufgehoben ist. Da dieser Platz das Zuhause der Dinge ist, hilft es uns oft, wenn es ein schönes Zuhause ist, zum Beispiel ein Haken für die Schere statt einer Schublade voller Chaos, in der wir die Schere suchen müssen.

- **Sammle, was du liebst:** Wenn unsere Kinder etwas sammeln – und fast alle Kinder sammeln, übrigens auch fast alle Erwachsenen –, dann sollten wir diesen Objekten auch mit Achtung begegnen und schauen, wo sie einen schönen Platz bekommen können. Dort können wir dann sichtbar und schön die Steinesammlung unserer Kinder präsentieren, ihre Lieblingsbücher aufreihen oder die Papierschnipsel in Alben kleben. Wenn wir einfach nur anfangen, Sachen zu horten, die nie jemand braucht, anschaut oder genießt, dann vermüllt dieser Krempel den Raum, in dem wir eigentlich leben möchten.
- **Ausmisten rockt:** Wenn das Kinderzimmer aus allen Nähten platzt, können wir auch unseren Kindern schon Ideen geben, wie man sich freier bewegen kann: Wir können Winter- und Sommerspielsachen definieren, wir können ungenutzte Sachen verkaufen oder verschenken, wir können vereinbaren, dass wir für den dritten Ball, den wir gerade kaufen, einen der Bälle von zu Hause weitergeben. Ich frage meine Kinder immer die klassischen Fragen: »Brauchst du es? Hat es eine Funktion? Hat es ein Zuhause? Liebst du es? Macht es dich glücklich?« Und wenn die Antwort auf die meisten dieser Fragen Nein ist, dann entsorgen wir es oder geben es jemandem, der es braucht und mag. Kinder sind oft damit zu begeistern, dass eine Sache noch ein neues Leben bei jemand anderem führen kann. Gleichzeitig gilt bei uns die Regel, dass ich nie, nie, niemals etwas in den Recyclingkreislauf gebe, ohne dass die Kinder aus vollem Herzen zugestimmt haben. Im Zweifelsfall kommt es in eine Kiste in den Keller oder auf den Dachboden.
- **Geschenkekiste:** Wir haben eine sogenannte »Geschenkekiste«. Dort kommt alles hinein, was noch originalverpackt oder schön ist (nicht gewollte Geschenke, nie aufgebautes Spielzeug, nur einmal gelesene Bücher, unbenutzte Stifte, Tonfiguren et cetera) und was die Kinder weder benutzen noch wegwerfen wollen. Wenn wir dann mal auf einen Kindergeburtstag müssen und das Geschenk vergessen haben – und das passiert uns ständig – oder spontan einem lieben Menschen etwas geben möchten, schauen wir in diese Kiste und sind immer erfreut, was wir Tolles finden! Die Kinder mögen das Prinzip so sehr, dass sie nach dem letzten Umzug von selbst solch eine Kiste angelegt haben, als ich es am neuen Wohnort total vergessen hatte.
- **Freie Flächen:** Was hilft – dem Auge und der Seele –, sind freie Flächen. Wir können das durch zweierlei erreichen: Für alles, was das Kind besitzt, gibt es

Ideen für Geschenke, die nicht anstauben

Auch Schulkinder bekommen oft mehr Geschenke, als sie brauchen: zum Geburtstag, zu Weihnachten, zu Ostern, als Mitbringsel. Wir können in der Familie absprechen, dass wir eine Liste führen, was das Kind wirklich benötigt beziehungsweise möchte. Und wir können gemeinsam mit Freunden und Verwandten überlegen, wie wir Geschenke wählen können, die nicht einstauben. Gut sind immer solche, die sich verbrauchen, die man benutzen, aufessen, wegmalen, verwenden kann – oder statt Gegenstände zu verschenken, lädt man zu gemeinsamen Erlebnissen ein, die dann aber auch zeitnah realisiert werden müssen. Man sollte also am besten einen festen Termin damit verbinden.

Regale, Kästen oder Schränke, in die die Teile verräumt werden können. Für alles, was gern auf dem Boden herumliegt (Ranzen, Anorak, Taschen, Handy), gibt es einen Haken, an den man es hängen kann. Wer es konsequent machen will, kann wie die Shaker eine waagerechte umlaufende Wandleiste anbringen, an die in regelmäßigen Abständen Haken angebracht werden, an denen wir alles, aber auch alles aufhängen können – sehr hilfreich, wenn man »mal eben durchsaugen« will.

Wenn die Kinder keine Lust zu alldem haben

Grundschüler – und viele Teenager – haben oft noch keine Idee davon, was es bedeutet, einen Haushalt am Laufen zu halten. Sie wollen tun, was ihnen jetzt gerade in den Sinn kommt, und müssen den Belohnungsaufschub erst lernen, den man braucht, um nach dem Essen nicht sofort mit dem Tablet aufs Sofa zu gehen, sondern erst den Tisch ab- und die Küche aufzuräumen. In diesem Alter sind Kinder zudem stark mit sich selbst beschäftigt, sodass bei den meisten das soziale Gehirn nicht automatisch »anspringt«.

Für Kinder und Erwachsene gilt als erfolgreichste Maßnahme für besseres Aufräumen gleichermaßen: Tun Sie es mit jemandem gemeinsam! Natürlich wäre es praktischer, effizienter und schneller, wenn die Kinder ihre Zimmer aufräumten oder ihre Arbeit machten und wir die unsere. Manchmal klappt das ja. Manchmal aber auch nicht. Dann machen wir es gemeinsam. So vermitteln wir unseren Kindern, dass dies Aufgaben sind, die erledigt werden müssen, damit unser Zusammenleben reibungslos funktioniert, und dass wir hier gemeinsam leben und auch gemeinsam aufräumen.

Wir gehen selbstverständlich davon aus, dass jeder in der Familie seine eigenen Räume ordnet, aber ebenso das Gemeinsame erledigt wird. In den *artgerecht*-Camps gibt es eine Grundregel, die wir auch zu Hause anwenden: »Erst das Gemeinschaftliche, dann das Private.« Wir räumen erst die gemeinsame Feuerstelle auf und dann jeder sein Tipi. Und ähnlich läuft es daheim: »Erst die Küche und das Bad, dann die einzelnen Zimmer.« So muss niemand auf jemanden warten, der sich gerade träumerisch im Sortieren seiner Legosammlung in den Flow arbeitet.

Kurze Infos geben

Während wir Kleinkindern noch alles erklären, wollen und brauchen Schulkinder das längst nicht mehr. Sie wissen, dass sie sich bettfertig machen sollen – aber der Impuls, etwas Spannenderes zu erleben, ist oftmals stärker. Wenn wir es jetzt jeden Abend erklären, manövrieren wir uns in eine blöde Situation: Wir klingen wie eine Endlosschleife und können uns selbst bald nicht mehr hören, und die Kinder nervt es auch.

Besser sagt man es in einem Wort: »Pyjamas«, und hält sie den Kindern dann entgegen. So sparen wir uns die Vorwürfe, und die Kids wissen, was wir wollen. Oder wir hängen eine Liste auf und informieren nur noch: »Viertel vor acht, Zeit für die Abendroutine« – und delegieren die Details an ein Stück Papier.

Richtige Worte

Auch für Schulkinder gilt, dass wir ihnen sagen müssen, was sie tun sollen, nicht, was sie *nicht* tun sollen. Wenn ich in ein Bad komme, das nach den Aktivitäten meines Vorbenutzers riecht, dann rufe ich nicht: »Manno, hier stinkt's!«, sondern ich hole mein Schulkind und erkläre: »Wenn du hier dein großes Geschäft machst, möchte ich, dass du zügig spülst, und dann kannst du so und so und so noch mal kurz durch die Toilettenschüssel putzen, dann verzieht sich der Geruch ganz schnell. Noch das Fenster auf – voilà!« So beschäme ich das Kind nicht, und es lernt, was ich erwarte, statt dass ich mich ständig ärgere, weil es nicht tut, was ich will.

Wie motivieren wir unsere Kinder noch? Wir informieren sie darüber, dass wir mehr Zeit für sie haben, wenn sie mithelfen (die wir uns dann aber auch nehmen müssen). Wir lassen die Kinder wählen, was sie machen möchten – es kommt nicht darauf an, wie viel oder wie lange sie helfen, es kommt darauf an, dass sie für ihre Aufgabe die Verantwortung übernehmen. Wir machen sichtbar, dass sie geholfen haben: »Super, jetzt ist die Spülmaschine schon leer, dann kann ich viel länger vorlesen!« Wir beachten, dass bestimmte Kinder manche Aufgaben lieber erfüllen als andere – nicht jeder muss alles mögen, und was niemand mag, das kann ich locker erledigen (der ewige »Müllrausbringjob« …) und den Kindern beibringen, wie man unangenehme Arbeiten angenehm macht (beim Müllrausbringen telefoniere ich zehn Minuten lang mit einem lieben Menschen). Manchmal gibt es Kompetenzen, die ich einem bestimmten Kind beibringen will, zum Beispiel Regelmäßigkeit, Mitdenken und dergleichen, und kann dem Kind dann entsprechende Aufgaben übertragen.

Sprechen wir unsere Kinder offen auf ihre Mithilfe im Haushalt an, wenn es dauernd Streit gibt: »Ich kann nicht den Haushalt machen und mich zusätzlich ständig mit dir über deine Mithilfe streiten. In der Zeit hättest du den Job schon erledigt. Was brauchst du, damit wir das gemeinsam machen?« Kinder haben oft klare Vorstellungen und Wünsche, und wir können diskutieren, was davon realistisch ist. Lautet die Antwort: »Ich will nicht helfen!«, können wir fragen: »Aber du willst Teil dieser Familie sein?« Wenn das Kind jetzt wieder Nein sagt, dann haben wir hier ein ganz anderes Thema, über das wir sprechen müssen und das auch tun sollten (zum Beispiel wenn das Kind sich autoritär herumkommandiert fühlt, wenn »alles doof ist« seit der Trennung vom anderen Elternteil und dergleichen).

Ich möchte all den bisherigen Gedanken zum Thema dieses Kapitels noch ein Zitat von Julie Lythcott-Haims, Autorin von *How to Raise an Adult,* hinzufügen: »Wenn Lebenskompetenz bedeutet, dass Sie wissen, Ihr Kind kann sich selbst Orangensaft einschenken und aufwischen, wenn es etwas verschüttet, dann bedeutet Arbeitsethik, dass Sie wissen, Ihr Kind wird einspringen und helfen, wenn jemand anders etwas verschüttet, statt zu denken: ›Das geht mich nichts an‹, und wegzugehen.«[233] Genau das meine ich mit »mitdenken« und »Teil von etwas sein«. Und die Forschung sagt uns,[234] dass diese Kinder nicht nur fitter für ihr Leben, sondern schlicht glücklicher sind.

Taschengeld für Mithilfe?

Eine Frage, die sich Eltern häufig stellen, ist, ob das Taschengeld an die Erledigung von Hausarbeiten geknüpft werden sollte. Dies ist eine persönliche Entscheidung, es gibt Gründe dafür und dagegen. Manche Eltern sagen sich: »Taschengeld ist keine Selbstverständlichkeit, wenn du mithilfst, bekommst du Geld, wenn nicht, dann nicht.« Andere Familien – und ich würde diese Ansicht bevorzugen – sind der Meinung, dass ein reibungslos funktionierender Haushalt viel Arbeit erfordert und dass ihre Kinder ohne Bezahlung mithelfen sollten, weil sie ein Teil der Familie sind. Dann sollten Hausarbeit und Taschengeld voneinander getrennt sein.

Hätten Sie's gewusst?

Durch das Internet geistert hartnäckig die Falschmeldung, dass jeder Deutsche zehntausend Dinge besitzen würde – dafür gibt es aber bei genauer Recherche keine Belege. Dennoch besitzen die meisten von uns Hunderte, wenn nicht Tausende Gegenstände, die wir alle pflegen, aufräumen und mit denen wir umziehen müssen – nicht alles davon macht uns glücklich.

Das gilt auch für Kinder: Kinder sind nicht in den reichsten Ländern der Erde am glücklichsten, wo sie also am meisten Sachen besitzen, sondern dort, wo sie eine Familie haben, die sie unterstützt.[235] Je mehr eine Gruppe von vertrauten Menschen zusammenhält, desto glücklicher sind Kinder – über Altersgruppen und Kulturen hinweg.[236]

Gemeinsames Spielen macht Familien und Kinder so glücklich, dass es die wichtigste Aufgabe im Haushalt sein sollte. »Artikel 31 des Übereinkommens über die Rechte des Kindes (UN-Kinderrechtskonvention) von 1989 erklärt ausdrücklich: ›Die Vertragsstaaten anerkennen das Recht des Kindes auf Ruhe und Freizeit, auf Spiel und altersgemäße aktive Erholung sowie auf freie Teilnahme am kulturellen und künstlerischen Leben.‹ Seit 1992 ist die UN-Kinderrechtskonvention auch in Deutschland geltendes Recht.«[237]

Falsche Erwartungen

Kinder putzen so gut wie ich.

Nein, ganz sicher nicht, und das müssen sie auch nicht. Wenn wir über jedes fehlende Detail schimpfen, werden sie nicht mehr lange helfen. 80 Prozent reicht – es geht darum, den »Prozess« zu lernen.

Wenn ich einmal Aufräumen erkläre, können die Kinder es.

Wie bei allem, was man lernen muss, macht auch hier die – gemeinsame – Übung den Meister. Kinder lernen Ordnung am besten, wenn wir es ihnen vormachen und zum Beispiel der gemeinsame Frühjahrsputz oder die Kelleraufräumaktion ein Familien-Event mit gemeinsamer Zeit, Musik, Essen und Freude ist.

Familienleben – jedes Kind ist anders

Jedes Kind hat einen anderen Humor, liebt andere Spiele, es ist ordentlich oder nicht ordentlich.

Denken Sie daran, dass Kinder grundsätzlich unterschiedlich sind und das Aufräumen mit ihnen Geduld und Kontinuität erfordert. Geben Sie Ihrem Kind Zeit, um sich an das Aufräumen zu gewöhnen, und helfen Sie ihm, gute Aufräumgewohnheiten zu entwickeln, die ihm auch im späteren Leben zugutekommen werden. Vielleicht räumt das Kind der Freunde schon viel mehr zu Hause mit auf, das heißt aber nicht, dass unser Kind »schlechter« ist. Wir bleiben wie immer dran und im Gespräch mit uns selbst und den Kindern. Sind unsere Anforderungen realistisch? Oder hat unser Kind neben der Schule noch Klavier, Sport und Computerclub und ist abends und am Wochenende einfach platt?

Spielen zu lernen, braucht ebenfalls Zeit – manche Kinder spielen Brettspiele mit Ausdauer, manche laufen schnell wieder weg. Nehmen wir das nicht persönlich. Bieten wir uns immer wieder an; und seien wir nicht pikiert, wenn es an einem Tag mal nicht klappt. Welche Spiele könnten besser für unsere Kinder passen?

Last, but not least: Manchmal sitzen wir einfach da und tun nichts. Schauen in die Luft. Lassen die Zeit verstreichen. Dann kommen uns und den Kindern die besten Ideen.

Kinder können sich zuverlässig beteiligen.

Wenn wir Kindern zu viele oder zu anspruchsvolle Aufgaben geben, überfordern wir sie und treiben sie von uns fort. Aufgaben sollten immer ihrem Entwicklungsstand oder ihren Fähigkeiten entsprechen. Wir erinnern sie und übernehmen es auch mal für sie. Perfekte kleine Haushaltshelfer wären keine Kinder, sondern das wäre eine Rollenumkehrung, in der das Kind in überzogenem Maße »Elternfunktionen« übernimmt. Man spricht hier auch von »Parentifizierung« (lat. *parentes* [Eltern]).

»Räum bitte auf!« – So eine Ansage reicht doch wohl.

Eltern geben oft vage Anweisungen und gehen davon aus, dass Kinder intuitiv wissen, was genau zu tun ist. Das trifft nicht zu, sie brauchen eine klare Anleitung oder Struktur, um die gewünschten Aufgaben zu erfüllen.

Schulkinder können das.

Wir werden noch viele Jahre Zeit investieren und den Kindern Anleitung geben, um ihre Fähigkeiten aufzubauen. Wer jetzt sagt: »Dann mach ich das lieber besser und schneller selbst!«, drückt sich vor dieser Erziehungsaufgabe und erweist seinen Kindern damit keinen Gefallen.

Beim Spielen ist das Kind ganz bei mir.

Wenn wir erwarten, dass unsere Kinder sich mit uns während des Spiels unterhalten und mit uns die ganze Zeit Spaß haben, können wir enttäuscht werden. Kinder sind schnell abgelenkt, und das ist normal.

Mein Kind kann ewig spielen.

Nicht alle Kinder können das, besonders wenn die Spiele schwierig sind (zum Beispiel komplexe Brettspiele). Außerdem sind Schulkinder oft schon müde von der Schule. Wir sollten also nicht zu viel erwarten, bevor die Kinder müde oder gelangweilt werden, sie haben nicht die gleiche Ausdauer wie Erwachsene.

Das sagt die Wissenschaft

In der Harvard-Grant-Studie begleiteten Forscher 75 Jahre lang Menschen, um herauszufinden, welche psychosozialen Variablen und biologischen Prozesse aus der frühen Kindheit Gesundheit und Wohlbefinden im späteren Leben vorhersagten. Sie fanden heraus, dass Kinder, denen Aufgaben übertragen wurden, als Erwachsene unabhängiger wurden. Grundschüler fühlen sich kompetent, wenn sie ihre Aufgaben erledigen, und entwickeln ein stärkeres Bewusstsein dafür, was sie erreichen können, was sozialer Zusammenhalt bedeutet, und sind zufriedener als Gleichaltrige.[239]

Zehn Tipps

1. Machen wir »erfahrbare« Geschenke zusätzlich zu den Gegenständen, die sich das Kind wünscht: ein Picknick im Park, einen Theaternachmittag oder eine Achterbahnfahrt.
2. Haben wir Verständnis dafür, dass das Kind an Sachen hängt, deren Wert sich uns nicht erschließt. Es verbindet seine eigenen Erinnerungen damit.
3. Spielen ist wichtig, und wir sollten es wichtig nehmen – wichtiger als Aufräumen.
4. Frauen sind eher gesellschaftlichen Erwartungen an einen »ordentlichen Haushalt« ausgesetzt als Männer, haben also auch mehr Druck. Wenn wir die Aufgaben besser verteilen, helfen die Kinder auch leichter mit, und die Mütter stehen weniger unter Druck.
5. Wenn die Zeiten stressig sind, kann ein ordentliches Zuhause ein Weg der Kompensation ein – das ist ein legitimes Bedürfnis, aber wir dürfen die Erfüllung nicht an unsere Kinder delegieren.
6. Stressen wir uns nicht zu sehr: Wie ordentlich jemand ist, hängt von seiner Persönlichkeit ab und nur zum Teil von unserer Erziehung.[238]
7. Familien sind Teams, und in Teams müssen wir manchmal mit Situationen leben (Chaos), die wir allein nicht hätten – aber dann wären wir halt auch allein.
8. Es ist besser, alle paar Tage zehn Minuten Ordnung zu schaffen, als eine stundenlange Aufräumaktion wochenlang vor uns herzuschieben.
9. Erarbeiten wir mit den Kindern »Wenn-dann«-Regeln: »Wenn du dich ausziehst, dann kommt die Wäsche in den Wäschekorb«, »Wenn du vom Tisch aufstehst, dann kommt das Geschirr in den Geschirrspüler«, »Wenn du aus dem Bad gehst, dann löschst du das Licht« – et cetera.
10. Knüpfen wir die Hilfe der Kinder nicht an unseren Selbstwert oder ihre Liebe zu uns: »Wenn du mich lieben würdest, würdest du mehr aufräumen.« Das ist ein Trugschluss.

Marilyn Marty Rossmann, die Daten einer Längsschnittstudie über Kinder und Hausarbeit analysierte, kam zu dem Schluss, dass sich der Erfolg junger Erwachsener mit Mitte zwanzig daran voraussagen ließ, ob sie sich im Alter von drei oder vier Jahren an Haushaltsaufgaben beteiligten.[240]

Warum haben wir so viele Dinge, die wir mit uns herumschleppen und warum misten besonders Kinder oft so ungern aus? In einer bildgebenden Studie konnte der britische Psychologe David J. Turk zusammen mit seinem Team zeigen, dass Menschen intuitiv dazu neigen, Dinge in eigene und fremde Kategorien einzuteilen. Interessanterweise erhalten persönliche Besitztümer eine Art besondere kognitive Behandlung, selbst wenn es sich nur um unwichtigen Kleinkram handelt. Die Studie umfasste neunzehn Teilnehmer, die Aufgaben auf einem kleinen Monitor im Hirnscanner lösten. Ihnen wurde ein Farbcode vorgegeben, nach dem sie Bilder von Supermarktwaren in einen von zwei virtuellen Einkaufskörben ziehen sollten, beispielsweise Äpfel, Socken oder Bleistifte. Einer der Körbe wurde ihnen zugeordnet, während der andere dem Versuchsleiter gehörte – jedoch hatte diese Zuordnung keine wirkliche Bedeutung. In einem anschließenden Gedächtnistest wurden die Teilnehmer gebeten, schnell zu entscheiden, ob die präsentierten Artikel aus ihrem eigenen Korb stammten oder aus dem fremden. Obwohl das Szenario extrem künstlich war, zeigte sich ein deutlicher Unterschied: Die Probanden konnten sich besser an Produkte erinnern, die aus ihrem persönlichen Warenkorb stammten.[241]

Auch uns Erwachsenen fällt Ausmisten schwer – und das führt dazu, dass wir unendlich viel Kram besitzen, den wir dann auch aufräumen müssen. Wir Menschen schätzen ein Gut als wertvoller ein, wenn es uns gehört – und wollen uns dann ungern davon trennen. Wer etwas verkaufen will, erwartet oft deutlich höhere Preise, als er selbst dafür zu zahlen bereit wäre. Wir hängen an Dingen, einfach weil sie »unser Besitz« sind, obwohl es keinen rationalen Grund dafür gibt. Das gilt ganz besonders für Objekte, die eng mit der persönlichen Biografie zusammenhängen. Gelegentlich entwickeln wir auch eine emotionale Bindung zu Gegenständen, die anderen völlig nutzlos erscheinen würden: Der löchrige Pullover erinnert an die erste große Liebe, ein Stein an einen besonders schönen Nachmittag mit den Eltern.

Unordentlichen Menschen werden eher negative Eigenschaften zugeschrieben.[242] Wir passen also auf, dass wir diesen Effekt nicht unbewusst auf unser »unordentliches« Kind übertragen; denn es ist nicht belegt, dass unordentliche Menschen auch schlechtere sind.

Noch eine interessante Anekdote zum Aufräumen und »Entsorgen«: Drei Forscherinnen von der Pennsylvania State University entdeckten eine Methode, die es Menschen erleichtert, sich von Gegenständen mit sentimentalem Wert zu trennen. In ihrer Untersuchung wurden Studierende gebeten, einen Teil ihrer Besitztümer an eine gemeinnützige Organisation zu spenden, nachdem sie zuvor Fotos von den entsprechenden Gegenständen gemacht hatten. Die Teilnehmer, die Fotos machen durften, konnten sich von insgesamt 613 Gegenständen trennen, während die Kontrollgruppe lediglich 533 Stücke abgab. Die Wissenschaftlerinnen vermuten, dass die Fotos als Gedächtnisstütze fungieren und uns dabei helfen, die schönen Erinnerungen, die mit bestimmten Besitztümern verbunden sind, sowie deren Bedeutung für unsere Identität zu bewahren.[243]

Eure Kinder sind nicht eure Kinder.
Sie sind die Söhne und Töchter
der Sehnsucht des Lebens nach sich selbst.

KHALIL GIBRAN

FAQ

Was sollten Schulkinder spielen?

Wir sollten vor allem nicht denken, dass wir ständig Förderspiele spielen müssen – wenn wir Spaß daran haben, okay, aber wenn nicht, dann ist jede Art von Spiel sinnvoll und schön.

Soll ich Spielen und Lernen verbinden?

Wir haben oft »Schreiben« oder »Rechnen« gespielt, indem wir es abwechselnd gemacht oder »immer fünf« oder unterschiedliche Stifte verwendet haben – alles, was es abwechslungsreicher gemacht hat.

Wie kann ich Spiele in den Familienalltag integrieren?

Auch Haushalt kann man spielen – eine Spülmaschine ist ein großes Puzzle, Fensterputzen ist Kunst, Wischen ist Spaß. Wir können Spiele als Routinen etablieren: Auf dem Weg zur Schule spielen wir immer »Ich sehe was, was du nicht siehst«, beim Saugen sind wir lustige Tiere, beim Einkaufen spielen wir »Verkehrte Welt«, sonntags spielen wir immer mit den Großeltern, einmal im Monat ist Spielenachmittag mit Freunden und so weiter.

Mein Kind hört mir nicht zu und hilft nicht, was soll ich tun?

Zum Aufräumen brauchen Kinder klare Anweisungen, Aufgaben in kleinen Schritten und Gemeinsamkeit – dann klappt es besser.

Jetzt sind die alt genug, um allein aufzuräumen.

Es gilt immer noch: Aufräumen will gelernt sein. Erster Schritt: Wir räumen regelmäßig auf. Jeden Abend alle Klamotten auf einen Stuhl und den Ranzen an seinen Platz, die Brotdose startklar und die Technik aus dem Zimmer. Zweiter Schritt: Aufräumen ist eine Routine. Am Wochenende machen alle zusammen die Wäsche und so weiter. Dritter Schritt: Aufräumen ist Familiensache. Wir helfen einander und machen es gemeinsam, als Quality-Time für Gespräche.

Mein Kind bestimmt unseren Alltag – ist das bedürfnisorientiert?

Augenhöhe heißt nicht, dass die Kinder alles entscheiden, sondern dass wir uns ihre Meinung anhören und sie wo möglich berücksichtigen. Es heißt nicht, dass wir jeden Konflikt vermeiden, indem wir dem Kind alles recht machen – denn sein Bedürfnis ist auch, in einer Gemeinschaft zu leben und zu lernen, wie das geht.

Mein Kind spielt nicht gern mit mir – warum nicht?

Manchmal neigen wir Eltern dazu, die Kinder beim Spielen zu belehren, auf Regeln zu beharren, es immer besser zu wissen. Das macht keinen Spaß – wir sind emotional nicht verfügbar für das Kind. Kindzentriertes Spiel heißt auch, dass das Kind bestimmen darf, was und wie wir spielen, und dass wir flexibel reagieren. Widmen wir unserem Kind außerdem beim Spielen die volle Aufmerksamkeit. Handys und Fernseher aus – das ist unsere Zeit. Wir sollten uns beim Spielen dem Kind zuwenden, offen sein, das Kind führen lassen, albern sein oder explizit vorher sagen: »Heute will ich nach den Regeln spielen.«

Wir sind alle nicht so die Witzbolde – wie machen wir das mit dem Humor?

Lesen wir gemeinsam lustige Bücher, gern auch Witzebücher, schauen wir lustige Filme oder Cartoons. Es gibt Spiele, die bereits Witze und herrlichen Blödsinn enthalten. Später können wir dann Improvisationsspiele spielen, bei denen wir gemeinsam über unsere Performance lachen können. Lachyoga ist auch eine Möglichkeit, um erste Spannungen zu lösen.

Artgerecht groß werden

Die Atemübungen aus den Geburtsvorbereitungskursen braucht man übrigens erst, wenn sie in der Pubertät sind.
RABENMÜTTER-VERLAG[244]

»Genervt mit neun, aufsässig mit zehn, unerträglich mit elf. Und schon setzt die erste Regelblutung ein«: So beschreibt die Sendung »Quarks« vom Westdeutschen Rundfunk die Vorpubertät[245] – und damit sind wir schon mitten im Thema »Wackeln die Zähne, wackelt die Seele«.

Die bereits zitierte Sarah Ockwell-Smith nennt die Kinder zwischen sechs und zwölf die »Between«-Kinder,[246] also die »Dazwischen-Kinder«, so wie wir von der »Wackelzahnpubertät« sprechen. So weit sind sie von der Pubertät gar nicht entfernt, und das merken wir, wenn das Grundschulalter voranschreitet.

Neben den ersten Stimmungsschwankungen kommen auch körperliche Veränderungen in riesigen Schritten auf uns zu: Körpergerüche, die Menarche, die Ejakularche (der erste Samenerguss), erstes Verliebtsein, zaghafte Schamhaare und auch erste Pickel können schon auf dem Programm stehen. Wir befinden uns in der Vorpubertät zwischen acht und elf Jahren, die im Alter von elf Jahren bei den Mädchen schon in die Pubertät übergehen kann, bei den Jungen in der Regel etwas später. Psychisch merken wir es vor allem daran, dass die Kinder sensibel oder aggressiv sind – gern beides im Wechsel –, dass sie Stimmungsschwankungen haben, sich von uns nichts mehr sagen lassen möchten, Schule und Eltern »doof« finden und anfangen, sich mehr mit sich selbst zu beschäftigen. Der Prozess geht im Grundschulalter schrittweise vor sich.

Wir merken es auch an der ersten Zahnspange, dem ersten Deo, den ersten Fragen zu Liebe und Intimität sowie am politischen Erwachen von Kindern, die täglich mit Nachrichten konfrontiert sind. Wir bereiten sie in dieser Zeit auf all das vor, was das Erwachsenenleben mit sich bringt, und sie brauchen uns noch sehr. Wie immer gilt: Wenn wir am Anfang einiges richtig machen, können wir hinterher nicht mehr so oft falschliegen.

Was ich gern vorher gewusst hätte …

BIRTE Dass die Vorpubertät sich schon ganz schön nach Pubertät anfühlen kann – Stimmungsschwankungen sind hier an der Tagesordnung.

ANNE Dass sie so frech, autonom und willensstark sind – manchmal hört er mir gar nicht zu, und ich weiß nicht, wie ich ihn noch erreichen soll.

BEN Dass wir Eltern plötzlich von einem Tag auf den anderen total peinlich sind und tierisch aufpassen müssen, was wir wann wo tun.

NIKO Dass es sozusagen ein Lernfenster gibt, in dem ich das Aufklärungsgespräch führen sollte – weil es vorher uninteressant und hinterher peinlich ist.

So geht's: Erste Schritte in die Pubertät

Unser Kind wird groß – und dies ist auch die Zeit, in der der Zahnarzt uns bei der Routine-Untersuchung zum Kieferorthopäden weiterschickt, weil das Kind eine Spange braucht. Was manche Eltern selbst noch sehr negativ in Erinnerung haben, muss kein Drama sein, wenn wir es ruhig angehen.

Zahnspange ohne Stress

Die meisten Kinder bekommen ihre Spange mit neun oder zehn Jahren, manche Experten raten aber schon vor dem Schuleintritt, einmal den Kiefer überprüfen zu lassen, um gegebenenfalls frühzeitig regulierend einzugreifen. Bis zum achtzehnten Lebensjahr übernehmen die Krankenkassen die Kosten.

Für viele Familien ist die Zahnspange mit erheblichen Problemen verbunden: Die Kinder schämen sich dafür oder finden sie unangenehm, mit den Kindern wird geschimpft, wenn sie sie nicht lange genug tragen oder vergessen, die Spange kann wehtun und Spannungsgefühle im Mund verursachen, und das feste Kauen kann dem Kind schwerfallen.

Unser Kind braucht auch hier vor allem die Möglichkeit, mitzubestimmen und zu verstehen, was passiert:

- **Warum braucht man eine Zahnspange?** Zu enge oder schief stehende Zähne gehen eher kaputt, weil sie schlecht zu putzen sind. Manche Kinder können nicht sauber sprechen, weil die Schneidezähne nicht richtig stehen und so S-, T- und Z-Laute schwer zu bilden sind. Schiefe Zähne können langfristig sogar dazu führen, dass wir uns verspannen, uns nicht zu konzentrieren vermögen oder Schmerzen im Kiefergelenk bekommen, weil beim schiefen Kauen die Kraftverteilung nicht stimmt. Unser Kaumuskel ist der stärkste Muskel im ganzen Körper, wenn er die Zähne täglich Hunderte Male falsch aufeinanderschlagen lässt, hat das Auswirkungen.

- Welche Zahnspangen gibt es? Wenn irgend möglich, sollten wir uns beraten lassen, was nicht nur für die Zähne, sondern auch für die Psyche des Kindes tragbar ist. Wenn es »nur« schiefe Zähne und keine Beschwerden hat, können wir auch besprechen, ob ein späterer Zeitpunkt vielleicht geeigneter ist. Natürlich gilt für die Zähne »Je früher, desto besser«, aber heutzutage lassen sich sogar Vierzigjährige die Zähne richten. Wir können also schauen, ob wir zum Beispiel warten, bis das Kind sich in der neuen Klasse eingefügt hat oder den Umzug verkraftet hat und dergleichen.
- Grundsätzlich gilt allerdings: Je älter das Kind ist, je weiter in der Pubertät, desto weniger attraktiv ist eine Zahnspange. Wir erzielen auch hier die besten Ergebnisse, wenn wir das Buy-in unseres Kindes haben. Es muss verstehen, worum es geht, mitmachen wollen und auch selbst entscheiden dürfen: Zur Übernachtungsparty bleibt die Spange daheim, ansonsten geht sie mit – und so weiter.
- Was wir nicht tun dürfen: mit Druck arbeiten. Druck erzeugt Ohnmacht – auch moralischer Druck. Wenn ich auf moralischen Druck hin jemanden an meinen Körper lassen muss, lerne ich eine ungünstige Lektion, egal, wie medizinisch gut sie verargumentiert ist. Es geht in der Regel nicht um Leben und Tod, also nehmen wir uns Zeit für Gespräche. Die gute Nachricht ist ja: Die meisten Menschen fühlen sich besser, wenn ihre Zähne gerichtet werden, ihr Selbstbewusstsein steigt, sie sind ihre Beschwerden los, wenn es welche gab.

Grundsätzlich gilt auch Folgendes:

- Klare Absprachen: Wir besprechen die Zahnspange und ihre Konsequenzen und Vorteile mit dem Kind.
- Hygienehilfe: Wir helfen unserem Kind mit der täglichen Hygieneroutine rund um die Spange.
- Schmerzlinderung: Zahnspangen können Schmerzen verursachen, wir sollten unserem Kind daher immer auch Schmerzlinderung anbieten (und zwar, wenn nötig, neben Hausmitteln auch Salben oder Tabletten, die dem Kind

nach seiner eigenen Aussage helfen, eventuell müssen wir etwas herumprobieren).

- Nachsicht: Wir sind geduldig, wenn das Kind die Spange auch mal vergisst (falls es nicht ohnehin eine feste ist). Wird das zur Regel, sprechen wir noch mal mit unserem Kind und holen es ein weiteres Mal ab, indem wir gemeinsam überlegen, wie es besser dran denken kann.
- Suppentage: Wenn die Spange neu eingestellt ist, fällt unserem Kind das Kauen oft schwer. Was könnten wir zu essen anbieten, das das Kind nicht kauen muss?
- Ruhezeiten: Wenn das Kind die Spange frisch bekommt, planen wir keine großen Veranstaltungen, Ausflüge oder Besuche, denn die ersten Tage können sehr unangenehm sein.

Körperpflege für Anfänger

Ich hatte noch den zarten Duft meiner Babys in der Nase, als das erste Schulkind seine verschwitzten Sneaker im Auto auszog und ich hektisch das Fenster herunterkurbelte – das Kind wird groß!

Die gute Nachricht: Sie fangen alle irgendwann an, sich regelmäßig zu duschen und die Füße zu waschen. Die andere Nachricht: Es dauert. Wir müssen Geduld haben. Es gibt ein paar Maßnahmen, die uns helfen:

- »Neutral« bleiben: Egal, wie schwer es uns fällt, wir reagieren niemals angeekelt oder angewidert auf die Körpergerüche unserer Kinder auf dem Weg in die Pubertät. Genauso wenig, wie wir »Stinker« zu Kleinkindern mit vollen Windeln sagen und das Gesicht verziehen (weil es nachweislich die Sauberkeitsentwicklung verzögert), reagieren wir negativ auf die Körper unserer großen Kinder.
- Körper erklären: Wir erklären unseren Kids, woher Körpergerüche kommen (alter Schweiß und Bakterien, die ihn zersetzen) und was sich Mutter Natur dabei gedacht hat (wir hatten jahrtausendelang keine Schuhe an, wir informieren Artgenossen über unseren Zustand und so weiter).
- Kultur erklären: Wir informieren unsere Kinder über die kulturellen Gepflogenheiten unserer Umwelt: Wie oft duscht man hier? Wie sollte man riechen? Was davon machen wir mit, was nicht? Das kann völlig unterschiedlich sein,

manche Menschen duschen jeden Tag, manche waschen sich, manche leben an Orten, an denen sie viel barfuß laufen, an anderen tragen wir täglich Schuhe.

- **Medizinische Hintergründe:** Ich informiere meine Kinder auch darüber, warum Hygiene überhaupt erfunden wurde, weil ihnen das oft nicht klar ist und die tägliche Routine nervt: Wir waschen Haare und Haut, um Parasiten, Pilzen und Bakterien keine Chance zu geben. Wir ziehen unsere Schuhe aus und lüften sie sowie unsere Füße und Socken, um keine Pilze zu züchten und um den Viren, die Warzen verursachen, keine feuchte und damit angreifbare Fußhaut zu präsentieren. Wir schütteln Betten auf, damit sich darin keine Milben wohlfühlen. Wir legen Kleidung über Stühle oder hängen sie an Haken, damit sie auslüften kann und unser Zimmer nicht riecht. Und wir waschen unsere Kleidung, um Ungeziefer und Keime zu entfernen. Wir räumen Lebensmittel in dichte Verpackungsbehälter weg, damit sich keine Ameisen ansiedeln und keine Lebensmittelmotten kommen. Wir halten Fingernägel sauber, um uns beim Kratzen an Mückenstichen keine Bakterien einzutragen – und so weiter.
- **Listen schreiben:** Wenn unsere Kinder ihre Hygiene häufig vergessen, können einfache Listen helfen, die im Bad, im Flur oder an der Haustür hängen: »*Abends:* Zähne putzen, Wäsche wechseln, Pipi machen, schlafen gehen. *Nach der Schule:* Ranzen an seinen Platz, Schuhe ausziehen, Socken ausziehen, Füße waschen.« – Was immer bei unseren Kindern notwendig ist.
- **Autonomie ermöglichen:** Kinder duschen eher, wenn sie sich aussuchen dürfen, womit: »Welcher Geruch gefällt dir?«, »Welche Seife magst du?« … Achten wir aber darauf, dass wir möglichst schadstofffreie Produkte anbieten.
- **Ökologie beachten:** Wenn die Frage ansteht, ob das Kind ein Deo nutzt, sollten wir es gemeinsam mit dem Kind aussuchen und ein Produkt finden, das hautverträglich, ökologisch vertretbar und frei von Schadstoffen ist.
- **Nutzung erklären:** Wir sprechen mit unseren Kindern ab, wie die Produkte genutzt werden und in welcher Dosis: »Ups, bitte versprüh das Deo nicht im ganzen Badezimmer, das geht so …«, sonst haben die Kids zwar viel Spaß, riechen aber noch immer.

Wie gesagt: Sie lernen es alle. Versprochen.

Pickel

Manche Kinder bekommen ihre ersten Pickel schon mit sieben, die meisten trifft es zwischen dem zehnten und zwanzigsten Geburtstag herum. Die Hormone der Pubertät führen dazu, dass die Haut mehr Sebum (Talg) produziert, eine Substanz, die die Poren verstopft, die sich dann entzünden und das typische Pickelbild ergeben. Am häufigsten ist das Gesicht betroffen, manchmal aber auch Dekolleté und Rücken.

Jetzt müssen wir vorsichtig sein: Unser Kind könnte anfangen, sich sehr häufig zu waschen, die Pickel auszudrücken oder aufzukratzen und endlos Produkte draufzuschmieren – was das Problem in der Regel verschlimmert. Was hilft? Bei starker Akne ist der Gang zum Hautarzt angeraten, bei milder Akne reichen die folgenden Hausmittel:

- Mäßig waschen: Das Kind sollte seine Hygieneroutine einhalten, sich aber nicht übermäßig viel waschen, denn das trocknet die Haut aus und verschlimmert das Problem.
- Milde Produkte: Milde Hautreiniger, speziell für die Haut von Kindern gemacht, können helfen, aber wir müssen dem Kind zeigen, wie man sie benutzt, und es auch daran erinnern.
- Nicht ausdrücken: Unser Kind sollte sein Gesicht so wenig wie möglich anfassen und keine Pickel ausdrücken, denn das führt zu noch mehr öliger Haut. Außerdem entzünden sich die Pickel stärker und hinterlassen im schlimmsten Falle Narben.
- Keine Experimente: Bleiben wir bei einer ruhigen, festen Hautpflegeroutine, und halten wir unser Kind – und später unseren Teenager – davon ab, ständig neue Produkte auf der Haut auszuprobieren, weil die Werbung sie anpreist.
- Gute Ernährung: Die Ernährung des Kindes sollte genug Zink, Vitamin A, E und Omega-3-Fettsäuren enthalten, möglicherweise verstärken Milch, fettiges Essen und Schokolade die Akne, während Obst und Gemüse die Beschwerden verbessern.

Manchen Kindern machen ihre Pickel überhaupt nichts aus, andere leiden schrecklich darunter. Wir bleiben empathisch dabei und helfen unserem Kind bei seiner Hautpflege. Wir sagen niemals: »Ist doch nicht so schlimm« – es ist so, wie unser Kind es fühlt. Auch in diesem Fall dürfen wir uns professionelle Hilfe bei medizinischem Fachpersonal der Pädiatrie oder Dermatologie suchen, wenn wir anders nicht weiterkommen.

Überall Haare!

In unserer Kultur wird in Werbung und Medien das Bild verbreitet, dass Mädchen und Frauen weiche, haarlose Haut haben müssen. Dabei sind Haare unter den Achseln, im Intimbereich, an den Beinen und auf der Oberlippe für unsere Spezies so normal wie die Haare auf dem Kopf. Darüber sprechen wir mit unseren Kindern und klären sie auf. Hier gilt wie beim Gewicht, dass wir sehr genau beobachten sollten, wie wir selbst damit umgehen: Wo rasieren wir uns und warum? Wie reagieren wir, wenn eine Frau nicht rasiert ist oder ein Mann keine oder viel Brustbehaarung hat?

Ich bin der festen Überzeugung, dass unsere Kinder auch hier selbst entscheiden dürfen, wie sie mit ihrer Körperbehaarung umgehen. Und wenn sie sie entfernen wollen, bekommen sie jegliche Unterstützung, damit sie es nicht heimlich mit einer im Müll gefundenen Rasierklinge versuchen …

Die erste Menstruation

Wir können nicht genau wissen, wann unser Kind seine erste Regel bekommt, weil auch Faktoren wie Stress, Ernährung sowie genetische Faktoren eine Rolle spielen. Von einer frühen Menarche spricht man, wenn Mädchen vor dem Alter von zwölf Jahren ihre erste Regel bekommen, obwohl einige Forscher den Zeitpunkt auf unter zehn oder elf Jahre festlegen.[247]

Egal, wann es so weit ist – unsere Kinder sollten vorbereitet sein. Wir sprechen mit unseren Mädchen frühzeitig darüber, dass sie ihre Regel bekommen werden, was das bedeutet – und vor allem, wie sie damit umgehen möchten. In anderen Kulturen gibt es Übergangsrituale für diesen Moment, wenn ein Mädchen zur Frau wird, wir müssen diese selbst erschaffen. Eine schöne Idee ist eine »Body-Box«, in die wir außer der vom Kind ausgewählten Monatshygiene noch mehr hineinpacken können. Hier ein paar Ideen:

- ein Buch über Weiblichkeit und Menarche, das das Kind aufklärt,
- gemütliche Unterwäsche,

Menstruation wissenschaftlich betrachtet

Es macht ein Leben lang einen Unterschied, in welchem Alter Frauen geschlechtsreif werden. Rein körperlich geht eine frühe Pubertät mit einem erhöhten Risiko für Krankheiten wie Übergewicht, Typ-2-Diabetes, Herz-Kreislauf-Erkrankungen und bestimmten Krebsarten einher. Jeder Zyklus, der im weiblichen Körper stattfindet, erhöht das Risiko, dass etwas »schiefgeht«.[248]

Vom Stillen zum Beispiel wissen wir, dass es möglicherweise auch deshalb das Krebsrisiko rund um Gebärmutter und Eierstöcke senkt, weil es die »Zeit ohne Eisprung« verlängert. Wir Menschenfrauen sind ursprünglich möglicherweise nicht dafür gemacht, so lange und so häufig fruchtbar zu sein: In Jäger-und-Sammler-Gesellschaften sind die Frauen viel weniger häufig »empfänglich«, weil knappe Ernährung, viel Bewegung und lange Stillzeiten den Eisprung immer wieder für lange Zeiträume unterdrücken.[249]

Eine in der Zeitschrift *Lancet* veröffentlichte Studie kreierte für diese Zeit Ende der Siebzigerjahre den Begriff des »Ovulations-[Eisprungs-]Alters«, das maßgeblich daran beteiligt sei, wie hoch das Risiko von Krebs für eine Frau ist.[250]

- Feuchttücher, um sich gegebenenfalls auf öffentlichen Orten die Hände zu säubern, wenn es seine Produkte wechselt,
- eine schöne, kuschelige Wärmflasche,
- flauschige Socken oder etwas, in dem sich unser Kind warm und geborgen fühlt,
- ein Lieblingssnack oder Instant-Kakao oder Ähnliches,
- ein paar schöne Zitate zum Thema »Weiblichkeit«,
- Lieblingstee,
- Taschentücher,
- ein Notizbuch und ein schöner Stift,
- ein schönes Duschgel oder eine Creme.

Ejakularche und Selbstbefriedigung

Menarche und Ejakularche markieren den Eintritt der Geschlechtsreife bei Mädchen und Jungen. Dennoch handelt es sich um unterschiedliche biologische Vorgänge. Daher sind Menarche und Ejakularche nicht direkt miteinander vergleichbar.

Wenn Jungen ihre erste Ejakulation haben, sollten sie ein paar wichtige Dinge wissen, zum Beispiel:

- Die Ejakularche ist der Zeitpunkt der ersten Samenergüsse. So wie die Menarche ein Zeichen dafür ist, dass Mädchen nun in der Lage sind, schwanger zu werden, ist die Ejakularche, sobald sie ein Erguss mit Samen ist, ein Zeichen dafür, dass der Junge nun in der Lage ist, ein Kind zu zeugen.
- Die Ejakulation ist ein natürlicher physiologischer Prozess, der in der Pubertät beginnt. Es handelt sich um den Ausstoß von Sekret und Sperma aus dem Penis während des Orgasmus.
- Die meisten Jungen erleben ihre erste Ejakulation zwischen zwölf und sechzehn Jahren. Sie kann jedoch auch früher oder später auftreten. Sie passiert häufig unwillkürlich nachts und wird erst beim Aufwachen bemerkt.
- Das Sperma, die milchige Flüssigkeit, die beim Orgasmus aus dem Penis austritt, enthält Spermien (Samen) und andere Flüssigkeiten aus den Geschlechtsdrüsen.
- Unter Selbstbefriedigung versteht man die sexuelle Stimulation des eigenen Körpers zur Erzeugung von sexueller Lust und Befriedigung. Es ist eine gesunde und normale Art, den eigenen Körper zu erkunden und sexuelle Bedürfnisse zu erfüllen. Es handelt sich um eine private Aktivität und sollte in einem angemessenen Umfeld stattfinden, auch um die Privatsphäre anderer zu respektieren.

- Es ist wichtig zu beachten, dass jeder Junge anders ist und seine eigene sexuelle Entwicklung hat. Es gibt keine richtige oder falsche Art und Weise, mit Ejakulation und Selbstbefriedigung umzugehen.
- Jungen und Mädchen sollten grundsätzlich in einer Atmosphäre leben, in der sie wissen, dass die offene Kommunikation mit vertrauenswürdigen Erwachsenen wie Eltern oder Ärzten helfen kann, Fragen zu beantworten und Informationen zu bekommen.

Selbstbefriedigung bei Mädchen

Masturbation ist ein normales Verhalten bei Menschen und vielen Säugetieren, das entspannend und gesundheitsfördernd wirkt. Menschliche Nachkommen können bereits im Mutterleib beim Masturbieren beobachtet werden, viele beginnen im Alter von zwei bis zehn Monaten damit und haben einen Peak bei etwa vier Jahren[251]. Bei Jungen ist Masturbation häufiger sichtbar, weil sie dabei ihre Genitalien berühren, während Mädchen sich oft an etwas reiben. Das heißt aber nicht, dass Mädchen es seltener tun würden als Jungen. Wann Kinder das Wohlgefühl der Selbstbefriedigung entdecken und wie oft sie es herbeiführen, ist sehr unterschiedlich. Es geht für uns als Eltern daher vor allem um das »Wie«.

Schulkinder haben in der Regel schon als Kleinkinder gelernt, dass es private und öffentliche Räume gibt[252], und dass wir manche Dinge nur im privaten Raum tun. Das eigene Zimmer und das Bad können sichere Orte sein, an denen unser Mädchen sich erforschen und herausfinden kann, was ihm gefällt.

Für beide Geschlechter gilt, dass sie Hygieneregeln beachten und sich die Hände waschen sollten – die Mädchen auch und vor allem vorher, um sich keine Keime einzufangen, beide Geschlechter hinterher.

Wir können unserem Mädchen diese Box geben und ihm erklären, was wofür ist. Es kann ab jetzt sein Monatshygieneprodukt in der Schultasche mit sich tragen für den Fall, dass sich die erste Blutung dort ankündigt. Das gibt unserem Kind Sicherheit und ein Gefühl von Kontrolle.

Das Gleiche gilt übrigens für den ersten BH. Unser Kind entscheidet, wann es dafür Zeit ist. Manche sind ganz wild auf Unterwäsche, andere melden sich erst, wenn es beim Sport störend wird. Einige Mädchen finden es toll, diesen Einkauf mit den Eltern zu machen, andere bevorzugen ihre beste Freundin an ihrer Seite.

Sexualität, Liebe und Identität

Die erste große Liebe kann zu ganz unterschiedlichen Zeiten auftauchen – noch im Kindergarten, in der Grundschule oder auch später. Sie ist oft leise, selten dramatisch und nicht oft von Dauer – außer für unseren jungen Teenager, der überzeugt ist, dass diese Liebe ewig halten wird.

Wie bringen wir den Kindern »Liebe« bei? Wir haben es längst getan. Die Empathie, die Nachsicht, der Respekt und die Akzeptanz, mit denen wir sie lieben, werden sie auf andere übertragen. Und jetzt lernen sie auch noch eine andere wichtige Lektion: Liebe dich selbst. Erst dann kannst du andere lieben.

Schon bei meinen Grundschulkindern habe ich Gespräche darüber geführt, meist nebenbei und quasi zufällig, was eine gute Beziehung ausmacht und wovor man sich in Acht nehmen sollte. Das gilt auch für Freundschaften, für die Liebe also erst recht.

Zeichen einer positiven Beziehung sind beispielsweise die folgenden:

- Beide vertrauen einander.
- Beide respektieren einander.
- Es gibt offene, gute, ehrliche Gespräche, bei denen sich keiner verstellen muss.
- Beide verbringen gern Zeit miteinander und haben Spaß.
- Beide können auch unangenehme Themen, Differenzen und Konflikte ansprechen und fühlen sich sicher dabei.
- Jeder kann sich so zeigen, wie er ist.

- Jeder hat seine eigene Ich-Welt, seine eigene Identität, die Partner gehen nicht ineinander auf oder sind »ohne den anderen nichts«.
- Beide unterstützen einander, auch in einer Gruppe.
- Beide behandeln einander fair und gleichberechtigt.
- Auch wenn schwierige Momente dazugehören, bringt die Partnerschaft mehr Freude und Glück als Sorgen und Stress.

Zeichen einer negativen Beziehung:

- eine Dysbalance, in der ein Partner immer mehr (Aufmerksamkeit, Zeit) will als der andere,
- eine schwierige Kommunikation, die schnell eskaliert oder bei der kein ehrlicher Austausch möglich ist,
- ein Mangel an Vertrauen oder gar Lügen,
- kontrollierendes Verhalten, zum Beispiel ständiges Nachfragen, was der andere macht, wo er ist, mit wem er Kontakt hat,
- isolierendes Verhalten, das Freundschaften nach außen kontrolliert oder unterbindet,
- ein unsicheres Gefühl, auch wenn es unbestimmbar ist oder es »keine objektiven Gründe« gibt,
- das Bedürfnis, alle Konflikte oder Meinungsverschiedenheiten um jeden Preis zu vermeiden,
- Co-Abhängigkeit, das lyrische »Ohne dich kann ich nicht leben«, das leicht zu einem Ungleichgewicht führt,
- eine Dysbalance, in der sich ein Partner immer durchsetzt, immer recht hat oder immer bekommt, was er will,
- Druck, anders zu sein, als man ist, sich äußerlich oder als Mensch zu verändern, um geliebt zu werden (zum Beispiel andere Haare zu haben, dünner zu werden, mehr zu trainieren und so fort),
- jede Form von Gewalt, auch verbale und psychische, die von beiden Geschlechtern ausgehen kann.

Unsere Schulkinder dürfen lernen, dass hier ebenfalls gilt: Was sich falsch anfühlt, ist in der Regel auch falsch. Die Beziehung mit einer »Freundin« oder einem »Freund«, die/der uns mehr Kopfzerbrechen als Freude bereitet, sollten wir überdenken.

Liebe ist ein schwieriges und intimes Feld – wir sind da, wir helfen weiter, wenn gewünscht, aber sind immer sanft und zurückhaltend. Nur wenn wir erst mal zuhören, ohne zu urteilen, kann unser Kind offen mit uns sprechen.

Und wenn unser Kind Liebeskummer hat? Dann bieten wir Taschentücher an und nehmen es in den Arm. Jeder Satz zum Thema »Andere Mütter haben auch schöne Söhne/Töchter« hilft jetzt nicht weiter, das wissen wir von uns selbst. Liebeskummer ist für das Gehirn wie ein Drogenentzug, er erzeugt massiven Stress. Wenn unser Kind gar von jemandem, den es liebt, zurückgewiesen wird, reagieren die Gehirnzentren, die auch bei körperlichem Schmerz aktiv sind – es ist also keine Lappalie.

Was Eltern über LGBTQIA+ wissen sollten

Mein Sohn hat eine Klassenkameradin, die sich als Klassenkamerad fühlt, und ich war dankbar, dass er es mir vor dem ersten Besuch gesagt hat. Sonst hätte ich das Kind mit dem hüftlangen Zopf als Mädchen identifiziert und auch so angesprochen.

Es gilt also: Egal, ob unser eigenes Kind oder einer seiner Freunde LGBTQIA+ ist – das heißt lesbisch, schwul *(gay)*, bisexuell, transsexuell/transgender, queer, inter- oder asexuell –, wir sollten uns mit dem Thema beschäftigen.

Kinder zwischen sechs und zwölf Jahren sind auf dem Weg, ihre eigene Identität zu finden, und dazu gehört auch die sexuelle Orientierung und Geschlechtsidentität. Es ist normal, in diesem Alter verschiedene Formen auszuprobieren. Bisher zeigen vor allem manche Mädchen, dass sie eine neue Identität suchen und sich als Junge fühlen, wahrscheinlich weil es in unserer Gesellschaft für Mädchen einfacher ist, burschikos aufzutreten, als für Jungen, ihre weibliche Seite offen zu zeigen.

Wichtig ist, dass wir keine Annahmen über die sexuelle Orientierung oder Geschlechtsidentität unseres Kindes machen, denn wir können völlig danebenliegen. Es ist allein Sache dieses Menschen, sich selbst zu finden, und dazu braucht er Zeit. Wir verkünden also weder, dass wir ein Transgender- oder homosexuelles Kind haben, noch, dass es »nur eine Phase« sei, sondern warten erst einmal ab, wie es sich entwickelt. Das Einzige, was unser Kind jetzt auf jeden Fall wissen muss, ist, dass es geliebt wird – Punkt.

Wir sollten selbstverständlich selbst darauf achten, dass wir keine trans- oder homophoben Kommentare von uns geben. Wir fragen auch möglichst keine auf eine heteronormative Welt ausgerichteten Fragen wie »Wann suchst du dir eine Freundin?«, sondern wir lassen unser Kind wissen: »Wen immer du lieben willst, beachte Folgendes …«

Andere Familienmitglieder oder Freunde informieren wir entsprechend und stoppen ungebetene Ratschläge, Kommentare oder Fragen sofort. Wir müssen uns keine Sorgen machen und das Kind nicht »warnen« – wir würden auch kein heteronormatives Kind warnen. Und wir müssen uns auch keine Sorgen machen, dass wir keine Enkelkinder kriegen (oder die Großeltern, dass sie keine Urenkel kriegen). Denn das ist erstens auch bei sogenannten cis-Menschen keine Garantie, das heißt bei Personen, die sich mit dem ihnen bei der Geburt zugewiesenen Geschlecht identifizieren, (lat. *cis* [diesseits]). Und zweitens können auch LGBTQIA+-Paare heute Eltern werden.

Aktiv werden sollten wir, wenn unser Kind sich in seinem Körper über einen längeren Zeitraum massiv unwohl fühlt. Wir informieren uns und können hier professionelle Hilfe in Anspruch nehmen, die immer Beratungsgespräche mit der ganzen Familie führen wird.[253] Eine solche Beratung ist auch hilfreich, wenn unser Kind sich unwohl fühlt oder sich nicht sicher ist; es muss nicht definitiv schon trans sein.

Bienchen, Blümchen und Sexualität

Ich kann mich nicht daran erinnern, dass meine Mutter mit mir je ein »Aufklärungsgespräch« geführt hätte. Wenn ich Fragen gestellt habe, bekam ich Antworten, und zusätzlich stöberte ich stundenlang in Büchern, die das Thema kindgerecht aufbereiteten.

Kinder können schon früh lernen, dass Sex zum Leben dazugehört, zum Beispiel dass sie nicht einfach hereinplatzen, wenn wir gerade dabei sind zu kuscheln, und dass die Eltern am Sonntagmorgen vor zehn Uhr nicht gestört werden wollen.

Grundsätzlich gilt: »Besser spät als nie«, auch wenn wir mit unserem Kind bisher noch gar nicht darüber gesprochen haben, denn sonst lernt es von Freunden, aus dem Fernsehen und aus dem Internet eine Menge Halb- und Unwahrheiten.

Hier ein paar Tipps für eine gute »Aufklärung«:

- Wann immer Kinder Fragen stellen, sollten sie kindgerecht Antworten kriegen, schon lange vor dem Grundschulalter.
- Es ist unangenehm, sich für »ein Aufklärungsgespräch« hinzusetzen, das gibt der Sache so eine Schwere. Führen wir eher mehrere kleine Unterhaltungen über mehrere Themen.
- Ein geeigneter Moment ergibt sich in der Regel von allein, wenn wir mit unserem Kind über etwas sprechen, was wie von selbst zu diesen Themen führen kann.
- Wir sollten unsere Kinder immer ermutigen, besonders auch sich selbst zu erkunden, statt sie zu verschrecken – dazu brauchen sie Privatsphäre, also klopfen wir zum Beispiel an der Kinderzimmertür immer an, wenn sie geschlossen ist.
- Da wir nicht wissen, wie sich unser Kind entwickelt, führen wir die Gespräche nicht heteronormativ, sondern offen und sprechen über Liebe in diversen Kontexten.
- Überlassen wir das Thema nicht der Schule – wir können nicht sicher sein, dass dort gute Aufklärung stattfindet, besonders für potenzielle LGBTQIA+-Kinder.
- Bücher sind eine gute Ergänzung, aber kein Ersatz für ein Gespräch.
- Wir sollten immer die korrekten Bezeichnungen für Körperteile benutzen, keine Fantasienamen, und Kindern schlicht und medizinisch korrekt erklären, was bei Pubertät, Sex und Schwangerschaft passiert.
- Einfache, klare Worte helfen immer – wenn wir nicht wissen, wie wir es sagen sollen, erklären wir die Dinge so sachlich wie möglich, das beruhigt unser Zentralnervensystem, weil es unsere Ratio einschaltet.
- Zu Beziehungen gehört viel mehr als Sex – auch das ist eine wichtige Information.
- Kinder sind auf dem Schulhof teilweise schon mit Pornos konfrontiert – sie müssen wissen, dass das, was sie dort sehen, mit Sex in einer Beziehung nichts zu tun hat.

- Das Wichtigste: Zustimmung. Jeder von beiden kann jederzeit Nein sagen, seine Zustimmung jederzeit widerrufen, niemand muss etwas »zu Ende bringen«, und beide müssen immer sicherstellen, dass der andere Freude daran hat und ebenfalls weitermachen will.

Ist es schwierig, mit unseren Kindern darüber zu sprechen? Mit uns hat niemand darüber gesprochen, oder wir hatten schwierige Erfahrungen zu bewältigen? Dann wird dies jetzt eine wunderbare Gelegenheit sein, den Teufelskreis aus Peinlichkeiten, Schweigen und Angst zu durchbrechen und unsere Kinder besser auf ihr Leben vorzubereiten.

Missbrauchsprävention

Mein Körper ist mein Körper

»Dein Körper gehört dir« – das hat meine Mutter mir schon beigebracht, als ich vier Jahre alt war. Ich musste nie jemandem die Hand geben, mich umarmen lassen, nett sein oder gar jemanden küssen. Ich hörte Kinderlieder, in denen darüber gesungen wurde, dass der alkoholkranke Onkel immer so gern geküsst werden will und dass wir Kinder das nicht müssen. »Körperautonomie« war ein wichtiges Thema in meiner Kindheit.

Ich habe es bei meinen Kindern einfach logisch weitergeführt, und noch heute frage ich bei uns im *artgerecht*-Camp jedes Baby, ob es wirklich auf meinen Arm will, wenn man es mir reicht. Schon die ganz Kleinen schauen mich entweder begeistert an und strecken mir ihre Ärmchen entgegen oder wenden sich ab und drehen sich suchend zurück zu ihrer Bezugsperson. Kein Kind, welches das nicht möchte, wird von mir berührt.

Bei Kleinkindern heißt dieser Respekt, dass wir sie nicht zwingen, sich zum Beispiel von pädagogischem oder medizinischem Personal anfassen zu lassen (was gar nicht so einfach ist, weil viele Routinen bei Vorsorgeuntersuchungen einfach schnell ablaufen und auf die Körperautonomie der Kinder keine Rücksicht nehmen), außer natürlich in lebensbedrohlichen Situationen.

Alle Kinder sollten lernen: Mein Körper gehört mir. Ich kann »Nein« sagen.

Ich muss nicht nett sein. Besonders unsere »braven«, an Harmonie interessierten, ruhigen Kinder müssen das gezielt lernen, denn sie wollen keine Umstände machen und lassen dabei oft andere über ihre Grenzen gehen. Sie sollten lernen zu sagen: »Stopp, ich will/mag das nicht«, und können stattdessen eine High Five oder eine Obama-Faust geben, wenn sie das Bedürfnis haben, nicht unhöflich zu sein. Wichtige Eckpunkte, die wir unseren Kindern vermitteln, sind dabei die folgenden:

- »Manche Dinge sind privat – deine primären und sekundären Geschlechtsmerkmale gehören auf jeden Fall dazu.«
- »Dein Körper gehört nur dir selbst, du entscheidest, ob du etwas willst, auch bei den ganz kleinen Gesten, wie Hand zu geben oder den Arm um die Schulter gelegt zu bekommen.«
- »Nein heißt nein – bei dir und bei anderen« (auch eine wichtige Lektion!).
- »Geheimnisse sind okay, aber wenn sie sich nicht gut anfühlen oder dir Bauchweh machen, darfst du sie jemandem anvertrauen.«
- »Sprich mit jemandem darüber, wenn du unangenehme Erfahrungen gemacht hast. Es kann immer jemand helfen.«

Gerade bei letzter Empfehlung muss ich schlucken: Kinder, die Missbrauchserfahrungen machen, müssen sich bis zu sieben Personen anvertrauen, bis man ihnen glaubt (siehe auch den Abschnitt »Wie erkenne ich Missbrauch« weiter unten in diesem Kapitel). Wenn unser Kind also erzählt, dass es im Sportunterricht unangenehm berührt wird oder die Lehrkraft immer unangemeldet in die Umkleidekabine kommt, wenn es andeutet, dass es beim letzten Zoobesuch mit dem netten Babysitter gar nicht so schön war und es nicht wieder dorthin will, sollten wir sehr, sehr große Ohren bekommen.

Übergriffen vorbeugen

Missbrauch findet in der Regel im sozialen Umfeld der Kinder statt. Täter sind Angehörige, Freunde, Bekannte oder auch Mitarbeitende unter anderem in Bildungs-, Sport- oder Freizeiteinrichtungen.

Der erste Schritt zur Missbrauchsprävention ist einfach: Wir schaffen eine Atmosphäre, in der wir ohne Scham und mit den korrekten Begriffen über den

Wer entscheidet?

Es war in der vierten Klasse der Grundschule, als meine Klassenlehrerin ankündigte, dass wir ab jetzt Schwimmunterricht haben würden und alle Mädchen mit langen Haaren Badekappen tragen müssten. Ich hatte damals hüftlange blonde Locken, für die ich viel bewundert wurde. An diesem Tag kam ich nach Hause und verkündete meiner Mutter, dass ich unter keinen Umständen eine Badekappe tragen würde. Und wenn alle mit langen Haaren das müssten, dann wollte ich nun kurze Haare haben: »Schneid sie ab.«

Meine Mama ist bekanntlich eine Frau, die Kinder schon immer respektierte. Sie sprach mit mir durch, welche Alternativen es gäbe, prüfte, ob ich mir das gut überlegt hätte, und als sie feststellte, dass ich es ernst meinte, kam sie meiner Bitte nach. Am nächsten Tag erschien ich stolz mit einem 1,5-Zentimeter-Stoppelschnitt in der Schule – zum Entsetzen meiner Lehrerin. »Das hat deine Mutter dir erlaubt?«, rief sie ungläubig. Ich verstand die Frage nicht – es waren doch meine Haare, oder?

Die Reaktion zeigt deutlich, dass Kinder oft nicht sich selbst gehören und nicht frei über ihren Körper und ihr Aussehen bestimmen dürfen. Jemand anders entscheidet, ob sie sich die Haare lang wachsen lassen dürfen (eine Freundin meiner Tochter darf es nicht, weil es »zu viel Arbeit« macht) oder sie abschneiden dürfen (es wird einem anderen Kind verboten, weil sie »so schön sind«), ob sie sie färben oder sich Ohrlöcher stechen lassen dürfen oder müssen. Jungs kommen oft unter diesen Druck, wenn sie ihre langen Haare behalten wollen oder umgekehrt plötzlich einen ratzekurzen Schnitt wünschen, der den Eltern missfällt.

Überlegen wir gut: Was soll unser Kind lernen? Wer entscheidet über seinen Körper? Unsere Schulkinder können und wollen selbst bestimmen, was mit ihrem Körper passiert, wie sie ihre Haare tragen oder welche Klamotten sie anziehen. Ich bin heute noch stolz auf die Aktion damals, ich habe jahrelang meine Lieblingsjeans und -schuhe getragen, bis sie fast in Fetzen von mir fielen, mein erstes Fahrrad genutzt, bis es nicht mehr ging. Solange unsere Kinder sich damit nicht in Gefahr bringen, dürfen diese Dinge ihre Entscheidung sein.

Körper sprechen. Wir schaffen zu Hause eine Kultur der Klarheit: »Dies ist ein Penis. Dies ist eine Vagina, eine Vulva, eine Vulvina (die Gesamtheit von Vulva und Vagina). Dies ist eine Brust. Wir alle haben das, wir alle haben das schon gesehen, so sind Menschen gebaut.« Wenn wir uns selbst damit unwohl fühlen, weil wir anders erzogen worden sind, können wir jetzt für unsere Kinder neue Wege lernen.

Als Nächstes etablieren wir Grenzen: »Das ist dein privater Bereich, über den nur du bestimmst.« Wir halten diese Grenzen auch selbst ein, wenn unser Kind sagt, dass es nicht berührt werden möchte, egal, wo und von wem (dazu gehört wie gesagt auch, wenn das Kind jemandem nicht die Hand geben will).

Was ist Privatheit?

In unserer Kultur gibt es Dinge, die wir mit anderen teilen, und solche, die wir nur zu Hause tun. Nacktheit gehört dazu – das ist nicht in allen Kulturen so, in unserer aber schon. Wir sprechen darüber, was bei uns in die private Sphäre gehört und dass das sogar von Familie zu Familie unterschiedlich sein kann (wir laufen vielleicht nach dem Baden nackt durch die Zimmer, andere Familien tun das nicht). Auch anderes gehört in die private Sphäre: sich umziehen für den Schwimm- oder Sportunterricht und öffentliche Toiletten aufzusuchen.

Privat ist die Zeit, die unsere Kinder mit der Erkundung oder Berührung ihres eigenen Körpers verbringen. Wenn sie wissen, dass dies ein gesunder und normaler Teil des Menschseins ist, verringert dies ihr Schamgefühl und macht sie stark: ihr Körper, ihre Zeit, ihre Kontrolle.

Unser Kind lernt ebenso, die körperlichen Grenzen anderer zu respektieren – das ist besonders unter Geschwistern oft ein Thema. Will ein Geschwister nicht gekitzelt, angefasst, geküsst oder an die Hand genommen werden, dann lernt das andere, dies unter allen Umständen zu respektieren. Wir werden vielleicht Sätze hören wie »Aber gerade wollte sie noch!« und nutzen die Gelegenheit, unseren

Kindern beizubringen, dass jeder zu jeder Zeit ohne Angabe von Gründen seine Zustimmung zurückziehen kann: »Ja, aber jetzt will sie nicht mehr, und das respektierst du.«

Körperautonomie heißt darüber hinaus, unseren Kindern beizubringen, dass zum Beispiel auch medizinisches Personal fragen muss, bevor es sie in ihrem Intimbereich berührt, und dass das nur erlaubt ist, wenn ein vertrauter Erwachsener dabei ist (außer das Kind wünscht explizit etwas anderes).

Wenn wir unsere Kinder dahingehend erziehen, in jeder Situation »auf Erwachsene zu hören«, ist es schwieriger für sie, zu ungewollten Berührungen Nein zu sagen.

Präventionsexperten empfehlen, Kindern beizubringen, dass es »sichere« und »unsichere« Berührungen gibt. Der Vorteil: Wenn wir die Berührung werten in »gut« oder »schlecht« oder »erlaubt« oder »nicht erlaubt«, dann kann es für Kinder verwirrend sein: Etwas kann eine »gute« Berührung wie eine Umarmung sein, aber vom falschen Menschen kommen, der Körper kann reagieren, obwohl die Seele es nicht will. Dann hilft es zu sagen: »Das ist keine sichere Berührung«, denn es zeigt auch, dass es hier nicht um Höflichkeit, Vertrauen oder Liebe geht, sondern um Sicherheit. Das hilft ebenso, wenn jemand sagt: »Lass dich doch umarmen, oder hast du mich nicht lieb?« Oder: »Vertraust du mir etwa nicht?« Das Kind kann jemanden lieb haben oder vertrauen und trotzdem spüren, dass das jetzt keine sichere Situation ist, und ablehnen.

Als Nächstes sprechen wir über Geheimnisse: Es gibt sichere und unsichere Geheimnisse. Die Studienlage sagt, dass Kinder unter emotionalen Stress geraten, wenn sie ein Geheimnis bewahren sollen, je nachdem, wie schwerwiegend es ist, weswegen die meisten von uns Geheimnisse übrigens auch mindestens einer vertrauten Person anvertrauen.[254] Kinder lernen, dass es Geheimnisse gibt, die sich nicht gut anfühlen – diese Geheimnisse darf und soll man weitererzählen. Denn das sind unsichere Geheimnisse. Jetzt aufgepasst! Wenn die Kinder erzählen, dann bohren wir nicht nach und werten nicht, schimpfen nicht über die Beteiligten (egal, wie schwer es ist), sondern nehmen es erst einmal ruhig zur Kenntnis. Sonst hat unser Kind womöglich Angst, jemanden ans Messer zu liefern (oft jemanden, den es eigentlich mag), und fühlt sich schlecht. Dann wird es nicht weitererzählen. Also bleiben wir ruhig und hören zu.

Kinder sollten wissen, dass unsichere Geheimnisse immer solche sind, von

Geheimnisse erzählen

Meine Tochter hat irgendwann angefangen, mir Geheimnisse anzuvertrauen – von ihren Freundinnen, Verhalten, das sie in anderen Familien beobachtet hat, Dinge, die ihr Sorgen bereiteten. Anfangs kommentierte ich, was ich gehört habe: »Ernsthaft? Warum macht sie das? Wissen die Eltern das?« Man ahnt es: Sie hat es gehasst und war genervt.

Weil ich natürlich wollte, dass sie weitererzählen kann, entwickelten wir daraufhin einen Code, und der geht so: »Mama, ich erzähle dir jetzt etwas. Aber keine Kommentare, bitte!« Oder ich biete an: »Okay, magst du erzählen? Ich verspreche, ich sage nichts dazu.« Daran halte ich mich strikt, und seitdem erzählt sie wieder entspannter.

Wir merken uns: Allzu heftige Reaktionen bringen die Kinder zum Verstummen, besonders wenn es sich wirklich um schwierige und belastende Themen handelt. Wir hören ruhig zu und denken erst nach.

denen eine andere Person ihnen sagt, dass sie etwas geheim halten sollen, insbesondere wenn die Person sie anweist, es nicht ihren Eltern zu erzählen. Wichtig: Das ist kein Petzen. Das ist »Hilfe holen«.[255]

Versichern wir unseren Kindern, dass es immer in Ordnung ist, solch ein Geheimnis oder solch ein Versprechen zu brechen, vor allem wenn es sich um unsichere Berührungen handelt. Es kann aber auch etwas anderes sein, zum Beispiel wenn ein Erwachsener zu viel Alkohol trinkt oder seine Katzen quält. Kinder haben ein sehr feines Gefühl dafür, dass dies für den Betreffenden unangenehm ist, und wir bringen ihnen bei, dass man es trotzdem weitererzählen darf.

Unsere Kinder müssen wissen, dass wir ihnen immer glauben (wir fragen also nie, nie, niemals nach: »Bist du sicher? Hast du dir das nicht ausgedacht?«) und alles in unserer Macht Stehende tun werden, um ihre Sicherheit zu gewährleisten, egal, mit wem sie es zu tun haben oder wie lange es schon andauert. Wenn wir der Sache nachgehen, dann diskret, denn viele Kinder haben – zu Recht – große Angst davor, für ihren »Vertrauensbruch« büßen zu müssen.

Ich bringe meinen Kindern zusätzlich zu den sicheren und unsicheren Berührungen und Geheimnissen auch bei, dass es »sichere« und »unsichere« Erwachsene gibt. Von »unsicheren« Erwachsenen halten wir uns fern, wir gehen sofort auf Abstand, vermeiden den Augenkontakt, suchen einen sicheren Ort auf (zum Beispiel einen Laden oder ein Café) und gehen (oder rennen) weg. Wir üben das gemeinsam auf der Straße, wenn wir betrunkenen, aufdringlichen oder sonst für uns bedrohlichen Menschen begegnen.

Kinder sind nicht zuständig

Meine Kinder haben von klein auf gelernt, dass sie niemals einem Erwachsenen den Weg erklären *müssen*. Sie müssen keinem Erwachsenen die Uhrzeit sagen, keinen Erwachsenen trösten, keinem Erwachsenen Geld leihen – schon gar keinem Fremden. Sie dürfen einfach mit den Schultern zucken und weggehen oder -rennen. Sie wissen, dass sie niemals an ein fahrendes Auto herangehen, weil jemand das Fenster herunterkurbelt und sich angeblich nicht auskennt. Sie lernen von mir: »Ihr seid Kinder, dieser Mensch kann andere Erwachsene fragen oder jemanden anrufen, ihr seid nicht zuständig.«

Dieses »Ihr seid nicht zuständig« finde ich wichtig, weil Täter oft die Hilfsbereitschaft und Gutherzigkeit von Kindern ausnutzen. Sie kommunizieren im Sinne von »Ich habe ja nur dich« und geben ihnen das Gefühl, sie seien sowohl wichtig als auch für das Wohlergehen des Täters verantwortlich. Daher hören meine Kinder immer und immer wieder: »Ja, dieser Mensch ist traurig (oder allein oder orientierungslos), aber er ist erwachsen, das kann er lösen, oder er lässt sich von anderen Erwachsenen helfen, Kinder sind hier nicht zuständig.« Meine beiden sind zwei absolute Empathiekinder, die sich für alle und jeden sofort einsetzen würden und daher lernen müssen, eine für sich sichere Grenze zu ziehen.

Wie erkenne ich Missbrauch?

Kinder teilen sich im Schnitt etwa sieben Erwachsenen mit, bevor Missbrauch aufgedeckt wird. Sie sprechen das Vorgefallene nicht direkt an, sondern testen erst vorsichtig, ob sie uns vertrauen können, sie umschreiben, sie sagen, dass sie jemanden nicht mögen, ihnen jemand Angst macht, sie wollen nicht mehr dorthin gehen oder meiden zum Beispiel den Besuch oder den Unterricht.

Wir sollten immer, immer, immer auf diese Signale hören. Viele erwachsene Missbrauchsopfer erzählen, niemand hätte ihnen geglaubt, man habe sie immer wieder in die Missbrauchssituation geschickt, damit es nicht »unhöflich« rüberkomme. Sie bekamen zu hören, sie sollten sich nicht so anstellen oder was ihnen einfiele, einen so netten Menschen (das kann jedes Geschlecht sein) abzulehnen oder zu meiden.

Wir merken also auf: Wenn ein Kind partout nicht zum Sportunterricht will, plötzlich den Karateunterricht doof findet, einen Babysitter ablehnt oder beim Besuch eines Bekannten immer in seinem Zimmer verschwindet, werden wir hellhörig. »Sobald man ein komisches Gefühl hat, ist meist etwas dran. Es muss nicht immer Missbrauch sein. Aber es muss dem nachgegangen werden«, sagt Ann-Kathrin Lorenzen vom Präventionsbüro »Petze« in Kiel im Interview mit der *taz*.[256] Viele Kinder schweigen auch aus Schamgefühl, weil sie bedroht oder erpresst werden. (»Ich bringe mich/dich/deine Familie um, wenn du das erzählst.«) Sie schweigen häufig auch, weil der Täter oder die Täterin ihnen eine Mitschuld gibt (»Du hattest doch den kurzen Rock an!«) und sie dies nicht einordnen können.

Man muss dazu wissen, dass Täter hier langsam vorgehen, sie testen Schritt für Schritt, wie weit sie die Grenzen des Kindes überschreiten können. Sie nutzen dabei ihre Macht aus. Schließlich geht es um Macht, das Körperliche ist nur der Weg, das Mittel, um Macht über einen Schwächeren zu bekommen. Besonders anfällig sind Kinder, die wenig Ressourcen haben, emotional vernachlässigt sind und von den Tätern abhängig gemacht werden. Sie sind nett zu diesen Kindern und kümmern sich, wenn sonst niemand nett zu ihnen ist und sich um sie kümmert, und missbrauchen die Kinder, sobald diese abhängig geworden sind. Dieser Missbrauch geht oft jahrelang und bleibt unbemerkt, weil das Kind sich mitschuldig fühlt und niemanden hat, an den es sich wenden kann.

Statistisch gesehen, sitzen in jeder Schulklasse zwei Kinder, die eine Missbrauchserfahrung haben.[257] Aber es ist für Eltern schwer zu ertragen, dass Täter und Täterinnen so unauffällige, oft »ganz normale« und nahestehende Personen sind, denen Eltern und Kinder vertrauen. Genau dieses Vertrauen schützt die Täter vor der Entdeckung, und genau dieser Vertrauensmissbrauch sorgt dafür, dass letztlich so viel in der Seele der Kinder kaputtgeht, sozial, kognitiv und emotional.

Hilfe bei Missbrauch

Die beste Missbrauchsprävention ist das, was ich ein »volles Glas« nenne: Wenn unsere Kinder von uns genug Zuwendung, Vertrauen, Liebe, Grenzen und Lebenskompetenzen bekommen, haben wir eine gute Grundlage. Aber es gibt keine hundertprozentige Sicherheit. Hat unser Kind Missbrauch erlebt, dann haben wir nichts falsch gemacht. Es ist unsere erste Aufgabe, ruhig zuzuhören und uns professionelle Hilfe zu suchen.

Es gibt zum Beispiel zwei Vereine namens »Zartbitter e. V.« in Münster und Köln, die sich als Kontakt- und Informationsstelle gegen sexuellen Missbrauch an Mädchen und Jungen verstehen und sehr ausführliche Websites mit Tipps für Mütter, Väter und pädagogisches Fachpersonal haben.[258]

Noch »Doktorspiele« oder schon sexueller Übergriff?

»Doktorspiele« sind ein natürlicher Teil der Entwicklung von Kindern im Vor- und Grundschulalter. Schon Babys beginnen, ihren eigenen Körper zu entdecken – zunächst ihre Haut und ihren Mund und mit einigen Monaten auch ihre eigenen Geschlechtsorgane. Besonders Windelfrei-Kinder spielen daran ausgiebig und lange. Zwischen dem zweiten und dritten Lebensjahr beginnen Mädchen und Jungen dann, andere in ihre Aktivitäten einzubeziehen. Sie erforschen sich selbst und ihre gleichaltrigen Freundinnen und Freunde und erleben sich selbst als Mädchen oder Junge.

Ab dem vierten Lebensjahr nehmen »Doktorspiele« in der Regel die Form von Rollenspielen an: »Arzt-« oder »Vater-Mutter-Kind-Spiele«. Die Kinder erforschen ihre Geschlechtsorgane, imitieren das Verhalten von Erwachsenen (Händchen halten, küssen, heiraten) und spielen Zeugungs- und Geburtsszenen nach.

Parallel zur allgemeinen Sexualisierung der Öffentlichkeit, insbesondere durch bestimmte Medien, ist zu beobachten, dass schon Vorschulkinder zunehmend auch orale Handlungen am Penis, an der Scheide oder am Anus nachspielen oder ausprobieren.

»Doktorspiele« sind grundsätzlich normale, forschende Spiele von Kindern. Die Sexualwissenschaftlerin Christiane Kolb schreibt in ihrem Buch *Aufklärung von Anfang an:* »Doktorspiele entwickeln sich meist spontan, sporadisch, sind ein Weilchen interessant. Irgendwann verschwinden sie wieder aus dem Spielrepertoire.«[259] Sie werden von Kindern gleichen Alters oder mit maximal zwei Jahren Altersunterschied durchgeführt. Sie finden »auf Augenhöhe« statt, wobei die Initiative nicht nur von einem Kind ausgeht und kein Kind einem anderen untergeordnet ist. »Doktorspiele« werden eher mit Freundinnen und Freunden als mit Geschwistern gespielt.

Eltern und auch pädagogisches Fachpersonal fühlen sich häufig unsicher, wenn es um diese Erkundungsspiele geht. Einigen ist es unangenehm, das zu beobachten, daher schauen sie bewusst oder unbewusst weg. Andere haben Angst, dass Mädchen und Jungen ein übermäßiges Interesse an Sexualität entwickeln könnten, wenn sie positiv reagieren. Wieder andere vermitteln aufgrund einer falsch verstandenen »Offenheit« nicht frühzeitig genug klare Regeln.

Kinder brauchen jedoch Orientierung, um in diesen Spielen ihre eigenen persönlichen Grenzen zu wahren und die Grenzen der anderen Kinder zu erkennen und zu respektieren.

Bei »Doktorspielen« sollen beispielsweise folgende Regeln beachtet werden:

- Jedes Mädchen und jeder Junge entscheidet selbst, mit wem sie oder er »Doktor spielen« möchte.
- Mädchen und Jungen berühren und untersuchen einander nur so viel, wie es für sie selbst und die anderen Kinder angenehm ist.
- Kein Mädchen und kein Junge tut einem anderen Kind weh.
- Niemand steckt einem anderen Kind etwas in eine Körperöffnung oder leckt am Körper des anderen.
- Kinder jenseits des Grundschulalters, Jugendliche und Erwachsene haben bei »Doktorspielen« nichts zu suchen.

- Wir vermitteln, dass sexuelle Handlungen an sich in Ordnung, spannend und schön sind, Ort und Zeitpunkt dafür aber passend gewählt sein müssen

Christiane Kolb gibt uns noch an die Hand, wie wir Erwachsenen die Spiele bewerten können, indem wir uns fragen:

- Was war die Intention der Spielenden?
- War das Tun ein Spiel im Einverständnis?
- Wurde eine Grenze verletzt?
- War die Grenze bewusst?
- Hat eines der Kinder negative Gefühle der Scham oder Verletzung davongetragen?[260]

Bei den meisten Kindern handelt es sich um »Zeig-mal-guck-mal«-Spiele, die nichts mit erwachsener Sexualität zu tun haben.

Von sexueller Gewalt, sexuellen Übergriffen oder sexuellen Grenzverletzungen spricht man erst, »wenn sexuelle Handlungen durch das übergriffige Kind erzwungen werden bzw. das betroffene Kind sie unfreiwillig duldet oder sich unfreiwillig daran beteiligt. Häufig wird dabei ein Machtgefälle zwischen den beteiligten übergriffigen und betroffenen Kindern ausgenutzt, indem z. B. durch Versprechungen, Anerkennung, Drohung oder körperliche Gewalt Druck ausgeübt wird.«[261] Dabei kann es schwer sein zu durchschauen, ob ein Kind etwas im Konsens mitmacht oder duldet, ob es gefügig gemacht wurde oder gar nicht versteht, was mit ihm passiert.

Typische Machtgefälle zwischen Kindern sind Altersunterschied, Geschlecht, Status in der Gruppe, sozialer Status, Intelligenz/Behinderung oder ein Migrationshintergrund. Dass jüngere Kinder älteren fraglos gehorchen, weil sie sie bewundern oder fürchten, ist ein bekanntes Phänomen. Hier ist eine wirksame Zustimmung gar nicht möglich.

Gemäß der Optimus-Studie 2012 aus der Schweiz zeigen Auskünfte von 324 Institutionen aus dem Bereich Kindesschutz in der Eidgenossenschaft, dass im Vorschulalter unter den Tätern und Täterinnen vor allem Väter (45 Prozent), Mütter (3 Prozent), nahe Bezugspersonen (5 Prozent) oder andere Erwachsene (26 Prozent) sind. Ab dem Schuleintritt verüben Gleichaltrige (20 Prozent), aber auch Geschwister (15 Prozent) einen zunehmenden Anteil sexueller Grenzverletzungen.[262]

Wir erfahren zum Beispiel, »dass ein Schüler aus ihrer 2. Klasse seinen Penis vor einer Mitschülerin entblößt hat. Der Junge fragt das Mädchen, ob es seinen Penis anfassen möchte. In einem Gespräch mit der Schülerin erfährt die Lehrerin, dass dieses schon häufiger passiert ist. Der Junge möchte, dass sie ›Mann und Frau‹ spielen und sie seinen Penis in die Hand nehmen soll.«[263]

Wenn unser Kind uns etwas Derartiges erzählt, halten wir diesen Übergriff für möglich, nehmen das Kind ernst und bewahren Ruhe. Wir sprechen mit den Lehrern und schalten – falls es nicht die Schule macht – eine Beratungsstelle oder Fachberatung ein. Ist unser Kind als Opfer betroffen, spricht es nicht mit den Lehrkräften allein über das Geschehen, sondern wir sind dabei. Wir müssen sicherstellen, dass unser Kind sich nicht schuldig fühlt oder mit bohrenden Fragen schuldig gemacht wird: »Warum hast du dich nicht gewehrt?« Wir stoppen jeden Versuch einer Deutungshoheit (»War doch nicht so schlimm«) sowie Empörung oder Aufregung – auch unsere eigene.

Wiederholte Verletzungen und Missachtung der Regeln müssen wir als sexuell übergriffig betrachten. Wichtig: Solches Verhalten von anderen Grundschulkindern ist nicht einfach abzuwiegeln als »Das Kind hat wohl seine Eltern beim Geschlechtsverkehr beobachtet«. Wenn ein Kind mehrfach und massiv solches Verhalten zeigt, kann es auf emotionale Vernachlässigung, Mobbing, Gewalterfahrungen in und außerhalb der Familie hindeuten oder darauf, dass das Kind selbst Zeuge oder Opfer von (sexueller) Gewalt gewesen ist. Zartbitter betont, betroffene Mädchen und Jungen seien Opfer, übergriffige Kinder jedoch keine Täter!

Die Forscher Ulli Freund und Dagmar Riedel-Breidenstein geben zu bedenken: »Bei der Einschätzung von sexuellen Übergriffen unter Kindern ist das eigene Bauchgefühl allein kein verlässlicher Ratgeber: Schnell kommt es zu Überreaktionen und manchmal auch zu Bagatellisierungen.«[264] Wir sollten daher immer Fachstellen involvieren.

Ist unser Kind das übergriffige Kind, dann sind wir ebenfalls bei Gesprächen dabei und sorgen für Klarheit, aber Ruhe. Wir treten dafür ein, dass niemand das Verhalten des Opfers bagatellisiert (auch nicht unser Kind), setzen klare Grenzen, sprechen uns mit der Schule ab und müssen herausfinden, ob es sich um eine einmalige Grenzüberschreitung oder um ein Verhaltensmuster handelt. Je nachdem, suchen wir ebenfalls fachlich kompetente Hilfe.

Interview: »Aufklärung findet im Alltag statt«

Mit Mareike Brede, Sexualpädagogin (www.sexklaert.de)

Was fragen dich Eltern am meisten?

Die häufigste Frage ist: »Wann soll ich mit der Aufklärung anfangen – wann und wie, und wie starte ich?« Viele Eltern wurden selbst nicht aufgeklärt, oder es gab das eine große Aufklärungsgespräch. Viele denken, es geht nur um die Frage: »Wie entsteht ein Baby? Was ist Sex?«, aber Aufklärung findet ja von Anfang an vor allem im Alltag statt.

Wie meinst du das – im Alltag?

Das fängt schon mit Körperwissen an – und das mache ich bereits auf dem Wickeltisch mit dem Baby. Schon da kann ich die korrekten Bezeichnungen für die Genitalien benutzen – Vulva und Penis – und über die Körpergrenzen meines Kindes sprechen.

Wenn es älter ist, kann ich zum Beispiel erklären: »Schau, an diese Körperteile dürfen nur Mama und Papa und eventuell das pädagogische Fachpersonal in der Betreuung.« Ich kläre also schon Kleinkinder auf, wer es wo anfassen darf. Auch das ist Aufklärung!

Was sind die wichtigsten Infos für Eltern?

Wir können offen über das Thema sprechen, als wäre es kein anderes Thema als Dinosaurier. Es ist ein Thema wie jedes andere. Und wir sind sexuelle Wesen, und auch Kinder brauchen Privatsphäre, in ihrem Zimmer oder mal in der Badewanne, damit sie sich erkunden können. Kindliche Sexualität ist nur nicht gleich erwachsene Sexualität. Da gibt es einen großen Unterschied.

Wann fangen wir mit Themen an wie Menstruation oder Ejakularche zum Beispiel?

Auch das haben wir wahrscheinlich schon im Kleinkindalter aufgegriffen: Wenn das Kleinkind mit auf der Toilette ist und Mama ihre Tage hat, dann erklären wir, was da gerade passiert. Natürlich ist es auch wichtig, über den ersten Samenerguss aufzuklären, ja, das kann nachts passieren, man kann einen erigierten Penis haben, ohne das zu wollen, auch in der Schule – darüber sollte man auch sprechen.

Kinder sind ja so neugierig. Wenn du denen erklärst, dass es Sex gibt und dass es Kondome gibt, weil Sex schön ist, man aber nicht immer schwanger werden will, das ist ganz einfach. Das sollten wir nutzen, denn später, wenn die elf oder zwölf sind, haben sie keinen Bock mehr, das zu hören, dann ist es peinlich.

Wenn wir das nicht in dem Alter gemacht haben – wann machen wir es dann?

So bald wie möglich. Die körperlichen Veränderungen in der Pubertät werden Kindern oft nicht erklärt und kommen dann ratzfatz – schneller, als man denkt. Es kann fatal sein, wenn ein Kind erst in der sechsten Klasse in einem meiner Workshops erfährt, dass es mal aus der Vagina bluten wird. Ich kenne Mädchen, die nicht aufgeklärt wurden, die hatten bei der ersten Menstruation schreckliche Angst. Sie dachten, sie hätten Krebs oder sie sterben, weil sie plötzlich Blut in der Unterhose hatten.

Und wenn bisher keine Fragen oder Gelegenheiten da waren?

Spätestens im Grundschulalter sollte man sich mit seinem Kind mal hinsetzen – wenn vorher keine Fragen gekommen sind oder sich nicht ergeben haben. In der zweiten, dritten, vierten Klasse steht es ja auf dem Lehrplan. Und wenn das Thema in der Schule kommt, dann ist es schön, wenn ich als Elternteil meine Worte, meine Werte und meine Haltung mitgeben konnte. Ich weiß ja gar nicht, wie es die Lehrkraft macht, vielleicht ist dieser Mensch total befangen bei dem Thema, und das wollen wir nicht.

Was mache ich, wenn mein Kind keine Fragen stellt?

Wenn ein Kind keine Fragen stellt, dann sollten wir Bücher dahaben. Bücher sind eine super Unterstützung in der Aufklärung. Wir haben Bücher über Ritter, über Bauernhöfe und Trecker zu Hause – und halt eben auch zu Körper, Gefühlen und diversen Präventionsthemen. Man schaut sich gemeinsam Bücher an, und es tauchen Fragen auf. Oder die Kinder gucken sich das alleine an. Im Grundschulalter, spätestens wenn es in der Schule Thema ist, kann das der Aufhänger sein: »Du, bald werdet ihr Sexualkunde bekommen, ihr lernt, wie die Babys entstehen, und ich wollte noch mal mit dir drüber sprechen.«

Okay, was mache ich, wenn ich es verpennt habe?

Dann muss ich halt ran, auch wenn es peinlich ist. Die Kinder haben sich vielleicht die Antworten auf ihre Fragen schon woanders geholt, und wir haben keine Ahnung, welche Ideen sie im Kopf haben. Dann muss es halt das eine klassische Aufklärungsgespräch sein.

Was sollten Grundschulkinder unbedingt wissen?

Gerade im Hinblick auf Prävention müssen Kinder wissen: Was ist Sex, wie geht Sex, wer macht Sex. Sie müssen wissen, Sex machen nur Erwachsene untereinander und nur, wenn sie es wollen. Wir sollten aus Präventionsgründen auch die unangenehmen Dinge ganz klar benennen – es gibt Erwachsene, die wollen Sex mit Kindern machen, das ist aber verboten. Das wissen die Erwachsenen auch, und wenn so was passiert, dann ist immer der Erwachsene schuld.

Warum ist das wichtig?

Woher sollen Kinder wissen, was okay ist und was nicht, wenn das nicht besprochen wurde? Wir müssen ihnen eine Richtschnur geben. Denn Täter bauen ihr Verhältnis zu den Opfern über Monate auf, sie kommen in der Regel aus dem engen Umfeld, schleichen sich über Monate an und bauen ein Vertrauens- oder sogar Abhängigkeitsverhältnis auf. Oft auch eine Schuldumkehr, bei der sie dem Kind einreden, das Kind sei schuld. Ein Kind, das weiß, dass die Verantwortung bei den Erwachsenen liegt, kann sich besser schützen.

Was ist so wichtig an den richtigen Begriffen für Körperteile?

Korrekte, klare Sprache ist wichtig. Denn Sprache schafft Realität. »Schmuckkästchen, Schmetterling, Kätzchen …«, das sind alles Worte, die die Wirklichkeit verschleiern und verheimlichen. Und das spielt den Tätern in die Hände: Das

Kind erzählt: »Opa spielt immer ›Trecker in die Garage fahren‹«, und niemand hört, dass das ein Hilferuf ist. Denn der Trecker war in diesem Fall halt der Penis. Kinder brauchen klare, korrekte Sprache, mit der sie sich schützen und mitteilen können.

Viele Kinder werden im Grundschulalter mit Pornos konfrontiert – wie gehe ich damit um?

Wenn Kinder in die Schule kommen, werden sie früher oder später Kontakt zu Pornografie haben – im Klassenchat, in der WhatsApp-Gruppe, auf dem Schulhof. Das ist die Realität, das muss man sich einfach vor Augen führen. Wir können präventiv das Gespräch suchen und dem Kind sagen: »Es gibt im Handy oder im Netz Bilder, die nur für Erwachsene sind. Es gibt andere Kinder, die so was haben oder einem das zeigen. Wenn du was siehst, was blöd ist, dann komm zu mir, dann sprechen wir drüber.«

Das ist wichtig, denn die Kinder können das überhaupt nicht einordnen, und es verzerrt das Bild von Sexualität. Ich habe Jungs in den Grundschulen in meinen Workshops, die denken, dass zum ersten Mal alles dazugehört: Analsex, Oralsex, ins Gesicht spritzen … Die Kinder müssen wissen: »Das sind Schauspieler wie in anderen Action-Filmen, die kriegen Geld dafür, das ist Fake, dafür gibt es Drehbücher. Viele Erwachsene nutzen das, aber es ist nichts für Kinder und hat mit Sex zwischen zwei Menschen nichts zu tun.«

Was sind Kriterien für ein gutes Aufklärungsbuch?

Als Erstes korrekte Sprache: Mädchen haben keine Scheide, sondern eine Vulva, eine Klitoris, eine Vagina. Diversität ist wichtig, es gibt ja nicht nur weiße, normative Bilderbuchmenschen und auch nicht nur heterosexuelle Beziehungen. Wir brauchen eine Vielfalt an Entstehungsmechanismen von Babys, eine Vielfalt von Geburten. Außerdem sollte gezeigt werden, dass Geschlechtsteile, auch sekundäre Geschlechtsmerkmale wie Brüste, in vielen Formen vorkommen. Sie sollten daher richtig dargestellt werden, nicht nur angedeutet. Auf meiner Website finden Eltern viele Buchempfehlungen.

Danke für das Gespräch.

Hätten Sie's gewusst?

In mehreren Studien wird berichtet, dass das durchschnittliche Alter bei der Menarche in den meisten Industrieländern von siebzehn Jahren im Jahr 1840 auf etwa zwölf Jahre im Jahr 2000 gesunken ist.[265]

Obwohl Jungen als Säuglinge Orgasmen haben können, ist dies noch nicht mit einem Samenerguss verbunden. Dieser setzt erst mit der Pubertät ein – mit der Ejakularche. Jungen können ihre Ejakularche bereits kurz vor der Pubertät haben – dies ist eine Folge der Testosteronspiegelerhöhung um das Zwei- bis Dreifache in dieser Zeit. Der erste Erguss kann vor Beginn der ersten Spermienproduktion stattfinden – als samenloser Erguss – oder danach, dann als Samenerguss.[266]

Schon 1994 stellte die Bundeszentrale für gesundheitliche Aufklärung (BZgA) fest, dass die Menarche durchschnittlich 1,3 Jahre und die Ejakularche 1,6 Jahre früher als noch 1980 erfolgten.[267] Laut einer dänischen Studie von 2018 begann die Pubertät bei den Jungen im Alter von durchschnittlich 11,1 Jahren mit dem Wachstum der Hoden.[268]

Akne ist weder ein Zeichen von mangelnder Körperhygiene noch von sexueller Aktivität, sondern eine Kombination aus genetischer Disposition und mehreren Faktoren.[269]

Kinder müssen die richtige Hygiene ihres Körpers lernen: Für Mädchen ist es wichtig, sich nach dem Toilettengang immer »von vorn nach hinten« abzuputzen, Jungen lernen, ihren Penis auch unter der Vorhaut zu reinigen, sobald sie sich zurückziehen lässt – einfach mit Wasser.

In den ersten Lebensjahren ist bei einem Jungen die Vorhaut des Penis normalerweise mit der Eichel verklebt. Dadurch lässt sie sich nicht über die Eichel zurückschieben. Obwohl die Öffnung der Vorhaut sehr eng ist, verursacht sie keine Beschwerden und ermöglicht eine normale Harnentleerung. Dies ist völlig harmlos und bedarf primär keiner Behandlung. Im Alter von sieben Jahren kann etwa die Hälfte der Jungen die Vorhaut weitgehend zurückstreifen, mit zehn Jahren sind es etwa zwei Drittel. Bis zum Ende der Pubertät sollte sich die Vorhaut gelöst haben.[270]

An einer Vorhaut sollte nicht manipuliert werden, die Ansicht, dass sie sich bis zum dritten oder siebten Lebensjahr komplett zurückziehen lassen müsse, ist veraltet.[271] Wenn die Harnentleerung beeinträchtig ist, Entzündungen oder Schmerzen auftreten, sollten Eltern medizinischen Rat einholen.

Eine Grundregel zur Aufklärung lautet: Wenn das Kind reif genug ist, um eine Frage zu stellen, ist es auch alt genug für eine Antwort.

Groß werden – jedes Kind ist anders

Jedes Kind kommt zu einem anderen Zeitpunkt in die Pubertät und geht anders damit um. Manche sind extrem gefühlsbetont und leiden unter starken Stimmungsschwankungen, andere sind nur hin und wieder aus der Balance. Für das eine Kind sind drei Pickel eine Katastrophe, andere stören sich nicht daran. Manche Kinder müssen noch sehr viel toben, andere sitzen stundenlang in ihrem Zimmer und malen, bauen oder lesen und haben wenig Lust, nach der Schule noch mal rauszugehen. Das eine Kind ist schon in der ersten Klasse »verliebt«, das andere schaut nur verwirrt, wenn wir es in der vierten Klasse auf das Thema bringen – all das ist völlig normal!

Wir haben ebenso gesehen, dass Kinder sich in ihrer Entwicklung um Jahre unterscheiden können und dass das völlig im normalen Rahmen ist. Oft ist es so, dass ein Kind seine Schwerpunkte hat – es entwickelt sich gerade eher körperlich oder eher geistig, es hat gerade eine Phase, in der es wie verrückt Mathe machen will oder viel liest. Manche Kinder sind sozial sehr zurückgezogen, malen dafür aber viel, andere sind ständig draußen, haben aber wenig Lust, sich an ein Buch zu setzen.

Es gilt: Alles ist gut. Alle diese Kinder finden ihren Weg. Wir müssen uns nur Sorgen machen, wenn unser Kind über einen langen Zeitraum stark auffällig ist: Es kann sich nicht regulieren und reagiert schnell körperlich aggressiv, es setzt andere Kinder unter Druck, seine Lernfortschritte sind sehr, sehr gering, es zieht sich dauerhaft und auffällig stark zurück, hat Angst oder sogar depressive Episoden – dann sprechen wir mit Fachleuten. Alles andere ist im Normbereich, und wir unterstützen unser Kind in aller Ruhe mit seinen Stärken und Schwächen.

Falsche Erwartungen

Heutzutage gibt es ja Sexualkundeunterricht, da werden die Kinder auf alles vorbereitet.

Grundsätzlich ist das richtig. Gleichzeitig gibt es viel Kritik an den aktuellen Unterrichtsplänen: zu wenig Zeit, zu biologisch, zu wenig auf die Kinder bezogen, nicht mehr aktuell. Es ist daher sinnvoll, unseren Kindern selbst das hier Wissenswerte zu vermitteln oder das, was die Schule anbietet, zumindest zu begleiten.

Transidentität betrifft uns nicht.

Die Zahlen sind nach der aktuellen Berichterstattung[272] gering, aber steigend: Schätzungsweise nehmen 1,5 bis 2 Prozent der Kinder und Jugendlichen das ihnen zugeschriebene Geschlecht als anders wahr als das, was sie selbst als ihre geschlechtliche Identität empfinden. Vor allem viele Kinder, die als Mädchen geboren wurden, fühlen sich als Jungen – oder Mädchen outen sich leichter, das ist bisher ungeklärt. Drei Viertel der Kinder, die das Verlangen nach einem anderen Geschlecht verspüren, geben dieses jedoch wieder auf oder probieren nur verschiedene Geschlechterrollen aus, was als »Gendervarianz« bezeichnet wird.

Pornos sehen nur Teenager.

Selbst wenn unser Kind gar kein eigenes Smartphone hat, kann es bei einer Suche im Netz auf Pornos stoßen. Manche Eltern berichten auch, dass ihre Grundschüler auf dem Schulhof von größeren Kindern Pornos gezeigt bekommen. Wir müssen ihnen frühzeitig beibringen, dass Pornos nichts mit Liebe und Sexualität in einer Beziehung zu tun haben.

Jedes Kind braucht eine Zahnspange.

Bis zu 55 Prozent der Mädchen und 50,8 Prozent der Jungen in Deutschland waren 2018 in kieferorthopädischer Behandlung. Die meisten Kinder tragen eine Spange im Alter von elf bis dreizehn Jahren, hier sind es 47,6 Prozent der Mädchen und 36,1 Prozent der Jungen. Ab dem Alter von sieben Jahren sind in allen Altersgruppen signifikant mehr Mädchen in Behandlung als Jungen. Aber: Aktuell wird der medizinische Nutzen von kieferorthopädischen Behandlungen stark diskutiert: Sind sie medizinisch sinnvoll oder nur ästhetisch erwünscht?[273]

Schulkinder riechen nicht nach Schweiß.
Bei Mädchen können wir zwischen acht und dreizehn Jahren bereits mit dem Auftreten von Schweißgeruch rechnen. Bei Jungen ist es tendenziell etwas später, zwischen dem neunten und dem vierzehnten Lebensjahr. Der Geruch liegt nicht daran, dass sie mehr schwitzen, sondern an der Zusammensetzung des Schweißes und damit an der Hormonumstellung in der Pubertät – wenn sie vorbei ist, kann sich die Sachlage noch mal ändern.

Das sagt die Wissenschaft

Heute weiß man, dass die Klitoris nicht der kleine Teil ist, den man von außen sieht, sondern ein viel größeres Organ mit zwei Schenkeln und Schwellkörpern, die das Innere der Vagina umschließen, mit der gleichen Grundstruktur wie ein Penis. Nur dass die Klitoris mit achttausend Nervenzellen doppelt so viele Nervenzellen hat wie ein Penis mit rund viertausend.

Je besser Eltern selbst über sexuelle Themen Bescheid wissen, desto selbstbewusster können sie mit ihren Kindern darüber sprechen.[275]

Aufklärung über sexuelle Gesundheit ist wichtig, aber nicht sie alleine führt zu einem sexuell erfüllten Leben.[276] Forschende untersuchten die Beziehung zwischen persönlichem sexuellem Wissen (dem Wissen über die eigenen sexuellen Vorlieben) und sexuellem Gesundheitswissen (dem Wissen über Fortpflanzung, Verhütung und Krankheiten) und die sexuelle Zufriedenheit, das Selbstbewusstsein und die Kompetenz von jungen Erwachsenen. Dabei zeigte sich,

Zehn Tipps

1. Lesen Sie jetzt schon Bücher zur Pubertät wie *Miteinander durch die Pubertät* von Inke Hummel oder *Und plötzlich sind sie 13 oder: Die Kunst, einen Kaktus zu umarmen* von David und Claudia Arp.[274] Denn Sie werden die ersten Anzeichen bereits bemerken; und es ist gut, vorbereitet zu sein.
2. Nehmen Sie Stimmungsschwankungen Ihres Kindes nicht persönlich.
3. »Verwöhnen« Sie Ihr Kind ruhig, besonders wenn es Sorgen oder gar Liebeskummer hat.
4. Ermöglichen Sie Autonomie, wo immer möglich. Wir bauen die Kinder oft in ein noch engeres Korsett als im Kleinkindalter (durch Schule, Pflichten, Hausaufgaben), obwohl sie gerade jetzt Freiheit brauchen.
5. »Nein« ist jetzt wieder hoch im Kurs, bleiben Sie im Gespräch mit »Okay, ich höre dich, wie stellst du es dir vor?« – und dann sehen Sie, ob es einen Kompromiss gibt oder ob Sie als erwachsene Person Orientierung geben müssen.
6. Lernen Sie Achtsamkeit und Stressbewältigung, besonders wenn die Schulzeit für Sie selbst herausfordernd war, damit Sie handlungsfähig bleiben.
7. Stellen Sie klare Regeln auf, und fordern Sie die Einhaltung im Sinne eines guten Zusammenlebens in der Familie ein. Lassen Sie fünf gerade sein, wenn es kritisch wird, aber Konfliktvermeidung ist keine Dauerlösung.
8. Wenn das Kind morgens nicht zur Schule will, ist in der Regel irgendetwas: Es wird krank, es liegt ihm etwas auf der Seele. Ich habe gute Erfahrungen damit gemacht, die Kinder wann immer möglich lieber einen Tag zu Hause zu lassen, statt zu warten, bis sie richtig krank sind.
9. Verständnis und wertfreies Zuhören sind in dieser Phase Gold wert.
10. Auch Kinder, die keine Fragen stellen, sollten in der Grundschule schon vor dem ersten Sexualkundeunterricht die korrekten Begriffe für ihren Körper wissen, Gefühle benennen können und wissen, dass Babys nicht vom Klapperstorch kommen.

dass es vor allem darauf ankam, ob die Menschen wussten, was sie gern möchten, wie sie berührt werden und wie ihr Körper sich gut anfühlt, damit sie sexuelles Wohlbefinden erreichen konnten. Allein das Wissen über sexuelle Gesundheit reichte dafür nicht aus.

Forschungen haben gemutmaßt, dass Mädchen ihre Menstruation früher bekommen, wenn sie übergewichtig sind oder unter familiärem Stress leiden[277] – was sich lebenslang auf ihre Gesundheit auswirkt.

Die Forscher, die die »Übergewichts-These« Anfang der 1970er-Jahre aufstellten, zogen seinerzeit eine klare Grenze: Ein Mädchen müsse demnach mindestens 48 Kilo wiegen und 22 Prozent Körperfett haben, damit die Pubertät losgehe. So genau kann man das zwar offenbar nicht sagen, es bleibt aber bei dem Fakt, dass übergewichtige Kinder eher in die Pubertät kommen als leichtere Altersgenossen.[278] Die Gründe liegen wieder in den Hormonen: Übergewichtige Mädchen haben mehr Östrogen im Blut als Normalgewichtige. Und Östrogen ist eines der Hormone, das die Regelblutung starten lässt. Der Mechanismus, wie es zu einer vermehrten Sexualhormon-Produktion bei übergewichtigen Kindern kommt, wird noch diskutiert.[279]

Möglicherweise spielt auch die Art der Ernährung eine Rolle. So zeigte eine Übersichtsarbeit von 2020, die sechzehn Studien und damit über zehntausend Datensätze von jungen Mädchen auswertete, dass Kinder ihre Menstruation im Schnitt zwei Monate früher bekamen, wenn sie viel tierisches Eiweiß, gesättigte Fette und generell viele Kalorien zu sich nahmen. Mädchen, die mehr Ballaststoffe und wenig gesättigte Fettsäuren aufnahmen (also eine mehr auf Obst, Gemüse und pflanzlichen Fetten basierende Ernährung), bekamen ihre Regel etwas später.[280] Von sehr karg ernährten oder körperlich sehr aktiven Mädchen weiß man, dass die Regel deutlich später einsetzt oder sogar ausbleibt, zum Beispiel bei Leistungssportlerinnen.

Ob Umweltgifte an der immer früher einsetzenden Pubertät von Mädchen oder Jungen beteiligt sind, ist umstritten, die Studienergebnisse sind widersprüchlich, denn es ist schwierig, die Faktoren auseinanderzuhalten. Meist wird nach Pubertätszeichen und im Blut oder Urin nach Spuren der Chemikalien geschaut. Mit unterschiedlichen Ergebnissen: Mal hängen Blutwerte und Pubertät überhaupt nicht zusammen; mal zeigen Kinder, die eher in die Pubertät kommen, erhöhte Werte für die Umweltgifte in Blut oder Urin.[281]

FAQ

Wie kriege ich mein Kind zur Körperpflege?

Wie immer funktioniert nichts unter Druck. Daher gilt: Wir erklären unserem Kind, warum Körperpflege wichtig ist, all die hygienischen und sozialen Gründe. Wir beschämen das Kind nicht mit Sätzen wie »Du stinkst!«, sondern motivieren es eher spielerisch: »Die Dusche ruft …« Oder machen es gemeinsam: »Komm, alle duschen heute.« Oder: »Ich hab dir ein neues Duschgel mitgebracht, probiere es mal aus!« – je nachdem, auf welchem Kanal unser Kind gerade erreichbar ist.

Wie gehen wir mit langen Haaren um?

Viele Eltern drohen ihren Kindern an: »Wir schneiden die Haare ab, wenn du dich nicht kämmst!« – und so verständlich das ist, so ist es doch Gewalt. Was tun wir stattdessen? Wir etablieren feste Rituale: »Ich kämme dir jeden Nachmittag die Haare« (morgens und abends ist das Kind zu müde und schmerzempfindlich), »Ich flechte jeden Abend einen Zopf, beim Schwimmen trägst du einen französischen Zopf« (dann vertüddeln sie sich nicht so stark). Wir nutzen gnadenlos Haarbalsam, Lockencreme und dergleichen, damit die Haare kämmbar bleiben. Wir sehen das Kämmen und Flechten als gemeinsame Quality-Time und sprechen über den Tag (statt über die Haare zu schimpfen). Wir erwarten nicht, dass das Kind diese Routinen selbst im Griff hat, sondern helfen, solange es nötig ist.

Soll ich mich um die Vorhaut meines Jungen kümmern?

Im Grundschulalter ist unser Junge für seine Intimhygiene zuständig, aber das müssen wir ihm beibringen. Wichtig: Er selbst weiß am besten, wie weit sich die Vorhaut ohne Probleme zurückschieben lässt, um den Penis zu reinigen. Das sollte er täglich tun, da das weißliche Smegma – eine natürliche »Feuchtigkeitscreme«, die die Eichel feucht und zart hält – mit der Zeit Nährboden für Bakterien und Keime bietet und riechen kann. Der Berufsverband der Kinder- und Jugendärzte (BVKJ) schreibt: »Jungen sollten den Penis als ihr alleiniges Hoheitsgebiet verstehen.«[282]

Was heißt das, »in Kontakt bleiben«?

Wir greifen unser Kind trotz all der schwierigen Themen niemals an, wir demütigen es nicht, ignorieren es nicht, überlassen es nicht sich selbst, weil es »schon groß« ist, sondern schauen immer wieder nach ihm. Die Kinder wollen groß und autonom sein und sollen es auch sein, gleichzeitig ist ein wenig Hegen und Pflegen noch gut investiert.

Wie beginne ich schwierige Gespräche?

Am besten beiläufig, im Auto, beim Spazierengehen, wenn es sich ergibt. Wir werden dann schnell merken, ob das Kind das Thema wechselt, sich abwendet oder ins Gespräch einsteigt.

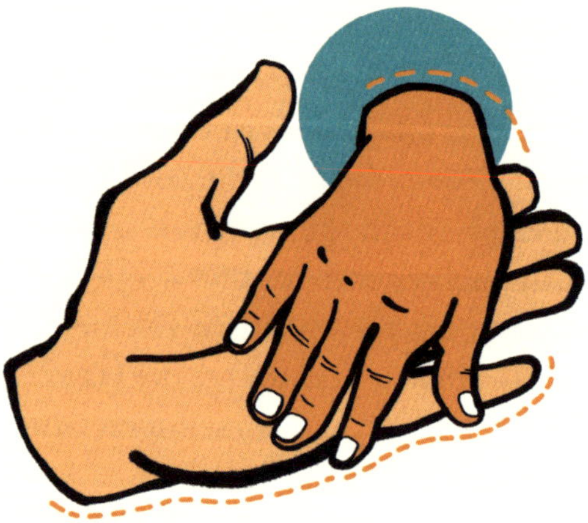

Nachwort

Wie leben wir artgerecht mit unseren Schulkindern? Was wir schon in *artgerecht – Das andere Baby-Buch* und *artgerecht – Das andere Kleinkinderbuch* festgestellt haben, gilt auch hier: Es gibt keine einfache Antwort, die für alle gültig wäre. Aber wir können viele richtige Weichen stellen, die uns auf einen guten Weg in die Pubertät bringen. Und wenn es bis jetzt nicht geklappt hat? Macht nichts. Morgen ist auch noch ein Tag. Nur eines sollten wir in unseren Herzen tragen: Unsere Schulkinder brauchen uns noch genauso sehr, wie unsere Kleinkinder uns gebraucht haben. Sie brauchen uns nur anders. Sie haben weniger körperliche Bedürfnisse, dafür sind ihre emotionalen Bedürfnisse deutlich komplexer.

Die Entwicklungsphase zwischen der Kleinkindzeit und der Pubertät wird unterschätzt. Vom provokanten Besserwisser zum anhänglichen Kuschelbär ist es jetzt oft nur ein kleiner Schritt. Es ist ein wildes Wechselspiel, mit dem auch wir Eltern erst einmal klarkommen müssen. Und das dürfen wir üben! Denken wir immer daran: Wir machen das alle zum ersten Mal. Wir dürfen mit unseren Kindern gemeinsam herausfinden, wie es geht. Wir müssen es nicht perfekt machen, wir dürfen einfach unser Bestes geben. Ich hoffe, *artgerecht – Das andere Schulkinder-Buch* kann helfen, den eigenen Weg zu finden.

Und wie immer gilt auch für dieses Buch: Seien Sie vollkommen respektlos gegenüber den Vorschlägen auf diesen Seiten. Suchen Sie sich heraus, was sich gut anfühlt. Sprechen Sie mit Ihrem Kind. Und vergessen Sie getrost den Rest! Wenn nötig, finden Sie neue Wege. Und auch diesmal freue ich mich, wenn Sie mir erzählen, welche Erfahrungen Sie gemacht und welche Wege Sie mit Ihrer wundervollen *artgerecht*-Familie gefunden haben.

Ihre
Nicola Schmidt
nicola@artgerecht-projekt.de

Komm ins Dorf!

Danksagung

Als ich zum ersten Mal gefragt wurde, wann denn das »Schulkinderbuch« herauskommt, dachte ich: »Was soll ich denn schreiben? Wie kann denn Schule artgerecht sein?« Mein erstes Konzept hieß: »Nehmt sie mit in den Wald« – und dann 250 Seiten »Raum für Notizen«.

Daher danke ich diesmal vor allem Annegret Augustin vom Kösel-Verlag, die mich motivierte und mit den richtigen Ideen versorgte, aus denen dieses komplexe, vielschichtige Buch gewachsen ist. Ohne ihre Beharrlichkeit gäbe es dieses Buch nicht – danke für all die Kraft, Motivation, Geduld und Inspiration. Ich danke Ralf Lay, der in einer weiteren fruchtvollen Zusammenarbeit den Text wie ein handgeschmiedetes Schwert geprüft, ausbalanciert, geschärft und immer wieder kritisch kommentiert hat – es war ein Vergnügen! Danke für den positiven Blick auf das Manuskript und all die akribische Detektivarbeit. Ich danke all meinen Interview-Gebenden, von denen ich viel über Schulkinder lernen durfte. Es ist so eine Freude, fachlich erklärt zu bekommen, was man zwar fühlen, aber noch nicht sagen kann!

Ich danke meinen Kollegen und Kolleginnen, die diesem Buch in Gesprächen, Interviews und Beiträgen neue Facetten gegeben haben. Ihr habt mir nicht nur wichtige Infos gegeben, sondern auch das Gefühl, Teil einer Gemeinschaft zu sein, die an ein gemeinsames Ziel glaubt. Danke *(in order of appearance):* Hans Brügelmann, Herbert Renz-Polster, Bettina Schwarz, Nora Imlau, Leonie Lutz, Jenny Böhme, Louise Chawla, Lea Dohm und Mareike Schulze, Claudia Müller und Isabel Sorg, Christiane Kolb, Mareike Brede und all die anderen, deren Bücher, Blogs, Interviews und Forschungen mich inspiriert haben.

Dieses Buch wäre nie fertig geworden ohne mein Team, das mir den Rücken freihält und mich motiviert. Allen voran hält Jelena Weber das Projekt auf Spur, wenn ich im Schreiben versinke, und gibt mir jeden Tag das Gefühl, dass meine Arbeit einen Sinn hat. Ohne dich wäre alles nichts. Anna Hofer sorgt dafür, dass die heilige Liste trotzdem abgearbeitet wird, und Tabea Demir dafür, dass die Welt überhaupt erfährt, was ich in meiner Kemenate so ausbrüte. Ich danke Kai Dierks, der sichergestellt hat, dass die Familie warmes Essen, einen geregelten Tagesablauf und allzeit Wind im Segel hatte, während ich mit dem Kopf in meinen Studienbergen versank.

Auch dieses Buch gäbe es nicht ohne meine Kinder. Ihr wart in der Schule, während ich den größten Teil geschrieben habe. Aber ihr habt mir auch in euren Sommerferien einige Nachmittage geschenkt, in denen ich still vor mich hin tippen durfte, während ihr jauchzend von einem Segelboot ins Mittelmeer gesprungen seid. Danke für eure Geduld mit meiner Arbeit. Ich hoffe, sie trägt eines Tages dazu bei, dass eure Welt ein besserer Ort ist.

Anmerkungen

1 Sarah Ockwell-Smith: *Between. A guide for parents of eight to thirteen-year-olds,* London 2021, S. 2.

2 Vgl. Nicola Schmidt: *artgerecht – Das andere Baby-Buch,* München 2015, S. 14 ff.

3 Vgl. Jesper Juul: *Pubertät. Wenn Erziehen nicht mehr geht,* München 2010, S. 21.

4 N. Chaudhary und A. Swanepoel: »What Can We Learn from Hunter-Gatherers about Children's Mental Health? An Evolutionary Perspective«, *Journal of Child Psychology and Psychiatry,* 7.3.2023, https://pubmed.ncbi.nlm.nih.gov/36882094/ (Zugriff: 20.7.2023).

5 Vgl. N. Bird-David: »The Giving Environment: Another Perspective on the Economic System of Gatherer-Hunters«, *Current Anthropology,* 31 (2), 1990, 189–196.

6 Vgl. G. Principe: »Does The Hunter-Gatherer Style Of Education Work?«, *This View of Life,* 2023, https://thisviewoflife.com/free-to-learn-hunter-gatherer-style-education/ (Zugriff: 20.7.2023).

7 Ebenda.

8 S. Lew-Levy et al.: »How Do Hunter-Gatherer Children Learn Social and Gender Norms? A Meta-Ethnographic Review«, *Cross-Cultural Research,* 52 (2), 2018, 213–255.

9 S. Lew-Levy et al.: »How Do Hunter-Gatherer Children Learn Subsistence Skills?«, *Human Nature,* 28, 2017, 367–394.

10 G. D. Salali: »Baby Eteni«, Video, o. D., https://player.vimeo.com/video/122919140?h=058ca62b9a (Zugriff: 20.7.2023).

11 V. Ninkova et al.: »Hunter-Gatherer Children at School: A View from the Global South«, *PsyArXiv Reprints,* 18.1.2022, https://psyarxiv.com/zxq98/ (Zugriff: 20.7.2023).

12 Rick Hanson mit Richard Mendius: *Das Gehirn eines Buddha,* Freiburg 2017, S. 29.

13 Vgl. Nicola Schmidt: *Erziehen ohne Schimpfen. Alltagsstrategien für eine artgerechte Erziehung,* GU, München 2019, S. 54.

14 Vgl. Ockwell-Smith, a. a. O.

15 Danielle Graf und Katja Seide: *Das gewünschteste Wunschkind aller Zeiten treibt mich in den Wahnsinn. Gelassen durch die Jahre 5 bis 10,* Weinheim 2018, S. 53.

16 Eltern hilft eine Internetsuche mit dem Fachbegriff der Diagnose nach zum Beispiel Vereinen oder lerntherapeutischen Zentren.

17 N. N.: »Anzahl der Einschulungen in Deutschland zu Beginn des Schuljahres 2022/2023 nach Bundesländern«, Statista, September 2023, https://de.statista.com/statistik/daten/studie/71863/umfrage/einschulungen-in-deutschland/ (Zugriff: 22.10.2023).

18 N. N.: »Jede zwölfte Lehrkraft an allgemeinbildenden Schulen in Deutschland war im Schuljahr 2021/2022 Quer- oder Seiteneinsteiger/in«, Pressemitteilung, Statistisches Bundesamt (Destatis) 2023, www.destatis.de/DE/Presse/Pressemitteilungen/2023/10/PD23_N053_21.html (Zugriff 15.10.2023).

19 Ebenda, S. 8.

20 N. N.: »Zur Zulässigkeit einkommensunabhängiger Schulgelder an Ersatzschulen, WD 3-441/07«, Deutscher Bundestag, Wissenschaftliche Dienste, 2007, S. 4, www.bundestag.de/resource/blob/424310/beafdc5d5eec8277a9273c742f0fb5f6/WD-3-441-07-pdf-data.pdf (Zugriff: 22.10.2023).

21 G. Zoch et al.: »Who cares when care closes? Care-arrangements and parental working conditions during the COVID-19 pandemic in Germany«, *European Societies,* 23 (1), 2021, 576–588.

22 A. Bakx et al.: »Primary school pupils' views of characteristics of good primary school teachers: an exploratory, open approach for investigating pupils' perceptions«, *Teachers and Teaching,* 21 (5), 2015, 543–564.

23 Klaus Klemm: *Inklusion in Deutschland. Daten und Fakten,* Gütersloh 2015, S. 11.

24 Saskia Niechzial: *Hallo Schulanfang! Den Übergang vom Kindergarten in die Schule beziehungsorientiert begleiten,* Weinheim 2023, S. 62.

25 John Hattie: *Visible Learning. A Synthesis of over 800 Meta-Analyses Relating to Achievement*, London 2009.

26 Siehe die Webseiten blickueberdenzaun.de, schuleimaufbruch.de und grundschulverband.de (Zugriff: 21.7.2023).

27 Niechzial, a. a. O., S. 24.

28 Ebenda.

29 B. A. Van Hautte und P. A. Jarvis: »The role of pets in preadolescent psychosocial development«, *Journal of Applied Developmental Psychology*, 16 (3), 1995, 63–479.

30 E. Friedmann et al.: »Sociation interaction and blood pressure: Influence of animal companions«, *Journal of Nervous and Mental Disease*, 171, 1983, 461–464.

31 F. Martin und J. Farnum: »Animal-assisted therapy for children with pervasive developmental disorders«, *Western Journal of Nursing Research*, 24, 2002, 657–670.

32 K. M. Allen et al.: »Presence of human friends and pet dogs as oderators of autonomic responses to stress in women«, *Journal of Personality and Social Psychology*, 61 (4), 1991, 582–589.

33 D. Lenihan et al.: »Measuring the Effects of Reading Assistance Dogs on Reading Ability and Attitudes in Elementary Schoolchildren«, *Journal of Research in Childhood Education*, 30 (2), 2016, 252–259.

34 Mailinterview vom 19.6.2023, siehe auch www.mintundmalve.ch (Zugriff: 21.7.2023).

35 M. C. Frank et al.: »Number as a cognitive technology: Evidence from Pirahã language and cognition«, *Cognition*, 108 (3), 2008, 819–824.

36 R. v. Bredow: »Leben ohne Zahl und Zeit«, *Der Spiegel*, 17/2006, www.spiegel.de/wissenschaft/leben-ohne-zahl-und-zeit-a-bfa53617-0002-0001-0000-000046707709 (Zugriff: 21.7.2023).

37 K. Morrissey et al.: »Finger-counting habits, not finger movements, predict simple arithmetic problem solving«, *Psychological Research*, 84, 2020, 140–151; M. H. Fischer: »Finger counting habits modulate spatial-numerical associations«, *Cortex*, 44 (4), 2008, 386–392; M. H. Fischer und P. Brugger: »When digits help digits: spatial-numerical associations point to finger counting as prime example of embodied cognition«, *Frontiers in Psychology*, 2, 2011, 260.

38 Ein empfehlenswerter Instagram-Kanal dazu ist @hendriks_mathewerkstatt von Dr. paed. Hendrik Simon, der auch Empfehlungen gibt, wenn Kinder später mit dem Rechnen Mühe haben.

39 Vgl. Michael Ende: *Jim Knopf und die Wilde 13*, Stuttgart, 20. Aufl. 2004.

40 Hilal Virit: *Miteinander sprechen – miteinander wachsen. Liebevolle Kommunikation mit deinem Kind: Beziehung stärken, Konflikte lösen*, Hannover 2022.

41 A. Bruhns: »Interview mit Lernforscherin. Wie Eltern die Intelligenz ihrer Kinder fördern können«, *Spiegel Wissenschaft*, 5.12.2017, www.spiegel.de/wissenschaft/lernforscherin-elsbeth-stern-erklaert-wie-man-intelligenz-foerdert-a-6644abd7-65ea-4131-9f89-016956977d8e (Zugriff: 27.10.2023).

42 Herbert Renz-Polster: *Mit Herz und Klarheit. Wie Erziehung heute gelingt und was eine gute Kindheit ausmacht*, München 2024.

43 In Berlin kann man sich zusätzlich bei Schulpsychologischen Beratungszentren informieren: www.berlin.de/sen/bildung/unterstuetzung/beratungszentren-sibuz/ (Zugriff 15.10.2023).

44 C. K. Yeung et al.: »Characteristics of primary nocturnal enuresis in adults: an epidemiological study«, *British Journal of Urology International*, 93, 2004, 341–345.

45 LBS-Kinderbarometer 2012, www.lbs.de/unternehmen/u/kinderbarometer/index.jsp (Zugriff: 21.7.2023).

46 L. P. Tan: »The Effects of Background Music on Quality of Sleep in Elementary School Children«, *Journal of Music Therapy*, 41 (2), 2004, 128–150.

47 Michael Ritter: *Fifteen Thousand Hours*, Harvard University Press, Cambridge, Mass., 1979.

48 R. Largo, Interview mit Familienleben.ch,

o. D., www.familienleben.ch/kind/schule-ausbildung/remo-largo-ueber-hausaufgaben-und-erfolgreiches-lernen-3152 (Zugriff: 21.7.2023).

49 Hattie, a. a. O.

50 E-Mail von Torsten Heil, Leiter der Pressestelle, Sekretariat der Kultusministerkonferenz (11.10.2023). Vgl. auch die Website der Kultusministerkonferenz (www.kmk.org).

51 G. Engin: »An Examination of Primary School Students' Academic Achievements and Motivation In Terms of Parents' Attitudes, Teacher Motivation, Teacher Self-efficacy and Leadership Approach«, *International Journal of Progressive Education,* 16 (1), 2020, 257–276.

52 Armin Himmelrath: *Hausaufgaben – Nein danke! Warum wir uns so bald wie möglich von den Hausaufgaben verabschieden sollten,* Bern 2015, S. 12.

53 Bernhard Wittmann: *Vom Sinn und Unsinn der Hausaufgaben. Empirische Untersuchungen über ihre Durchführung und ihren Nutzen,* Neuwied u. a. 1970, S. 37.

54 B. Kohler: »Es müssen nicht alle dasselbe tun. Argumente und Tipps für differenzierte Hausaufgaben«, *Grundschule,* 1, 2013, 16–19.

55 I. Nilshon: *Hausaufgaben und selbständiges Lernen. Projekt »Lebenswelten als Lernwelten«,* DJI Deutsches Jugendinstitut e. V., Projektheft 1/99, 1999, S. 3.

56 G. Silinskas und E. Kikas: »Parental Involvement in Math Homework: Links to Children's Performance and Motivation«, *Scandinavian Journal of Educational Research,* 63 (1), 2019, 17–37.

57 H. Dumont et al.: »Does parental homework involvement mediate the relationship between family background and educational outcomes?«, *Contemporary Educational Psychology,* 37 (1), 2012, 55–69.

58 B. Matthes und H. Stöger: »Implizite Theorien von Eltern und deren Zusammenhänge mit elterlichem lernbezogenen Verhalten sowie den impliziten Theorien und dem Lern- und Leistungsverhalten ihrer Kinder: Ein Literaturüberblick«, *Unterrichtswissenschaften,* 51, 2023, 339–359.

59 B. Kohler: »Was wissen wir über Hausaufgaben?«, *Pädagogik,* 10, 2023, www.beltz.de/fachmedien/paedagogik/zeitschriften/paedagogik/themenschwerpunkte/hausaufgaben.html (Zugriff: 23.10.2023).

60 Vgl. D. Hodgson: »From simple patterns to literature: how humans learned to read and write«, *Independent,* 13.3.2019, www.independent.co.uk/news/science/humans-read-write-learn-brain-neuroscience-search-a8817736.html (Zugriff: 22.7.2023).

61 Karlheinz Ingenkamp und Urban Lissmann: *Lehrbuch der Pädagogischen Diagnostik,* Weinheim 2005, S. 144.

62 P. Birkel: »Beurteilungsübereinstimmung bei Mathematikarbeiten?«, *Journal für Mathematik-Didaktik,* 26 (1), 2005, 28–51.

63 N. N.: *Große Ohren für kleine Leute! Die Elefanten-Kinderstudie 2011/2012. Zur Situation der Kindergesundheit in Deutschland,* o. O., August 2012, S. 137 f.

64 R. C. Anderson et al.: »Growth in reading and how children spend their time outside school«, *Reading Research Quarterly,* 23 (3), 1988, 285–303.

65 E. L. Usher et al.: »Perseverant grit and self-efficacy: Are both essential for children's academic success?«, *Journal of Educational Psychology,* 111 (5), 2019, 877–902.

66 D. Bothe et al.: »The Effects of a Stress Management Intervention in Elementary School Children«, *Journal of Developmental & Behavioral Pediatrics,* 35 (1), 2014, 62–67.

67 D. Betzholz: »Schüler sollen täglich 20 Minuten Lesen üben«, 11.12.2019, Welt.de, www.welt.de/regionales/hamburg/article204243472/Bessere-Bildung-Schueler-sollen-taeglich-20-Minuten-Lesen-ueben.html (Zugriff: 5.8.2023).

68 Eric Barker: *Plays Well with Others,* New York 2022, S. 68.

69 T. W. Kamarck et al.: »Social support reduces cardiovascular reactivity to psychological

challenge: a laboratory model«, *Psychosomatic Medicine*, 1990 52 (1), 1990, 42–58.

70 L. Coviello et al.: »Detecting Emotional Contagion in Massive Social Networks«, PLOS ONE, 9 (3), 2014, e90315.

71 M. Demir und L. A. Weitekamp: »›I am so happy cause today I found my friend: Friendship and personality as predictors of happiness‹: Erratum«, *Journal of Happiness Studies: An Interdisciplinary Forum on Subjective Well-Being*, 8 (2), 2007, 213.

72 R. Graber et al.: »Best friends and better coping: Facilitating psychological resilience through boys' and girls' closest friendships«, *British Journal of Psychology*, 107 (2), 2015, 338–358.

73 R. Faris et al.: »With Friends Like These: Aggression from Amity and Equivalence«, *American Journal of Sociology*, 126 (3), 2020, 673–713.

74 Gaslighting ist eine Form psychischer Manipulation, mit der jemand gezielt desorientiert, verunsichert und in seinem Realitäts- und Selbstbewusstsein beeinträchtigt wird. Benannt wurde diese perfide Taktik nach dem Theaterstück »Gas Light« von Patrick Hamilton (1904–1962). Darin verunsichert der Protagonist seine Frau, indem er behauptet, Dinge nicht zu sehen, die sie beobachtet, zum Beispiel die wechselnde Helligkeit einer Gaslaterne, die er aber selbst manipuliert.

75 E. L. M. Clark et al.: »Neurobiological Implications of Parent–Child Emotional Availability: A Review«, *Brain Sciences*, 11 (8), 2021, 1016, www.ncbi.nlm.nih.gov/pmc/articles/PMC8391119/ (Zugriff: 22.7.2023).

76 Siehe zum Beispiel BRAVO Online Team: »Challenges: Die 30 lustigsten Challenge-Ideen für dich und deine Freunde«, 15.4.2021, www.bravo.de/challenge-30-verrueckte-mutproben-fuer-dich-und-deine-freunde-379277.html (Zugriff: 23.7.2023).

77 Lorenz Pauli und Kathrin Schärer: *mutig, mutig*, Zürich 2009.

78 Vgl. Darren Hardy: *Die Gewinnerformel. Für Erfolg auf ganzer Linie – Beruf, Finanzen, Privatleben*, München, 3. Aufl. 2020.

79 M. K. Freitag et al.: »Continuity in child-parent relationships from infancy to middle childhood and relations with friendship competence«, *Child Development*, 67, 1996, 1437–1454.

80 K. A. Park und E. Waters: »Security of attachment and preschool friendships«, *Child Development*, 60 (5), 1989, 1076–1081.

81 J. A. Simpson et al.: »Attachment and the experience and expression of emotions in romantic relationships: a developmental perspective«, *Journal of Personality and Social Psychology*, 92 (2), 2007, 355–367.

82 C. Wrzus et al.: »Friendships in young and middle adulthood: Normative Patterns and Personality Differences«, in: M. Hojjat und A. Moyer (Hg.): *Psychology of Friendship*, New York 2015, S. 124.

83 Isabelle Gerretsen: »How to help children find good friends«, BBC, 1.12.2021, www.bbc.com/future/article/20211117-how-do-children-choose-a-best-friend (Zugriff: 23.7.2023).

84 J. Holt-Lunstad et al.: »Social Relationships and Mortality Risk: A Meta-analytic Review«, PL*oS Med*, 7 (7), 2010, e1000316.

85 G. Dewar: »Friendship in children: How parenting and family life affect peer relationships«, *Parenting Science*, 2015, https://parentingscience.com/friendship-in-children/ (Zugriff: 23.7.2023).

86 Vgl. Sarah Blaffer Hrdy: *Mütter und andere. Wie die Evolution uns zu sozialen Wesen gemacht hat*, Berlin 2010.

87 A. J. Rose und S. R. Asher: »Children's strategies and goals in response to help-giving and help-seeking tasks within a friendship«, *Child Development*, 75 (3), 2004, 749–763.

88 K. Layous et al.: »Kindness counts: prompting prosocial behavior in preadolescents boosts peer acceptance and well-being«, PL*oS One*, 7 (12), 2012, e51380.

89 M. Dekovic und J. R. M. Gerris: »Developmental analysis of social cognitive and behavioral differences between popular and

rejected children«, *Journal of Applied Developmental Psychology*, 15 (3), 1994, 367–386.
90 Mark Holder und Ben Coleman: »Children's Friendships and Positive Well-Being«, in: Melikşa. Demir (Hg.): *Friendship and Happiness*, Dordrecht 2015, S. 81–97.
91 B. J. Bigelow: »Children's friendship expectations: A cognitive-developmental study«, *Child Development*, 48, 1977, 246–253.
92 W. Furman und K. L. Bierman: »Children's Conceptions of Friendship: A Multimethod Study of Developmental Changes«, *Developmental Psychology*, 20 (5), 1984, 925–931.
93 Gerretsen, a. a. O.
94 T. Ng-Knight et al.: »›Best friends forever‹? Friendship stability across school transition and associations with mental health and educational attainment«, *British Journal of Educational Psychology*, 89 (4), 2019, 585–599.
95 N. N.: KIM-*Studie 2022. Kindheit, Internet, Medien. Basisuntersuchung zum Medienumgang 6- bis 13-Jähriger*, Medienpädagogischer Forschungsverbund Südwest (Hg.), Stuttgart 2023, S. 21, www.mpfs.de/fileadmin/files/Studien/KIM/2022/KIM-Studie2022_web_final.pdf (Zugriff: 24.10.2023).
96 N. N.: »Age of First Smartphone/Tablet and Mental Wellbeing Outcomes«, Sapien Labs, 15.5.2023, https://sapienlabs.org/wp-content/uploads/2023/05/Sapien-Labs-Age-of-First-Smartphone-and-Mental-Wellbeing-Outcomes.pdf?utm_source=substack&utm_medium=email (Zugriff: 26.7.2023).
97 Ebenda.
98 Norbert Neuß und Wolfgang Schill: *Anregung statt Aufregung. Neue Wege zur Förderung von Medienkompetenz in Familien*, Bundeszentrale für gesundheitliche Aufklärung (Hg.), Köln 2012, S. 17.
99 Weitere Ideen bei Leonie Lutz und Anika Osthoff: *Begleiten statt verbieten. Als Familie kompetent und sicher in die digitale Welt*, München 2022, S. 227 ff.
100 Ebenda, S. 228.
101 N. N.: KIM-*Studie 2020. Kindheit, Internet, Medien. Basisuntersuchung zum Medienumgang 6- bis 13-Jähriger*, Medienpädagogischer Forschungsverbund Südwest (Hg.), Stuttgart 2021, S. 67, www.mpfs.de/fileadmin/files/Studien/KIM/2020/KIM-Studie2020_WEB_final.pdf (Zugriff: 28.7.2023).
102 M. Chin: »File not found. A generation that grew up with Google is forcing professors to rethink their lesson plans«, The Verge, 22.9.2021, www.theverge.com/22684730/students-file-folder-directory-structure-education-gen-z (Zugriff: 28.7.2023).
103 Ebenda, S. 38 ff.
104 N. N.: »Minecraft: Schwedische Schule setzt auf Game«, *futurezone*, 15.1.2013, https://futurezone.at/digital-life/minecraft-schwedische-schule-setzt-auf-game/24.591.036 (Zugriff: 28.7.2023).
105 O. Alawajee und J. Delafield-Butt: »Minecraft in Education Benefits Learning and Social Engagement«, *International Journal of Game-Based Learning*, 11 (4), 2021, 38.
106 N. N.: »Medienkonsum bei Kindern: 5 Anzeichen für ungesundes Nutzungsverhalten«, DAK Gesundheit, o. D., www.dak.de/dak/meine-familie/mediensucht-bei-kindern-2295590.html#/ (Zugriff: 5.8.2023).
107 H. Sánchez-Tocino et al.: »The effect of light and outdoor activity in natural lighting on the progression of myopia in children«, *Journal Français d'Ophtalmologie*, 42 (1), 2019, 2–10.
108 P. C. Wu et al.: »Myopia Prevention and Outdoor Light Intensity in a School-Based Cluster Randomized Trial«, *Ophthalmology*, 125 (8), 2018, 1239–1250.
109 I. G. Morgan: »The biological basis of myopic refractive error«, *Clinical and Experimental Optometry*, 86 (5), 2003, 276–288.
110 S. Schaumberger und M. Erwig: »Kinder allein im Netz«, WISO (ZDF), Folge 24/2021 vom 8.7.2021, www.fernsehserien.de/wiso/folgen/24-folge-24-2021-kinder-allein-im-netz-wie-sicher-sind-tiktok-und-co-1486834 (Zugriff: 5.8.2023).
111 S. D. Wallace und J. Harwood: »Associations Between Shared Musical Engagement and Parent–Child Relational Quality: The Me-

diating Roles of Interpersonal Coordination and Empathy«, *Journal of Family Communication,* 18 (3), 2018, 202–216.

112 Vgl. N. N.: »Kurzvideos, Herzen, Trends: Das verbirgt sich hinter TikTok«, *Schau hin,* o. D., www.schau-hin.info/tiktok-musically (Zugriff: 5.8.2023).

113 N. N.: »Video-Plattform TikTok. Algorithmus empfiehlt gefährliche Inhalte«, ARD-Tagesschau, 27.4.2022, www.tagesschau.de/investigativ/br-recherche/tiktok-selbstverletzung-101.html (Zugriff: 5.8.2023).

114 Siehe zum Beispiel N. N.: »Challenges bei TikTok, YouTube & Co.«, Klicksafe, 27.6.2023, www.klicksafe.de/challenges (Zugriff: 5.8.2023).

115 Und auch diese Übersicht wurde von einer KI inspiriert, nachdem wir ChatGPT gefragt hatten, was Schulkinder über KI wissen sollten. Es hat uns in Sekundenschnelle eine hübsche kleine Liste geliefert, die ich dann geprüft, erweitert und angepasst habe.

116 Tanja Esch: *Boris, Babette und lauter Skelette,* Hamburg 2022.

117 Luke Pearson: *Hilda und der Steinwald,* Berlin 2017.

118 Volker Schmitt und Màriam Ben-Arab: *Zack!,* Hamburg 2021.

119 Vgl. auch Lutz/Osthoff, a. a. O.

120 F. Harms: »Statistiken zu Kinder- und Jugendbüchern«, Statista, 5.5.2023, https://de.statista.com/themen/8948/kinder-und-jugendbuecher/ (Zugriff: 5.8.2023).

121 N. N.: »Wie Medien Kindern schaden können«, BZgA, 2023, www.kindergesundheit-info.de/themen/medien/mediennutzung/medien-gefahren/ (Zugriff: 5.8.2023).

122 Schaumberger/Erwig, a. a. O.

123 N. N.: »Was ist Cybergrooming?«, ZDFtivi, 9.2.2021 (verfügbar bis 9.2.2026), www.zdf.de/kinder/logo/logo-erklaert-cybergrooming-100.html (Zugriff: 5.8.2023).

124 N. N.: JIM-*Studie 2022. Jugend, Information, Medien. Basisuntersuchung zum Medienumgang 12- bis 19-Jähriger,* Medienpädagogischer Forschungsverbund Südwest (Hg.), Stuttgart 2023, S. 53, www.mpfs.de/fileadmin/files/Studien/JIM/2022/JIM_2022_Web_final.pdf (Zugriff: 5.8.2023).

125 N. N.: »Studien zur Mediennutzung«, *[!]* SCHAU HIN, Eine Initiative des Bundesministeriums für Familie, Senioren, Frauen und Jugend et al., www.schau-hin.info/studien/studien-zur-mediennutzung (Zugriff: 24.10.2023).

126 N. N.: KIM-*Studie 2022,* a. a. O., S. 8.

127 F. Harms: »Wie lange nutzt Ihr Kind ungefähr täglich folgende Medien?«, Statista, 4.7.2023, https://de.statista.com/statistik/daten/studie/30691/umfrage/nutzungsdauer-von-medien-durch-kinder/ (Zugriff: 5.8.2023).

128 N. N.: »Wie Medien Kindern schaden können«, a. a. O.

129 Andreas Streim: »Online-Zeit von Kindern und Jugendlichen wächst auf 111 Minuten pro Tag«, Bitkom, Pressemitteilung, 9.6.2022, www.bitkom.org/Presse/Presseinformation/Online-Zeit-Kinder-Jugendliche-111-Minuten (Zugriff: 5.8.2023).

130 L. Feng et al.: »The roles of handwriting and keyboarding in writing: a meta-analytic review«, *Reading and Writing,* 32 (1), 2019, 33–63.

131 N. N.: »Wie Medien Kindern schaden können«, a. a. O.

132 J. Lowes und M. Tiggemann: »Body dissatisfaction, dieting awareness and the impact of parental influence in young children«, *British Journal of Health Psychology,* 8 (2), 2003, 135–147.

133 S. Blunden et al.: »Behavior and neurocognitive performance in children aged 5–10 years who snore compared to controls«, *Journal of Clinical and Experimental Neuropsychology,* 22 (5), 2000, 554–568.

134 Ebenda.

135 A. Sadeh et al.: »The effects of sleep restriction and extension on school-age children: what a difference an hour makes«, *Child Development,* 74 (2), 2003, 444–455.

136 S. Blunden et al.: »Behavior and neurocognitive performance in children aged 5–10 years who snore compared to controls«, *Journal of*

Clinical and Experimental Neuropsychology, 22 (5), 2000, 554–568.

137 R. Au et al.: »School Start Times for Adolescents«, *Pediatrics,* 134 (3), 2014, 642–649.

138 T. Yip et al.: »School Start Times, Sleep, and Youth Outcomes: A Meta-analysis«, *Pediatrics,* 149 (6), 2022, https://pubmed.ncbi.nlm.nih.gov/35593065/ (Zugriff: 6.8.2023).

139 Amy Saltzman und Philippe Golden: »Mindfulness Stress Reduction in Schoool Aged Children«, in: Laurie A. Greco und Steven C. Hayes (Hg.): *Acceptance and Mindfulness Treatments for Children and Adolescents: A Practitioner's Guide,* Oakland, CA, 2008, S. 139–162; siehe auch Amy Saltzman: *Ein friedlicher, ruhiger Ort. Ein Achtsamkeitskurs für Kinder und Jugendliche zum Umgang mit Stress und schwierigen Gefühlen,* Freiburg 2018.

140 R. Gruber et al.: »Impact of sleep restriction on neurobehavioral functioning of children with attention deficit hyperactivity disorder«, *Sleep,* 34 (3), 2011, 315–323.

141 A. A. Joseph et al.: »A Cross-Sectional Comparative Study of Sleep Disturbances in Children with ADHD and Matched Controls«, *Brain Sciences,* 12 (9), 2022, 1158.

142 M. G. Melegari et al.: »Changes in sleep duration and disturbances during Covid-19 lockdown and internalizing-externalizing behaviors in children with attention deficit hyperactivity disorders«, *Sleep Medicine,* 101, 2023, 183–189.

143 V. Simard und T. Nielsen: »Adaptation of imagery rehearsal therapy for nightmares in children: A brief report«, *Psychotherapy: Theory, Research, Practice, Training,* 46 (4), 2009, 492–497.

144 M. Tartakovsky: »What Is Imagery Rehearsal Therapy (IRT)?«, *PsychCentral,* 21.5.2021, https://psychcentral.com/blog/a-brief-guide-to-imagery-rehearsal-therapy-irt-for-nightmare-disorders-for-clinicians-and-patients#steps-of-irt (Zugriff: 6.8.2023).

145 A. von Gontard und E. Kuwertz-Bröking: »Leitlinie S2k. Enuresis und nicht-organische (funktionelle) Harninkontinenz bei Kindern und Jugendlichen. Update 2021«, AWMF online, 5, 2021, 9, https://register.awmf.org/assets/guidelines/028-026l_S2k_Enuresis-und-nicht-organische-funktionelle-Harninkontinenz_2021-12.pdf (Zugriff: 6.8.2023).

146 Ebenda.

147 A. von Gontard et al.: »The genetics of enuresis: a review«, *The Journal of Urology,* 166 (6), 2001, 2438–2443.

148 C. M. Freitag et al.: »Neurophysiology of nocturnal enuresis: evoked potentials and prepulse inhibition of the startle reflex«, *Developmental Medicine and Child Neurology,* 48, 2006, 278–284.

149 J. Niemczyk et al.: »Prevalence of incontinence, attention deficit/hyperactivity disorder and oppositional defiant disorder in preschool children«, *European Child & Adolescent Psychiatry,* 24, 2015, 837–843; A. von Gontard et al.: »Comorbidity of ADHD and incontinence in children«, *European Child & Adolescent Psychiatry,* 24 (2), 2015, 127–140.

150 A. G. Kilicoglu et al.: »Impact of enuresis nocturna on health-related quality of life in children and their mothers«, *Journal of Pediatric Urology,* 10, 2014, 1261–1266.

151 T. Nevéus et al.: »Management and treatment of nocturnal enuresis-an updated standardization document from the International Children's Continence Society«, *Journal of Pediatric Urology,* 16 (1), 2020, 10–19.

152 C. van Herzeele et al.: »Challenging factors for enuresis treatment: psychological problems and non-adherence«, *Journal of Pediatric Urology,* 11, 2015, 308–313.

153 J. Dang und Z. Tang: »Pathogenesis and brain functional imaging in nocturnal enuresis: A review«, *Experimental Biology and Medicine (Maywood),* 246 (13), 2021, 1483–1490.

154 A. Sadeh et al.: »Sleep patterns and sleep disruptions in school-age children«, *Developmental Psychology,* 36 (3), 2000, 291–301.

155 Ebenda.

156 A. Sadeh et al.: »The effects of sleep restriction and extension on school-age children:

what a difference an hour makes«, *Child Development,* 74 (2), 2003, 444–455.

157 Gert B. M. Mensink et al.: *EsKiMo* II – *Die Ernährungsstudie als Ki*GGS*-Modul,* Robert Koch-Institut, Berlin 2020/21, S. 91.

158 Ebenda, S. 53.

159 C. Isasi et al.: »The association of emotion regulation with lifestyle behaviors in inner-city adolescents«, *Eating Behaviour,* 14 (4), 2013, 518.

160 N. Jones: »Bonobos Spied Sharing a Feast«, Sapiens.org, 5.4.2018, www.sapiens.org/biology/bonobos-meal-sharing/ (Zugriff: 6.8.2023).

161 J. Fardouly et al.: »Social comparisons on social media: the impact of Facebook on young women's body image concerns and mood«, *Body Image,* März 2015, 38–45; J. Fardouly et al.: »Instagram use and young women's body image concerns and self-objectification: Testing mediational pathways«, *New Media & Society,* 20 (4), 2017, https://journals.sagepub.com/doi/10.1177/1461444817694499 (Zugriff: 6.8.2023).

162 A. Leitzgen: »Schlafprobleme bei Schulkindern«, *Eltern digital,* o. D., www.eltern.de/gesundheit-und-ernaehrung/medizin/schlafprobleme-schulkinder.html (Zugriff: 6.8.2023).

163 N. N.: »RLS auch schon bei Kindern?«, Deutsche Restless Legs Vereinigung, o. D., www.restless-legs.org/restless-legs/syndrom/kinder/ (Zugriff: 11.8.2023).

164 Nicola Schmidt: *artgerecht – Das andere Baby-Buch,* aktualisierte und erweiterte Neuausgabe, München 2021; dies.: *artgerecht – Das andere Kleinkinderbuch,* München 2018.

165 Naomi Klein und Rebecca Stefoff: *How to change everything. Wie wir alles ändern können und die Zukunft retten,* Hamburg 2021.

166 Myrna B. Shure: *Erziehung zur Selbstständigkeit. Die intelligente Art, mit Kindern umzugehen,* Freiburg 2007.

167 Myrna B. Shure und Roberta Israeloff: *Raising a Thinking Preteen,* New York 2001, S. 59, Kindle-Version, S. 46.

168 Ebenda, S. 44.

169 Ebenda, S. 59.

170 Ebenda, S. 48.

171 A. Aznar und H. R. Tenenbaum: »Gender and age differences in parent-child emotion talk«, *British Journal of Developmental Psychology,* 33, 2015, 148–155.

172 R. Ortiz und E. M. Sibinga: »The Role of Mindfulness in Reducing the Adverse Effects of Childhood Stress and Trauma«, *Children,* 4 (3), 2017, 16.

173 M. P. Jimenez et al.: »Associations between nature exposure and health: a review of the evidence«, *International Journal of Environmental Research and Public Health,* 18, 2021, 4790.

174 Louise Chawla: »Childhood experiences associated with care for the natural world«, *Children, Youth and Environments,* 17 (4), 2007, 144–170.

175 Schmidt: *artgerecht – Das andere Baby-Buch,* a. a. O.; dies.: *artgerecht – Das andere Kleinkinderbuch,* a. a. O.; Nicola Schmidt und Julia Dibbern: *Slow Family. Sieben Zutaten für ein einfaches Leben mit Kindern,* Weinheim 2016.

176 Chawla, a. a. O.

177 Louise Chawla und Victoria Derr: »The Development of Conservation Behaviors in Childhood and Youth«, in: Susan D. Clayton (Hg.): *The Oxford Handbook of Environmental and Conservation Psychology,* Oxford University Press, Cambridge, Mass., 2012, S. 527–555.

178 Louise Chawla, Mail an die Autorin vom 23.5.2023.

179 Vgl. N. N.: »Voller Einsatz beim Naturschutz. Hier könnt ihr ehrenamtlich tätig werden«, GEO*lino,* o. D., www.geo.de/geolino/natur-und-umwelt/19360-rtkl-voller-einsatz-beim-naturschutz-hier-koennt-ihr-ehrenamtlich (Zugriff: 7.8.2023).

180 M. Stern und K. H. Karraker: »Sex stereotyping of infants: A review of gender labeling studies«, *Sex Roles,* 20, 1989, 501–522.

181 N. N.: »Girl toys vs boy toys: The experiment«, BBC Stories, YouTube-Video, o. D., https://youtu.be/nWu44AqFoiI; siehe auch N. N.: »No More Boys And Girls: Can Our

Kids Go Gender Free? review – reasons to start treating children equally«, *The Guardian,* 17.8.2017, www.theguardian.com/tv-and-radio/tvandradioblog/2017/aug/17/no-more-boys-and-girls-can-kids-go-gender-free-review-reasons-to-start-treating-children-equally (Zugriff: 7.8.2023).

182 N. N.: »Drängen wir Kinder in Geschlechterrollen? Ein Experiment«, Quarks, o. D., www.youtube.com/watch?v=nCYP9Nxw2s4 (Zugriff: 7.8.2023).

183 Brian D. Earp et al.: »Featured Article: Gender Bias in Pediatric Pain Assessment«, *Journal of Pediatric Psychology,* 44 (4), 2019, 403–414.

184 C. Hickman et al.: »Climate anxiety in children and young people and their beliefs about government responses to climate change: a global survey«, *Lancet Planet Health,* 5 (12), 2021, e863–e873.

185 Lektüreempfehlung dazu: Lea Dohm und Mareike Schulze: Klimagefühle. Wie wir an der Umweltkrise wachsen, statt zu verzweifeln, München 2023.

186 Ebenda, S. 35 f.

187 Ebenda, S. 202.

188 Ebenda, S. 195.

189 N. Piper: »US-Klimapolitik. Obama will CO_2-Emissionen drastisch senken«, *Süddeutsche Zeitung,* 2.6.2014, www.sueddeutsche.de/wirtschaft/us-klimapolitik-obama-will-co-emissionen-drastisch-senken-1.1982121 (Zugriff: 7.8.2023).

190 S. Myers: »The Promise of Planetary Health«, YouTube-Video, Sam Myers for the Planetary Health Alliance, 23.4.2021, www.youtube.com/watch?v=9cZozBSJz_g (Zugriff: 7.8.2023).

191 M. Hassenkamp et al.: »Ampelstreit zur Kindergrundsicherung. Ein deutsches Armutszeugnis«, *Der Spiegel,* 13, 2023, www.spiegel.de/politik/deutschland/streit-um-die-kindergrundsicherung-armutszeugnis-a-ff232cab-419d-4f09-8959-dd10a6612cca (Zugriff: 15.7.2023).

192 T. Steury: »Lessons from the Forest – The anthropology of childhood«, *Washington State Magazine,* o. D., https://magazine.wsu.edu/2012/01/31/lessons-from-the-forest-the-anthropology-of-childhood/ (Zugriff: 7.8.2023).

193 Vgl. Barry S. Hewlett und Michael E. Lamb: *Hunter-Gatherer Childhoods,* London 2005.

194 Dr. Georg Kobiela et al.: CO2-*neutral bis 2035: Eckpunkte eines deutschen Beitrags zur Einhaltung der 1,5-°C-Grenze,* Wuppertal Institut, Wuppertal 2020, S. 101 (ohne die Hervorhebungen im Original wiedergegeben).

195 N. N.: »Jede Menge Mikroplastik aus der Waschmaschine«, WDR, 29.4.2021, https://www1.wdr.de/verbraucher/gesundheit/mikroplastik-kleidung-100.html (Zugriff: 4.10.2023).

196 T. Vernelli: »Over 100 000 tonnes of CO_2 and 6 Million litres of water saved by past Veganuary participants according to Harvard Researcher«, 1.12.2020, https://veganuary.com/how-much-co2-water-saved-by-past-veganuary-participants/ (Zugriff: 15.10.2023).

197 N. N.: »Anzahl der Teilnehmer am Veganuary weltweit in den Jahren 2015 bis 2021«, Statista, https://de.statista.com/statistik/daten/studie/1288995/umfrage/anzahl-befragte-die-am-veganuary-teilnehmen-weltweit/ (Zugriff: 26.10.2023).

198 N. N.: *Veganuary 2023, Kampagnenbericht,* 2023, S. 4, https://veganuary.com/wp-content/uploads/2023/03/Veganuary-2023_Kampagnenbericht.pdf (Zugriff: 26.10.2023).

199 S. Petersmann: »Young and Green«, Deutsche Welle, 21.6.2010, www.dw.com/en/a-million-trees-and-counting-german-boy-activist-fights-climate-change/a-5695447 (Zugriff: 15.10.2023).

200 N. N.: »Global Climate Dashboard«, o. D., www.climate.gov/climatedashboard (Zugriff: 26.10.2023).

201 N. N.: JIM-*Studie 2022,* a. a. O., S. 40 (Zugriff: 15.10.2023).

202 J. Kushnir und A. Sadeh: »Childhood fears, neurobehavioral functioning and behavior problems in school-age children«, *Child Psychiatry & Human Development,* 41 (1), 2010, 88–97.

203 M. K. Carroll und N. A. Ryan-Wenger: »School-age children's fears, anxiety, and human figure drawings«, *Journal of Pediatric Health Care*, 13 (1), 1999, 24–31.
204 Chiara D'Amore und Louise Chawla: »Significant Life Experiences that Connect Children with Nature: A Research Review and Applications to a Family Nature Club«, in: Amy Cutter-Mackenzie-Knowles et al. (Hg.): *Research Handbook on Childhoodnature*, Heidelberg u. a. 2020, S. 799–825.
205 L. Chawla: »Growing up green«, *Journal of Developmental Processes*, 4 (1), 2009, 6–23.
206 Olin Eugene Myers jr. und Carol D. Saunders: »Animals as Links toward Developing Caring Relationships with the Natural World«, in: Peter H. Kahn jr. und Stephen R. Kellert (Hg.): *Children and Nature*, Cambridge, Mass., 2002, S. 153–178.
207 Gene Myers jr.: *The Significance of Children and Animals*, West Lafayette, Ind., 2. Aufl. 2007, passim.
208 Dr. David Whitebread und Dr. Sue Bingham: *Habit Formation and Learning in Young Children*, London 2013, passim.
209 M. Singletary: »Allowing children financial freedom can pay off«, *DeseretNews*, 30.8.2017, www.deseret.com/2017/8/29/20618446/michelle-singletary-allowing-children-financial-freedom-can-pay-off (Zugriff: 15.7.2023).
210 N. N.: »Jeder Fünfte zwischen 14 und 29 Jahren hat Schulden«, *Spiegel Panorama*, 21.11.2022, www.spiegel.de/panorama/bildung/jugend-in-deutschland-jeder-fuenfte-zwischen-14-und-29-jahren-hat-schulden-a-b9659ae1-327b-405a-9c54-53daf3574d93 (Zugriff: 8.8.2023).
211 N. N.: »Durchschnittliche Schulden je Gläubigerart 2022«, Destatis, 29.6.2023, www.destatis.de/DE/Themen/Gesellschaft-Umwelt/Einkommen-Konsum-Lebensbedingungen/Vermoegen-Schulden/Tabellen/durchschnittliche-schulden-privaterpersonen.html (Zugriff: 8.8.2023).
212 M. Suiter: »It's Never Too Early to Start«, Federal Reserve Bank, 2016, www.stlouisfed.org/annual-report/2016/its-never-too-early-to-start (Zugriff: 8.8.2023).
213 A. Lusardi und O. S. Mitchell: »Financial literacy around the world: An overview«, *Journal of Pension Economics & Finance*, 10 (4), 2011, 497–508.
214 N. N.: »Survey of Adult Financial Literacy Competencies in Germany 2019«, BaFin, 26.6.2020, www.bafin.de/SharedDocs/Downloads/EN/Anlage/dl_202626_Fragebogen_Finanzkompetenz_en.html (Zugriff: 13.7.2023).
215 T. Kaiser und L. Menkhoff: »Financial education in schools: A meta-analysis of experimental studies«, *Economics of Education Review*, 78, 2020, 101 918.
216 V. Frisancho: »The impact of financial education for youth«, *Economics of Education Review*, 78, 2020, 101 918.
217 N. N.: »PISA 2018 Results (Volume IV). Are Students Smart about Money?«, OECD, 7.5.2020, www.oecd.org/education/pisa-2018-results-volume-iv-48ebd1ba-en.htm (Zugriff: 8.8.2023).
218 Claudia Müller und Isabel Sorg: *Über Geld spricht man doch! Wie Kinder spielerisch einen guten Umgang mit Geld lernen*, München 2024.
219 N. N.: »Taschengeld«, Familienportal, 2023, https://familienportal.de/familienportal/lebenslagen/kinder-jugendliche/taschengeld (Zugriff: 8.8.2023).
220 N. N.: »Financial Education«, OECD, www.oecd.org/financial/education/ (Zugriff: 8.8.2023).
221 N. N.: »BMF und BMBF stellen Initiative Finanzielle Bildung vor«, 23.3.2023, www.bundesfinanzministerium.de/Content/DE/Pressemitteilungen/Finanzpolitik/2023/03/2023-03-23-initiative-finanzielle-bildung.html (Zugriff: 8.8.2023).
222 H. V. Jariwala: »Effect of Perception Differences in Money Communication Between Parent-Adolescents on Financial Autonomy: An Experimental Study Using Financial Edu-

cation Workshops«, *Applied Finance Letters,* 9 (SI), 2020, 23–43.

223 A. Bucciol und M. Veronesi: »Teaching children to save: What is the best strategy for lifetime savings?«, *Journal of Economic Psychology,* 45, 2014, 1–17.

224 M. Lührmann et al.: »Teaching teenagers in finance: Does it work?«, *Journal of Banking and Finance,* 54, 2015, 160–174.

225 M. Meier et al.: »Laughter yoga reduces the cortisol response to acute stress in healthy individuals«, *Stress,* 24 (1), 2021, 44–52.

226 M. Bennett et al.: »Humor and Laughter May Influence Health: III. Laughter and Health Outcomes«, *Evidence-based Complementary and Alternative Medicine,* 5 (1), 2008, 37–40.

227 G. Dewar: »Oxytocin affects social bonds and our responses to toxic stress. Can we influence oxytocin in children?«, *Parenting Science,* 2019, https://parentingscience.com/oxytocin-in-children-and-parents/ (Zugriff 15.10.2023). K. Ginsburg: »The importance of play in promoting healthy child development and maintaining strong parent-child bonds«, *Pediatrics,* 119 (1), 2007, 182–191.

228 M. M. Rossmann: »Involving children in household tasks: Is it worth the effort?«, College of Education + Human Development, University of Minnesota, Minneapolis 2015, 1–2, https://ww1.prweb.com/prfiles/2014/02/22/11608927/children-with-chores-at-home-University-of-Minnesota.pdf (Zugriff: 8.8.2023).

229 N. N.: »Hilft Ihr Kind/helfen Ihre Kinder manchmal bei Arbeiten, die im Haushalt anfallen, oder nicht?«, Statista, 2023, https://de.statista.com/statistik/daten/studie/163475/umfrage/mithelfen-der-kinder-im-haushalt-nach-altersgruppen/ (Zugriff: 8.8.2023).

230 L. G. Weldon: »How Kids Benefit From Chores. Sharing household responsibility with kids has a major impact on their learning, emotional intelligence, and long term success«, *Wired,* 15.6.2012, www.wired.com/2012/06/chores-benefit-kids (Zugriff: 8.8.2023).

231 Marie Kondo: *Magic Cleaning. Wie richtiges Aufräumen Ihr Leben verändert,* Reinbek 2013.

232 Werner Tiki Küstenmacher mit Lothar Seiwert: *simplify your life. Einfacher und glücklicher leben,* Frankfurt am Main 2016, S. 74.

233 Julie Lythcott-Haims: *How to Raise an Adult: Break Free of the Overparenting Trap and Prepare Your Kid for Success,* New York 2016, Zitat aus »How to raise successful kids – without over-parenting«, TED Talk, November 2015, www.ted.com/talks/julie_lythcott_haims_how_to_raise_successful_kids_without_over_parenting (Zugriff: 26.10.2023).

234 A. Albernaz: »Sparing chores spoils children and their future selves, study says«, Harvard Medical School, News & Research, https://hms.harvard.edu/news/sparing-chores-spoils-children-their-future-selves-study-says (Zugriff: 8.10.2023).

235 C. Edmond: »These are the countries where children are most satisfied with their lives«, World Economic Forum, 4.9.2020, www.weforum.org/agenda/2020/09/child-well-being-health-happiness-unicef-report/ (Zugriff: 8.8.2023).

236 F. Izzo et al.: »Children's and Adolescents' Happiness and Family Functioning: A Systematic Literature Review«, *International Journal of Environmental Research and Public Health,* 19 (24), 2022, 16 593.

237 N. N.: »Das Recht von Kindern auf Spiel, Freizeit und Erholung«, Deutsches Institut für Menschenrechte, 14.3.2023, www.institut-fuer-menschenrechte.de/aktuelles/detail/das-recht-von-kindern-auf-spiel-freizeit-und-erholung (Zugriff: 8.8.2023).

238 S. E. Hampson et al.: »A life-span behavioral mechanism relating childhood conscientiousness to adult clinical health«, *Health Psychology,* 34 (9), 2015, 887–895.

239 E. White et al.: »Associations Between Household Chores and Childhood Self-Competency«, *Journal of Developmental & Behavioral Pediatrics,* 40 (3), 2019, 176–182.

240 Rossmann, a. a. O.; W. L. Way und M. M. Rossmann: »Learning To Work: How Parents

Nurture the Transition from School to Work and Family Matters … in School to Work Transition«, ERIC, Januar 1996, https://eric.ed.gov/?id=ED391885 (Zugriff: 8.8.2023).

241 T. Schaarschmidt: »Ist weniger mehr?«, *Spektrum der Wissenschaft*, 13.1.2020, www.spektrum.de/news/minimalismus-ist-weniger-mehr/1695148 (Zugriff: 28.9.2023). D. J. Turk et al.: »Mine and Me: Exploring the Neural Basis of Object Ownership«, *Journal of Cognitive Neuroscience*, 23 (11), 2011, 3657–3668.

242 T. G. Horgan et al.: »Does your messy office make your mind look cluttered? Office appearance and perceivers' judgments about the owner's personality«, *Personality and Individual Differences*, 138, 2019, 370–379.

243 K. P. Winterich et al.: »Keeping the Memory but Not the Possession: Memory Preservation Mitigates Identity Loss from Product Disposition«, *Journal of Marketing*, 81 (5), 2017, https://journals.sagepub.com/doi/10.1509/jm.16.0311 (Zugriff: 9.8.2023).

244 Postkarte »Atemübungen« vom Rabenmütter Verlag, o. D., https://rabenmuetter-shop.com/products/postkarte-atemubungen (Zugriff: 1.10.2023).

245 N. N.: »Darum kommt die Pubertät immer früher«, Quarks (WDR), aktualisiert am 24.8.2021, www.quarks.de/gesundheit/medizin/darum-kommt-die-pubertaet-immer-frueher/#pubertät3 (Zugriff: 16.7.2023).

246 Vgl. Ockwell-Smith, a. a. O.

247 Vgl. H. S. Lee: »Why should we be concerned about early menarche?«, *Clinical and Experimental Pediatrics*, 64 (1), 2021, 26–27.

248 E. J. Yu et al.: »Association of Early Menarche with Adolescent Health in the Setting of Rapidly Decreasing Age at Menarche«, *Journal of Pediatric and Adolescent Gynecology*, 33 (3), 2020, 264–270.

249 Vgl. Wenda Trevathan: *Ancient Bodies – Modern Lives*, Cambridge, Mass., 2010, S. 42.

250 J. T. Casagrande et al.: »›Incessant ovulation‹ and ovarian cancer«, *The Lancet*, 2 (8135), 1979, 170–173.

251 Nicola Schmidt: *artgerecht durch den Familienalltag*, München 2022, S. 121.

252 Christiane Kolb, *Aufklärung von Anfang an. Mit Kindern über Körper, Gefühle und Sexualität sprechen – Für Eltern von Kindern von 0 bis 10*, München 2022, S. 141.

253 Auf Webseiten wie www.regenbogenportal.de oder www.queerer-beratungskoffer.de finden Familien Anlaufstellen für eine qualifizierte Beratung (Zugriff: 26.10.2023).

254 J. Schafer: »Why Keeping Secrets Heightens Anxiety and Depression«, *Psychology Today*, 15.5.2021, www.psychologytoday.com/us/blog/let-their-words-do-the-talking/202105/why-keeping-secrets-heightens-anxiety-and-depression (Zugriff: 24.7.2023).

255 Vgl. Nicola Schmidt: *Geschwister als Team. Ideen für eine starke Familie*, München 2018, S. 127 ff.

256 A.-K. Just: »Sozialpädagogin über Kindesmissbrauch. ›Täter sind unauffällig‹«, *taz*, 23.4.2019, https://taz.de/Sozialpaedagogin-ueber-Kindesmissbrauch/!5586280/ (Zugriff: 14.7.2023).

257 Ebenda.

258 Link für Zartbitter e. V. Köln: www.zartbitter.de/gegen_sexuellen_missbrauch/Aktuell/100_index.php; Münster: www.zartbitter-muenster.de/; Tipps in Missbrauchsfällen, zum Beispiel: www.zartbitter.de/gegen_sexuellen_missbrauch/Fachinformationen/kind_wurde_missbraucht.php (Zugriff: 25.7.2023).

259 Christiane Kolb: *Aufklärung von Anfang an. Mit Kindern über Körper, Gefühle und Sexualität sprechen – Für Eltern von Kindern von 0 bis 10*, München 2023, S. 145.

260 Ebenda, S. 148.

261 U. Freund: »Ist das eigentlich normal? Sexuelle Übergriffe unter Kindern erkennen und verhindern«, Archiv frühe Kindheit 3/10, Deutsche Liga für das Kind, http://liga-kind.de/fk-310-freund/ (Zugriff: 13.7.2023).

262 N. N.: »Sexuelle Übergriffe an Kindern und Jugendlichen in der Schweiz. Optimus Studie 2012: Formen, Verbreitung, Tatumstände

von sexueller Gewalt«, Kinderschutz Schweiz, www.kinderschutz.ch/angebote/herunterladen-bestellen/optimus-studie-2012 (Zugriff: 25.7.2023).

263 I. Hansen und C. Wanzeck-Sielert: *Sexuelle Übergriffe unter Kindern und Jugendlichen. Ein Handlungsleitfaden für Schulen,* Institut für Qualitätsentwicklung an Schulen (Hg.), Schleswig-Holstein, 11, 2019, S. 16.

264 U. Freund: »Sexuelle Übergriffe unter Kindern«, ullifreund – Prävention von sexueller Gewalt an Mädchen und Jungen, o. D., http://praevention-ullifreund.de/sexuelle-ubergriffe-unter-kindern (Zugriff: 25.7.2023).

265 H. S. Lee: »Why should we be concerned about early menarche?«, *Clinical and Experimental Pediatrics,* 64 (1), 2021, 26 f.

266 Vgl. E. J. Haeberle: *Die Sexualität des Menschen. Handbuch und Atlas,* Berlin/New York 1983.

267 N. N.: »Darum kommt die Pubertät immer früher«, a. a. O.

268 Ebenda.

269 Eine auch für Kinder gut geeignete Website dazu ist https://gesund.bund.de/akne, bereitgestellt von der »Was hab' ich?« gemeinnützigen GmbH im Auftrag des Bundesministeriums für Gesundheit (BMG).

270 N. N.: *»Mann, oh Mann :-(«. Das geht unter die Gürtellinie – Informationen für Jungen und ihre Eltern, um die Intaktheit des Penis zu bewahren und Krankheiten vorzubeugen,* Broschüre des BKVJ, www.kinderaerzte-im-netz.de/fileadmin/pdf/Broschueren_Dr._B._Stier/160318_Broschuere_Mann_oh_Mann.pdf (Zugriff 3.10.2023).

271 Interview mit dem Urologen Volker Wittkamp @docintro mit Mareike Brede auf www.instagram.com/die.mamareike/ am 27.1.2023 (Zugriff: 27.10.2023).

272 S. Pahl: »Transidentität bei Kindern – Die schwierige Entscheidung der Geschlechtsangleichung«, SWR2 Wissen, 14.9.2022, www.swr.de/swr2/wissen/transidentitaet-bei-kindern-die-schwierige-entscheidung-der-geschlechtsangleichung-100.html (Zugriff: 12.10.2023).

273 S. Seeling und F. Prütz: »Uptake of orthodontic treatment by children and adolescents in Germany. Results of the cross-sectional KiGGS Wave 2 study and trends«, *Journal of Health Monitoring,* 3 (4), 2018, 78 ff., 82.

274 Inke Hummel: *Gemeinsam durch die Pubertät. Gelassener begleiten, weniger streiten, in Kontakt bleiben,* Hannover 2020; David und Claudia Arp: *Und plötzlich sind sie 13 oder: Die Kunst, einen Kaktus zu umarmen,* Gießen 2010.

275 F. Gheysariet al.: »Effect of Sexual Health Education of Mothers on Their Comfort and Intention to Discuss Sex-Related Topics with Adolescent Girls: A Controlled Intervention Study«, *Archives of Sexual Behaviour,* 10, 2023, https://pubmed.ncbi.nlm.nih.gov/37798550/ (Zugriff: 27.10.2023).

276 T. Seifen et al.: »The More You Know: Sexual Knowledge as a Predictor of Sexual Well-Being«, *Journal of Sex & Marital Therapy,* 48 (8), 2022, 779–788.

277 Robert A. Hiatt et al.: »Childhood Socioeconomic Status and Menarche: A Prospective Study«, *Journal of Adolescent Health,* 69 (1), 2021, 33–40.

278 Heather J. Baer et al.: »Adiposity and Sex Hormones in Girls«, *Cancer Epidemiology, Biomarkers & Prevention,* 16 (9), 2007, 1880–1888.

279 N. N.: »Darum kommt die Pubertät immer früher«, a. a. O.

280 N. T. K. Nguyen et al.: »Nutrient Intake through Childhood and Early Menarche Onset in Girls: Systematic Review and Meta-Analysis«, *Nutrients,* 12 (9), 2020, 2544.

281 E. Durmaz et al.: »Urinary bisphenol a levels in girls with idiopathic central precocious puberty«, *Journal of Clinical Research in Pediatric Endocrinology,* 6 (1), 2014, 16–21.

282 N. N.: *»Mann, oh Mann :-(«*…, a. a. O., S. 6.

Register

Abendrituale und -routine 155, 157, 245
»... aber das Gute daran ist ...« (Spiel) 211
Achtsamkeit 193, 293
Adoleszenz 21, 24, 113
Adrenalin 25
Aka-Pygmäen 202
Akne 263, 289
Albträume 158
Algorithmen 126
Alltag 30, 35
siehe auch »Dorf«; Familiensystem
Alltagssexismus 191
Anderssein *siehe* Diversität; Individualität
Angst und Ängste 180, 194, 208
Antwortstress 138
Apps 131, 218
Armbanduhr 112
Armut 199
Auditive Wahrnehmung 53
Aufgaben übertragen 250
siehe auch Mithilfe
Aufklärung 271, 285f., 288, 290, 292
Aufmerksamkeitsdefizit-Hyperaktivitätsstörung (ADHS) 14, 34, 154, 158
Aufräumen 241, 244, 249, 254
Augen (Kurzsichtigkeit) 124
Auslese (Schule) 62
Ausmisten 243, 252
Authentizität 32
Autismus 34
Autonomie (persönliche) 15, 262, 293
siehe auch Körperautonomie

Babys 103, 190, 273, 281
Backen 163
Bankenwesen 218
Bargeld 218, 229
Bayaka-Volk 12, 14
Bedürfnisse (Grundlagen) 15, 29, 32, 37
Beliebtheit 107
Belohnungsaufschub 218, 244
Belohnungsmechanismus 24, 114, 125, 139
Benotung 73, 75
Besitz 220, 242, 248, 252
Besuch 80, 82, 89, 106, 109
Bewegung 75, 77, 148, 156
Beziehungen (Liebes-) 268
siehe auch Freunde und Freundschaft
BH 268
Bildschirmzeit 131f., 134, 155
siehe auch Mediennutzung
Bindungstheorie 64, 103, 234
»Body-Box« 264
Body Positivity 146
siehe auch Körperbilder
Böhme, Jenny 162
Brain-Chatter 183
Brede, Mareike 285
Brotdosen 39, 143, 162, 199
Brügelmann, Hans 46, 48, 50, 57
Bücher
- Aufklärung 272, 286, 288
- Empfehlungen 57, 61, 71, 116, 127
- Fotobücher 121
- lustige 255
- Natur 189
- Pubertät 11, 293
- Statistik zu 132
- Umgang mit Geld 219, 221

Budgets 217, 220

Care-Arbeit 10, 191
siehe auch Familiensystem; Haushalt
Challenges 98, 127, 136, 235
Chatgruppen 91, 288
Chaudhary, Nikhil 12
Chawla, Louise 186
China 124
Chin, Monica 119
Codewörter 93
Comics 57, 128
Computerspiele 24, 114
siehe auch Minecraft
Corona-Pandemie 38, 66, 211
Cyber-Grooming 126, 133

Dankbarkeit 157, 185
Da sein (als Strategie) 28
Dazugehören wollen 94, 97
Deep Fakes 129, 201
Demokratie 200, 207
Demonstrationen 208
Denken lernen
- Grundlagen 54, 171, 173, 180
- Prozesse 22, 198, 207

Denkruhe 183
Denworth, Lydia 107
Dewar, Gwen 107
Digital Detox 139
Digitale Medien *siehe* Mediennutzung
Diversität
- allgemein 37, 133, 151, 165, 202, 249, 288
- Freundschaften und 101, 104
- Lernen und 70
- neurologische 34

siehe auch Neurodivergenz
Dohm, Lea 192, 194
»Doktorspiele« 281
Dopamin 24, 124, 139, 166
»Dorf« 35, 44, 191

Draußen spielen 118, 125
siehe auch Naturerfahrung
Druck 22, 93, 251, 260
siehe auch Stress
Dyskalkulie 34, 65
Dyslexie 199

E-Books 121
EC-Karte 229
Eifersucht 90
Einladungen 121
siehe auch Besuch
Einnässen 159
Einsamkeit 101, 114, 176
Einschlafen 68, 156, 168, 185
Einschulung 9, 36, 44, 68
Einzelgänger 101
Ejakularche 266, 286, 289
Ekman, Monica 122
Eltern und Elternschaft
– eigene Kindheit 44, 50, 95, 97
– Konzepte 10
– Vernetzung 35, 49, 109
siehe auch Familiensystem; *einzelne Themen*
Emotionen *siehe* Gefühle
Empathie 23, 92, 97, 106, 210
Ende finden (Mediennutzung) 114, 116, 138
Endorphine 24, 233
Energie-Erhaltungssatz 11
Energydrinks 155
Engagement 195, 198
Entschuldigung sagen 88
Enttäuschungen 181
Entwicklungsstufen 37, 41, 46, 177
Enuresis 159
Erfolg 252
Ernährung 75, 164, 263, 294
siehe auch Essen und Essgewohnheiten
Ernst nehmen 106, 194
Erreichbarkeit (mediale) 138
Erziehung (Grundlagen) 18, 200
Essen und Essgewohnheiten
– falsche Erwartungen 166
– Familiensystem 142
– Gefühle 146
– Geschichte über 145
– Interview 162
– Mediennutzung und 135
– Tipps 167
siehe auch Ernährung; Süßigkeiten; Übergewicht
Essstörungen 146
»Eulen« 165, 167
Everett, Daniel 58
Evolution 12, 149
Exit-Strategien 91, 98

Fake News 129f., 134, 201
Familiensystem 33, 142, 148, 231, 236, 251, 293
siehe auch einzelne Themen
Fantasie 184, 235
Fast Food 163
Fehler 61, 215, 227
Feinmotorik 59, 73
Fernsehen 135
Fertigprodukte 163
Filme 121
Finanzen 214, 217, 222
Finger (zum Zählen) 59, 73
Finkbeiner, Felix 206
Fischer, Eliane 57, 127
Flow-Momente 54
Flüsterpost (Spiel) 177
Förderbedarf 38
Förderspiele 254
Fotobücher 121
Freie Flächen 241, 243
Freunde und Freundschaft
– anfreunden 180
– falsche Erwartungen 104
– Grundlagen 79, 82, 84, 95, 108, 182
– Interview 100
– Konflikte 87
– schwierige 102
– Tipps 90, 92, 106
– ungesunde 89
siehe auch Besuch; Kindergartenfreunde
Freund, Ulli 284
Friedenspädagogik 206
Frühstück 143
Full-Service-Parenting 47

Gaming *siehe* Mediennutzung
Ganztagsschule 74
Gaslighting 92, 303
Gäste *siehe* Besuch
Gefühle
– Denken und 173
– Essen und 146
– Gespräche über 173, 185
– Hormone und 233
– zeigen 191
Gefühlsstärke 102
Geheimnisse 90, 274, 277
Gehirn 19, 54f., 60, 137, 184
Geld 213, 222, 228
siehe auch Taschengeld
Gender-Aspekte
– Freundschaften 107
– Gefühle und 176
– Geld und Finanzen 217, 229
– Haushalt 251
– Lesen 71
– Mediennutzung 113
– Stereotype hinterfragen 202
– Taschengeld 224
– Ungleichheit 189
Gerüche (Körper-) 261, 292
Gerüchte 48, 178
Geschenke 182, 243f., 251
Geschlechter *siehe* Gender-Aspekte
Geschwister 92, 96, 133, 276, 284
Gesetz (zu Haushalts-Mithilfe) 238
Gespräche
– über Essen 146
– über Gefühle 173, 185
– über Geld 216, 224, 228
– über Klimakrise 192

- über schwierige Themen 296
- über Soziale Medien 150
- und Sprachempfehlungen 205
- und Timing 179, 209

siehe auch Kommunikation

Gesundheit 75, 82, 236, 250
siehe auch Sexualität und Sex
Gewalt 269
siehe auch Missbrauch
Gewichtsdecke 156
Glaubenssätze 216
Glaubenssätze (zu Geld) 216, 223
Gleichaltrige 24, 84, 101, 283
Glücklichsein 185, 233, 248
Golden, Philippe 157
Good News 201
Graf, Danielle 30
Graphic Novels 57
Grenzen setzen 91, 276, 279, 284
Großeltern 226, 229
Gruppendynamik 91, 97, 99

Haare 264, 275, 295
Hamilton, Patrick 303
Handeln 193, 209
Hanson, Rick 18
Harninkontinenz 159
Hausaufgaben 52, 68f., 73
Haushalt
- Grundlagen 203
- Mithilfe 229, 232, 236, 246, 254
- Rechnen lernen 58
- Tipps 251

Haushaltsbuch 218
Haustiere 56
Hewlett, Barry 202
Hilgers, Heinz 199
Hobbys 123, 132
Hochbegabung 34, 101
Hochsensibilität 101
Hormone 23, 114, 138, 233, 263, 294
Hrdy, Sarah Blaffer 107
Humor 233, 255
Hunde 56
Hygiene 262f., 267, 289, 295

Identität 268, 270, 291
Im Jetzt sein 184
Imlau, Nora 100
Immunsystem 233
Impulskäufe 218
Impulskontrolle 226
Indigene Völker 58, 203
Individualität 98, 101
siehe auch Diversität
Influencer 125, 150, 219
Informationen prüfen 194, 201
Inklusive Schule 38, 46
Inkontinenz 159
Instagram 137
Internet *siehe* Mediennutzung
Introvertierte Kinder 93, 176

Jäger-und-Sammler-Gesellschaften 12, 14, 184, 242, 265
Ja-Kommunikation 32, 35
Junkfood 147
Juul, Jesper 11

Kaffee und Koffein 155
Kartengeld 229
Kartoffelrennen 234
Kaufverhalten 218
KI (Künstliche Intelligenz) 128, 201, 305
Kindergartenfreunde 77, 81, 83, 87
Kindergarten und Kita 48
Kinderrechte 192, 248
Kindheit der Eltern 44, 50, 95, 97
Klarna (Firma) 216
Klassenfahrten 199
Klein, Naomi 172
Klimawandel und -krise 18, 172, 192, 197, 206f.
Klitoris 292
Kochen 163, 203
Kolb, Christiane 282f.
Kommunikation 32, 35, 61, 88, 234
siehe auch Gespräche; Wortwahl
Kompositionen 121
Kondo, Marie 241
Konflikte 32, 87, 173, 232f.
Kongo 12
Konsum (und Schulden) 219, 227
siehe auch Mediennutzung
Kontakt halten 32, 296
Kontrolle 105, 135, 216
Konzentration 54, 77, 153
Körperautonomie 273, 276
Körperbehaarung 264
Körperbilder 142, 146, 148, 150
Körpergerüche 261, 292
Körperpflege 261, 295
siehe auch Hygiene
Körper-Scan 184
Körperwahrnehmung 178
Kreativität 115, 121, 235
Krisen 210
siehe auch Klimawandel und -krise
Künstliche Intelligenz (KI) 128, 201, 305
Kurzsichtigkeit 124
Kuscheln 25

Lachen 233f., 255
Lebenskompetenzen 191, 247, 281
Leere Räume 241
Legasthenie 34
Lehrkräfte 33, 38, 49, 52, 68, 132
Lehrpläne 41
Leistungsdruck 156, 164
»Lerchen« 165, 167
Lernprozesse
- Fehler als 227
- Freunde finden 85
- Grundlagen 13, 52f., 70, 208, 254
- Interviews 62
- Ordnung lernen 242
- Vorbildfunktion 54, 73
- Zuhören lernen 177

siehe auch Denken lernen; Lesen und Lesen lernen; Rechnen lernen; Schreiben lernen
Lesen und Lesen lernen 55, 68, 71, 75, 77
siehe auch Bücher
LGBTQIA+ 270
Liebe 268
Liebeskummer 270
Listen 121, 180, 262
Lorenzen, Ann-Kathrin 280
Loslassen 31, 50
Luftballon-Challenge 235
Lusardi, Annamaria 217
Lutz, Leonie 130
Lythcott-Haims, Julie 247

Macht 280, 283
Madagaskar 13
Malen 59, 158
Mandela, Nelson 61
Masturbation 267
Mathematik 57, 65, 73
Matthäus-Prinzip 63
McClelland, David 99
Mead, Margaret 198
Mediennutzung
- Digital Detox 139
- Ende finden 114, 116, 138
- falsche Erwartungen 134
- Grundlagen 111, 118, 138
- Interview 130
- KI 128, 201, 305
- Kompetenzen 113, 118, 130
- Kurzsichtigkeit 124
- Plattformen 126, 137
- Regeln 115, 117, 130f., 138
- Statistiken 112, 135
- Suchtverhalten 122
- Tipps 121, 136

siehe auch Bildschirmzeit; Minecraft; Soziale Medien; Vorbildfunktion
Meditation 156
Meinungsvielfalt 201
Melatonin 25
Menarche 286, 289, 292
Menschheitsgeschichte 11, 242
Menstruation 286, 289, 292
Minecraft (Spiel) 57, 118, 122, 131, 133
Missbrauch 274, 280, 283
Misserfolge 60
Missverständnisse 178
Mitchell, Olivia S. 217
Mitdenken *siehe* Denken lernen
Mitgefühl *siehe* Empathie
Mithilfe 163, 187, 191, 229, 232, 236, 246, 254
Morgan, Ian 124
Müller, Claudia 222
Musik 68, 121, 126, 157, 189
Mut machen 185, 194
Mutproben 98, 127, 136
Myelinisierung 21
Myers jr., Olin Eugene 210
Myers, Sam 198
Myopie 124

Nachahmung 86
siehe auch Vorbildfunktion
Nachbarskinder 100, 239
Nachrichten 201, 209
Nacktheit 276
Nahrung *siehe* Essen und Essgewohnheiten
Naturerfahrung 54, 102, 184, 186, 194, 208
siehe auch Wald; Wildnis
Nein sagen 93, 177, 273
Neurodivergenz 34, 41, 101, 158, 161, 199
Neurodiversität 34
Neurotransmitter 23
Niechzial, Saskia 46, 50
Noten 73, 75

Obama, Barack 194
Obdachlosigkeit 199
Ockwell-Smith, Sarah 10, 27, 258
OECD 218, 226
Ordnung 242
siehe auch Aufräumen
Oxytocin 25

Pandemie 38, 66, 211
Pantomime 234
Pareidolie 56
Parentifizierung 249
Pauli, Lorenz 99
Pausenbrot *siehe* Brotdosen
Peer-Learning 13
Penis 266, 276, 286, 289, 292, 295
Perfektionismus 61
Persönlichkeitsentwicklung 21, 49, 63, 198
Pferd (Beispiel) 220
Pickel 263
Pirahã 58
Plakat (Beispiel) 180
Planen und Pläne 179
Plastik 206
Plattformen 126, 137
Podcasts 121, 219, 221
Pornografie 272, 288, 291
Prävention (Missbrauchs-) 274, 281, 287
Price, T. Rowe 215
Private Schulen 36
Privatheit 276
Privatsphäre 115, 266, 272, 285
Probleme lösen 173
Projektmanagement 180, 242
Psychische Auffälligkeit 123
Pubertät
- Abendrituale 157
- Bücher 11, 293
- Essgewohnheiten 147
- Grundlagen 24, 290, 294
- körperliche Veränderungen 263, 266, 286, 289
- Tipps 293
- Vorpubertät 31, 258

Putzparty 239
siehe auch Haushalt

Quellen (als Informationsgrundlage) 197, 201

Ranzen 40
Rassismus 202
Rausgehen 118, 125
siehe auch Naturerfahrung
Rechnen lernen 57, 65, 73
Reden *siehe* Gespräche
Regel (Menarche) 286, 289, 292
Regeln
– Besuch 109
– »Doktorspiele« 282
– Familiensystem 293
– Spiele und 96
– »Wenn-dann« 251
siehe auch Mediennutzung
Reisen 204
Renz-Polster, Herbert 62
Restless-Legs-Syndrom 169
Riedel-Breidenstein, Dagmar 284
Rituale 139, 155, 157
Rohkost 164
Rollenbilder 142, 149, 191
siehe auch Gender-Aspekte
Rollenspiele 281
Rossmann, Marilyn Marty 237, 252
Routinen
– alltägliche 29, 35, 254, 295
– Einschulung 47
– Naturerfahrung 189
– Schlafverhalten 155, 245
Rüdiger, Thomas-Gabriel 133

Saltzman, Amy 157
Samenerguss 266, 286, 289
Sammler *siehe* Jäger-und-Sammler-Gesellschaften
Sammlungen 243
Saunders, Carol D. 210
Schamgefühle 276, 280
Schärer, Kathrin 99
Scheitern 60, 157
Schimpfworte 33, 191
Schlafverhalten
– Abendrituale 155, 157, 245
– ADHS und 158
– Albträume 158
– falsche Erwartungen 165
– Grundlagen 142, 152, 154, 164, 168
– Rhythmus 24, 165, 167
– Schlafwandeln 168
– Schnarchen 154, 169
– Tipps 167
siehe auch Einschlafen
Schmerzen 190
Schnarchen 154, 169
Schnerring, Almut 190
Schönheitsideale 148, 191
Schreiben lernen 59, 72, 74
Schulanfangszeiten 154
Schulbrot *siehe* Brotdosen
Schuld 100
Schulden 219, 227
Schule
– digitale Erziehung 122, 132, 134
– falsche Erwartungen 36, 70, 105, 227
– Konzepte 11, 74
– Personal 38
– Statistiken 33
– Tipps 39, 73
siehe auch Lehrkräfte; Lernprozesse; Unterricht
Schuleingangsuntersuchung 48
Schulessen 163f.
Schulhof 88, 97, 176, 272, 288, 291
Schulpolitik 33
Schulranzen 40
Schulreife 41, 45
siehe auch Einschulung
Schultüte 39
Schulweg 39, 47
Schulze, Mareike 192, 194
Schulz, Iren 125
Schwarz, Bettina 65
Schweiß 292
Schwimmunterricht 275
See (Beispiel) 182
Seide, Katja 30
Selbstbefriedigung 266
Selbstbewusstsein 157
Selbstbild 34, 56
Selbstständigkeit 47
siehe auch Autonomie
Selbstvertrauen 162
Selbstwertgefühl 56, 89f., 92, 98
Selbstwirksamkeit 187, 193, 237
Serotonin 24
Sexualisierte Körperbilder 150
Sexualität und Sex 266, 281, 285, 287
siehe auch Aufklärung; Missbrauch
Sexualkundeunterricht 291
Shure, Myrna B. 173
»Siege, aber triumphiere nicht« 23
Singen 126
Singletary, Michelle 214
Smartphone 112, 124
siehe auch Mediennutzung
Smegma 295
Smoothies 144
Snacks 162
Snapchat 137
Sorg, Isabel 222
Soziale Kompetenzen 238
Soziale Medien 97, 125, 149, 168, 191, 195, 219
siehe auch Mediennutzung
Sozioökonomischer Status 164
Sparen 214, 218, 226f.
Spaß 189, 241
siehe auch Spielen und Spiele
Spenden 199, 218
Sperma 266
Spielen und Spiele
– »… aber das Gute daran ist …« 211
– »Doktorspiele« 281
– Draußen spielen 118, 125
– im Familiensystem 234, 248, 250

- Körperwahrnehmung 178
- Lernen und 13, 254
- Rechnen lernen 58
- Regeln beachten 96
- »Schule« 73
- »Siege, aber triumphiere nicht« 23
- Sprechen über Gefühle 174
- wettbewerbsfreie 60
- Zuhören lernen 177

siehe auch Mediennutzung

Spielzeug 189, 191
Sport 146, 155, 189
Sprachempfehlungen 205, 288
siehe auch Wortwahl
Sprachregeln (Codes) 93
Sprechen *siehe* Gespräche
Sprechverständnis 55
Sprüche und Widerworte 33
Spülmaschine 203, 240
Spurenlesen 55
Statistiken
- zu Bindungstheorie 103
- zu Büchern 132
- zu Einschulung 68
- zu Haushalts-Mithilfe 237
- zu Mediennutzung 112, 135
- zu Missbrauch 280, 283
- zu Schulden 216
- zu Schulen 33
- zu Zahnspangen 291

Stereotype 71, 191, 201
siehe auch Gender-Aspekte
Stern, Elsbeth 64
Stillen 265
Stille-Post (Spiel) 177
Stimmung und Stimmungsschwankungen 24, 232f., 258, 290, 293
Stop-Motion-Videos 121
Strahlung 138
Streit *siehe* Konflikte
Stress
- Abbau und Bewältigung 76, 118, 138, 233, 235, 293
- digitaler 113
- Grundlagen 25, 251
- Schlafverhalten 156, 164
- Schule und 68
- ungesunde Freundschaften 90

Such-Methode 27
Suchtverhalten 122
Südafrika 75
Suiter, Mary 216
Süßigkeiten 109, 150, 163, 166, 229
Swanepoel, Annie 12
Synapseneliminierung 20
Synaptogenese 20
Systematik (und Aufräumen) 241

Tablets 112, 114, 116, 119, 124
siehe auch Mediennutzung
Tabuthemen (gesellschaftliche) 222
siehe auch Wortwahl
Tageslicht 124
Tanzen 126
Taschengeld
- Apps 218
- Bedingungslosigkeit 222
- Empfehlungen 191, 214, 219, 225, 229
- Gender-Aspekte 224
- und Mithilfe 237

Tauschökonomie 215, 225
Teilen 144, 166
Theory of Mind 90, 92, 107
Thunberg, Greta 193
TikTok 126, 131, 137
Timing 179, 209
Tipps und Tricks
- Apps 131
- Aufräumen und Haushalt 241, 251
- »Body-Box« 264
- Comic-Empfehlungen 128
- Denken lernen 209
- Einschulung 39, 47
- Freundschaften 90, 92, 106
- Geschenke 243, 251
- Kommunikation 32
- Mediennutzung 121, 136
- Naturerfahrung 188
- Ordnung lernen 242
- Pubertät 293
- Schlafen und Essen 167
- Schule 73
- Umgang mit Geld 228

siehe auch Bücher; Regeln
To-do-Listen *siehe* Listen
Toilettennutzung (Beispiel) 246
Trackback 27
Traditionen (Etablierung) 236
Transgender 291
Träume 158, 167
Trolley 40
Turk, David J. 252

Überforderung 37, 60, 167, 228, 249
Übergewicht 68, 135, 147, 292
Übergriffe *siehe* Missbrauch
Uhren 112
Umweltgifte 294
Umweltschutz 187
Ungerechtigkeit 63, 199
Ungleichheit 189, 199, 201
UN-Kinderrechtskonvention 248
Unterricht 13f., 69, 291
Unterwäsche 268
Ursprünglich (Erläuterung) 12

Vagina 276, 292
Veganuary 206
Verbindlichkeiten (finanzielle) 220
Verbote 142, 146, 229
Verdrehte Wörter (Spiel) 234
Verhalten (allgemein) 37, 109
siehe auch einzelne Themen
Verlan, Sascha 190
Vermögen 220
siehe auch Besitz
Vernetzung (zw. Eltern) 35, 49, 109

Verstehen und Verständnis
- Grundlagen 19, 30, 88, 181, 211, 251
- Theory of Mind 90, 92, 107
Vertrauen 70, 76, 90, 281
Videos 121, 219
Visuelle Wahrnehmung 53
Vorbildfunktion
- Gefühle zeigen 191
- Grundlagen 97
- Kaufverhalten 218
- Körperbild 146, 264
- Lernprozesse 54, 73
- Mediennutzung 112, 115, 118, 130, 138
- Schlafen und Essen 167
- Umgang mit Geld 223
Vorhaut 289, 295
Vorpubertät 31, 258
Vorschulinhalte 40
Vulva und Vulvina 276
Wald 93, 102, 184, 186, 188
siehe auch Naturerfahrung
Waschmaschine 203, 208, 240
Websites
- zu Missbrauchsprävention 281
- zu Umgang mit Geld 221
Wecker 113
Weldon, Laura Grace 239
»Wenn-dann«-Regeln 251
Wetterbericht (innerer) 185
WhatsApp 91, 136f., 195, 288
Widerworte und Sprüche 33
Wildnis 13, 27, 85, 189
siehe auch Naturerfahrung; Wald
Willkommen heißen
siehe Besuch
Wittmann, Bernhard 72
Wohlstand 227
Wortkette 235
Wortwahl
- Grundlagen 88, 246, 272
- Körperwissen 276, 285, 287
- ungesunde Freundschaften 90
siehe auch Gespräche; Kommunikation

YouTube 137

Zahlen und Zählen 57, 73
siehe auch Dyskalkulie
Zahnspange 259, 291
Zartbitter e. V. 281
Zeit (Medien-) *siehe* Bildschirmzeit
Zivilcourage 198
Zucker 143
Zuhören 87, 90, 177, 192, 208, 232, 254
Zuständigkeit 279

»Klug recherchiert, humorvoll und erfrischend undogmatisch«

Hebammenforum

KÖSEL

www.koesel.de